经济大趋势系列

CHINA'S
URBAN CHANGING

中国城市大变局

解读城市竞争的底层逻辑

凯风 著

清华大学出版社
北 京

图书在版编目（CIP）数据

中国城市大变局：解读城市竞争的底层逻辑 / 凯风著 . —北京：清华大学出版社，2023.4（2023.9重印）

（经济大趋势系列）

ISBN 978-7-302-63352-5

Ⅰ . ①中… Ⅱ . ①凯… Ⅲ . ①城市经济－经济发展－研究－中国 Ⅳ . ① F299.21

中国国家版本馆 CIP 数据核字 (2023) 第 063813 号

责任编辑：顾　强
封面设计：周　洋
版式设计：方加青
责任校对：宋玉莲
责任印制：杨　艳

出版发行：清华大学出版社
　　　　　网　　　址：http://www.tup.com.cn，http://www.wqbook.com
　　　　　地　　　址：北京清华大学学研大厦 A 座　　　　　邮　　编：100084
　　　　　社 总 机：010-83470000　　　　　邮　　购：010-62786544
　　　　　投稿与读者服务：010-62776969，c-service@tup.tsinghua.edu.cn
　　　　　质 量 反 馈：010-62772015，zhiliang@tup.tsinghua.edu.cn
印 装 者：三河市人民印务有限公司
经　　销：全国新华书店
开　　本：170mm×240mm　　　印　　张：21.75　　　字　　数：379 千字
版　　次：2023 年 6 月第 1 版　　　印　　次：2023 年 9 月第 2 次印刷
定　　价：99.00 元

产品编号：098399-01

世界之变、历史之变、时代之变，从世界到中国，都在直面百年未有之大变局。

无论是国际风云变幻，还是国家战略转移，抑或科技革命及产业变革，都会带动区域经济大洗牌，重塑城市矩阵。在国际上，"纽伦港"① 三大国际金融中心的崛起，硅谷、波士顿、筑波科学城的横空出世，与底特律、鲁尔等"铁锈地带"的衰落可谓互为表里。在国内，四大一线城市的成形、沿海工业城市的集体跃升、中西部强省会的突飞猛进，与传统大区中心的光环不再、资源枯竭型城市的沉浮、"三不靠"② 地市的边缘化，同样呈此消彼长的关系。

城市竞争，不进则退。在历史的长河中，没有任何一座城市能永葆青春，后来者总能借助新的时运脱颖而出。正如我们难以想象，曾经作为美国第四大城市的底特律，从繁荣到衰落不过几十年时间；同样难以想象，香港、深圳，从曾经的"小渔村"跃居为国际大都市，珠三角地区从遍布农田到成为"一地堵车、全球缺货"的"世界工厂"，也就用了短短几十年时间……每一场城市变局背后，总是潜藏着科技进步、产业升级、国际关系变迁、政策变动的影子。

回顾历史，我国经历了几次城市大变局？面向未来，哪些城市将会脱颖而出？

■ 重工业城市的黄金年代

1978 年，还是东北城市的高光之年。在当年的全国十强省份中，东北三省居

---

① 纽伦港（Nylonkong）是世界三座重要的城市纽约（New York）、伦敦（London）、香港（Hong Kong）的合称。

② 这里的"三不靠"指的是不沿海、沿江、沿边，不毗邻中心城市，不属于大城市群。

其二；十强地市中，东北"F4"（沈阳、大连、长春、哈尔滨）全部在列；二十强城市里，大庆、鞍山在一众省会及副省级城市中显得极为醒目。

如果说改革开放之后最大的增长奇迹当属深圳，那么计划时期挑起经济和工业大梁的无疑是东北。新中国成立之初，我国实行的是重工业优先发展的战略，以此迅速建立起完备的工业体系。得益于丰富的自然资源和雄厚的工业基础，东北成了重工业时代的弄潮儿。国家"一五"计划156项重点工程，东北拿下了1/3，总投资额更是占了44%，由此开启了东北一众地级市借助重工业崭露头角的历史。在此期间，东北形成了以沈阳为核心的机械制造基地、以长春为中心的汽车工业基地、以鞍山为中心的钢铁基地、以大庆为中心的石油基地、以吉林为中心的石化基地、以黑龙江"四大煤城"为主的煤炭基地，先后带动各大地市的崛起，更让"共和国长子"的威名响彻大江南北。

从20世纪50年代到70年代，东北一直都是我国最大的能源生产基地，也是极其重要的重工业基地。高峰时期，东北三省工业比重占全国的1/4以上，钢铁、水泥产量占全国一半，煤炭产量占了3成左右，石油、木材产量和外调量位居全国首位，诞生了新中国第一辆汽车、第一架喷气式飞机、第一列内燃机车、第一艘万吨轮、第一台军用电子计算机、第一台数字机床……数百项打破历史纪录的第一，都诞生于此。

在重工业时代，东北的地位堪比如今的东南沿海。一如东南经济大省通过财政转移支付反哺中西部，当时的东北也通过产业转移助力西部地区摆脱了工业"一穷二白"的历史，为后来的城镇化打下了坚实的基础。20世纪60年代到70年代，出于外部国际环境和改善工业布局的需要，我国启动了声势浩大的"三线建设"，大量东北的工厂、技术装备、管理及技术人员迁到内地，形成东北支援西部地区的局面，重塑了这些地区的城市格局。西部钢城攀枝花、中部汽车城十堰、西南"煤都"六盘水、西北有色金属重镇金昌，均是脱胎于此；重庆机械工业、成都电子工业、西安国防工业的发展壮大，也不乏东北地区的助力。

时过境迁。随着工业化战略转移，加上市场经济确立，以及一轮又一轮的产业革命巨变，如今东北不复当日荣光。资源枯竭型城市普遍面临城市收缩的困局，盛极一时的老工业基地直面产业转型升级的难题，发展又遭遇了自然人口负增长叠加人才流失的双重压力，"投资不过山海关"的论调更是误伤了整个东北的招商引资。东北振兴，道阻且长。

■ 沿海城市集体崛起的逻辑

沿海城市集体崛起，堪称改革开放以来最为壮观的区域经济现象。

1978 年以来，随着改革开放持续推进，社会主义市场经济体制不断健全，加上加入世界贸易组织（WTO），我国迅速融入全球市场，成为"国际大循环"的重要主体。这一阶段，率先对外开放且最早嵌入全球分工体系的沿海城市，成了最大受益者。以 1980 年深圳、珠海、汕头、厦门经济特区设立为起点，1984 年上海、广州、天津、宁波、福州、大连等首批 14 个沿海城市开放，成立第一批国家级经济技术开发区为中继，再到珠三角、长三角、闽南三角区以及山东半岛、辽东半岛次第开放，沿海优先发展的战略得以确立。2000 年之后，随着我国加入WTO，外向型经济呈现百花齐放的状态。高峰时期，中国外贸依存度一度高达60% 以上，出口对经济增长的年平均贡献率达到 20%，成为拉动经济增长的"三驾马车"之一。

不过，东部优先发展，沿海率先开放，并不是沿海城市崛起的全部逻辑。政策助力必不可少，但政策只有用在对的地方，才能发挥事半功倍之效。沿海城市之所以被选中，不是偶然，而是与其区位优势、市场意识密不可分。一个常识是，在全球化时代，谁靠近港口谁就接近国际市场。研究表明，离港口距离的远近，可以解释不同区域生产总值差异的40%。另一个常识是，当经济从计划模式向市场模式转型，谁能率先迈开脚步，谁能最早建立与国际接轨的营商环境，谁就能在竞争中先行一步。从农村土地制度改革，到乡镇企业崛起，从县域经济横空出世，再到外贸经济大行其道，走在前列的一直都是东部地区。值得一提的是，在当时，纵向的行政发包制和横向的政府锦标赛的存在，让地方竞争成为可能，最大程度激发各地做大经济的动力。可以说，区位优势、改革红利、市场意识、地方竞争，外加敢为人先的探索精神，才让东部地区成了现代化和工业化的领跑者。

珠三角最具代表性。改革开放之后，原本以农业为主的珠三角地区之所以能够迅速崛起成为"世界工厂"，一方面在于毗邻港澳、靠近国际市场的区位优势，通过承接来自"亚洲四小龙"的转移性产业，从"三来一补"的加工制造业起步，迅速建立起完整的现代工业体系，并率先开启了从"中国加工"到"中国制造"再到"中国智造"的三次飞跃；另一方面，在改革开放的时代潮流中，广东率先"杀"出一条血路，在经济特区、经济开发区、土地制度改革等几乎所有重大领域都先行一步。如今，面对经济从高增长阶段步入高质量发展阶段的转型，大国博弈如火如荼，广东再次率先喊出"改革开放是广东最鲜明特征，高质量发展是广东最光明前途"的口号，以此"再造一个新广东"。

当然，随着全球产业链加速转移，大国竞争日趋白热化，以及在种种超预期因素冲击之下，全球经济面临着长期的不确定性，外贸必然会随之而波动，这对过度依赖外贸的城市提出了新的挑战，并有可能引发新一轮城市大洗牌。

■　从海权崛起到陆权复兴

过去 10 多年来，南北差距取代东西差距、陆权复兴与海权衰落之类的说法不绝于耳。这背后，中西部地区经济的蓬勃发展，重庆、成都、武汉、长沙、郑州、西安等中心城市的集体晋级，成了最大注脚。一个佐证是，近年来，我国西部地区经济增速一直领跑于各大区域。2000—2022 年，中部、西部地区经济比重分别从 20%、17% 提高到 22%、21%；另一个佐证是，2010 年至今，在主要经济强市及省会城市中，GDP[①] 增长最快的 10 个城市中，一半位于中西部，且增幅最大的贵阳属于名副其实的西部省会。

中西部地区的崛起，一个原因来自区域战略的转移。2000 年以来，我国一改改革开放之初以沿海优先为特征的非均衡发展战略，转向了东部、中部、西部和东北协调发展的新格局。为此，我国先后推出西部大开发、东北振兴、中部崛起三大区域战略，大投资、大项目、大基建开始向这些区域倾斜，西部地区更是获得了鼓励类企业 15% 所得税优惠的政策照顾，而来自东部地区的财政转移支付与日俱增，有力撑起了中西部地区的发展。

二是大基建、大投资的落地，扭转了西部地区的区位劣势。投资是驱动经济的"三驾马车"之一，东部沿海地区和东北地区由于城镇化、工业化发展较快，早已迈过依靠固定资产投资拉动经济的阶段，而中西部地区由于地理环境、人口环境、经济发展水平等限制，交通等基础设施建设一度落后于东部。近年来，随着西部大开发、中部崛起等战略的实施，加上"县县通高速""市市通高铁"等目标的提出，中西部地区迎来大基建、大投资井喷的新时代，经济得以突飞猛进，且获得了更大的发展空间。国家统计局数据为此提供了佐证：2013—2021 年，中、西部地区投资年均增速分别达 10.8%、8.9%，远高于东部的 7.9%；中西部地区占

---

① GDP：Gross Domestic Product，即国内生产总值。为表述方便，本书中对于地区生产总值采用"地区名 +GDP"的形式。

全国投资比重从 2012 年的 45.3% 提高到 2021 年的 52.5%。

三在于陆港、空港、陆海新通道的确立，让内陆开放成为可能。过去，沿海城市凭借接近国际市场的港口优势，外贸经济突飞猛进；中西部地区由于距离及运输成本限制，在产业竞争上一度处于下风。如今，随着高铁、高速、机场、运河等多种交通设施的完善，尤其是航空货运枢纽、中欧班列、西部陆海新通道的横空出世，让中西部地区得以从内陆腹地变身开放前沿。根据《中国海关》杂志发布的外贸百强城市名单，2010 年，中西部城市无一入围 20 强，而在 2018 年已有重庆、西安、郑州、武汉、成都 5 个城市入围，未来这一名单还有望扩容。

四在于产业西移，助力内陆建立起现代产业体系。由于土地、劳动力成本抬升，东部沿海地区部分劳动力密集型产业开始向外迁移，一部分到了东南亚地区，一部分来到了我国中西部。劳动力人口众多、能源丰富、市场庞大，叠加内陆开放的时代潮流，中西部地区成了纺织服装、电子信息、机械设备等产业的主要承接地，成渝地区的万亿级电子信息产业集群、河南的手机制造、贵州的大数据产业的崛起均得益于此。

不过，大投资固然扭转了西部地区的区位劣势，但也埋下了债务高企的种子，给未来的长远发展带来一定隐患。随着"八纵八横"高铁网络的日益完善、县县通高速目标的达成，加上投资边际效益不断走低，中西部地区投资动能势必不断放缓，失去了投资驱动之后，如何重塑新的增长动能，无疑成了关键。同时，产业西移，给了西部地区更强的底牌，但全球性的产业转移受到地缘等因素的影响，中西部地区可能将会面临与越南、印度等新兴国家持续竞争的压力。

■ "强省会"何以后来居上？

每一个省会城市，都有一个"强省会"的梦想。近几年，除了广州等个别地区外，几乎所有省会都加入了"强省会"的大合唱，试图通过做大省会城市，凸显全省在全国的位置，以此竞夺更多的战略、规划、资源和产业。根据最新数据，在 27 个省会/首府中，省会经济占全省比重超过 50% 的有 2 个，超过 30% 的多达 10 个，只有南京、济南、呼和浩特三市低于 15%。

"强省会"背后的经济逻辑和现实逻辑不难理解。就经济逻辑而言，经济集聚本身就是城市发展的自然规律；以中心城市引领区域发展，同样得到现实世界的检验；而提升超大特大城市的人口、环境、产业承载力，也得到了政策支持。

就现实逻辑来看，一个省份，如果连一个显眼的大城市都没有，恐怕连参与区域竞争的机会都没有，遑论在重大国家战略中获得一席之地。在中心城市、都市圈、城市群战略日益明显的今天，没有中心城市，就没有引领者，无论是人口竞争还是产业竞争，都缺乏"领头羊"。用马太效应对抗马太效应，用大城市对抗大城市，成了许多中西部省份的共同选择。

不过，大多数城市打造强省会的传统路径，是扩容和集聚全省资源，要么通过合并周边地市，迅速实现外延式扩张，要么通过撤县设区等方式，做大中心城区能级，更有甚者，将全省的优质资源、一流企业汇聚到省会。这一模式在中西部省份可谓无往而不利，省会一市独大，很难形成一个副中心城市，普通地级市很难超出省域范围寻找更多机会。但在东部地区，由于普通地级市也不乏主导产业，部分省份的省会更不是省内的第一经济大市，往往更易形成"双子星城"或者"三城鼎力"的相对均衡发展格局，单纯做大省会并不容易。

然而，新冠疫情暴露出超大、特大城市的治理短板，让人们开始审视大城市过度扩张带来的弊端；国内大循环战略的提出，加上日益复杂的国际经贸、地缘关系，立足于战略安全、区域协调发展的角度，大城市的扩张受到一定限制，而省域副中心开始陆续登场。从政策层面来看，超大、特大城市瘦身健体，严控省会城市规模无序扩张，严控撤县建市设区等要求被不断重申，而省域副中心则得到了中西部多个"强省会"省份的鼎力支持，四川的绵阳、宜宾、南充等，湖北的襄阳、宜昌，河南的洛阳、南阳，湖南的岳阳、衡阳，安徽的芜湖，江西的赣州，广西的柳州、桂林……纷纷被确立为省域副中心城市，承担起在省会之外打造第二增长极的重任。

省域副中心的推出，固然对强省会模式提出了挑战，但由于实力悬殊，副中心最终能否独当一面，仍旧存在极大的不确定性。一个潜在的共识是，弱省需要强省会，而强省需要多中心。对于经济弱省来说，人口流失的局面需要扭转，东部地区的产业转移需要争取，无不需要强省会赤膊上阵；对于经济强省来说，经济强市众多，省会想要一家独大也不容易，关键是要区分好省会与经济强市之间的功能定位，让省会更好发挥省会功能，经济强市更多发挥经济功能。至于中西部已经做大了强省会的省份，省会再继续膨胀，可能会带来一定的负面效应，培育多个副中心城市，无疑有必要性和紧迫性。所以，如何在"强省会"和"多中心"之间取得平衡，将会是对所有城市的考验，也决定了新一轮城市洗牌的力度。

■ 第四次科技革命的大洗牌

科技革命和产业革命，才是重塑区域经济的终极力量。过去几年，全球围绕着芯片、人工智能、5G 和 6G、生物医药、新能源、新材料等高新科技领域，展开声势浩大的科技战、产业战，而我国早在十多年前就部署了新一代信息技术、生物医药、高端装备、新材料、新能源、数字创意等战略性新兴产业。这些新兴产业对以传统产业为主的城市的颠覆，一如当初沿海外贸城市对传统重工业城市的洗牌。

目前，在多个领域，新兴产业已成席卷之势：一是新能源汽车，打破过去几十年由燃油车企构筑的企业矩阵及城市支柱产业体系，一些传统汽车工业大市，一旦在新能源的时代浪潮中跟不上脚步，就会彻底败下阵来，势必对经济形成一定拖累。二是数字经济，21 世纪初互联网产业的崛起，让一众城市勇立潮头之上，这一次数字经济带来的变革，有过之而无不及。从数字产业化到产业数字化，数字经济正在成为重组全球要素资源、重塑全球经济结构、改变全球竞争格局的关键力量。为此，2023 年，我国将数字中国建设情况作为政绩考核评价的参考。任何事情只要纳入政绩考核，都意味着政策力度的提升，有望带动"你追我赶"的城市竞争，过去的"GDP 论英雄"如此，后来的"亩均论英雄"如此，数字经济同样如此。三是人工智能，2023 年前后，ChatGPT 横空出世，上线不到两个月就收获 1 亿月活跃用户，创下了史上之最。第一次让所有人看到人工智能带来的直接冲击，其影响遍及知识生产、信息传播、智能制造等几乎所有与信息技术相关的领域，堪称生产力革命。一些传统行业或将萎缩，部分重复性强、创造力不足的工作或将被取代，而新的工作模式也将诞生，以先进制造业和高端服务业为主的城市或将从中受益。

回顾历史，从 18 世纪的机械革命，到 19 世纪的电气革命，再到 20 世纪的信息革命，以及正在扑面而来的智能革命，每一次技术革命都会带动国际、区域和城市实力的洗牌。谁能站在科技革命的最前沿，谁能在新兴产业的争夺战中走在前列，谁就能在新一轮的城市大变局中抢得先机。

■ 未来，中国城市八大趋势

我曾在上一本书《中国城市大趋势：未来 10 年的超级新格局》中，总结未来城市竞争的八大趋势，包括一线城市地位继续稳固、经济重心持续南移、一省一城、中小城市鹤岗化、陆权复兴、大城大圈、抢人大战白热化、楼市大分化。经过一定时间的检验，这些趋势如今越发明朗，且在新的时代变局下，呈现加速演变之势。

从重要时间节点来看，1978 年之前，重工业城市一枝独秀，东北与中西部工业重镇强者恒强；20 世纪 80 年代以来，改革开放释放出巨大的制度红利，东部地区乘势而上，沿海贸易城市一飞冲天；2000 年之后，西部大开发、中部崛起等战略横空出世，开始重塑区域格局；21 世纪第二个十年，大投资、大基建集体上马，消费升级促进内需崛起，中西部强省会突飞猛进；21 世纪 20 年代，随着新型城镇化步入新阶段，城市竞争从传统的单打独斗，变成都市圈、城市群之间的较量，大城大圈改写了区域竞争模式。

几十年来，我们看到了东北城市的整体衰落，沿海外贸城市的集体崛起，中西部强省会的后来居上，中心城市的强者恒强，大都市圈、大城市群的强势扩张，中小城市的普遍收缩；也看到了北上广深对"京津沪"的取代，二线城市一轮又一轮的洗牌，珠三角、长三角与京津唐、辽中南等传统工业基地的分道扬镳，三大世界级城市群、众多国家级都市圈的横空出世；我们看到了有老牌经济强市因产业转型不畅发展陷入停滞，也有城市因超前布局新兴产业一跃而起，有城市强者恒强，有城市不进则退……

这场大变局，仍在进行时。未来谁能最终胜出，我们拭目以待。

第七章
失落的东北，何以振兴／290

第一章 ————— 长三角，有多发达

上海：中国第一大市，究竟有多重要

疫情，堪称 21 世纪迄今为止最重大的全球性事件。这场疫情，搅动了国际形势，重塑了区域格局，也成了检验超大特大城市治理能力的试金石。

2020 年初和 2022 年上半年，武汉和上海先后遭遇来势汹汹的疫情冲击，一度双双按下"暂停键"。武汉疫情，折射的是"九省通衢"对四面八方的冲击，经济第一大市上海的静态管理，不仅通过城市群和都市圈影响到整个长三角地区，更基于自身在经济，特别是制造业、财政、外贸等方面的地位，进而波及全国乃至全球的供应链与产业链。

上海，对中国究竟有多重要？

■ 疫情背后的上海

在上海疫情期间，有三段话不胫而走。

第一句话来自疫情初期的一次新闻发布会。有关人士表示："上海不仅是上海人民的上海，上海还在全国经济社会发展中承载了重要的功能，甚至对全球经济都有影响……如果上海这个城市停下来，东海上就会多出很多漂在海上的国际货轮，就会影响整个国家的经济和全球的经济。"

第二句话来自一位华为高管："如果不能尽快复工复产，（2022 年）5 月之后，所有科技、工业产业涉及上海供应链的都会停产。"

第三句话来自网络："如果上海经济降速乃至负增长，那么中西部许多省市的财政、养老金都会出问题。"

这三段话虽然不无夸张之嫌，但也道出了上海之于大国经济的重要地位。

作为经济第一大市，上海在多个领域有举足轻重的影响力。上海以不到千分之一的土地面积、占比 1.7% 的人口，贡献了全国 3.8% 的 GDP、3% 左右的工业增加值、8.9% 的金融业增加值，以及 11.4% 的税收收入、10% 的进出口、12.7% 的外商实际投资（见图 1-1）。以天为单位，上海平均每天创造 GDP 122 亿元，国内税收 42 亿元，进出口 115 亿元，工业产值 115 亿元……这些数字，超过了许多县城一年的体量。可见，上海经济一旦负增长，势必拖累经济大盘，更会通过供应链波及其他地区，经由财政总盘子影响中西部地区，可谓牵一发而动全身。

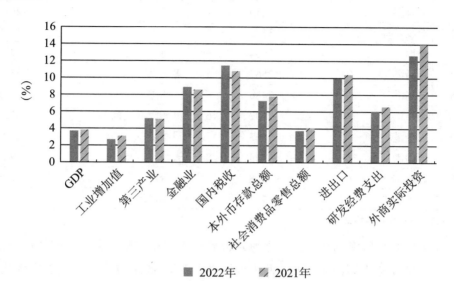

■ 2022年　▨ 2021年

图 1-1　2021—2022 年上海各项经济指标占全国比重

资料来源：《中国统计年鉴》《上海统计年鉴》。

在产业上，上海是中国第一大工业城市。无论是汽车制造、高端装备、航空航天、信息通信、新材料、新兴数字产业六大支柱产业，还是集成电路、生物医药、人工智能三大核心新兴产业，上海及其背后的长三角在全国制造业产业链、供应链中都有着突出地位。

在外贸和航空航运上，上海是最大的外贸口岸，也是对外开放、参与国际大循环的重要前沿阵地。上海港的集装箱吞吐量和货物吞吐量稳居世界第一梯队，2022 年上海港集装箱吞吐量高达 4703 万标准箱（见表 1-1），连续 13 年位居全球第一，平均每天有 12.8 万标准箱的货物到港或出港。如果加上宁波—舟山港，整个长三角水域堪称全球船舶密度最大、交通流组织最繁忙的区域，整体船舶定位信号数量常年超过 1.5 万艘。一旦因为疫情，上海港等待装卸货物的船只增多，港口的正常运转受到影响，"大量国际货轮漂在东海上"的说法就不是危言耸听。

表 1-1   2022 年全国十大港口

集装箱吞吐量（万标准箱）			货物吞吐量（万吨）		
序号	名　　称	吞吐量	序号	名　　称	吞吐量
1	上海港	4730	1	宁波—舟山港	126134
2	宁波—舟山港	3335	2	唐山港	76887
3	深圳港	3004	3	上海港	72777
4	青岛港	2567	4	青岛港	65754
5	广州港	2486	5	广州港	65592
6	天津港	2102	6	苏州港（内河）	57276
7	香港港	1663	7	日照港	57057
8	厦门港	1243	8	天津港	54092
9	苏州港（内河）	908	9	烟台港	46257
10	北部湾港	702	10	北部湾港	37134

资料来源：交通运输部。

航运如此，航空同样如此。上海是世界最大的航空枢纽之一，即便在疫情的背景下，2021 年上海浦东、虹桥两大机场仍实现了 6541.41 万人次的旅客吞吐量，位居全国之首，而货邮吞吐量达 436.6 万吨，创下了历史新高。2019 年，上海浦东、虹桥两大机场更是创下了 1.2 亿人次的最高纪录。在对外商贸方面，上海保障了全国近 1/2 的出入境航空物资运输、近 1/3 的出入境航班起落，以及近 30% 的进口冷链食品，地位可见一斑。

在财政上，上海是全国财政转移支付的现金"奶牛"，对全国财力净贡献额仅次于广东，位居全国第二。我国的转移支付，基本上以东部经济大省的财政来补中西部及东北地区的短缺，以实现财政上的区域均衡。然而，需要转移支付的地区太多，而贡献者集中于东部为数不多的几个地区。2021 年，在全国 31 个省区市（港澳台除外）中，仅有 8 个省区市对全国税收有净贡献，广东、上海、北京的净贡献额位居全国前三（见图 1-2）。

具体来看，2021 年，来源于上海的国内税收收入高达 1.53 万亿元（不含海关代征），是深圳全口径税收收入的 1.5 倍、广州的 2 倍多、宁波的 5 倍、青岛的 8 倍、厦门的 11 倍……扣除转移支付及返还部分，上海对全国财政的净贡献高达 7876 亿元，一市的净贡献就足以补上东北三省或西北所有省份的财政支出缺口。因此，以广东、上海为代表的东部省市税收能否保持稳定增长，关乎的不只是自身财政开支的可持续性，更影响到东北、中西部所有省份。所以有人说，上海的蝴蝶扇了一下翅膀，千里之外的西部省份都感到了空气的波动。

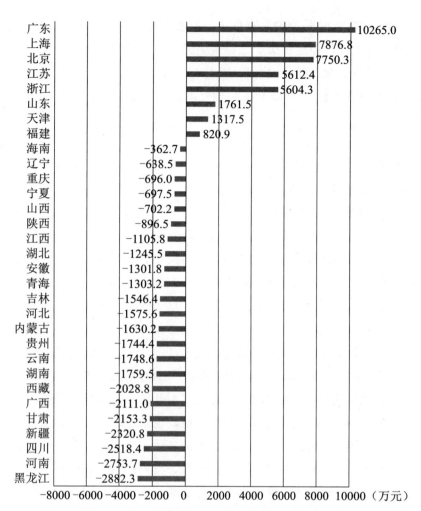

图 1-2　2021 年全国 31 个省区市财政净上缴金额

注：财政净上缴=各省国内税收（不含海关代征）-本地一般公共预算收入+中央转移支付及返还部分

资料来源：财政部。

　　不过，上海最终选择了静态管理，国际货轮挤在东海上的场景也并未发生，汽车、电子等产业链并未出现全面停产的局面。原因是，从上海到国家层面，都在力保物流畅通，保障复工复产，制造业可通过"闭环管理"降低影响，加上周边宁波—舟山港等港口的补位，在疫情防控、港口运转与安全生产之间取得了一定平衡，尽可能减少了损失。

　　但是，这一波疫情冲击对上海经济的影响仍不容小觑。2022 年第二季度，上海 GDP 降幅高达 13.7%，工业、投资、消费、外贸一度全线负增长，而实际 GDP 增速直到全年仍未转正，这种现象为 1978 年改革开放以来的首次。受疫情影响，上海半年度 GDP 一度被北京赶超，虽然上海在全年 GDP 指标上再次追回并守住了第一市之位，但这在历史上也是绝无仅有的现象，可见疫情大变局带来的冲击之大、影响之深。即使经济韧性强如上海，在冲击面前也很难不动如山，不仅经济恢复需要时间，整个社会的心理修复同样需要时间。

■ 上海"静默"，产业停摆

巅峰时期的东莞，国际媒体曾用"东莞堵车，世界缺货"来形象概括其"世界工厂"的角色。套用这句话，上海在集成电路、汽车制造领域的地位，也可用"上海'静默'，产业停摆"来形容。

关于汽车行业，在静态管理之初，众多企业人士都发出了预警。除了前面提到的华为高管，一家造车"新势力"的"掌门人"更是直言不讳："如果上海和周边的供应链企业还无法找到动态复工复产的方式，（2022 年）5 月份可能所有的整车厂面临停产风险。"另一家造车"新势力"的首席执行官进一步解释："一辆车差一个零件都没法生产。"

汽车产业涉及数万个零部件，供应链条长，一家车企对应着 200 多个零部件供应商。全国虽然有多个汽车生产基地，每个基地都集聚了大量的上下游企业，但不是每个地方都能完全"内循环"，这就离不开统一大市场的助力。上海及其背后的长三角，恰是我国最大的汽车制造基地，也是零部件行业龙头最为集中的区域之一。2022 年，上海汽车产量超过 300 万辆，占全国汽车总产量的 11%，其中新能源汽车产量占全国的 14%。除了以上汽、特斯拉为代表的整车厂之外，上海大都市圈区域还汇聚了数千家汽车零部件企业，全球十大汽车零部件公司中，采埃孚、博世、麦格纳、爱信、大陆集团、法雷奥和李尔公司等 9 家跨国公司将中国总部设在了上海，并在当地设立了生产基地。从整车到零部件制造，这个行业为上海创造了 8000 亿元的工业总产值，堪称名副其实的支柱产业。

上海是中国现代汽车工业的发源地之一。计划经济时期，"上海"牌轿车曾是公务用车的主力车型。改革开放后，上海率先开启了汽车"中外合资"的新潮流，借助技术引进和自主科技突破，在 2000 年前后开启了零部件国产化和整车国产化的全新尝试，2018 年又引进特斯拉作为中国首个独资建厂的外资车企，投产 3 年左右就实现 95% 以上的本地化率……上海一次次引领潮流，一次次带动汽车产业的腾飞。

一个城市核心产业的壮大，往往能惠及周边地区。上海汽车制造业的繁荣，通过产业扩散和协同效应，带动了大都市圈内乃至整个长三角地区汽车制造业的崛起。根据复旦大学管理学院胡奇英教授团队对上汽大众 240 家关键零部件供应商的统计，有 81 家供应商地处上海，江浙沪的核心供应商数量占总体的 62.1%，其中属于上海大都市圈的有 119 家，占总数的 49.38%，产业协同效应可见一斑。

正因为这一点，上海及周边地区一旦因为疫情而选择静默，全国汽车制造厂都会"打喷嚏"，就连千里之外的广东都无法幸免。所以，上海在疫情发生之初就全力推进复工复产，在 2022 年 4 月首批复工复产的 666 家重点企业中，汽车产业链配套企业达 200 多家，在各行业中排名第一，占比 33%。

让汽车产业感受到危机的，还有集成电路产业。近几年，全球疫情大流行，加上地缘冲突、贸易冲突频发、大宗商品价格暴涨，全球制造业供应链已受到严重影响，"缺芯少电"一直制约着汽车产业的发展，疫情冲击进一步加剧了汽车芯片供不应求的紧张态势。

长三角是我国最大的集成电路产业基地，上海是我国集成电路第一城，也是半导体产业"高精专"层次的代表。数据显示，2022 年，长三角集成电路产业规模占全国的 58.3%，其中设计业、制造业、封测业在全国的占比分别为 48.9%、47.2% 和 78.4%。另据芯思想研究院发布的"2021 年大陆城市集成电路竞争力排行榜"，在排名前 15 的城市里，长三角地区占据 6 席，分别为上海、无锡、合肥、南京、苏州、杭州。

其中，上海 2022 年集成电路产业规模约为 3000 亿元，连续多年保持两位数的高增速，占全国产业规模长期维持在 20% 以上，不仅形成了覆盖基础软件、核心产品设计、先进制造封测到装备材料的全产业链体系，而且坐拥国内 40% 的产业人才，汇聚了科创板一半的集成电路上市公司，大名鼎鼎的中芯国际、华虹半导体都诞生于此。

上海集成电路的重要性不止于规模，更在于承载了一系列扭转"卡脖子"之困实现科技突破的希望。根据官方通报，截至 2022 年，上海企业实现 14 纳米先进工艺规模量产，90 纳米光刻机、5 纳米蚀刻机、12 英寸大硅片、国产 CPU、5G 芯片等的突破，代表内地最高水平。虽然与美国、韩国等国家相比仍有一定差距，但在自主可控的国产产业链中的地位举足轻重，在科技自立自强中的角色至关重要。

众所周知，半导体制造工厂的生产线通常有 24 小时连轴转、全年 365 天无休的特性。芯片工厂一旦停工，重启需要耗费较长时间。同时，半导体制造需要耗费数千种原材料，按照正常储备，这些原材料储备少部分能支撑 2～3 个月，消耗快的 30 个小时就需要补充。所以，疫情对集成电路产业的冲击，比汽车行业有过之而无不及。疫情之下，上海出台了一系列保链稳链措施，芯片制造重点企业一直保持 90% 以上产能，从而将损失控制在一定限度。

经历这波疫情，许多人意识到，任何静默都必然伴随着方方面面的代价。对于小城市，影响的多是居民的正常生活和消费；对于大城市，除生活之外，还会冲击全国乃至全球的供应链，这就是全球化时代区域经济一体化、产业链供应链安全的重要意义所在。

■ **国产大飞机总部为何落户上海？**

上海在经济、金融乃至城市群中的重要性，可谓众所周知；在全国产业链、供应链里的突出贡献，这几年也得到了更多人的认识。但在一些尖端领域，在关乎科技自立自强和"卡脖子"领域的前沿布局，知道的人却不多。

上海制造，承载着"大国重器"突围的希望。从极地科学考察破冰船到国产首制大型邮轮，从国产第一台 9F 级重型燃机到国产大飞机，研发、制造都与上海有着密切关系。其中，最受瞩目的当属国产大飞机。2022 年底，国产大飞机 C919 获颁生产许可证，开始正式交付运行，逐步迈入商用阶段。根据中国商飞预测，到 2040 年，中国客机队规模将达到 9957 架，占全球比例 22%，成为全球最大单一航空市场。未来 20 年中国将接收民航客机 9084 架，市场总价值超 1 万亿美元。国产大飞机的崛起，有助于打破波音、空客垄断全球市场的局面。

这是我国自行研制、具有自主知识产权的大飞机。C919 的问世，让中国成为继美国、俄罗斯、英国、法国之后第五个具有制造大飞机能力的国家。所谓大飞机，指的是最大起飞重量超过 100 吨的运输机以及 150 座以上的干线客机，这是国际民航的通用机型。大飞机的突破，决定了各国在民航领域的综合实力。汽车制造业，往往被视为现代工业的集大成者。大飞机更进一步，涉及材料科学、冶金科学、工程力学、空气动力学、热动力学等前沿学科，即使一个不起眼的紧固件，都是现代高端制造业的集成。

因此，大飞机的设计生产制造需要举国之力的支持，堪称"关键核心技术攻关新型举国体制"的代表之作。国产大飞机，自 2007 年正式立项，历时 15 年之久，且得到全国多个省份、数百家企业、众多高校及科研人员的参与，终于取得成果。

一个令人困惑的问题是，西安、成都、沈阳、南昌都是传统航空工业重镇，为何国产大飞机的设计研发、总装制造、客户服务等核心总部基地，最终却落在了上海？

一个原因是，上海有相当长的飞机制造史，早在几十年前就承载过国产大飞机突围的希望。早在 20 世纪 50 年代，上海就承担了航空产品的生产任务；1970 年以来，又承担起"运 -10"研制任务，最终于 1980 年完成首飞，这是我国自行设计、制造的第一架完全拥有自主知识产权的大型喷气客机。遗憾的是，由于当时的经济发展水平、工业基础、市场竞争力等种种因素，这一项目最终未能持续下去。

考虑到当时的技术水平，同时为了接轨国际，借鉴发达国家经验，积极融入全球飞机供应链，中国民航工业走向了中外合作的道路。1985 年，上海飞机制造厂与美国麦道公司合作，代工生产 MD-80 系列客机。随后的十多年里，上海成为美国麦道飞机的总装地，先后总装 MD-82、MD-83 和 MD-90 等机型。不过，随着 1997 年麦道公司被波音收购，麦道生产线于 1999 年被关闭，MD-90 项目被迫中止，中国民航工业最终仍要回到自主发展之路。

无论是 50 年前的自主研制还是 30 多年前的国际合作，不同历史时期有着适应时代背景的不同发展策略。但有一点作为共识，正是有了这些积极探索所积累的技术储备和制造经验，才有了后来 C919 大飞机的迅速推进。上海作为大飞机国产化的主要承载地，顺理成章地成了中国商飞的总部所在地。

另一个原因是，上海科技相对发达，工业底蕴深厚，拥有大型港口，且国际化程度较高，有利于吸引来自全世界的高端人才，同时参与国际竞争。据《上海国资》杂志报道，原国防科工委主任张云川曾表示，从技术上说，上海的力量是最强的，此前只有上海造过大飞机，其他地方都没造过，存在着一定的技术经验优势。从制造水平来讲，上海的机械制造业比较发达，有成熟的产业链和产业群；从运输上来看，上海也具有优势，长三角发达的水上运输、陆路运输是其他地方没法比的。

同时，大飞机制造是一项长期工程，整个研发生产周期长达十多年之久，要等到盈亏平衡更需要 20 多年时间，这需要源源不断的资金投入。除了国家层面的鼎力支持之外，来自发达地区的地方投入也不可或缺。且不说中国商飞的股东里不乏上海地方国资的身影，同样可以看到，为了助力国产大飞机一飞冲天，寸土寸金的上海，拿出了一块 24.7 平方千米的土地，专门用于打造大飞机产业园。此外，上海还为大飞机项目配套了巨额的资金投入。据上海官方披露，截至 2013 年底，已为大型客机研制保障条件建设项目提供了约 6.6 亿元地方配套资金，加上为大型客机项目提供注册资金、低价优惠、地方配套等，各类资金达到 140 多亿元。如今 10 年过去，上海为大飞机项目总投入的资金或高达数百亿元。

上海航空产业的崛起，惠及的不只是自身，还带动了长三角航空产业集群的发展。国产大飞机采取的是国际通用的"主制造商 - 供应商"模式，由位于上海的中国商飞担任主制造商，将发动机、机体、机载系统等各大部分悉数外包，这就为各地发展航空制造业提供了机会。在传统认知里，西安、成都、南昌、沈阳、哈尔滨等地作为航空工业重镇而备受瞩目，相比而言，无论江苏还是浙江，除了拥有部分航空院校及科研院所外，航空工业基础相对薄弱，但借助上海作为中国商飞总部和国产大飞机总装基地的优势，长三角多个地市迅速布局，在短短十多年时间就补上了短板，成了航空制造业的新兴"势力"。在中国商飞的供应商名单中，来自江苏、浙江、安徽的企业多达 20 多家，这些企业多数都是围绕国产大飞机布局，且多是在中国商飞于上海成立之后设立的，生动体现了龙头企业带动区域协同发展的效应。

在大飞机、集成电路、生物医药、人工智能等核心领域，上海制造的名片将会越发闪亮。助力科技自立自强，这是国际科技创新中心和大型工业城市的优势所在，也是责任与使命所在。

■ 纽伦港的有力挑战者

上海不只是上海人的上海，更是全国的上海，也是世界的上海。

在国内，以"全球城市"作为定位的不在少数，但最接近这一目标的非上海莫属。根据《上海市城市总体规划（2017—2035 年）》，上海要建设成为卓越的全球城市、具有世界影响力的社会主义现代化国际大都市。

说起全球城市，《时代周刊》在 2008 年发明的一个词颇具代表性：纽伦港（Nylonkong）。纽伦港即纽约、伦敦、香港的合称。这三大城市之所以能成为全球城市的代表，在于集聚了世界的人流、物流、资金流。从人流来看，纽伦港聚集了众多大型跨国公司，汇聚了来自世界各地的高端人才；从物流的角度来看，三地都是国际航运中心和贸易中心，在国际供应链和价值链中具有举足轻重的地位；从资金流的角度来看，三地均为首屈一指的国际金融中心，在全球资本配置体系中处于主导地位。

不过，近年来，随着地缘冲突、贸易争端加剧，全球城市格局迎来新一轮大洗牌，"纽伦港"体系开始松动，上海、东京、新加坡等成了新的挑战者。

何为全球城市？根据经济学家弗里德曼（J. Friedmann）和萨森（S. Sassen）的研究，全球城市至少应具备四大功能：世界经济组织高度集中的控制者，金融机构和专业服务公司的集聚地，高新技术产业生产及研发基地，产品及创新活动的市场。这些功能可以用一系列指标来衡量，诸如主要的金融中心及跨国公司总部所在地、国际性机构的集中度、商业服务部门的高度增长、重要的制造业中心、重要的交通枢纽、专业人才聚集的中心、信息中心、重要的人口中心、国际娱乐休闲中心，等等。

　　就此而言，上海是内地最接近全球城市的地方。在金融上，上海与纽约、伦敦、中国香港不乏一争之力，这体现在上海的国际金融中心定位上；在科技创新上，上海对标美国西海岸的硅谷，这体现在上海的国际科技创新中心的功能上；在航运和贸易上，借助世界第一制造大国的优势，上海的综合实力相较于新加坡、伦敦、迪拜等有过之而无不及；在都市圈和城市群上，上海与东京大都市圈具有一定的相似性，不仅具备成为全球城市的可能，更有借助大都市圈，进一步升级为"全球城市区域"的潜力。

　　过去10年，上海的进步尤为明显，在三大主要国际榜单——GaWC全球城市分级排名、全球金融中心指数（GFCI）、新华·波罗的海国际航运中心发展指数（Iscdi）中的排名都得到明显提升。这三大榜单侧重点不同，GaWC关注的是全球连通性及全球化经济的融入度，衡量的是生产性服务业（金融、广告、法律、会计、管理咨询等）的发达程度，以此来定位一个城市的世界影响力，在这个榜单中，上海从2012年的第6位上升到2020年的第5位（见表1-2）。GFCI着重关注各金融中心的人才与商业环境、金融市场灵活度、适应性、发展潜力等指标，在这个榜单上，上海从2012年的第8位上升到2022年的第4位。Iscdi从港口条件、航运服务、综合环境等层面评价各大港口的综合实力，在这个榜单上，上海从2014年（最早数据）的第7位上升到2022年的第3位。

表 1-2　上海在三大国际榜单中的位置

排　名	GaWC（世界城市）		GFCI（全球金融中心）		ISCDI（国际航运中心发展指数）	
	城　市	分　级	城　市	分　数	城　市	分　数
1	伦敦	Alpha++	纽约	760	新加坡	94.88
2	纽约	Alpha++	伦敦	731	伦敦	83.04
3	中国香港	Alpha+	新加坡	726	上海	82.79
4	新加坡	Alpha+	中国香港	725	中国香港	79.15
5	上海	Alpha+	旧金山	724	迪拜	75.74
6	北京	Alpha+	上海	723	鹿特丹	73.85
7	迪拜	Alpha+	洛杉矶	722	汉堡	73.07
8	巴黎	Alpha+	北京	721	纽约—新泽西	72.58
9	东京	Alpha+	深圳	720	雅典—比雷埃夫斯	68.67
10	悉尼	Alpha	巴黎	719	宁波—舟山	66.12

　　资料来源：GaWC 2020年《世界城市名册》，GFCI 32，《新华·波罗的海国际航运中心发展指数报告（2022）》等。

虽然进步神速，但上海离全球城市仍有一定距离，还存在诸多短板。其中，最突出的当属国际金融中心的国际化程度，但这有赖于我国的金融开放力度以及人民币国际化的进展。第二个备受关注的是营商环境，与纽约、伦敦等顶尖城市相比，上海在市场准入上仍有诸多门槛，尤其是高端服务业开放方面存在不少壁垒，在跨境贸易的便捷性、产权保护等方面也有较大的改进空间。第三个是科创，上海虽然聚集了众多大科学装置和顶尖制造企业，但在综合创新水平上与硅谷等地仍有较大的差距。根据世界知识产权组织（WIPO）等机构发布的《全球创新指数（GII）2022》，上海—苏州位列全球第六大科技集群，排在日本东京—横滨、中国香港—深圳—广州、中国北京、韩国首尔、美国圣何塞—旧金山之后。第四个是宜居环境，作为人口超过 2000 万人的超大城市，上海长期面临"大城市病"的困扰，公共文化设施不足、医疗服务供给不足、绿色空间有待提升等问题相对突出。第五个是城市发展的"韧性"不足。奥密克戎变异株冲击暴露出超大特大城市面临超预期冲击，在应急管理、基层治理及常态化治理等方面的短板。

无论如何，上海不仅是中国各大城市经济的天花板，也是我国城市跻身世界城市之林的代表，更是城市治理能力现代化和中国式现代化的重要探索者。越过疫情的坎，上海的未来仍旧值得期待。

苏州：第一地级市，为何就是建不了机场

万万没想到，与广州、深圳有一争之力的苏州，竟然只是地级市。

全国经济最强的十座城市，要么是直辖市，要么是副省级省会或计划单列市，只有苏州是一个普通地级市。即使如此，苏州依旧稳扎稳打走出了一条独特的崛起之路，晋级为首屈一指的经济大市、工业大市和外贸大市。

然而，除这一骄人成绩之外，苏州始终面临着几个"难言之隐"：为何不是副省级城市？为何未能晋级超大特大城市？为什么一直没能建成国际机场？为何难以成为国家中心城市和城市群的强中心城市？

■　工业第一城

即使不是副省级城市，不是超大特大城市，没有机场，也丝毫掩盖不住苏州的光芒。

　　苏州，与上海、深圳并称为三大工业城市。2022 年，苏州规模以上工业总产值达 4.36 万亿元，与深圳不相上下，工业增加值达到 1 万亿元，仅次于上海与深圳（见图 1-3）。但上海、深圳双双进入后工业化时代，工业占比分别不到自身总产值的 1/4 和 1/3，只有苏州仍旧高于 40%，为不折不扣的工业重镇。同时，在制造业 31 个行业大类、178 个行业中类、609 个行业小类中，苏州涵盖 31 个行业大类、161 个行业中类、483 个行业小类，覆盖率分别达到 100%、90.4%、79.3%。

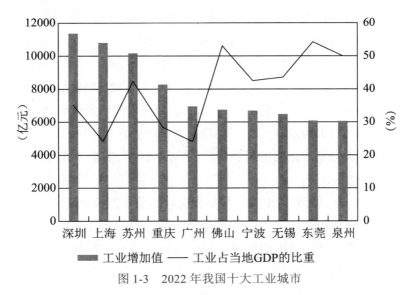

图 1-3　2022 年我国十大工业城市

资料来源：各市统计公报及公开报道

　　苏州工业的崛起，绕不开三个关键词：苏南模式、园区经济、制造立市。

　　在改革开放之初的探索中，全国形成了许多颇具特色的地方发展模式，最具代表性的有三个：苏南模式、温州模式、珠江模式。珠三角以外向型经济为特色，通过外贸来驱动工业化；温州模式是个体、私营经济的全新探索，通过市场来带动工业化；苏南模式是从乡镇企业和集体经济中脱颖而出，走的是先工业化再市场化的发展路径。借助苏南模式，苏州经济实现了狂飙式增长，1978—1998 年，苏州 GDP 从 32 亿元增加到 1250 亿元，增长了近 40 倍。

　　三大模式均为特殊时期的产物，在改革开放初期发挥了强劲的增长效应。不过，20 世纪 90 年代后期，随着改革开放的深入，加上宏观环境的变化、地方政府债务问题的凸显，苏南模式被逼到了十字路口，乡镇企业、集体企业均面临转制。在市场化和国际化的双重影响下，外贸成了苏州经济增长的主要来源，这种背景下，园区经济应运而生。

产业园区是一种特殊的经济地理单元，以产业集聚为基本特征，以招商引资、外贸出口为主要导向。从 20 世纪 80 年代开始，经济园区开始遍布全国，从覆盖整个城市或片区的经济特区和国家级新区，到经济技术开发区、综合保税园区、自由贸易区等，再到承载综合功能的产城融合、政园合一的新型园区，园区经济成了全国工业增长的重心，也成了对外开放的窗口和区域发展的重要增长极。

苏州是园区经济的先行者，也是园区经济的集大成者。目前，苏州共有近 30 个园区，其中最负盛名的当属 1994 年成立的苏州工业园区。在商务部自 2016 年开启的国家级经济技术开发区综合发展水平考核评价中，苏州工业园区连续多年夺冠，"对外贸易""利用外资"两项单项指标分别列第一、第三。2022 年，苏州工业园区 GDP 达 3515.6 亿元，规模以上工业总产值达 6850 亿元，一般公共预算收入为 387 亿元，进出口总额为 7151 亿元，外贸占苏州全市经济的 30% 左右。苏州工业园区不仅总量遥遥领先，产业结构也相对优异，目前已形成以新一代信息技术、高端装备制造、生物医药、纳米技术应用、人工智能等为代表的特色产业体系。

制造立市，是苏州后来居上并保持领先优势的最大支撑。苏州工业如此发达，除了苏南模式、园区经济的助力之外，背靠上海，与上海错位发展、分工合作也是不能忽略的因素。作为与上海同城化程度最深的城市，苏州自改革开放之初就享受到上海的溢出效应，近年来又承接众多来自上海的产业转移项目，在长三角相关规划中更是处于桥头堡位置。

从制造立市到制造强市，是苏州与上海的共赢之道。在几十年前的苏南模式中，穿梭于上海与苏州、无锡、常州的"星期天工程师"曾发挥了不容低估的作用。在 20 世纪八九十年代，每逢周末，在上海的火车站或码头，经常能看到身着蓝卡其布衣服、拎着人造革包的技术人员，他们通过周末兼职，促进了知识与技术的输出。到了园区经济时代，上海与苏州更是形成了"上海研发—苏州制造—全球销售"的产业合作格局。虽说都是工业城市，但苏州与上海的主导产业明显存在错位，苏州以电子信息、高端装备制造、电气机械制造、钢铁、汽车制造等为支柱产业，而上海重点布局新能源汽车、人工智能、生物医药、集成电路等前沿领域，两城存在相当大的互补空间。

当然，苏州工业并非不存在问题。苏州是典型的外贸驱动型经济，新一代信息技术产业多为代工产业，本土巨头不多。同时，与上海、深圳相比，苏州还存在为数不少的传统企业，这从中国 500 强企业榜单中就可见一斑。2022 年，苏州共有 9 家企业入围中国 500 强，多为钢铁或化工企业，而上海、深圳都有本土科技创新性企业上榜。

在战略性新兴产业布局上，上海的新能源汽车、集成电路、人工智能、生物医药、航空制造等产业优势突出，深圳的新一代信息技术、生物医药、集成电路已形成较大的规模优势，苏州则聚焦于新一代信息技术和新材料。所以，未来中国工业第一大市之争，还存在巨大变数。上海、深圳、苏州，谁能在新兴产业的转型上走在前列，谁才能坐稳工业第一城之位。

■ 为何不是副省级城市？

我国城市的行政等级，大致有"直辖市—副省级市—地级市—县级市"四层架构。

在 600 多个城市里，只有 4 个直辖市、15 个副省级城市。副省级市的行政级别比一般地级市高出半级，且拥有部分省级管理权限，在国家战略和资源配置的竞争中拥有相当大的优势。正因为这一点，最近几年一些省会升格为副省级城市的建议不绝于耳。

目前，我国内地共有 4 个直辖市和 27 个省、自治区，但只有 10 个省会位列副省级，基本都是传统的大区中心，如广州之于华南、沈阳之于东北、武汉之于华中、成都之于西南、西安之于西北。除省会之外，我国还有 5 个计划单列市，级别也是副省级的，分别是深圳、青岛、宁波、大连、厦门。所谓计划单列，主要指的是财政单列，财政收支直接与中央挂钩，不必上缴省级财政，且拥有相当大的省级管理权限，地位较为特殊。这些计划单列市，与所在省的省会形成明显的竞合关系，构成独特的"双子星"发展模式。

表 1-3 我国城市行政级别

行 政 级 别	数量	代 表 城 市
直辖市	4	北京、上海、天津、重庆
副省级市 + 省会	10	广州、成都、杭州、武汉、南京、济南、西安、沈阳、长春、哈尔滨
副省级市 + 计划单列市	5	深圳、宁波、青岛、大连、厦门
地级市	278	苏州、郑州、合肥、佛山、石家庄、襄阳、咸阳、铁岭、驻马店等
县级市	394	昆山、晋江、义乌、福清、浏阳、仙桃、寿光等

资料来源：《中国统计年鉴（2022）》。

一个令人困惑的问题是，连经济总量仅有苏州 1/4 的哈尔滨都位列副省级城市，为何苏州落榜了？

　　副省级市，诞生于 20 世纪八九十年代。当时，能成为副省级市的，要么区位优势突出，要么经济实力一流，要么属于沿边沿海城市，承担起对外开放和引领区域发展的重任。彼时，东北仍然风光无限，不仅重工业一枝独秀，而且沈阳、大连、长春、哈尔滨等中心城市的经济实力一度位居前列，这正是东北揽获 4 个副省级市的原因所在。

　　几十年前，苏州经济实力远没有今天如此耀眼。从历史来看，苏州长期是全国经济文化中心所在地，且一度作为江苏巡抚驻地，如今赫赫有名的大上海，在漫长的历史中，不过是苏州下辖的一个县。然而，晚清以降，随着上海等地陆续开埠，经济中心开始向沪上转移，加上太平天国运动给苏州带来前所未有的冲击，苏州人口从道光十年（1830）的 635.16 万人锐减到同治四年（1865）的 248 万人，可谓元气大伤。直到中华人民共和国成立之前，苏州也没能恢复当初的人口规模。种种变故，让苏州的经济地位不复以往高光，又导致其政治地位旁落。改革开放之后，借助苏南模式和园区经济的助力，苏州得以再度崛起。

　　在副省级城市设立的年代，苏州经济虽然增长强劲，但与同省的南京、无锡相比，还未产生较大的领先优势，远远没有后来与广州、深圳争锋的势头。而在强大的上海的辐射下，苏州本身对周边区域并无主导权。苏州是最早提出"主动接受上海辐射，实行错位发展"战略的城市，背靠大上海是其成功的重要因素，但这也让苏州失去了在都市圈内的领导地位。值得一提的是，整个江浙沪"包邮区"，已经确立了上海、杭州、南京、宁波等副省级及以上城市，苏州落选也就不难理解。

　　虽然苏州不是副省级城市，但由于经济实力强劲，一把手往往高配为副省级的省委常委，相比一般地级市仍有较大的话语权。关键的是，苏州虽然没能获得行政级别上的提升，但也不是毫无政策倾斜的普通地市。

　　国际合作平台及国家开发区的多少，最能体现政策倾斜力度。苏州是我国开发区最多的城市之一。截至 2022 年，苏州共有 14 个国家级开发区、6 个省级开发区、7 个综合保税区、1 个保税港区，总量位居全国前列（见表 1-4）。对比来看，江苏共有 46 个国家开发区，苏州一市就占了近 1/3。

表 1-4　苏州开发区名录

分　　类	数量	名　　称
国家级开发区	14	苏州工业园区、苏州国家高新技术产业开发区、昆山经济技术开发区、张家港保税区、昆山高新技术产业开发区、常熟经济技术开发区、吴江经济技术开发区、苏州太湖国家旅游度假区、张家港经济技术开发区、太仓港经济技术开发区、吴中经济技术开发区、苏州浒墅关经济技术开发区、相城经济技术开发区、常熟高新技术产业开发区
省级开发区	6	昆山旅游度假、江苏省汾湖高新技术产业开发区、江苏省昆山花桥经济开发区、江苏省太仓高新技术产业开发区、江苏省张家港高新技术产业开发区、江苏省相城高新技术产业开发区
综合保税区	7	苏州工业园综合保税区、昆山综合保税区、苏州高新区综合保税区、太仓港综合保税区、常熟综合保税区、吴江综合保税区、吴中综合保税区
保税港区	1	张家港保税港区

资料来源：苏州市政府官网。

　　开发区在土地、财政、招商引资方面享受诸多政策红利，综合保税港区享有保税、免税、退税等政策优势，对于外贸具有明显的刺激效应。值得一提的是，苏州工业园区是中国与新加坡联合打造的首个双边开放项目，被誉为"中国改革开放的重要窗口"和"国际合作的成功范例"，其最高层管理机构中新政府联合协调理事会的主席由两国副总理担任，级别之高、定位之高，可见一斑。在政策红利上，园区享受税费减免自行审批特权、园区公积金制度等特殊政策，也超过一般的开发区。

　　与此同时，作为地级市的苏州也和副省级市一样被赋予数十项省级管理权限。2019 年和 2021 年，江苏先后将 300 多项省级权限赋予自贸试验区、14 项省级管理事项赋予 54 个开发区，苏州自由贸易片区和众多开发区从中受益。

　　所以，苏州虽无副省级市之名，但资源配置能力和重大战略竞夺权，丝毫不弱于一些副省级城市。

■　为何不是超大特大城市？

　　城市不仅有行政级别，还有规模层级。

　　根据城区人口的多寡，我国将城市分为超大城市、特大城市、Ⅰ型大城市、Ⅱ型大城市、中等城市、小城市。其中，城区常住人口 1000 万人以上为超大城市，500 万～ 1000 万人为特大城市，300 万～ 500 万人为Ⅰ型大城市，100 万～ 300 万人为Ⅱ型大城市，50 万～ 100 万人为中等城市，50 万人以下为小城市。

根据 2022 年发布的《2020 中国人口普查分县资料》，在全国 685 个城市中，共有 106 个大城市，包括 7 个超大城市、14 个特大城市、14 个 I 型大城市、71 个 II 型大城市（见表 1-5）。在众多"双万城市"（GDP 超万亿元、常住人口超千万人）里，上海、北京、深圳、广州、重庆、天津、成都是超大城市，杭州、武汉、东莞、西安、郑州等均为特大城市，而苏州只是 I 型大城市。

表 1-5　全国城市规模评级

城市层级	城区人口	数量	代表城市
超大城市	超过 1000 万人	7	北京、上海、广州、深圳、重庆、天津、成都
特大城市	500 万～1000 万人	14	武汉、东莞、西安、杭州、佛山、南京、沈阳、青岛、济南、长沙、哈尔滨、郑州、昆明、大连
I 型大城市	300 万～500 万人	14	南宁、石家庄、厦门、太原、苏州、贵阳、合肥、乌鲁木齐、宁波、无锡、福州、长春、南昌、常州
II 型大城市	100 万～300 万人	71	兰州、唐山、海口、徐州、烟台、洛阳、珠海、西宁、南通、银川、襄阳、昆山、泉州、芜湖等
中小城市	100 万人以下	500+	鄂尔多斯、韶关、阳江、阜阳、南阳、荆州、玉林、三亚、驻马店、内江、石河子、安庆等

资料来源：《2020 中国人口普查分县资料》

一个经济总量超过 2 万亿元、全市常住人口超过 1200 万人的一流地级市，为何未能晋级超大特大城市？

这与城市规模的统计口径有关。衡量一个城市是超大、特大还是普通大城市，看的不是全市常住人口，而是城区人口。所谓城区，按照官方定义，指的是在市辖区和不设区的市，区、市政府驻地的实际建设连接到的居民委员会所辖区域和其他区域。换言之，城区只包括"城"的部分，广大的镇区及乡村并不囊括在内。所以，城镇化率不高的地市，即使常住人口迈过了千万大关，但由于城区范围较小，城区人口不足，便难以晋级为超大特大城市，石家庄、临沂、南阳等地都是如此。

相比而言，苏州城镇化率较高、经济产业相对发达，并不属于此类。但在统计中，作为苏州第一大区的苏州工业园区被视为产业功能区，而非市辖区，所以在最终的城区人口统计上有所遗漏，导致城区人口规模有所低估。

不过，这还不是苏州未能晋级的主要原因。我国的城市，包括直辖市、副省级市、普通地级市、县级市，但不包括县。究其原因，县一般是以农业为主的管理单元，半城半乡，而县级市以第二、第三产业为主，往往被视为独立的城市，在城区人口中单列统计。

苏州作为第一大地级市，下辖了 5 个市辖区、4 个县级市。这些县级市包括昆山、常熟、张家港、太仓，无一不是全国百强县中的佼佼者。其中，作为百强县之首的昆山市，经济总量与西部地区个别省会相当，经济产业发达，带动了人口流入和集聚，城区人口也在不断扩张。在 2020 年第七次全国人口普查中，昆山就以县级市的身份跻身 Ⅱ 型大城市之列。不过，这几个县级市"切"走了全市将近一半的人口，摊薄了市区人口规模，导致苏州城区人口被低估。

所以，只要将所有县级市都考虑在内，苏州早已是不折不扣的特大城市。如果要追求名义与实际的一致，那么撤市设区是不二选择。只要县级市被改为市辖区，其城区人口自然就成了地级市层面的城区人口，城市规模自然得以直接扩张。

新的问题在于，追逐超大特大城市究竟有何意义？

城市规模的影响可谓方方面面。其一，是不是超大特大城市，直接影响到都市圈的建设资格。日前，国家发改委新闻发言人表示，我国都市圈发展还处在初级阶段，各地要尊重客观规律，不能跨越发展阶段，在不具备条件的情况下推动都市圈建设。不是超大特大城市，或者不是辐射带动功能强的大城市（多为强省会），难以获得建设都市圈的主导权。

其二，市区人口规模如果不达标，会被排除在地铁建设之外。这几年，地铁审批门槛全面收紧。根据 2018 年发布的《关于进一步加强城市轨道交通规划建设管理的意见》，申报建设地铁的城市一般公共财政预算收入应在 300 亿元以上，地区生产总值在 3000 亿元以上，市区常住人口在 300 万人以上。一些城市的地铁项目被叫停，原因就是市区人口和财政收入双双不达标。当然，市区比城区的范围要广一些。

其三，城区人口多少，决定了能否建设超高层建筑。日前，住建部出台新规，严格管控新建超高层建筑：城区常住人口 300 万人以上的城市严格限制新建 250 米以上超高层建筑，不得新建 500 米以上超高层建筑。可见，城区人口是否突破 300 万人，决定了能否建设 250 米以上超高层建筑，这也决定了一个城市天际线的高度。

虽然这些对于苏州都构不成限制，但对于其他拥有多个县或县级市的城市来说，撤县设区、撤市设区、城市合并，仍旧是做大城市规模、提升城市能级的终南捷径。

■ 苏州"梅友"国际机场

上海浦东机场，广州白云机场，成都双流机场，深圳宝安机场，南京禄口机场，苏州"梅友"国际机场……

"梅友"，即没有的谐音。没错，苏州没有机场。中国地区 GDP 最高的 10

个城市，9个拥有机场，3个拥有双机场，只有苏州一直与机场无缘。

要知道，2022年，我国境内（不含港澳台地区）运输机场共有254个；到2025年，民用运输机场数量将达到270个以上。这意味着，在全国300多个地级市里，接近90%的城市都将有机场。而作为机场密集度最高的地区之一，江苏"十三太保"中，9个地级市都有自己的机场，且年旅客吞吐量均超过百万人次，南京禄口机场的吞吐量在疫情前更是超过3000万人次，就连南通都乘上了上海的东风，成为上海第三机场的建设地。然而，自从20世纪80年代就开始动议的苏州机场，至今仍杳无音信。

这背后的原因，说起来很简单：一是苏州离上海太近了；二是周边的机场太多了。

上海是我国首个拥有双机场的城市，后来北京、成都先后开通第二机场，将"双机场俱乐部"扩容到3个席位，而广州、重庆、南京无不在规划第二机场。疫情之前，浦东机场和虹桥机场的旅客吞吐量分别长期位居全国第二位和第八位，总旅客吞吐量稳居全国首位，占了长三角地区所有机场的四成以上。邻近的杭州萧山机场、南京禄口机场平时旅客吞吐量都在3000万人次以上，最近的无锡苏南硕放机场在疫情之前也有1000万人次的旅客吞吐量（如图1-4所示）。

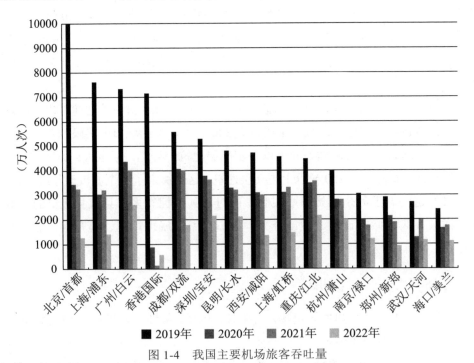

图 1-4　我国主要机场旅客吞吐量

资料来源：历年全国民用运输机场生产统计公报，香港国际机场公告。

苏州，与上海毗邻，属于上海大都市圈的成员。市中心距上海虹桥机场不到100千米，相当于广州南沙区到广州白云机场的距离。而与上海接壤的昆山距虹桥机场仅有50千米，最近处的花桥镇到虹桥仅有30多公里。所以在虹桥国际开放枢纽的相关规划里，苏州的昆山、太仓、相城、工业园区都有一席之地，且属于虹桥商务区北向拓展带的重要组成部分。就此而言，苏州与上海可谓高度一体化，虹桥机场足以覆盖苏州全市，有上海这一国际航空枢纽的外溢效应存在，苏州建设机场的必要性大打折扣。

苏州离上海近，这是事实。但同样离上海不远的南通，为何拿下了上海第三机场？

这从长三角的机场布局可见一斑，包括正在筹建的南通新机场在内，整个江苏10万平方公里的地域内，分布了10个机场，整个长三角地区，更是密布了20多座机场，在机场数量和密度上，持续领跑全国。且不说上海有了双机场，就连苏州隔壁的无锡就有苏南硕放机场，离苏州比虹桥机场还要近，本身就是由江苏和无锡、苏州共建而成，服务范围自一开始就包含苏州；而作为江苏省会的南京则有禄口机场，旅客吞吐量同样位居全国前十。在上海、南京和无锡等机场先行一步的基础上，苏锡常以及上海大都市圈的机场卡位战早已完成，作为后来者的苏州，拿不下新机场也十分正常。

上海之所以要建第三机场，在于浦东机场和虹桥机场很快将面临饱和的风险，而由于空域资源紧张，上海城市内部不适合再建设新的机场，在都市圈内择地而建，就成了首选。从长三角一体化的角度考虑，在与上海一海之隔的南通建设新机场，无疑有扩大上海都市圈的辐射范围、促进机场资源对整个长三角地区的覆盖作用。

没有机场，苏州依旧是最强地级市。许多人对机场有着莫名的情结。没有属于自己的机场，似乎与经济地位不相匹配。这种心理可以理解，但难以否认，苏州从上海以及长三角一体化的格局里受益颇深，机场建设服从于长三角一体化的大局，也是理所当然。在都市圈时代，苏州迟早要与上海融为一体，上海的机场资源何尝不是苏州的潜在"自留地"？

这与苏州不会争夺国家中心城市有着同样的逻辑。因为不同的城市有不同的定位，上海是国家中心城市，也是国际经济、金融、航空、航运中心和科技枢纽，苏州的定位则是工业大市、外贸大市，是国家先进制造业基地和产业科技创新中心。定位之别决定了苏州不会承担门户枢纽功能，也不会如一些省会城市一样将所有资源都据为己有。

这是苏州的独特之处。没有机场的苏州，不是国家中心城市的苏州，仍旧是中国最强地级市，仍旧是三大工业城市之一，也是三大外贸城市之一。这种产业格局和城市地位，不是有无机场所能挑战或否定的。

杭州：剑指一线城市，离中国第五城有多远

"争取跻身国内一线城市、全球城市第一方阵。"

2022 年杭州第十三次党代会报告中的这句话，一石激起千层浪。这是杭州官方第一次明确表现出对一线城市的志在必得之心。在此之前，"江湖"上已经有不少关于杭州的传说。近年来，数字经济的突飞猛进、龙头企业的崛起、G20 峰会的举办，给杭州前所未有的信心。在部分媒体及自媒体有意无意地营造下，"北上深杭"取代"北上广深"，上海沦为"环杭州城市"之类的说法不绝于耳。

杭州，离一线城市有多远？

■ 20 年前的一次关键选择

2000 年，"杭州市建设经济强市的构想研究"课题组发表了一篇同名论文，指出杭州正在从工业经济时代进入知识经济时代，经济强市之路有两条，一条是以工业化为主导的现代化模式，另一条是以信息化为主导的现代化模式。

课题组认为，杭州在重加工业升级阶段无大项目支撑，没有搭上国家投资的头班车，在城市化加速成长阶段又相继缺失工业化集聚动力，从而使杭州经济整体发展缺乏空间支撑。因此，相比工业化，信息强市才是经济强市战略目标实现的根本保证，"电子技术的集成应用要在电子商务的推广应用上有所突破"被列为实现信息强市的重要途径。

最终，杭州选择了"信息强市"之路，以电子商务带动整个数字经济的崛起。这篇论文的前瞻性，如今获得一片惊叹。毕竟，在论文发出的 2000 年，当时全球互联网起步未久，许多人连电脑都没接触过，遑论互联网？这种远见布局，为杭州带来了前所未有的回报，也让杭州从一众普通二线省会中脱颖而出，成了独一档的存在。

长期以来，上海、广州作为我国顶尖的国际商贸中心，在全国乃至全球都有

举足轻重的影响力，而杭州借助电子商务成了新的搅局者。电子商务的狂飙突进，为经济高增长提供了最大的支撑。2010 年，杭州电子商务服务收入首次突破百亿元大关，2014 年增加值突破 500 亿元，2016 年突破 1000 亿元，2020 年逼近 2000 亿元，占经济比重最高达到 12% 左右。从 2010 年到疫情之前的 2019 年，杭州电子商务产业连续 9 年保持 30% 以上的高增速，堪称当地经济增长的最大贡献者。

借助互联网电商等产业的助力，杭州数字经济一骑绝尘。2022 年，杭州数字经济核心产业增加值突破 5000 亿元，占全市 GDP 比重达 27.1%，占全省数字经济核心产业比重为 56.5%，而对经济增长的贡献率超过了 50%。杭州虽然不是经济或区域意义上的一线城市，但在数字经济上足以与北上广深相提并论。根据中国电子信息产业研究院发布的"2022 年数字经济发展百强榜"，杭州位列第四，与北上深广一道跻身数字经济一线城市。

电子商务在杭州诞生乃至发扬光大，是必然还是偶然？

从大环境来看，电商崛起的背后，不乏中国经济日益强大、互联网网民群体不断壮大、移动互联网横空出世、"互联网+"获得政策扶持等因素助力，杭州可谓躬逢其盛，成了其中最大的弄潮儿。

不过，在阿里巴巴诞生的 2000 年前后，全国涌现的电子商务企业达 300 多家，遍布各大城市，为何最终杭州先行一步，成了互联网电商第一城？

这要从杭州地处的浙江省说起。浙江的地理环境并不优越，资源也相对匮乏，"七山二水一分田"的格局，严格限制了浙江的发展空间。就是在这样相对不利的环境中，向来不乏经商传统的浙江人在改革开放的市场大潮中拼抢出一片天地，形成了以民营经济、轻工业品、专业交易为主的发展格局，为电商时代的到来奠定了基础。

在浙江，几乎每个县都有自己的特色产业，也有影响遍及全国的专业交易市场，更不乏产量位居全国前列的小商品，经济学界将此形象总结为"块状经济"。义乌的小商品城，绍兴的轻纺城，余姚的中国塑料城，南浔的教材市场，永康中国科技五金城，乐清的电器城，慈溪的小家电城，新昌的轴承之乡……早在 2003 年，根据国家统计局对 533 种主要工业品产量的统计，浙江有 340 种产品产量位居全国前十，57 种产品产量位居全国第一，其中产量占比超过全国 30% 的有 43 种，占全国 10% 以上的有 148 种。电商的崛起，正是从与日常生活息息相关的轻工业消费品起步的，浙江相比其他地区无疑有着天然优势。

有了商品，还需要将商品送到全国消费者的手中，这就是快递网络的重要性。

在杭州100公里之外的桐庐县，正是声名大噪的"中国快递之乡"。我国快递业的五大上市公司，除了顺丰位于深圳之外，"三通一达"均诞生于小小的桐庐。物流，可谓电商的生命线。名不见经传的桐庐能够成为快递第一城，与上海的外贸、杭州的电商带来的蓬勃需求不无关系，而桐庐快递业的崛起，也成了电商飞跃式发展的重要助推力，可谓产业协同发展的体现。

此外，浙江还是我国民营经济最发达的区域之一。数据显示，在浙江，民营经济贡献了全省65%的GDP、74%的税收、77%的出口、87%的就业、91%的企业数量。2021年末，浙江全省民营企业、个体工商户分别为290.4万户、549.2万户，比2012年分别增长2.76倍和1.23倍。根据2021年常住人口推算，每7.8个人中就有一个浙江"老板"，这个数字在2012年还是17.6人。

可以说，如此庞大规模的民营企业，众多的专业交易市场，强大的轻工业商品经济，飞速发展的快递业，再加上自身战略布局的前瞻，电商能在浙江率先崛起，并不令人意外。

■ 杭州比广州强在哪？

杭州互联网电商的一骑绝尘，让二线城市有了与一线城市一较高下的机会。杭州离一线城市还有多远，到底能不能取代广州？

不可否认，不只是互联网电商，在诸多领域，杭州都已对广州形成了赶超之势，在多项指标上隐隐然有了第四城乃至第三城的实力。

评价城市实力，关键看企业。衡量企业基本面的指标有很多，但重要的有三个：第一个是成熟的大型企业，以世界500强企业及中国500强企业来衡量；第二个是资本实力，即上市公司数量和体量；第三个是代表未来的企业，以"独角兽"、专精特新等指标来衡量。

从世界500强榜单来看，短短几年间，杭州已经完成对广州的赶超，甚至逼近深圳。如图1-5所示，2022年世界500强企业中，杭州共有8家企业上榜，而深圳为10家，广州则是4家。再看2022年中国500强企业，杭州共有21家企业入围，深圳是29家，而广州是19家。如果看竞争力和创新动能更为活跃的民营企业，杭州的优势更为突出，2022年杭州共有41家企业入围中国民营企业500强榜单，名列全国第一，而深圳是25家，广州是12家。

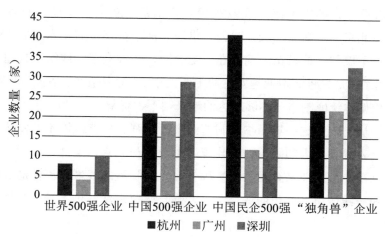

图 1-5　杭州、广州、深圳主要企业对比

资料来源：2022年财富世界500强、2022年中国企业500强、2022年中国民企500强、2023年胡润全球"独角兽"榜。

再看上市企业整体规模。上市公司是资本市场发展的基石，也是区域经济发展的活力所在。数据显示，截至 2021 年末，杭州共有境内外上市公司 260 家，其中境内 199 家，境外 63 家，包括 2 家"A+H"，1 家纯 B 股，总市值超过 6 万亿元，境内上市企业市值超过 3 万亿元，长期保持中国上市公司"第四城"的地位。与之对比，同年，广州境内外上市公司累计达到 224 家，总市值为 3.5 万亿元，其中境内 A 股已上市公司 131 家，总市值达 2.3 万亿元。

杭州的"独角兽"、专精特新"小巨人"企业等在全国也位居前列。所谓"独角兽"，指创立时间一般在 10 年之内，尚未上市但估值已经超过 10 亿美元的企业。专精特新"小巨人"，指的是中小企业中的佼佼者，是致力于市场细分、创新能力强、市场份额高、掌握关键核心技术、质量效益优的标杆企业。"小巨人"不乏成长为"独角兽"的潜力，而"独角兽"也有跻身中国 500 强乃至世界 500 强企业的可能性。

先看"独角兽"。根据胡润百富发布的《2023 年全球"独角兽"榜》，杭州共有 22 家"独角兽"企业，以蚂蚁金服、菜鸟网络为代表，多为阿里巴巴孵化出的互联网相关企业。近年来，由于平台反垄断及传统互联网产业趋于见顶，杭州"独角兽"企业增长势头不复以往。相比而言，广州则有了快速赶超的势头，"独角兽"企业包括 Shein、小马智行、广汽埃安、文远知行、粤芯半导体等，覆盖智能网联、集成电路、电子商务等诸多领域，多数着眼于战略性新兴产业。

再看专精特新"小巨人"企业。自 2019 年到 2022 年，工信部公布了四批"小巨人"企业名单，四批累计公示 9279 家，工信部最新确认数为 8997 家。从城市分布来看，北京、上海、深圳、宁波、重庆居前，杭州位居第六，而广州位居第十五。广州不仅与一线城市之间存在一定差距，还被众多二线城市赶超。一般而言，制造业尤其是先进制造业越发达的工业大市，专精特新"小巨人"企业就越多，而产业结构偏传统或制造业不够发达的地区则不占优势。

不可否认，广州这些年面临着制造业大而不强、民营经济不够发达、战略性新兴产业尚未成长壮大的困境，在政策上也难以与北京、上海、深圳、杭州相提并论，所以在一流企业乃至后备力量等方面，面临被二线城市集体追赶的风险。但作为老牌一线城市，广州的综合实力之强、底蕴之深，仍不是二线城市所能简单挑战的。

■ 杭州与广州差距有多大？

一线城市，从来看的不只是某一项指标，而是全方位的比拼。

正如重庆 GDP 直追广州、深圳，却没人认为重庆是一线城市一样，杭州在电子商务、互联网金融乃至房价等方面不乏跻身一流梯队的实力，但单项冠军并不足以支撑一线城市的地位，一线城市更不会以房价论高下。能否成为一线城市，是经济、地理、人口、金融、科技、交通、教育、文化、医疗、都市圈、城市群等综合实力的体现。

广州凭什么跻身一线城市？

除了 GDP、人口规模始终位居前列之外，广州一直都是华南地区的门户枢纽城市，充当中国"南大门"的角色。广州的金融中心地位仅次于香港和北京、上海、深圳，科技实力不容小觑，且拥有国际综合交通枢纽之位，海陆空设施一应俱全，加上双一流大学众多、千年历史文化底蕴深厚、医疗实力突出，以及拥有粤港澳大湾区这一世界级城市群作为依托，综合实力之强，远超作为追兵的所有二线城市。

杭州与广州，第一大差距在于经济总量和人口规模。过去几十年来，广州经济总量一直位居第一梯队，即使被深圳赶超，GDP 仍旧相当于杭州的 1.55 倍，两城之间整整差了一个济南市的体量（见表 1-6）。从人口规模来看，广州常住人口规模仅次于重庆、上海、北京、成都，位居全国第五，其中城区人口规模近 1500 万人，位居超大城市之列。与之对比，杭州常住人口约为广州的 2/3，而城区人口规模不到广州的六成，位列特大城市。

表 1-6　广州、杭州主要经济指标

指　标	广　州	杭　州
GDP（亿元）	28 839	18 753
常住人口（万人）	1881	1237.6
人均 GDP（万元）	15.33	15.15
面积（平方千米）	7434	16 847
普查人口增量（2010—2020 年，万人）	597.6	323.6
工业增加值（亿元）	6946.67	4922
本外币存款总额（亿元）	80 495	69 592
国内税收总收入（亿元）	4454.7	4256
地方一般预算收入（亿元）	1854.7	2451
城镇居民人均收入（元）	76 849	77 043
社会消费品零售总额（亿元）	10 298.1	7294
进出口总额（亿元）	10 948.4	7565
境内外上市公司数量（家）	218	283
双一流大学（所）	5	2
本科高校数量（所）	37	28
百强医院（家）	9	5

注：广州常住人口为2021年数据。

资料来源：广州、杭州2022年统计公报及公开报道。

　　第二大差距在于城市能级。广州不只是一线城市，还是 Alpha[①] 级的世界城市，同时还有国家中心城市、粤港澳大湾区中心城市、国际性综合交通枢纽、国际航空枢纽、国际航运枢纽、综合性国家科学中心等一系列称号。与之对比，杭州作为强二线城市，在世界城市矩阵中位居 Beta（二线城市）级，在长三角城市群里受到上海这一龙头城市的辐射，在综合交通、航空、航运等方面与广州均有一定差距。

　　中国社会科学院课题组发布的《"2020 年国家中心城市指数"报告》，从政治、金融、科技、交通、贸易、教育、文化、医疗、交通、信息、对外交往等维度，将城市分为国家中心、重要中心、潜在的重要中心三类，对各大城市进行评估。根据表 1-7，在 10 个榜单中，只有北京全部跻身其中，上海、广州双双跻身除政治中心之外的其余 9 个榜单，杭州与深圳各自跻身 7 个榜单。虽然GDP被深圳超越，但广州在各领域都不存在明显短板，9 个榜单均上榜且位居前列。广州的医疗中心、

　　① 　全球化与世界城市研究网络（GaWC）将全球城市分为四个等级：Alpha（一线城市）、Beta（二线城市）、Gamma（三线城市）、Sufficiency（自给自足城市），而每个大的等级中又区分出多个带加减号的次等级。

交通中心、对外交往中心均位居第三，而金融中心、科技中心、文化中心、信息中心均位居第四。杭州只有文化中心指数跻身前五，成都只有信息中心、对外交往中心进入前五，金融、交通、文化、信息、对外交往等位列重要中心，其他均为潜在的重要中心。

表 1-7　国家中心城市指数

排名	政治	金融	贸易	科技	教育	文化	医疗	交通	信息	对外交往
1	北京	上海	上海	北京	北京	北京	北京	上海	北京	北京
2	—	北京	北京	上海	上海	上海	上海	北京	深圳	上海
3	—	深圳	深圳	武汉	南京	西安	广州	广州	上海	广州
4	—	广州	天津	广州	西安	广州	西安	深圳	广州	深圳
5	—	天津	广州	深圳	武汉	杭州	武汉	重庆	成都	成都
6	—	南京	杭州	杭州	广州	南京	南京	武汉	杭州	重庆
7	—	杭州	大连	重庆	成都	郑州	成都	成都	重庆	杭州
8	—	成都	郑州	西安	长沙	重庆	杭州	西安	天津	西安
9	—	武汉	厦门	成都	大连	深圳	天津	郑州	南京	天津
10	—	西安	济南	南京	深圳	武汉	济南	青岛	武汉	武汉

资料来源：中国社会科学院城市与竞争力研究中心，2020年报告。

第三大差距在于工业实力。在电子商务领域，杭州走在了广州前面。但在广义的数字经济方面，广州正在迎头赶上。数字经济与实体经济需要两条腿走路，上海、深圳、广州无疑先行一步。对此，杭州官方直言不讳：制造业仍是杭州发展中的一块突出短板，发展水平与城市地位相比仍有较大差距，总量规模与先进城市相比仍有较大差距。

信息产业崛起，工业不可避免"靠边站"。2022 年，杭州工业增加值为4922 亿元，低于同能级的重庆、成都、宁波等城市。与此同时，工业比重逐年下降，"产业空心化"成了新的担忧。2009 年，杭州第二产业的比重一度高达50%；到了 2022 年，第二产业的比重下降到30%，工业比重仅为1/4 左右（见图1-6）。短短十多年时间，杭州的工业比重降幅接近 20%，在一众城市中显得极为罕见。如今，在杭州的工业体系中，只有数字安防产业堪称领跑者，在集成电路、新型显示、人工智能、新能源、生物医药、新材料、高端装备等先进制造新赛道中，杭州还只是追赶者。

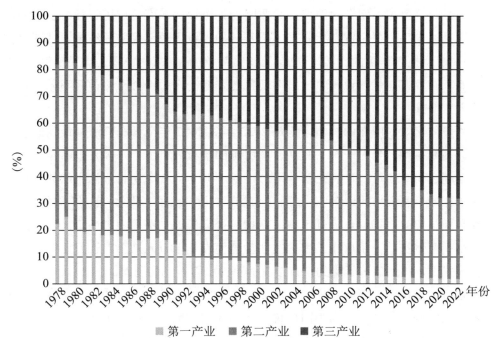

图 1-6　杭州三次产业变迁

资料来源：杭州市统计年鉴

对此，2019 年 9 月，杭州提出"新制造业计划"，首次将数字经济和制造业列为高质量发展的"双引擎"。同时，杭州还明确，严守全市工业用地规模 300 平方公里底线，每年新出让的工业用地（不含创新型产业用地）占年度出让土地比例不低于 30%。其重振制造业的决心可见一斑。

然而，"再工业化"从来都是知易行难。新赛道竞争如火如荼，杭州如何突围，值得关注。

■ "卖地之王"的隐忧

杭州工业比重节节下降的背后，还有一个众所周知的因素：高房价的挤压效应。

2021 年底，杭州"魏某涉嫌诈骗罪"的消息传遍了地产圈。这里的魏某，即炒卖杭州奥体房源的"奥体房姐"。"奥体房姐"的主要玩法是集资倒房："左手倒右手抬高价格，最后再卖给那些不明真相的购房者。"当然，吃差价只是初级玩法。一些有实力的"炒房"客通过定金或直接低价，拿下多套房源，从而掌握了小区二手房的定价权。"奥体房姐"活跃的杭州奥体板块，短短一年时间，就从交付时的每平方米六七万元，最高涨到了每平方米 10 万元以上。

当然，"奥体房姐"的倒掉，并非因为集资炒房，而是市场下行，手里的房源无法及时出手，资金链陡然紧张，于是转向虚设房源，收取预约金，试图"空手套白狼"，坠入诈骗的深渊。不过，无论是简单的左右倒手，还是虚设房源，"奥体房姐"的存在，足以说明"炒房"现象之普遍，而房价上涨的背后不无市场之外的因素助推。

"奥体房姐"所在的杭州，正是 2015 年到 2022 年全国房价涨幅最猛的城市之一。高峰时期，当地一个只有 959 套房源的楼盘吸引了 6 万多人报名摇号，冻结资金超过 400 亿元，而中签率不到 2%。究其原因，在于房价只涨不跌的预期，更在于摇号套利带来的诱惑。为了稳定市场，杭州推出了"限价＋摇号"的组合拳，新盘只能按照政府指导价进行销售，而指导价又低于二手房的市场价，一、二手房价格严重倒挂，一手房比二手房往往动辄便宜几十万元乃至上百万元。在摇号购房模式上，摇到便等于赚到，直接就能获得上百万元的利差。

新房限价摇号，固然让一部分刚需群体以低价完成了买房梦，但无疑也给了市场更强的涨价预期。根据中国房价行情网提供的数据，从 2015 年到 2022 年，杭州房价从每平方米 2 万元左右涨到了每平方米 4.5 万元左右，房价之高，仅次于北京、上海、深圳和厦门，与广州基本持平。截至 2022 年，全国共有 70 多个地级市房价破万元，浙江省就占了 11 个，而整个浙江省也只有 11 个地级市，这是全国唯一所有地级市房价都破万元的省份。

杭州房价为何这么高？浙江也是我国区域差距、城乡差距最小的省份之一，民营经济高度发达、企业家众多、藏富于民的格局为房地产市场的繁荣奠定了基础。作为省会，杭州是名副其实的强二线城市，经济总量位居全国前十，人均 GDP 和城镇居民人均可支配收入均位居前列。再加上数字经济一枝独秀，互联网电商的崛起，上市企业的"井喷"，造就了一批高收入群体。根据 2022 年胡润中国百富榜（见图 1-7），上榜的 1300 多名企业家中，杭州占了 87 席，仅次于北京、上海、深圳和香港，超过广州。更值得关注的是，据不完全统计，自 1999 年至今，浙商曾 9 次问鼎中国首富。显然，这些富豪和新晋高收入群体，在某种程度上托起了杭州楼市。

同时，杭州新经济的崛起，带动众多外来就业群体的涌入。2010 年，杭州常住人口达 870 万人；到 2020 年第七次全国人口普查时，杭州人口增加到 1193.6 万人，十年间增加了 323.6 万人。这些新增人口中，不乏高学历群体。2019 年，杭州在强二线城市中率先放开落户限制，将学历落户门槛从大学本科放宽到大专。2020—2022 年，杭州新引进 35 岁以下大学生超过 120 万人，人才净流入率继续保持全国第一。在限购"围城"之下，放宽落户门槛相当于打开了直通售楼处的通道，这让杭州在抢人才的同时，也为楼市带来持续的新鲜血液，房价自然一路上行。

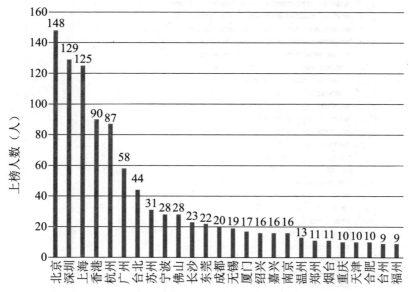

图 1-7　2022 年胡润百富榜城市分布

资料来源：2022年胡润百富榜。

当然，在种种因素中，核心的一点是，前些年借助筹办亚运会，杭州催生了史上最大的城中村改造工程，带动了地铁、体育场馆等基建工程的集体上马，大拆大建之下，杭州楼市热情居高不退，而其卖地收入更是连年位居全国之首。如图 1-8 所示，自 2017 年起，杭州卖地收入连续 5 年超过 2000 亿元。2017—2021 年，全国只有 3 个城市卖地总收入破万亿元，9 个城市超过 5000 亿元。其中，杭州以 1.3 万亿元的卖地总额位居全国之首，不仅力压北京、上海，而且这一项收入相当于深圳的 3 倍多。如果以卖地收入 / 地方一般公共预算收入来衡量各大城市的房地产依赖度，在主要一、二线城市里，共有 13 城依赖度超过 100%，其中杭州超过 140%，同样位居全国之首。

土地财政，自诞生之日就面临着巨大争议。支持的一方认为，土地财政弥补了"分税制"之后地方财力的不足，帮助地方政府完成了最初的资本积累，为地方政府的公共基础设施建设和城市开发提供了充足的资金。至于商业、居住用地与工业用地价格之间的悬殊，则起到了通过房地产补贴工业生产的作用，从而刺激经济增长。

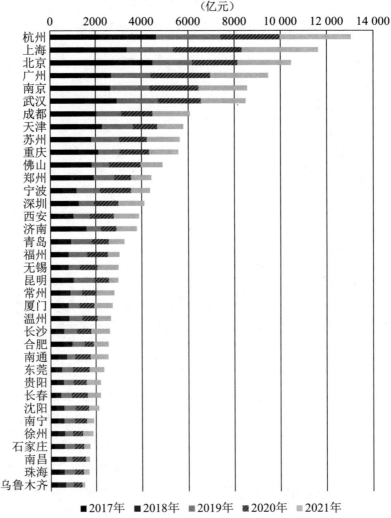

图 1-8 主要城市 5 年卖地收入排行

资料来源：克尔瑞、中原地产等。

反对的一方认为，土地财政的出现，导致地方政府过度依赖房地产，与房地产形成了一荣俱荣的关系，从而有动力也有能力通过做高房价来维持土地财政的可持续性，这不仅与"房住不炒"的大原则相违背，更加剧了有房一族与无房一族的财富差距。同时，土地财政与高房价属于相互支撑的关系，地方政府垄断了一级土地供应，可以通过土地供给来调控房价，这让我国房地产充斥着"政策市"的意味。在楼市低谷期，可以通过减少土地供给或者制造"地王"来刺激市场；在楼市高热期，可以通过增加土地供给来稳定市场，从而保障土地收入的稳定。

然而，土地不是无限的，楼市也不会只涨不跌。且不说一、二线城市的可开发土地资源总有耗尽的一天，一旦楼市因意外冲击陷入僵局，土地财政就会遭受直接冲击，这对于地方政府的正常支出，势必带来直接影响。

同样不能忽视的一点是，高房价固然不乏收入效应和财富效应，但也会带来明显的挤出效应。房价过高，年轻人无法负担，许多人只能选择离开；而土地和租金价格居高不下，也会对中低端产业产生明显的挤出效应，从而带来"产业空心化"的风险。这是所有高房价城市都不得不直面的一大问题。

南京：重回"徽京"，谁的省会

"特别提醒，南京是省外。"

疫情期间，安徽省马鞍山市发布防疫提醒，表示省内返城不用核酸检测，省外返城需持核酸阴性证明。这份提示在最后特别强调："南京是省外，要做核酸。"

这则严肃的官方通知，被许多人认为是对南京作为"徽京"之名的变相"官宣"。事实上，近年来，关于南京与江苏、安徽的误会不计其数：南京市一法院的文件中赫然出现了"安徽省南京市"的字样，许多网友将南京视作安徽省会，还有部分人将苏州误认为是江苏省会……南京到底是谁的省会，一度成了网络热门话题。

省会之争的背后，凸显了南京作为江苏省会与"徽京"的存在感之别。

■ 逆袭！首次跻身全国十强

2020 年，是南京的历史性时刻。这一年，南京 GDP 首次赶超天津，自改革开放以来第一次跻身内地经济十强城市（见表 1-8），刷了一波不小的存在感。

然而，即便如此，南京仍旧不是江苏经济最强的城市。过去几十年来，苏州经济一直都压了南京一头。南京虽然跻身十强城市，但经济总量只有苏州的七成左右。这种局面的存在，让许多人产生了苏州是江苏省会的误会。毕竟，作为经济强市，苏州整体经济实力不仅与广州、深圳旗鼓相当，也是省内唯一的千万人口城市，而南京的人口规模只有苏州的 3/4 左右，也是唯一人口不过千万的十强城市。

表 1-8　十强城市变迁

序　号	1980 年	1990 年	2000 年	2010 年	2020 年
1	上海	上海	上海	上海	上海
2	北京	北京	北京	北京	北京
3	天津	重庆	广州	广州	深圳
4	重庆	广州	深圳	深圳	广州
5	广州	天津	重庆	苏州	重庆
6	沈阳	沈阳	天津	重庆	苏州
7	武汉	苏州	苏州	天津	成都
8	青岛	成都	杭州	杭州	杭州
9	大连	大连	成都	成都	武汉
10	成都	杭州	青岛	无锡	南京

资料来源：根据历年各城市经济数据整理而得。

　　江苏经济强市众多，但不存在一城独大现象。作为中国经济第二大省，江苏下辖的 13 个地级市经济实力都不弱，GDP 全部突破 4000 亿元（见图 1-9），均跻身百强之列，经济实力最弱的宿迁放在广东可以排在第 7 位。13 个地级市经济实力旗鼓相当，且各有主导产业，加上地域文化存在一定差异，导致江苏 13 个地级市各有千秋，号称"十三太保"，而江苏也获得了"散装江苏"的戏称。这在 2020 年湖北疫情期间体现得尤为明显，当时全国各省支援湖北抗疫，一般是以省为单位派出医疗队伍，而江苏 13 个地级市都派出了自己的医疗队。这种局面，固然是区域均衡发展的写照，但无疑不利于南京省会主导功能的发挥。

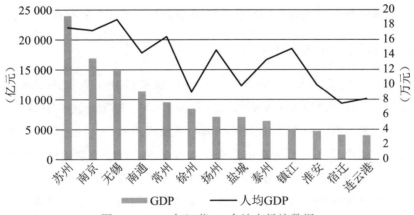

图 1-9　2022 年江苏 13 个地市经济数据

资料来源：各地统计公报。

　　除了苏州及兄弟地级市，在江苏之侧，还有国际经济中心上海的存在。上海借助强大的经济产业实力，吸引了江苏最发达的苏锡常地区，且将苏州、无锡、常州、南通等地级市一并纳入上海大都市圈的范围。而在苏北地区，以徐州为中心的淮海经济区横空出世，这一横跨江苏、安徽、河南、山东四省的经济区，也在一定程度上影响了南京对全省的辐射力。上海以及淮海经济区的存在，导致南京所能影响的省内地级市极其有限。

　　然而，不能就此忽视南京这些年取得的巨大进步。事实上，自20世纪90年代以来，南京经济不仅被苏州盖过，甚至也不及同省的无锡。直到2013年，南京才首次反超无锡，重回江苏第二大市之位，在不断扩大对无锡领先优势的同时，也在陆续缩小与苏州之间的差距。2005年前后，南京GDP不到苏州的六成，最低时仅有苏州的一半多一点，如今南京经济总量已经超过苏州的七成，未来两地差距有望继续收缩。从人均GDP来看，南京的进步更为明显，2022年南京人均GDP高达17.81万元，在除资源型城市外的主要城市中位居全国第六，与苏州、无锡相当，超过了广州、深圳、杭州等地，相当于成都的1.8倍。而在2010年，南京人均GDP仅为6.6万元，在全国位居中游，而同省的无锡、苏州双双超过9万元。

　　南京是靠什么实现逆袭的？

　　其一，"强省会"战略。2018年，南京、济南、沈阳被中央巡视组点名"省会城市、中心城市功能作用发挥不够"，自此，"提升省会城市功能和中心城市首位度"就成了南京乃至江苏的重要发展方向。的确，南京是省会经济首位度占比最低的城市之一，2022年南京GDP占全省比重仅为13.8%，在内地27个省/首府中，仅高于济南。要进一步提升省会功能，提高经济首位度无疑就成了必然。

　　其二，科教优势的支撑。在创新驱动时代，科教实力可谓至关重要。南京是全国高等教育第三城，教育综合实力仅次于北京和上海。根据2022年发布的第二轮"双一流"大学名单（见图1-10），南京13所高校跻身其中，总量仅次于北京（34所）、上海（15所）。而根据泰晤士、USNEWS、QS、上海软科世界大学排名四大国际权威榜单，南京大学全部跻身200强，东南大学也位居前列。同时，南京的科研实力在全国首屈一指，截至2022年末，在宁（南京）"两院"院士有97名，其中中国科学院院士52人，中国工程院院士45人；同时南京拥有省级以上重点实验室91家，其中国家级31家。

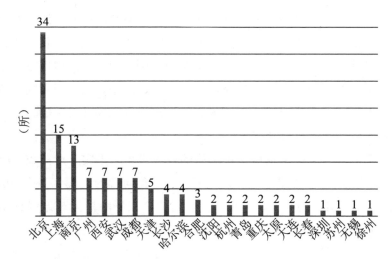

图 1-10 主要城市"双一流"高校分布数量

资料来源：教育部第二轮"双一流"建设高校及学科名单。

其三，高新产业的崛起。南京是传统工业城市，1978 年，南京轻重工业之比为 31∶69。到了 2002 年，轻重工业之比上升到 14∶86。南京曾以石化、汽车、电子、钢铁为支柱产业，在百强企业榜上，南京的重化工业企业一直都是主力，南京钢铁、金陵石化、扬子石化等大型企业广为人知。重化工业使南京完成了从消费城市向工业城市的跨越，但随着城镇化、工业化的深化，重工业本身存在的产能过剩、能耗突出等问题备受关注，发展战略性新兴产业成为各地共识。从"十二五"时期开始，南京逐步形成了以软件和信息服务、生命健康、新能源汽车、集成电路、智能电网等为特色的新兴支柱产业体系。在工信部发布的先进制造业集群优胜者名单里，南京的软件和信息服务、新型电力（智能电网）装备两大集群入选。

在这些产业中，南京集成电路最具代表性。我国传统的芯片重镇在上海和深圳，南京本来处于"一穷二白"的状态，但借助台积电等龙头企业，以及南京大学、东南大学在电子、物理等领域的科研实力，迅速成为全国半导体产业的重镇。目前，南京已建成涵盖芯片设计、晶圆制造、封装测试、终端制造等全产业链。"十四五"时期，南京集成电路有望成为新的千亿级产业。

其四，南京都市圈的助力。南京晋级的背后，横跨苏皖两省、全国首个跨省都市圈的贡献不容低估。南京都市圈，作为全国首个获批的都市圈规划，从国家层面再次确认了南京对于两省的辐射力，不仅对于南京城市能级的提升发挥了关键支撑作用，而且让"徽京"变得名副其实，助力南京完成从"弱省会"向"强都市圈"的蜕变。

■ 南京都市圈：重回"徽京"

南京在江苏省内是尴尬的一员，在安徽省却是高光的存在。

南京与安徽原本就是一家人，其渊源最早可以追溯到明朝。历史上，南京长期作为江南的首府而存在。无论是明朝的南直隶省，还是清朝初期的江南省，都横跨如今的江苏、安徽、上海等地。明朝最初在南京建都，朱元璋将南京周边的应天府、苏州府、凤阳府、扬州府等14个府级地区，确立为直属地区，称为南直隶，这是当时经济最为发达、文化最为昌盛之地。朱棣后来迁都北京，但南直隶省一直得以保留，北京与南京作为两京而存在，明朝形成了"两京十三省"的行政结构。清朝建立初期，沿袭了南直隶省的架构，但将之更名为江南省。直到康熙年间，江南省才一分为二，东部为江苏，取江宁（南京）、苏州二府首字之名，西部为安徽，取安庆、徽州二府首字之名。

虽然江苏、安徽两省从此开始分立，但在分治之初，安徽布政使司的治所一直在江宁，直到乾隆年间才迁回安庆。即使真正分治之后，安徽举子仍要到南京的江南贡院与江苏举子共同参加科举，这一局面一直维持到1905年废除科举考试时。至于统辖两江事务的两江总督常住地一直都在南京。两江，即江南与江西，涵盖如今的江苏、安徽、上海、江西四省市。可以说巅峰时期，南京的影响力覆盖整个安徽省，这正是"徽京"之名的来历。

事实上，抛开历史因素，无论是从语言文化还是地理上来看，南京与安徽多个地级市之间的关系更为密切。从方言看，安徽马鞍山、芜湖、滁州等地与南京一样，都属于江淮官话区，而江苏的苏州、无锡、常州等地属于吴语区。从地理上看，安徽皖南地区与南京更为密切。南京虽然是江苏省会，但在地理上被安徽三面包围，安徽的马鞍山、滁州等地到南京市中心仅有60多公里，开车也就1小时，而从马鞍山到南京高铁通达时间最快不到20分钟。相比而言，从马鞍山到所属省份安徽省会合肥的距离则超过150公里。而截至2023年初，马鞍山与省会合肥之间仅有两班高铁连通，而滁州与合肥之间仍无直达高铁贯通，而两地与南京之间的城际、高铁早已开通多年。

种种因素影响下，在网络上闹出"南京是省外""安徽省南京市"之类的说法，就不足为奇了。南京虽无"徽京"之名，但的确有"徽京"之实，这正是对其影响力无声的加冕。

虽然民间调侃不断，但南京真正重拾"徽京"之名，是在南京都市圈横空出世之后。

2021年初，江苏、安徽联合印发《南京都市圈发展规划》，提出两省共建"畅达都市圈"，到2025年南京与"圈"中各城市实现1小时通达。这意味着，南京作为"徽京"的身份，获得了来自官方层面的侧面认可，南京以都市圈的名义重回"徽京"。

根据规划，南京都市圈囊括江苏省的南京、镇江、淮安、扬州4地，安徽的马鞍山、滁州、芜湖、宣城4市，以及江苏的常州市溧阳市、金坛区。目前，南京都市圈总面积6.6万平方公里，常住人口超过3500万人，2022年GDP逼近5万亿元。如图1-11所示，南京经济实力遥遥领先，在都市圈里具有相当大的号召力和影响力，来自安徽省的成员虽然整体实力不及江苏省的成员，但在安徽省的排名居前，芜湖、滁州、马鞍山分别是安徽省经济排名第二、第三和第六的地级市。

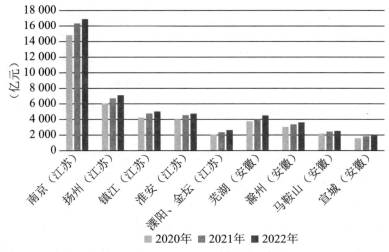

图 1-11 南京都市圈各成员经济总量

资料来源：各地统计公报。

这是全国第一个获批的跨省都市圈，也是最与众不同的都市圈。事实上，早在规划出台前，南京都市圈就已自然形成且低调发展了30多年，与周边地级市的关系早已跨越了省域限制和行政藩篱，获得各地级市的直接认可。先有市场，后有顶层规划；先是自行发展，后有两省共建；先有各城市的主动融合，后有来自顶层设计的认可。这是市场的力量，也符合城市发展的规律。

事实上，除了马鞍山、滁州等安徽4个地级市之外，连皖北地区都表现出对南京都市圈的兴趣。2019年，安徽北部城市蚌埠曾向南京伸出橄榄枝，就加入南京都市圈事宜进行对接，南京对此表示欢迎和支持。一个积极投怀，一个热情邀揽，堪称都市圈时代的一大盛事。要知道，蚌埠地处皖北，与南京中间隔着滁州，两地并不接壤，且与南京的直线距离远超合肥，即便如此，蚌埠不远三百里，主动投身到南京都市圈的怀抱，这无疑说明了南京对安徽的辐射力之强。

作为都市圈，典型的特征当属交通一体化，1小时交通圈为基本标志。这方面，作为"米字型交通枢纽"和国际综合性交通枢纽城市，南京交通优势极其突出，30分钟高铁圈可辐射镇江、滁州、马鞍山、芜湖等市，1小时高铁圈可以辐射都市圈所有地级市。南京通过沪宁城际、京沪高铁、南沿江高铁、北沿江高铁、宁淮铁路、宁宣铁路、扬镇宁马铁路等与都市圈成员连成一体。不仅如此，作为全国轨道交通最发达的城市之一，南京通过宁句城际、宁天城际、宁马城际、宁仪扬城际、宁滁城际等城际铁路、市域铁路，与周边地区无缝对接。安徽的马鞍山、滁州、芜湖、宣城等地去往南京的便利程度甚至比合肥更进一步，这自然能增强南京作为都市圈龙头城市的凝聚力和影响力。

除交通及公共服务之外，南京与都市圈成员之间的产业存在一定的互补空间。南京第三产业相对发达，工业多为技术密集型产业，智能电网、集成电路、生物医药、新能源等新兴产业蒸蒸日上；镇江、芜湖、马鞍山等地则有相当不错的制造业基础，滁州、宣城等地的劳动力密集型产业较为突出。南京都市圈里不同城市之间产业具有一定的互补性，存在相当大的产业协作空间，但部分产业存在同质化竞争现象，如包括南京、芜湖在内的多个城市都布局了汽车产业，而南京与镇江、扬州三市在传统支柱产业如纺织、石油化工、机械和仪表装备制造等方面高度同构化，如何促进产业协同发展、优势互补，共同打造现代产业基地，无疑是南京都市圈未来面临的重任。

需要指出的是，任何一个跨省都市圈，不论经济吸引力有多强，都会面临行政壁垒与经济壁垒的制约。全部属于同省的都市圈协同发展尚且不易，遑论横跨两个省份、多个地级市之间的一体化。

这方面，除了省际的协调，以及进一步探索都市圈内不同城市之间经济、财政等共享分享模式之外，最重要的是做大南京这一龙头。只要南京一直保持强势，都市圈的向心力就不成问题，都市圈的融合也就有希望跨越行政藩篱。

■ 南京、合肥与上海

如果南京坐实"徽京"之名，安徽省会合肥怎么办？

事实上，合肥不仅面临南京跨省扩圈的拉扯，甚至连杭州也将安徽的黄山、宣城纳入自己的"势力范围"，就连皖北的淮北、宿州也投入以徐州为中心的淮海经济区的怀抱，合肥很难再将省内兄弟地级市作为自己的"禁脔"。

不用担心，如果放在20多年前，面对南京、杭州跨省扩圈，合肥可能无能为力。近年来，借助"全国最牛风投城市"的威名，合肥顺利跃进"万亿俱乐部"，能够独扛大旗，经济强，产业强，不怕人口不回流，不怕其他地市不争相拥抱，更不怕其他都市圈的直接竞争。

在某种程度上，南京面临与合肥一样的尴尬。虽然南京都市圈横跨苏皖两省，看似影响无远弗届，但在省内，苏州、无锡、常州、南通向上海靠拢，争相成为上海大都市圈的一员，北部的徐州、连云港、宿迁等在淮海经济区抱团发展，南京所能影响的只有周边几个地级市（见表1-9）。这也形成了一个颇有意思的局面，在长三角，上海、杭州、南京、合肥几大都市圈，可谓你中有我，我中有你，几乎每个城市都不甘心固守于本省范围，纷纷抱团破圈。

表 1-9　长三角主要都市圈

名　称	城市数	范　围
上海大都市圈	1+8	上海、无锡、常州、苏州、南通、宁波、湖州、嘉兴、舟山
杭州都市圈	6	浙江杭州、湖州、嘉兴、绍兴、衢州，安徽黄山
南京都市圈	8+2	江苏南京、镇江、扬州、淮安及常州溧阳、金坛，安徽马鞍山、滁州、芜湖、宣城
合肥都市圈	7+1	合肥、淮南、六安、滁州、芜湖、马鞍山、蚌埠、桐城（县级市）
苏锡常都市圈	3	苏州、无锡、常州
宁波都市圈	3	宁波、舟山、台州
徐州都市圈	5	江苏徐州、连云港、宿迁，安徽宿州、淮北

资料来源：《长江三角洲区域一体化发展规划纲要》《上海大都市圈空间协同规划》等。

长三角之所以出现这样的局面，是因为本身城镇化率相对较高，城市乃至省际之间的联系较为紧密，都市圈能够跨越行政藩篱融为一体。浙江的地级市，既可向上海靠拢，也可向本省的杭州汇聚；安徽的地级市，既可与"老大哥"合肥保持一致，也可与南京"合纵连横"；江苏的地级市，即便远离南京，也不担心被孤立，因为有上海这一超级中心存在，每个普通地级市都能在中心城市的羽翼下"左右逢源"，获得辐射发展的可能。

良性竞争，有利于区域均衡发展。省会不能一家独大，地级市就能获得更多机会；都市圈之间互相交叉，必然会形成竞争的正向激励。

宁波：四大跨海通道齐出，长三角正在变成一个省

南有大湾区，东有杭州湾。

在粤港澳大湾区 100 公里黄金内湾，以港珠澳大桥、虎门大桥、南沙大桥、深中通道为代表的 10 多条跨江跨海通道，正在将珠江两岸融为一体，珠三角正在变成一个市。与此同时，在沪浙之滨的杭州湾，聚集了以上海、杭州、宁波、嘉兴、绍兴、舟山为代表的中心城市，这些城市正在通过跨海通道连成一体，长三角正在变成一个省。

根据规划，到 2035 年，在上海与宁波之间的杭州湾，将会形成 4 条跨海大通道，包括 2008 年建成通车的杭州湾跨海大桥，2022 年底开工建设的通苏嘉甬高铁，以及纳入国家规划的沪甬、沪舟甬两大跨海通道。

届时，杭州湾地区环线将形成"O"形闭环，与上海隔海对望的宁波无疑将成为最大赢家。

■　为何要建这么多跨海通道？

上海与宁波之间，为何要建这么多跨海通道？

无论是通苏嘉甬高铁，还是沪甬、沪舟甬两大跨海通道，投资都在千亿元级别，与港珠澳大桥相差无几。既然几地之间已有杭州湾跨海大桥作为连通通道，为何还要投资数千亿元打造新通道？

上海到宁波直线距离只有 100 多公里，由于杭州湾阻隔，隔海相望，从上海到宁波只能绕道杭州，时间需要 4 ～ 5 个小时。2008 年杭州湾跨海大桥的建成通车，将沪甬两地陆路距离缩短 120 公里，通行时间缩短到 2 小时左右，给宁波融入上海大都市圈带来了前所未有的机遇，但仍未彻底改变长三角地区南北交通不畅的局面。

作为世界上经济密度和人口密度最高的区域之一，上海与杭州、宁波等地的人流、物流来往频繁，杭州湾跨海大桥交通容量日益饱和，一遇节假日堵车便成了常态。关键的是，杭州湾大桥只是公路桥，无法承担铁路功能，在高铁、城轨主导的都市圈交通一体化时代，局限性越发凸显。而在长三角，还缺乏一条从南到北的高铁干线连通上海、苏州、杭州、宁波等中心城市，从苏州、无锡、常州到杭州、宁波的

高铁仍需绕行上海，而从上海到苏州的高铁也需绕行杭州，徒增交通和时间成本。

这种背景下，通苏嘉甬铁路应运而生。这条连通南通、苏州、嘉兴、宁波，设计时速 350 公里的高铁，将补齐长三角城际交通南北纵向供给的短板，实现长三角南北两翼客运快速化，宁波与上海、杭州、苏州都将形成"1 小时交通圈"，大幅拉近长三角核心区主要城市间的时空距离。

与通苏嘉甬铁路相比，沪甬、沪舟甬跨海通道，一条直接连通上海与宁波，一条连通上海港、宁波—舟山港两大世界级港口。沪甬跨海大通道，为公、铁两用通道，意在绕开杭州湾大桥，通过公路、铁路直接连通上海与宁波。届时上海到宁波的通达时间可从原来的 2 个多小时缩减到 1 小时左右，宁波得以跻身上海大都市圈的"1 小时经济圈"。沪舟甬跨海大通道，从上海临港经大洋山、舟山直达宁波北仑，不仅连接了两大万亿级城市，而且贯穿了中国最大的两个港口。与作为直连通道的沪甬跨海通道相比，沪舟甬跨海通道更深层的意义，还在于促进上海自由贸易试验区临港新片区及大小洋山港一体化的开发，助推沪舟甬港口一体化发展。

未来，4 条跨海通道的存在，将彻底改变宁波偏居一隅的地缘格局，从铁路末梢变成新的交通枢纽。作为上海都市圈"8+1"成员之一的宁波，将与上海形成全体系的"1 小时交通圈"，带来前所未有的同城效应。无论是承接上海产业、技术、人才等要素的辐射，还是强化两地优势产业、世界级港口强强联合，都有着举足轻重的意义。

■　宁波—舟山港与上海港

作为四大通道之一的沪舟甬跨海通道的横空出世，再次刷新了人们对于宁波—舟山港的认识。

在杭州湾的寸土之地，云集了两大世界级港口。其中，上海港是世界第一大集装箱港口，宁波—舟山港是世界第一大货运港口。2022 年，上海港、宁波—舟山港的集装箱吞吐量分别为 4730 万标准箱、3335 万标准箱，货物吞吐量分别为 7.3 亿吨、12.6 亿吨。可见，上海港在集装箱运输上略胜一筹，而宁波—舟山港在铁矿石中转、原油转运、液体化工储运、煤炭、粮食储运方面占有较大领先优势。

为何一个小小的杭州湾海域，能容纳两大世界级港口？

沪浙之旁的东海之滨，拥有天然深水航道，自然条件得天独厚，核心港区主航道水深在 22.5 米以上，30 万吨级巨轮可自由进出港，40 万吨级以上超级巨轮可候潮进出，是中国超大型巨轮进出最多的港口，也是世界上少有的深水良港。而舟山群岛大大小小 1300 多个岛屿，构成了天然的避风屏障。作为核心港区的宁波北仑港每年约有 98% 的日子只有海浪 1 ～ 2 级，本身就具备建设大型港口的基础。

值得一提的是，作为全球第一大港的上海港，其主要港区所在的大小洋山港，本身并不属于上海，而是从浙江租借而来。20 世纪 90 年代，上海定下了打造国际航运中心的规划，但由于长江口航道不深、岸线不足、疏浚成本过高，因此将视角转向了杭州湾口自然条件一流的大小洋山岛。洋山岛归属曾几度变迁，一开始属于江苏，后来划给上海，最后被浙江拿下。2002 年，上海向浙江租借洋山岛用于港口建设，租期 50 年，其管辖权归上海，行政隶属于浙江。

有人问，50 年后怎么办？还是那句话，要相信后人的智慧，反正上海国际航运中心的地位不会轻易改弦更张。

同是世界级大港，同处一片海域，面对同样的经济腹地，宁波—舟山港与上海港之间必然存在着直接竞争。

上海港的优势在于上海。作为国际经济、金融、航运、贸易中心和科技创新枢纽，上海不仅是长三角地区独一无二的龙头城市，还是整个长江经济带最大的出海口。借助长江这一黄金航道，上海港的辐射范围从整个长三角地区一直延伸到长江中上游地区，单是港口的经济腹地就横跨浙江、江苏、安徽、江西、湖北、湖南、四川等省。更不用说，上海还是全国最大的工业城市，邻近的江苏则是全国工业第二大省，蓬勃发展的制造业带动了上海港集装箱贸易的日益繁荣。

宁波—舟山港的优势在于天然良港。相比上海需要到几十公里之外的大小洋山岛借地建港，宁波在海岸线上就矗立着众多深水良港，作为主港的北仑港优势极为突出，航道水深在 30 ～ 100 米，可以满足 20 万～ 30 万吨巨轮的进港需求，而且其可以开发的深水岸线达 120 公里。相比较而言，上海港所在的大小洋山港远离上海本土，需要货车经由东海大桥接驳。与此同时，由于水深限制，上海港只能接纳第五代、第六代集装箱货船，而宁波—舟山港能接纳六代以上的集装箱货船，以及 30 万吨以上散货船舶的接卸。

不过，由于行政地位、城市能级及经济实力与上海存在较大差距，宁波—舟山港的辐射范围远远弱于上海港。但港口本身具有的天然优势，又让宁波—舟山港成为独一无二的存在。所以，面对上海港的直接竞争，宁波—舟山港多条腿走路，集散并举，既运输集装箱，也不乏矿石、煤炭、原油等大宗商品，力争打造成为全国一流的综合性港口。

既然业务存在交叉，经济腹地重叠，竞争就在所难免。但在长三角一体化的大原则上，合作才是永远的主旋律，沪舟甬跨海大通道的推出正是其中的一环。考虑到经济腹地、港口条件等因素，上海港更适合发展高附加值的集装箱货运和专业物流服务，宁波—舟山港则可以兼顾大宗散货项目的运输，打造专业性枢纽大港。

■ 少为人知的单项冠军第一城

如果说宁波—舟山港是第一大"王牌"，那么制造业"单项冠军"则是宁波的另一张"王牌"。

衡量一个城市的制造业实力，一个是看主导产业及其产值，衡量的是其在区域及全国的产业影响力，以"大"为标准；另一个是"单项冠军"，指的是在制造业某些特定细分产品市场，生产技术或工艺国际领先，单项产品市场占有率位居全球前列的企业，以"强"为标准。

单项冠军的概念，与德国著名管理学家赫尔曼·西蒙提出的"隐形冠军"相似，这些企业犹如"扫地僧"一般，平时或许默默无闻，但在各自领域都是难以逾越的高峰，在行业中拥有相当大的话语权，在国际博弈中的重要性极其突出。不同的是，"隐形冠军"之所以不为人所知，是因为其提供的多是中间产品，不直接面对消费者市场，而"单项冠军"不止于此。根据遴选标准，这些单项冠军企业往往是从事相关领域 10 年及以上，属于新产品的应达到 3 年及以上；市场份额全球领先，企业产品的市场占有率位居全球前三，创新能力强，生产技术、工艺国际领先，重视研发投入，拥有核心自主知识产权等。换言之，单项冠军里既有类似隐形冠军一样专注于中间品的企业，也有不少为人所熟知的大型企业。

2016—2022 年，工信部先后发布七批制造业单项冠军企业名单，前六批共有 848 家单项冠军企业入围，再加上 2022 年底公布的第七批，共有上千家企业入围。这些企业既是研发实力最强的产业梯队，也是中国制造业 500 强乃至世界 500 强的备选企业。根据工信部发布的数据，这些产业平均研发强度为 5.91%，研发人员占比 21.1%，有效专利达 645 项，均超过全国制造业企业的平均水平；其中已有 39 家单项冠军企业成为中国制造业 500 强企业，5 家成为世界 500 强企业。

宁波正是单项冠军企业第一城。宁波共有 83 家单项冠军企业，超过深圳（67 家）、北京（56 家）、上海（38 家）、杭州（34 家），位居全国第一（如图 1-12 所示）。这些企业中，有世界光学镜头中的"王者"，有高端镀层切割丝领域的佼佼者，有打破芯片制造领域国际垄断的超高纯金属材料和溅射靶材的破局者，有专注于动力锂离子电池用人造石墨负极材料的企业，也有着眼于汽车内饰、航天航空等特种产品的智能特种工业缝纫机企业……这些企业或许多数默默无名，但在关乎科技自立自强和破解"卡脖子"之困的关键领域，总少不了它们的存在。

这还只是已经上榜的企业，无数后备军正在路上。宁波市经信局对 384 家制造业单项冠军及培育企业的分析数据显示，这些企业中，主导产品市场占有率全球第一的企业有 110 家，占比为 28.65%；市场占有率全国第一的有 262 家，占比为 68.23%，大多数企业早已是细分领域当之无愧的冠军。显然，随着单项冠军企业不断扩容，宁波未来仍有底气维持全国第一的地位。

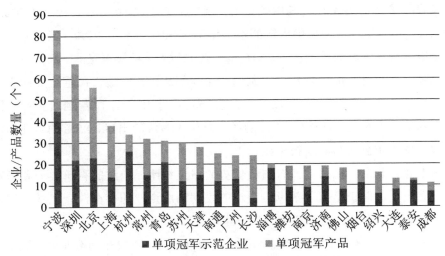

图 1-12　主要城市单项冠军企业 / 产品数量

资料来源：工信部 2016—2022 年七批次单项冠军名单。

作为世界第一制造大国，我国产业实力强劲的工业城市不计其数，为何拿下第一的是宁波？

事实上，宁波本身就是万亿级经济强市，也是排名前十的工业大市，工业占经济比重超过 40%，超过上海、深圳、重庆和广州等地。目前，宁波已形成绿色石化、汽车、高端装备、关键基础件（元器件）、新材料、电子信息、时尚纺织服装、智能家电八大千亿级产业集群，拥有"中国文具之都""中国模具之都"等 9 个全国唯一的产业基地称号。

与上海、深圳、苏州等工业大市相比，宁波的制造业有着极其突出的地方特色。

一是宁波制造业企业最擅长精耕细作，在细分领域做到了登峰造极的地步。"中国注塑机之都""中国模具之都""中国紧固件之都""中国工程塑料之都""中国气动元件之乡"等称号就说明了这一点。同时，在宁波，几乎每一个区县都有自己的龙头产业：慈溪家电、余姚塑料、宁海模具、象山针织、奉化气动元件、海曙纺织服装……

这一格局的形成，得益于宁波地处长三角这一中国最早的制造业生产基地，拥有门类齐全的工业体系，为全面发展上中下游产业链奠定了基础。各大城市在行政与市场力量双向主导的格局下，发展出适合自身的比较优势产业，宁波则将重点放在了细分行业上。

以风头正劲的新能源汽车产业为例，上海拿下了特斯拉这一龙头企业，在引进之初给予其土地、税费等方面的政策红利，但这并非简单的送"钱"赚吆喝，而是预设了诸多前提条件，其中关键的一条是零部件本土化率要接近100%。从2019年到2022年，特斯拉供应链的本土化率从30%提高到95%，其供应链厂商遍布全国，来自宁波的厂商就多达16家，其中不乏单项冠军企业。

二是宁波超过八成的规模以上制造业企业都是民营企业，民营企业的市场意识、创新活力更为突出。数据显示，目前宁波共有12万家民营制造企业，民营企业贡献了全市62%的税收、63%的经济总量、69%的出口、85%的就业岗位、95%以上的上市公司与高新技术企业。

与上海、北京、杭州等拥有科教优势的城市相比，宁波的科研实力和研发投入都不算突出。但正是有了数以十万计的民营制造企业的存在，让在教育和科研存在明显短板的宁波，得以成为首屈一指的创新重镇。

过去几年，宁波堪称风头最盛的强二线城市之一，不仅在制造业单项冠军、专精特新"小巨人"等创新指标上稳居前列，经济总量也在不断逼近老牌直辖市天津，且逐步拉近与省会杭州之间的距离。有了强劲的制造业基础，宁波雄心日显，不断调整发展目标，不仅将"十四五"时期的GDP目标从1.7万亿元提高到2万亿元，而且喊出了"进入全国前十名"的口号。充满活力的民营经济、制造业强市的基本盘，再加上杭州湾闭环重塑的区位优势，宁波剑指第十城，未必没有可能。

合肥：一路逆袭，从"大县城"到"最牛风投城市"

"一个伪装成城市的投行""全国最敢'赌'的城市""最牛风投城市"……这是近年来合肥斩获的新名号。

就在一二十年前，合肥只是一个名不见经传的普通省会，经济实力不强，且无明星企业，在全国没有多大的存在感。短短十多年，合肥为何突然成了全国关注的对象？合肥模式，是否能为其他城市所借鉴？

■　10年进步最大的城市之一

过去10年，合肥是全国发展最快的城市之一。

2012年，合肥GDP仅为4168亿元，在全国城市排名中位于30名左右。到了 2022 年，合肥 GDP 已经跃升到 1.2 万亿元，一度跻身前二十城市之列。10 年来，合肥 GDP 增速高达 188.2%，在万亿级城市里增幅位列第一，在主要城市里仅次于贵阳（见图 1-13）。与之对比，同期，深圳经济总量增长了 140%，同处中部的武汉、郑州、长沙分别增长了 143.4%、133.1%、125.3%。

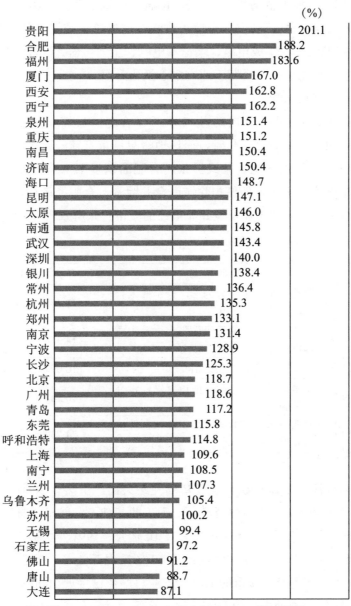

(%)

城市	增速
贵阳	201.1
合肥	188.2
福州	183.6
厦门	167.0
西安	162.8
西宁	162.2
泉州	151.4
重庆	151.2
南昌	150.4
济南	150.4
海口	148.7
昆明	147.1
太原	146.0
南通	145.8
武汉	143.4
深圳	140.0
银川	138.4
常州	136.4
杭州	135.3
郑州	133.1
南京	131.4
宁波	128.9
长沙	125.3
北京	118.7
广州	118.6
青岛	117.2
东莞	115.8
呼和浩特	114.8
上海	109.6
南宁	108.5
兰州	107.3
乌鲁木齐	105.4
苏州	100.2
无锡	99.4
石家庄	97.2
佛山	91.2
唐山	88.7
大连	87.1

图 1-13　2012—2022 年各大城市 GDP 增速排行

资料来源：根据各地统计年鉴梳理。

如果将时间放到更长的 20 年周期来看，合肥的成长更为惊人。2000 年，合肥 GDP 仅为 487 亿元，在全国排在 60 名开外，"大县城"一度成了合肥的代名词。20 多年过去了，合肥经济总量增长了 23.6 倍，而同期全国增长 11.1 倍。

除了经济总量之外，合肥工业崛起速度之快，同样出人意料：从 2000 年到 2022 年，合肥工业增加值增长了 15 倍，位居主要城市之首。20 多年前，合肥主要工业品集中于电视机、空调、卷烟、啤酒、钢材等传统工业品；到了 21 世纪 20 年代，新能源汽车、集成电路、笔记本电脑、工业机器人、液晶显示屏、太阳能电池等成了主要工业品，合肥工业完成了换代升级。

合肥发展为何这么猛？

这背后不无城市扩张带来的助力。2011 年，合肥与芜湖、马鞍山"三分巢湖"，新设立的县级巢湖市由合肥市代管，而原地级巢湖市管辖的庐江县划归合肥市管辖（见表 1-10）。借助这次合并式扩张，合肥面积增至 1.14 万平方公里，城市规模得到空前扩张。不过，即使扣除城市合并因素，合肥经济总量增速仍然位居全国之首。可见，合肥的飞速发展并非单纯的城市扩张所致。

表 1-10　5 次省会扩容

城市	时　间	扩 容 对 象	面积(平方公里)	行政区划
合肥	2011 年	原地级巢湖市一分为三，分别并入合肥、芜湖、马鞍山	11 445	4 区 4 县，1 个县级市
成都	2016 年	原资阳市代管的县级简阳市，改由成都市代管	14 378	12 区 3 县，5 个县级市
西安	2017 年	代管国家级新区西咸新区	10 097	11 区 2 县
济南	2019 年	撤销莱芜市，划归济南市管辖，设立莱芜区	10 247	10 区 2 县
长春	2020 年	原四平市代管的县级公主岭市，改由长春市代管	24 734	7 区 1 县，3 个县级市

资料来源：各地政府官网。

事实上，合肥的资源禀赋和发展基础并不突出。虽然有 2000 多年的历史，但在重工业时代，合肥一无自然资源，二无工业基础，发展相对滞后。1957 年合肥工业产值破亿元，但直到 1973 年才突破 10 亿元，1991 年突破百亿元。从 1 亿元到 10 亿元，合肥用了 16 年的时间；从 10 亿元到百亿元，合肥用了 18 年的时间。在 1991 年，作为龙头城市的上海，工业总产值已接近 2000 亿元，相当于合肥的 20 倍。即使与同处中部的武汉相比，合肥也差距巨大，1991 年武汉工业总产值近 400 亿元，是合肥的 3 倍多。

同时，合肥也缺乏显著的区位优势。由于地处中部内陆，合肥错过了改革开放后第一波沿海城市对外开放的浪潮，在外贸驱动时代显得相当不显眼。在"普铁"时代，合肥在全国铁路网络中也处于边缘地位，当时安徽的铁路枢纽为皖北的蚌埠，省会的尴尬可见一斑。

在当时，合肥唯一能拿得出手的或许是中国科学技术大学。1966 年，北京13 所高校外迁，中国科学技术大学曾赴湖北、江西、安徽、河南四省选择新校址，但最终花落安徽，原因是当地承诺提供场地与经费，"愿意提供搬迁学校的一切便利"。为此，合肥及安徽省节衣缩食，给钱、给地、给政策，倾尽资源支持中国科学技术大学的发展。风雨同舟，投桃报李，合肥在关键时刻支援了中国科学技术大学的发展，而中国科学技术大学在今天助力了合肥的科技建设和产业发展。2017 年，合肥能继上海之后，拿下了第二个综合性国家科学中心，从而在科研上成为与上海、北京、大湾区同样的存在，背后不无中国科学技术大学的贡献。

不过，这一切，并非合肥崛起的最大支撑。

■ 最敢"赌"的城市？

合肥的成功晋级，流行的说法当属"赌"。

"全国最敢赌的城市""最牛风投城市""逢赌必赢"之类的说法不绝于耳。这背后，"押注"京东方、"请进"联想、"接盘"蔚来、引进长鑫存储，从而带动了一系列千亿级产业的风生水起，让合肥从一个工业"一穷二白"的弱省会，到拥有以平板显示、集成电路、新能源汽车、电脑制造、智能家电为主的高新产业体系。

事实上，任何城市的崛起，都无法仅凭一次两次的"豪赌"，背后必然有深刻的内在逻辑与政策导向。这方面，安徽省有关领导在相关会议上，对合肥"赌城"一说予以否认，并分析了"合肥为什么能"的关键："安徽 20 年来的快速发展，是中国经济发展的内在逻辑使然。合肥顺势而为、乘势而上，才有了今天的发展成就。"

合肥晋级的第一大支撑在于区位优势的升级。20 多年前的合肥，工业基础薄弱，基础设施落后，交通地位尴尬。虽然作为省会，但合肥的经济水平不及沿海普通地级市，在重工业时代和外贸驱动时代，合肥一直都处于边缘角色。据凯风《中国城市大趋势》一书分析，随着我国经济从外贸转向内需驱动，从沿海优先发展转向城市群的区域协调发展模式，安徽在国家战略中的分量不断抬升，中部崛起、长江经济带、长三角一体化的先后落地，带动安徽向经济强省进军。

这其中，最具突破性的，当属安徽集体加入长三角城市群。在我国区域发展战略中，安徽原本与湖北、湖南等共同作为中部崛起的一员而存在，而最初的长三角城市群，只囊括江浙沪地区 15 个城市，以上海为中心，构成环沪城市群。不过，在都市圈、城市群成为新一轮城镇化的主战场之后，这一格局开始出现变化。2016 年，长三角城市群规划获批，安徽合肥、芜湖、马鞍山、铜陵、安庆等城市获得"入长资格"，长三角扩大到 26 城。2018 年以来，随着长三角一体化上升为国家战略，蚌埠、阜阳、淮北等安徽城市全部纳入长三角范围，长三角最终扩容到三省一市 41 个城市，与古时的江南省高度重合。自此，安徽 16 个地级市，正式与江浙沪"包邮区"开始了融合之路，合肥也得以成为长三角一体化中关键的一员。

千帆一道带风轻。背靠中部崛起、长三角一体化两大国家战略，合肥乃至安徽省得以躬逢其盛、左右逢源，既能享受到中部崛起的政策红利，也可从长三角一体化的大趋势中获益。

与此同时，"八纵八横"高铁网络的横空出世，一改合肥在国家交通网络中的尴尬地位，得以成功晋级国家交通枢纽。

在"普铁"时代，作为铁路要道的京广、京九、京沪、陇海，只是从安徽边缘掠过，省会合肥成了铁路的"死胡同"。而在高铁时代，八纵八横，纵横交错，从南到北，从东到西，铁路覆盖整个中国。八纵里的京沪、京台、京九，八横里的沿江、陆桥通道，从安徽纵横交错而过，合肥得以成为晋级"米"字形枢纽成员，城市能级和区位优势得到显著提升。

借助这一国家战略，安徽迅速补上交通短板。2019 年，商合杭高铁合肥以北段通车运营，安徽 16 个省辖市实现高铁通达，安徽也成为继福建之后全国第二个"市市通高铁"省份，超过了广东、江苏、浙江等经济强省。

■ 5 次产业大跨越

区位优势升级，又带动产业格局变迁。

合肥的赶超之路，最早可以追溯到 2005 年前后。当时合肥工业"一穷二白"，基础十分薄弱，当沿海城市借助电子信息、互联网等高新产业崛起之时，合肥仍然处于默默无闻的状态。2005 年，合肥提出"工业立市"的目标，自此开启了 5 次产业大跨越（见表 1-11）。

表 1-11　合肥制造业 5 次大飞跃

节　　点	产　　业	2025 年产业目标	代表企业
2000 年以来	智能家电	2000 亿级	惠而浦、海尔、格力等
2008 年	新型显示	2000 亿级	京东方
2011 年	智能终端	2000 亿级	联宝科技
2016 年	集成电路	1000 亿级	长鑫存储、晶合集成
2020 年	新能源汽车	3000 亿级	蔚来等

第一次跨越是家电产业。20 世纪八九十年代，合肥依靠荣事达、美菱、天鹅等多个本土品牌，一度成为家电产业的重镇，但在 20 世纪 90 年代末由于竞争力不足而逐渐衰落。2000 年之后，合肥借助沿海地区产业转移的机遇，先后引进惠而浦、海尔、格力、美的等龙头企业，一举打造成为全国最大的家电生产基地，2011 年家电产业产值破千亿元，这让合肥从此有了自己的第一个千亿级企业。合肥家电产业的崛起，打破了全国家电产业"南顺德，北青岛"的格局。

第二次跨越是显示面板产业。2008 年，合肥斥重资引入京东方，拉开了显示面板国产化的序幕。合肥市政府投入 60 亿元，并承诺兜底最高出资 90 亿元，引入京东方，投建国内首条 6 代线。要知道，当时合肥一年的财政收入仅有 300 多亿元，说是"豪赌"并不夸张。这是合肥第一次为世人所注意。10 多年来，京东方在合肥先后建设投产 6 代线、8.5 代线、10.5 代线，累计总投资超过 2000 亿元，每年产值超过 400 亿元。在京东方的引领下，合肥吸引了一批上下游企业入驻，借此跻身全国新型显示产业第一梯队。"豪赌"京东方，后来成了合肥"风投神话"的开山之作。

第三次跨越是 PC 制造业。2011 年，联想集团在合肥建立 PC 生产基地，仅用了 10 年时间，就打造成为全球最大的 PC 生产基地，也将合肥推向了电子信息产业高地的宝座。2010 年之前，整个安徽 PC 年产量不足 10 万台，几乎可以忽略不计。在当时，PC 也从未作为主要工业品被列入合肥及安徽官方的统计公报中。这一切，从 2011 年前后开始发生翻天覆地的变化：从百万台到千万台，只用了两年时间，从 1000 万台到 2000 万台，用了 4 年时间，而从 2000 万台到 3700 万台，只用了 3 年时间。

第四次跨越是集成电路产业。2016 年，由合肥市政府大力投资的长鑫存储正式成立，不久之后就推出国产第一代 10 纳米级 8GB DDR4 内存，打破了海外巨头长期垄断的局面。而合肥投资的另一家代表企业晶合集成，是安徽省首家 12 英寸晶圆代工企业，也是内地第三代晶圆代工厂。这些本土龙头企业的崛起，为合肥在集成电路时代的竞争中抢得了先机。

第五次跨越是新能源汽车。以"抄底"蔚来为标志,合肥在全国新能源汽车争夺战中布下了关键的一棋。2019年前后,新能源汽车市场"井喷"前夕,作为三大造车新势力的蔚来,却陷入困境,资金链几近断裂,股票最低跌到1美元。蔚来危在旦夕之际,合肥出手了。2020年,合肥建投联手三级国资平台70亿元"接盘",下注期待已久的新能源产业链,赢得蔚来中国总部落户合肥。2021年以来,随着"双碳"战略的推出,新能源汽车发展走上快车道,全国新能源汽车产量翻了数倍,一众新能源企业成了弄潮儿。

合肥布局的这些产业,都不乏关联性。家电产业的崛起,带动对显示面板的需求,这为京东方的落户奠定了基础;而PC产业对显示面板的需求,又进一步支撑了液晶显示产业的发展。而这些产业对芯片的需求,又为集成电路产业从小到大、从弱到强提供了可能。

短短10多年间,合肥工业总产值从1000多亿元跃升到万亿级。由此,合肥正式形成了"芯屏汽合、集终生智"的产业链。目前,家电、装备制造、平板显示及电子信息、汽车及零部件等六大支柱产业增加值占全市的2/3左右(如图1-14所示)。

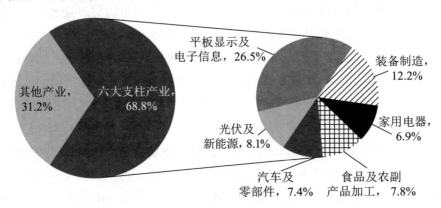

图 1-14 2022 年合肥六大支柱产业

资料来源:合肥市统计年鉴

正是这五次跨越,让合肥建立以电子信息、平板显示、集成电路、新能源汽车、家用电器为代表的现代产业体系。这与其说是"风投"的成功,不如说是矢志不渝坚持"工业立市、产业强市"的结果。

■ 政府引导基金的利与弊

虽然"最敢赌的城市"一说不无夸张之嫌,但合肥的确是政府引导基金的最佳践行者之一。

过去几十年，招商引资是地方政府着力于产业发展的重点，给地、给钱、给政策是主要抓手。近年来，随着产业格局变迁，地方政府主动通过产业投资基金"押注"各大赛道，成为"有为政府"的关键注脚，也成为"硅谷模式"之外的积极尝试。如果说以私募基金为主导的"硅谷模式"更多是利润为导向，高风险背后必然是高回报的需求，而许多高新产业，资金投入大、进入门槛高、回报周期长，面临巨大的不确定性，社会资金往往心存疑虑，这就凸显了政府的产业引导角色。

政府主导的产业基金的进入，不仅让初创企业缓解了资金之忧，还能利用财政资金释放的杠杆效应，吸引更多社会资本的进入，从而创造资本涌动、产业繁荣、人才流入的新格局。从深圳到合肥，"有为政府"的崛起，一改过去以土地、财政补贴等为招商引资主要筹码的竞争模式，正在显著改变未来的城市竞争格局。正因为这一点，近年来，政府产业投资基金不断"井喷"，截至 2022 年，国内共设立 2000 多只政府产业引导基金，目标规模达 12.62 万亿元，已认缴规模为 6.28 万亿元。这些产业基金，多数投向了以新能源、人工智能、生物医药、集成电路为代表的战略性新兴产业。

然而，任何投资都有风险，何况回报周期相当长的风险投资。风险投资赚得盆满钵满的不在少数，但最终归零的也不少。而政府引导基金，本质上是利用财政资金或由地方国资成立投资平台，以股权合作等方式进行产业投资，这在市场风险之外又多了财政资金保值增值的压力。同时，最终效果如何，看的不只是地方主政者的眼光，更要与本地的资源禀赋、产业基础和市场需求相结合，不是每一个城市都能凭空建立起一个高新支柱产业。合肥的成功，不无基本面的支撑。京东方之所以能在合肥发展壮大，除了行业需求之外，也不乏当地家电产业、PC产业对显示面板的需求支撑。而蔚来之所以落地合肥，背后也是合肥本身就已有相当规模的汽车产业基础，而长三角又是全国最大的汽车零部件生产基地，产业集群效应相对突出。

事实上，即使战绩连胜的合肥，也不乏失败乃至最终投资归零的案例。

2009 年，合肥在引入京东方之后，继而斥资 20 亿元引进日立等离子面板项目——安徽鑫昊，这是当时内地第二大等离子显示面板生产线。当时，等离子技术与液晶显示正处于赤手相搏的竞争阶段，最终液晶显示打败了等离子，成为市场的主流。2013 年，松下停止等离子显示器的生产，并于 2014 年结束等离子业务，这标志着等离子显示的彻底退出，安徽鑫昊项目最终也没了消息，合肥这次押注也以失败告终。

2010 年，合肥引进赛维光伏项目，这是当时全球规模最大的一次性开工建设的光伏项目。这个项目一度引发江西新余、南昌等地的不满，从新余"发家"的赛维彼时是全球最大的光伏龙头企业之一，2007 年登陆纽交所时曾创下了新能源领域最大的 IPO 规模，成为江西第一个在美国上市的企业。然而，2012 年以来，受欧美"双反调查"（反倾销和反补贴）影响，整个光伏行业备受冲击，原本就资金链紧张的赛维从此一蹶不振，2016 年不得不申请破产，而合肥赛维光伏项目最终也只能低价拍卖转让。

这样的案例还有不少，其中以集成电路产业为最，如投资千亿元的武汉弘芯半导体制造项目、规划总投资近 600 亿元的济南泉芯项目，最终都遭遇了烂尾、停摆的尴尬。对于这一现象，国家发改委曾表示，国内投资集成电路产业的热情不断高涨，一些没经验、没技术、没人才的"三无"企业投身集成电路行业，个别地方对集成电路发展的规律认识不够，盲目上项目，低水平重复建设风险显现，甚至有个别项目建设停滞、厂房空置，造成资源浪费。对此，将按照"主体集中、区域集聚"的发展原则，加强对集成电路重大项目建设的服务和指导，有序引导和规范集成电路产业的发展秩序，做好规划布局。

因此，任何投资都要谨慎。任何一个城市的飞跃式发展，都不是靠一两次的"豪赌"就能完成的。只有具备相应的产业与人才基础、一定的区位（或资源）优势、专业的投资能力和眼光，政府引导基金才能发挥事半功倍的乘数效应，助力城市晋级。

第二章 ——— 大湾区，何以为大

广州：经济全国一流，财政怎么这么"穷"

深圳：晋级全球前十，"深圳奇迹"是怎么炼成的

佛山：广佛合体，第一个 5 万亿级"同城"呼之欲出

东莞：在广深港澳之间"左右逢源"

湛江、汕头：最"穷"最富都在广东，粤东西北怎么了

广州：经济全国一流，财政怎么这么"穷"

广州，可能是最"委屈"的大城市。

论城市能级，广州是一线城市、国家中心城市和高级别的世界城市。论行政级别，广州是全国第一大省会，也是 15 个副省级城市之一。论城市规模，常住人口逼近 2000 万人，是为数不多的超大城市之一。论综合竞争力，广州还是名副其实的第三城，经济、工业、交通、教育、科技、文化、医疗、对外交往，几乎不存在明显短板……

然而，如此强大的广州，地方财力不到京沪的 1/3、不及深圳的一半，甚至比不上经济总量相对较低的苏州、杭州等城市。

广州财政为何这么弱？

■ 广州财政有多"弱"？

在主要城市里，广州是唯一的财政收入与经济总量不相匹配的城市。

衡量地方财力的一个关键指标是地方一般公共预算收入，由税收收入及非税收入组成，税收收入一般占七成到九成。这是地方财政初次分配的收入，也可称为狭义上的财力，指的是各地总的财政收入扣除分税制上划上级及中央财政的部分。由于经济发展水平、产业结构及上缴比例的不同，各地狭义上的财力存在明显的差异。

作为一线城市，广州地方一般公共预算收入仅排在全国第七位，不仅与上海、北京、深圳差距巨大，而且低于重庆、苏州、杭州等地。图 2-1 数据显示，2022 年，广州地方一般预算收入仅为 1855 亿元，而同为一线城市的上海、北京、深圳分别高达 7608 亿元、5714 亿元、4012 亿元，即便经济总量仅为广州 2/3 的杭州也达到了 2451 亿元，而经济总量仅为广州一半左右的天津也超过了 1800 亿元。从地方一般公共预算收入与经济总量之比来看，广州在一众经济强市中更是显得格格不入。2022 年，广州地方一般公共预算收入与 GDP 之比仅为 6.4%，而上海高达 17%，北京、深圳、杭州、宁波、天津等地均超过 10%。

为什么会出现这种现象？是广州经济含金量不高，还是有别的原因？

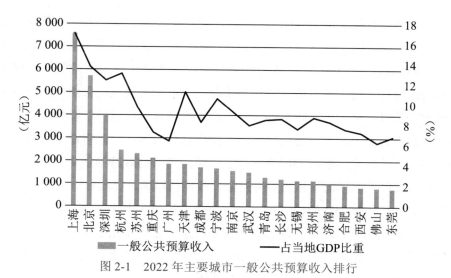

图 2-1 2022 年主要城市一般公共预算收入排行

资料来源：各地财政局、统计公报。

事实上，广州税源并不弱。从全口径国内税收来看，广州仅次于北京、上海、深圳，与一线城市的地位相当。如图 2-1 所示，以疫情影响相对较弱的 2021 年为例，来源于广州的国内税收总额高达 4820.5 亿元，远高于重庆（2889.1 亿元）、杭州（4312.6 亿元）。然而，看似充沛的财力，最终留给广州的地方税收仅为 1394 亿元，而重庆、杭州分别达 1543 亿元、2234 亿元，广州税收自留率仅为 29%，而重庆、杭州双双超过 50%。

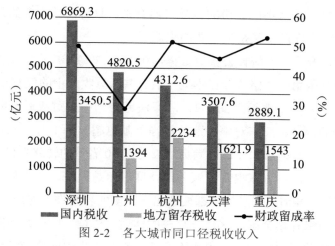

图 2-2 各大城市同口径税收收入

注：国内税收，不含海关代征税收及证券交易印花税部分。

资料来源：各地财政局、统计公报。

同时，从综合可支配财力的角度看，广州的总财力也不低。数据显示，2021

年广州一般公共预算支出为 3020.72 亿元，超过杭州（2393 亿元）、苏州（2583 亿元），但不及深圳（4570 亿元）、重庆（4835.1 亿元），至于上海、北京更是超过了 8000 亿元。可以看到，各地的财政支出普遍高于地方财政收入，这是因为分税制的存在使得中央与地方财权与事权的不匹配，财权向上集中，而事权集中于地方。所以，从中央财政到省级财政，纷纷通过税收返还、转移支付等方式支援地方的财政支出需求。重庆的财政支出两倍于收入，正是得益于转移支付。广州虽然留成比例全国最低，但也拿到了一定的省级财政补助，且从卖地收入、预算稳定调节收入中调配了相当多的资金，最终得以满足财政支出的需要。

问题来了，广州创造的税收远远高过重庆、杭州、天津等地，为何最终留成的本地税收如此之低？广州与深圳、重庆的经济体量不相上下，财政支出却存在巨大的悬殊，可支配财力的多少，又是如何影响广州的城市建设和招商引资？广州对土地财政的高依赖，是否也有这方面的因素？

■ 财政虚弱的真相

广州财政之所以如此"虚弱"，正是因为广州承担了支援全国及省内欠发达地区转移支付的重任。

众所周知，我国财政实施的是分税制，无论哪个城市创造的税收，都要在中央与地方之间进行分成。由于区域差距的存在，中央通过转移支付等方式将财政在省域之间重新调配，从而构建相对均衡的地方财政体系。既然是分税制，且存在转移支付制度，那么不同省份的贡献自然有别，只有为数不多的几个东部沿海大省是净贡献者，而广东又是最主要的来源。

根据财政部及广东省统计公报等数据，2021 年，来源于广东的国内税收达 2.26 万亿元，位居全国第一，但留存在本地一般公共预算收入中的仅有 1.08 万亿元，占比不到一半（见"上海篇"图 1-2），即使考虑到中央财政通过财政返还、转移支付等返回的部分，广东对中央财政的净贡献也超过了 1 万亿元。这一数字，接近江苏、浙江两省的总和，足以满足西部地区 10 省份的转移支付需求。

全国有区域差距，广东也有区域差距，珠三角是经济、产业和税赋的主要贡献者。从全国的视角看，广东每年都要拿出一半多的税收收入支援其他地区建设，相当于靠珠三角来补贴全国，这是一盘棋的体现。毕竟，广东经济的发展离不开来自全国各地的劳动力的贡献，也离不开西部地区提供的廉价能源，通过转移支付反哺中西部地区，正是良性发展的体现。

然而，广东虽然看起来"富可敌国"，经济总量赶韩超俄，放在世界，可以列为第十大经济体，但内部既有无比发达的珠三角，也有与西部地区不相上下的粤东西北。当广东近半的税收都拿去补助其他地区，自身欠发达地区的财政支出压力，只能落在了以广州为代表的珠三角城市身上。

为此，广东构建了与其他省份不同的三级财政模式。除了深圳之外，广东多数地级市的税收不仅要与中央分成，还要与省级分成，由此导致广州等地的税收留成比例远低于同能级城市。之所以将深圳排除在外，是因为深圳拥有计划单列市的身份。计划单列市，顾名思义，财政单列，其税收收入直接与中央分成，并不上缴省级政府。近年来，深圳虽然也开始逐步向广东省上解少部分收入，但广东往往又通过财政返还的方式回馈给深圳。所以，长期以来，深圳对广东省财政的直接贡献几乎可以忽略不计，财政的担子自然就落到了广州身上。

这意味着，广州是全国少有的既要支援中西部地区，又要"帮助"省内粤东西北地区的重点城市。广州、深圳不同的财政机制，决定了两市可支配财力的差异。比如营改增之后广州产生的增值税，在中央、省级、市级及以下分享的比例为50：25：25，企业所得税的分配比例为60：20：20，而深圳、重庆、杭州等城市多为50：0：50或60：0：40，省级不参与直接分成（见表2-1）。在三级财政之下，广州经过初次分配自留的税收收入比例不足30%，即使考虑到省级税收返还及补助等因素，广州最终自留的财政收入也仅为33%左右，深圳则达到42%，国内许多二线城市更是超过50%。值得注意的是，在主要经济强市中采取三级财政的只有广州、成都两地，即使是成都，最终财政自留比例也接近四成，远高于广州。

表 2-1　广州、深圳主要税收分成比例　　　　　　　　　　　　%

税　　种	广州税收分成办法			深圳税收分成办法		
	中央	省级	广州	中央	省级	深圳
增值税	50	25	25	50	0	50
企业所得税	60	20	20	60	0	40
个人所得税	60	20	20	60	0	40
土地增值税	0	50	50	0	0	100

资料来源：粤开证券研究院。

广州财政自留比例过低，不仅严重影响到公共财政的正常支出，使得广州只能转向土地财政来寻求替代，而且与北京、上海、深圳等城市财政支出能力的巨大差距，影响了广州的公共建设及招商引资，客观上不利于经济发展。如图2-1所示，2021年广州一般公共预算支出仅为3020亿元，而深圳为4570亿元，重庆为4835亿元，上海和北京更是分别高达8430.86亿元、7205.1亿元。从人均财政支出看，广州不仅远远落后于一线城市，甚至不及中西部的二线省会城市。2021年，广州人均财政支出为 1.6 万元，深圳为 2.6 万元，北京、上海双双超过 3 万元，就连经济体量不到广州一半的天津也达到 2.3 万元。

广州即使达 3000 多亿元的财政支出，也是想尽办法"凑"出来的。这些财政支出中，只有六成左右来自地方一般公共预算收入，剩余的大头，除了上级返还之外，更多的要依赖卖地收入。数据显示，在 2021 年广州除一般预算收入之外的财政支出资金来源中，520 亿元来自上级补助收入，包括返还性收入和转移性收入，动用预算调节资金 264 亿元，而最大的一笔调入资金 843 亿元，主要为卖地收入。

所以，广州成为全国卖地收入依赖度最高的城市之一，也就不令人意外了。数据显示，2017—2021 年，广州卖地总收入超过 9000 亿元，仅次于杭州、上海和北京，而深圳卖地收入仅为 4100 亿元（见"杭州篇"图 1-8）。如果以卖地收入／一般公共预算收入衡量土地财政依赖度，广州是唯一超过 100% 的一线城市，而北京、上海、深圳是少有的几个不到 50% 的城市。

土地财政依赖度如此之高，导致广州一度陷入"铺大摊子，大建新城"的开发模式，以及不得不通过大规模的城中村改造来维持经济增长和财政收入的可持续性，这又带来房价长期高企的问题，也让广州错失了不少产业转型升级的机遇。关键的是，一旦房地产趋于见顶，土地市场走弱，广州财政支出将面临巨大的压力。

■ 广州的"牺牲"与担当

近年来，强省会成为潮流，做大做强省会、打造强中心城市，几乎成为所有省份不约而同的选择，只有广州成了例外。

做大强省会，固然有利于提升欠发达省份在全国的存在感，进而在区域竞争、国家战略竞夺中获得更大机会，但强省会意味着资源、资金和政策进一步向省会集聚，难免会牺牲其他地级市的利益，不利于区域均衡的实现。作为经济大省的广东，面对省内区域发展不均衡的现实，不仅从未提及强省会，反而不断强化"省会担当"，发挥广州作为省会的带动效应、辐射效用和对口帮扶的责任。

如果说深圳主要是产业帮扶，部分深圳企业由于成本压力开始向邻近的东莞、惠州转移，从而将产业留在了广东，那么广州则是财政、产业、教育乃至都市圈的全方位助力。

先看财政。广东的区域不均衡，不仅体现在经济总量上，也体现在财政收入上。财政收入最高的是深圳，其地方一般公共预算收入超过 4000 亿元；财政收入最低的潮州、汕尾、云浮等地，其地方一般公共预算收入均不足百亿元，相差

40 ～ 80 倍。从财政自给率来看，如图 2-3 所示，深圳遥遥领先，东莞、佛山等地居前，但粤东西北全部不足 40%，汕尾（18.8%）、梅州（21.4%）、揭阳（21.5%）、河源（24.4%）、潮州（24.7%）更是不足 30%，低于多个中西部省份的平均水平。显然，几十亿元的财政收入，对于一个人口数百万的地级市来说，恐怕连基本的日常行政运转都入不敷出，遑论其他公共开支。

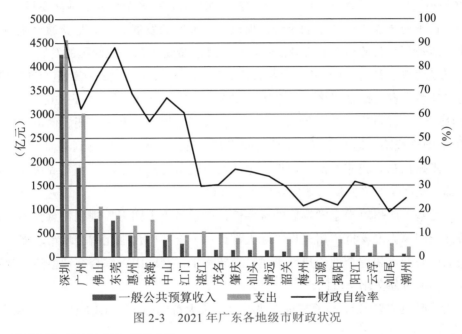

图 2-3　2021 年广东各地级市财政状况

资料来源：各地财政局、统计公报。

　　粤东西北亟须转移支付支持，而广州正是贡献的主力。根据粤开证券罗志恒等人的梳理统计，2019 年，广州、深圳贡献的中央、省、市级财力比重分别为57：10：33、57：1：42，广州最终归属省级财政的比重比深圳多了 9 个百分点。如果未来深圳能打破计划单列市的体制，向广东上解或分成更多收入，那么粤东西北地区的财力想必会更为可观，而广州负重前行的局面才能得以改观。

　　事实上，广州的省会担当，不仅体现在财政上。广州在全国对口帮扶 6 个省份 11 个市县，其中广东省内的湛江、清远、梅州均在列。其中，湛江作为广东省域副中心城市，虽然不乏独当一面的能力，但在交通设施、产业发展、教育布局等方面均存在一定的短板，因此广东提出强化广州—湛江"核＋副中心"深度协作，大力提升城市发展能级，引领粤西地区协同发展。至于广州的"后花园"清远，广清一体化发展早已被提上日程，两地不仅打造出广清 1 小时交通圈，而且具有飞地特色的广清经济特别合作区，更成为两地深度融合的见证。这一合作区致力于打造"广州总部＋清远基地"、"广州研发＋清远制造"、"广州总部＋清远配套"等模式，探索税收留成共享，发挥"飞地经济"的区域协同效应。

此外，在广东最新的都市圈空间格局中，广州、深圳都市圈全面扩容。广州都市圈覆盖了广州、佛山、肇庆、清远、韶关、云浮6市，深圳都市圈囊括了深圳、东莞、惠州、河源4市。其中，清远、韶关、云浮、河源都是欠发达地区，人均GDP均不及全国平均水平。广州、深圳都市圈扩容，将多个欠发达地区囊括在内，目的就在于通过强中心城市的带动，促进落后地区的发展。无论是交通设施的一体化，还是公共服务和产业规划的一体化，都能带动粤东西北地区的发展。

仅以地铁来看，广州构建了囊括佛山、东莞、中山、清远的跨城轨道交通网络，打造了覆盖全省的铁路网络。根据《广州市轨道交通线网规划（2018—2035年）》，到2035年，广州将有50多条地铁连通市内及周边地区，其中广州、佛山之间将有10条地铁线路贯通，广州、东莞之间将有6条衔接通道，广州到深圳、清远、中山、惠州也都有相应的衔接通道。这些城市轨道交通网络将广州与周边地区连成一体，从而使经济的溢出效应发挥到最大化。

正是基于广州对于全省发展的重要性，广东省"十四五"规划特意强调：以支持深圳同等力度支持广州建设国际大都市……支持广州强化省会城市功能，推动国家中心城市和综合性门户城市建设上新水平，打造国际综合交通枢纽、教育医疗中心和对外文化交流门户。

正所谓"欲戴王冠，必承其重"，做好"带头大哥"，是广州的责任和担当所在。

■　自力更生的城市

广州是少有的依靠自力更生而崛起成为世界城市的例子。

北京、上海作为直辖市，一个是政治中心，一个是经济中心，政策优势自不待言。而深圳作为经济特区，既拥有计划单列市的身份，又拿到了社会主义先行示范区的探索资格，不愧为政策高地。即使是重庆，也身兼直辖市、国家中心城市、西部大开发、西部陆海新通道、长江经济带、成渝双城经济圈等众多国家战略的加持。唯有广州，近年来几乎没有多少重大政策惠及。

在历史上，广州一直得风气之先，将政策优势与区位优势与敢为人先的探索精神相结合，实现了从普通城市到一线城市的逆袭。清朝时的"一口通关"，计划经济时代的广交会，奠定了广州作为国际商贸中心的地位。改革开放之初，广州借助先行先试的探索，先后得益于沿海开放城市、国家经济技术开发区等众多战略，发展一日千里，由此奠定了一线城市的地位。自20世纪90年代以来，广州经济总量一直位居前列（见图2-4），与北京、上海、深圳一同引领全国。

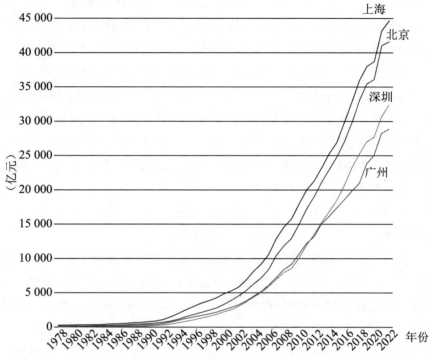

图2-4　北京、上海、广州、深圳历年GDP走势

资料来源：各地统计年鉴。

然而，近年来，几乎所有的重大战略都与广州无缘。中国进口博览会给了上海，而不是拥有60多年广交会底蕴的广州；四大一线城市，上海、深圳、北京都有了大型证券交易所，唯独广州，直到2021年才拿下了一个广州期货交易所，而在此之前，大连、郑州早已设立期交所；对于自贸区减按15%征收的企业所得税优惠政策，深圳前海、珠海横琴早在2014年就已经落地，而广州南沙直到2022年才第一次看到。至于在新一轮的区域发展战略中，上海与深圳各自拿下了浦东现代化建设先行区、深圳社会主义先行示范区，而广州颗粒无收……

就此而言，广州是典型的"政策洼地"。然而，广州能长期屹立于一线城市不倒，自然有其长期支撑因素所在。

广州的第一大优势在于区位。南大门，这是对广州区位优势的最佳形容。广州在过去一直都是中西文化碰撞的主要舞台，也是世界了解中国、中国走向世界的重要窗口。扼守华南地区，辐射海内外，这正是门户枢纽城市的题中之意。自古以来，广州都是岭南地区的综合性中心城市。跨越千年时光，广州这一中心地位丝毫未变。基于历史底蕴和发展优势，新中国成立之后，广州一直作为大区中心而存在。中南局（南方局）曾经以广州为中心，原广州军区（现南方战区）总部位于广州，广州还是除京沪之外领事馆最多的城市，拥有大量的金融机构地区总部、世界500强跨国公司总部等，无论是地理区位还是经济地位，都堪称一流。

近年来，随着"一带一路"倡议和"国内国际双循环"战略的推出，广州作为"南大门"的重要性与日俱增。古代"海上丝绸之路"与21世纪"海上丝绸之路"交相辉映，广州是重要节点城市，与东南亚、欧洲、非洲等地频繁的商贸往来，让广州得以在国际大循环中发挥重要作用。而借助传统商贸中心的历史底蕴，超大规模的市场优势和人口优势，广州得以跻身打造国际消费中心的第一阵营，助力国内大循环建设。

第二个优势——交通。交通枢纽意味着流量，广州是名副其实的"流量大城"，也是少有的集海陆空于一体的国际综合交通枢纽。

2021年印发的《国家综合立体交通网规划纲要》，规划了20个国际综合交通枢纽城市，广州位列其中，与深圳、香港共同构成粤港澳大湾区枢纽集群，且是为数不多的集国际综合铁路枢纽、国际枢纽海港、国际航空（货运）枢纽于一体的城市。广州的交通网络畅通全市，贯通全省，联通全国，融通全球。

《2021年广州市交通发展年度报告》提供的数据显示，2021年广州铁路、公路、水路、航空对外运输方式完成客运2.2亿人次，日均客运量60万人次；完成货运量9.8亿吨，日均货运269万吨，双双位居全国前列。

从"海"来看，广州正在打造国际航运枢纽。千年以来，广州是全国唯一从未关闭过的通商口岸城市。近年来，广州港承前启后，在内贸和外贸中的重要性与日俱增，坐稳了全球主要海港之位。2022年，广州港集装箱吞吐量达2486万标准箱，货物吞吐量6.56亿吨，双双位居全球前列。

从"陆"来看，广州正在打造"米"字形的世界级铁路枢纽。借助高铁，广州1小时直连大湾区、2小时互通省内、3小时互达泛珠三角、5小时联通长三角和成渝地区双城经济圈、8小时直通京津冀。从开通以来，作为高铁站的广州南站一直都是全国最大的"流量出入口"，2019年，广州南站到发旅客1.88亿人次，其中发送旅客9585万人次，日均到发旅客51.4万人次，位居全国第一。2020年以来，虽受疫情影响，广州南站的年度客流量仍然超过1亿人次，日均客流31.9万人次，继续稳居全国第一。

从"空"来看，广州正成为全球领先的国际航空枢纽。作为内地三大航空枢纽之一，广州白云国际机场与上海浦东国际机场、北京首都国际机场并驾齐驱，无论旅客吞吐量还是货邮吞吐量均位居全国前列。广州市"十四五"规划纲要提出，提升"广州之路"辐射深度和广度，形成东南亚4小时、全球12小时航空交通圈。届时广州的国际航空枢纽之位还会更加巩固。

第三个优势，广州还是千年不衰的商业城市。

上海开埠不到200年时间，香港的繁荣也是近百年来的事情，深圳的崛起更是只有40多年的历史，而其他世界城市纽约、伦敦、东京的繁荣只有几百年的历史。放眼世界，广州从唐宋到明清再到现代，一直都是首屈一指的通商口岸和商贸城市。

进入互联网时代以来，广州传统商贸中心的地位一度遭遇挑战，批发业面临电商的冲击。对此，广州以开放的态度拥抱数字经济转型，不仅在电子商务、直播电商、会展经济等领域再起声势，而且获批了"国"字头的广州人工智能与数字经济试验区，将数字经济相关产业推向新的高度。

如今，广州拥有近600家专业市场、超过20万家餐饮门店，快递业务量连续多年位居全国第一。在对外贸易方面，广州与全球220多个国家和地区保持贸易往来，300多家世界500强企业落户广州，外商投资企业更是多达3万多家；广州港集装箱航线通达全球200多个港口和城市，白云国际机场航线覆盖全球220多个航点……这些都是广州作为国际商贸中心的实力体现。

随着双循环战略的提出，打造国际消费中心城市成了一众城市追求的目标。广州在"十四五"规划纲要中提出，建设国际消费中心城市、打造世界级旅游目的地、创建直播电商之都。这些目标一旦实现，无疑将助力广州巩固国际商贸中心的一流定位。

■　虽迟必到的产业升级

最近几年来，唱衰广州的声音不绝于耳，而错失产业升级机遇成了最大诟病之处。

虽然广州对包括杭州、重庆在内的二线城市有相当大的经济领先优势，但在世界级企业、上市企业规模、民营经济等方面，确实与北京、上海、深圳拉开了差距。

不可否认，与2010年之前广州一骑绝尘的增长态势相比，近年来广州确实存在增长放缓、过度依赖房地产、产业转型升级过慢等问题。根据经济普查修正后的数据，早在2012年，深圳GDP就首次赶超广州，且连续10年保持领先优势；而重庆GDP多次在季度上赶超广州，年度GDP与广州更呈现你追我赶的态势。广州从全国经济第三城滑落到第四城，进而面临失守第四城的风险。

这一切的症结，在于产业转型。

广州是国际商贸中心、国际性综合交通枢纽城市及重要的工业城市，以制造业、商贸、交通、房地产及建筑业、金融业、软件及信息技术服务业为主要支柱产业。图2-5数据显示，广州工业增加值占全市GDP比重的24%，房地产及建筑业合计占比15%左右，批发和零售业占比超过10%，金融业占比8.7%，软件和信息技术服务业占比近7%，交通运输、仓储和邮政业占比5.4%。这些支柱产业中，批发和零售业面临互联网电商的持续冲击，房地产和建筑业受制于楼市见顶的大环境，金融业与作为国际金融中心的香港、上海、北京、深圳均有较大

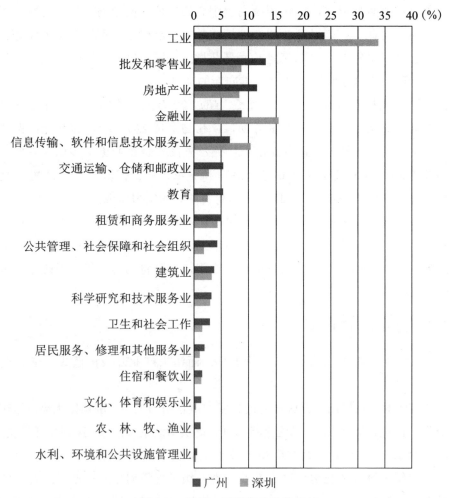

图2-5 广州、深圳产业结构对比

注：以各产业增加值占经济比重作为对比。

资料来源：《广东统计年鉴（2022）》。

差距。不过得益于广州区位优势的进一步提升，加上以海陆空为特色的综合交通枢纽体系的逐步完善，交通运输、物流贸易相关产业有望蒸蒸日上。同时，作为老牌互联网城市与新晋的人工智能与数字经济实验区，在数字经济这一核心赛道上，广州有望保持领先优势。

在诸多产业中，制造业是核心。广州将汽车、电子、石化作为三大传统支柱产业，工业总产值合计占据了全市规模以上工业的半壁江山。作为广州第一大支柱产业——汽车产业，受制于全国汽车产销总量见顶及新能源汽车替代的压力，优势地位能否守住，值得关注；广州第二大支柱产业电子信息产业，以超高清显示为主力，在全国乃至全球保持领先优势，但在大热的集成电路主赛道上未能继续保持领跑优势；至于石化产业，在"双碳"时代，面临较大的增长瓶颈，且在环保整治、能耗双控、化工围城整治的浪潮中面临负增长压力。

虽然三大产业均面临转型压力，但近年来，广州一改过去重点铺大摊子的发展模式，开始向高新产业全面进军。

目前，广州已形成以新一代信息技术、智能与新能源汽车、生物医药与健康产业为代表的新兴产业体系，且在半导体和集成电路、智能机器人、新能源、新材料等领域均有超前布局。在工信部发布的先进制造业产业集群优胜者名单上，广州入围广佛惠超高清视频和智能家电集群、广深佛莞智能装备产业集群、深广高端医疗器械集群3个"国家队"。在广东"十四五"规划布局的十大战略性支柱产业和十大战略性新兴产业中，广州占了全部席位（20席），且拿下了18个"三星级"产业，而深圳只拿下了15个"三星级"产业（见表2-2）。

表2-2　广东省主要产业集群布局

分　类	产业集群	广　州	深　圳	佛　山	东　莞
十大战略性支柱产业	新一代电子信息	★★★	★★★	★★	★★★
	绿色石化	★★★	★★	★★	★★
	智能家电	★★	★★	★★	★★
	汽车	★★★	★★★	★★★	★★
	先进材料	★★★	★★	★★★	★★
	现代轻工纺织	★★	★	★★★	★★★
	软件和信息服务	★★★	★★★	★★	★★★
	超高清视频显示	★★★	★★★	★★	★★
	生物医药与健康	★★★	★★★	★★	★★
	现代农业与食品	★★★	★★	★★★	★★

续表

分　类	产业集群	广　州	深　圳	佛　山	东　莞
十大战略性 新兴产业	半导体和集成电路	★★★	★★★	★★	★★
	高端智能装备	★★★	★★★	★★	★★
	智能机器人	★★★	★★★	★★★	★★
	区块链与量子信息	★★★	★★★	★★	★★
	前沿新材料	★★★	★★★	★★★	★★★
	新能源	★★★	★★★	★★★	★★★
	激光与增材制造	★★★	★★★	★★	★★
	数字创意	★★★	★★★	★★	★★
	安全应急与环保	★★★	★★★	★★	★★
	精密仪器设备	★★★	★★★	★★	★★

注：产业集群区域布局的重要程度用★的数量表示，其中★★★表示核心城市，★★表示重点城市，★表示一般城市。

资料来源：广东省制造业高质量发展"十四五"规划。·

这其中，新能源汽车是广州重点布局的新兴产业。广州是传统汽车制造业重镇，目前拥有 12 家整车制造企业，集聚了 1200 多家汽车零部件生产和贸易企业。2022 年广州的汽车产业总产值超过 6500 亿元，全市汽车产量连续五年维持在 290 万～320 万辆的高位，其中连续 4 年位居全国第一。根据规划，到 2025 年，广州汽车年产量有望突破 500 万辆，总产值首次突破万亿元大关，成为广州首个万亿级产业。

强大的上下游产业链，为广州向新能源汽车转型提供了良好的基础。目前，在新能源汽车领域，广州形成了以广汽埃安、小鹏汽车为代表的龙头企业，2022 年行业增加值突破千亿元大关，为发展最猛的新兴产业。除了整车制造，广州在自动驾驶、动力电池等领域早有布局。根据胡润百富发布的 2023 年"独角兽"报告，广州共有 22 家企业上榜，相比 2021 年翻倍，为增长最猛的城市。这些企业超过 1/3 都与新能源相关，且覆盖全产业链领域。不过，目前，新能源汽车已成"红海"，造车新势力层出不穷，传统车企不断入局，各地纷纷布局，上海有特斯拉、上汽新能源，深圳有比亚迪，合肥有蔚来，未来谁能脱颖而出，依旧存在悬念。

与新型显示、新能源汽车的高歌猛进相比，在人工智能、集成电路等战略性新兴产业上，广州与上海、深圳等城市存在一定差距。以集成电路为例，2021 年，广州集成电路产业产值约为 210 亿元，占电子产业的比例仅为 6.4%，

"产业高端、环节低端"特征明显。而上海同期总产值超过2500亿元，占全国的1/4左右，科创板上市企业数量达到23家，占全球科创板集成电路上市企业总数的50%，从业人数已达到20万人，聚集了以中芯国际、华虹半导体为代表的龙头企业。

不过，虽迟必到。广州从对三大传统支柱产业的依赖中走出来了，重点发展一系列高新产业，打造新的增长极。同时，面对先进制造业日益重要的现实，广州开始从第三产业向第二产业回归，2020年提出先进制造业强市计划，2022年重申"制造业立市"，以此打造新的增长极。根据规划，到2025年，广州战略性新兴产业增加值有望突破1.2万亿元，占全市GDP比重超过35%，位居全国前列。

方向对了，广州的未来同样值得期待。

深圳：晋级全球前十，"深圳奇迹"是怎么炼成的

中国有众多"双子星"城，深圳与香港是绕不开的一对。

四十年河东，四十年河西。彼时，香港是璀璨的东方明珠，深圳只是名不见经传的小渔村；如今，香港风采依旧，而深圳有了后来居上之势。当年，香港还是许多内地城市的榜样，如今深圳已经成了许多地方乃至东南亚城市的新榜样，不少城市在推销自身时，总是以"下一个深圳"为冠名。

深圳与香港的互动史，堪称我国改革开放区域合作的生动实践。深圳的崛起，不能忽视香港的因素；未来香港的再次腾飞，同样不应少了深圳的参与。深圳与香港的"双城记"，能迸发出多大的能量？

■ 为什么是深圳？

40多年来，深圳创造了怎样的发展奇迹？

回望1980年，当深圳作为"经济特区"横空出世之时，还是一个GDP不到2亿元、人口仅有30万人、城市仅有几条街道的"小渔村"。如今，深圳已变身为GDP超过3万亿元、规模以上工业总产值超过4万亿元、外贸进出口总额高达3.5万亿元、实际管理人口超过2000万人的一线城市，深圳在GDP、工业、外贸、科技等领域已经全面赶超香港。从国际范围看，2022年深圳GDP逼近5000亿美元，位居亚洲第四、全球前十。

深圳的发展，就是一路赶超的历程。早在 2000 年前后，深圳就已追上中西部省会城市，2012 年首次赶上广州，2018 年首次超过香港（见图 2-6），近几年依旧保持较高的增长势头。在改革开放 40 周年之际，深圳 GDP 追上香港，不仅标志着当初依托香港成立的经济特区终于修得正果，青出于蓝而胜于蓝，而且在传统的广州、香港两大经济强市之外，又崛起了一个拥有全球城市潜力的超级大都市，从而让大湾区成了全球经济密度最高的地区之一，为其竞逐世界级湾区奠定了强大的经济基础。

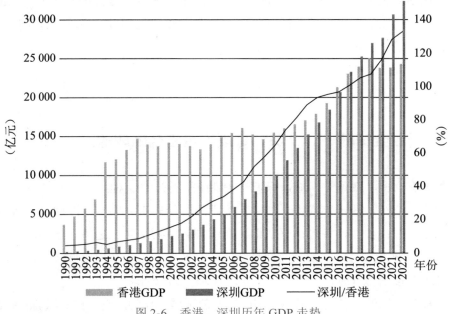

图 2-6 香港、深圳历年 GDP 走势

资料来源：《深圳统计年鉴》、香港统计处。

20 世纪 80 年代，我国一共设立了 5 个经济特区。除了与深圳同批设立经济特区的珠海、汕头、厦门之外，还有 1988 年设立的海南经济特区。40 多年过去了，为何是深圳独占鳌头？

先行一步，无疑是优势所在。改革开放之初，经济特区作为探索者，承担起对外开放的重任，利用税收优惠、政策红利和先行先试的闯劲，激活了一池春水。作为经济特区的代表，深圳在 20 世纪 80 年代就创下了无数个第一：从全国第一个打破"铁饭碗""大锅饭"到发行新中国第一张股票，从建立中国第一个出口工业区和科技工业园区到敲响新中国土地拍卖的"第一槌"，从成立中国内地首家股份制保险企业到开出中国大陆第一张寿险保单……无论是股票、保险，还是土地拍卖，在今天都见惯不怪，但在当初，这些新兴事物的推出，背后要付出巨大的勇气和努力。敢为人先，是深圳成功的第一个要素。

不过，与深圳一样做出探索的地方不在少数，但最后能"鱼跃龙门"的不多，原因在于经济特区的政策红利持续时间并不长。随着改革开放逐渐深入，对外开放开始从经济特区向沿海地区再向内陆地区扩散开来，经济特区当初享受的优惠政策日益"普惠化"，"特区不特"成为常态。表 2-3 体现了这个发展过程，从1980 年经济特区设立到 1984 年沿海城市开放，再到 1992 年以来沿江沿边及内陆城市全面开放，我国对外开放完成了从 0 到 1 再到 100 的历史性跨越。在此基础上，1998 年 3 月国务院特区办的撤销，标志着经济特区从此失去特殊地位，其发展再也难以依赖过去的政策红利，已变为"二次创业"之下的再出发，经济特区开始出现明显的分化，汕头等经济特区的失落也是从此时开始的。

表 2-3　我国对外开放的时间脉络

时　间	特　征	事　件
1980 年	经济特区	深圳、汕头、珠海、厦门经济特区设立
1984 年	沿海开放	开放上海、广州、青岛、烟台、南通、北海、湛江等 14 个沿海港口城市
1985 年	沿海经济开放区	长江三角洲、珠江三角洲、闽南厦漳泉三角地区开辟为沿海经济开放区
1988 年	沿海开放	辽东半岛和山东半岛全部对外开放
1988 年	经济特区	海南设省，同时设立经济特区
1991 年	延边开放	开放满洲里、丹东、绥芬河、珲春 4 个北部口岸
1992 年以来	沿江、沿边、沿海、内陆齐开放	开放重庆、武汉等 5 个沿江城市；开放哈尔滨、长春、呼和浩特、石家庄 4 个边境和沿海地区省会城市；开放太原、合肥、郑州、长沙、成都、西安等 11 个内陆省会城市
2000 年	西部地区开放	实施西部大开发战略，对外开放扩大到广大西部地区
2001 年以来	全方位开放	从沿海到内地，从大城市到小城市，全方位、多层次、宽领域的开放

在开放红利减弱的同时，深圳第一时间提出了以高新技术产业为支柱的发展规划。早在 1995 年，时任深圳市委书记厉有为就提出"二次创业"之说，力推深圳发展高端服务业、金融业、高新技术产业，还力排众议在南山"建设世界一流高科技园区"，这种远见相当可贵。1995 年，深圳市在"八五"计划中明确制

定"以高新技术产业为先导，先进工业为基础，第三产业为支柱"的产业发展战略。2001 年，深圳提出构筑高新技术产业带，十年再造一个深圳；2008 年全球金融危机之后，深圳开始谋划布局战略性新兴产业，2009 年推出互联网、生物医药、新能源三大战略性新兴产业发展规划，2013 年文化创意、新材料、新一代信息技术、节能环保等产业加入，由此形成七大战略性新兴产业（见图 2-7），由此奠定了深圳今天的产业格局。

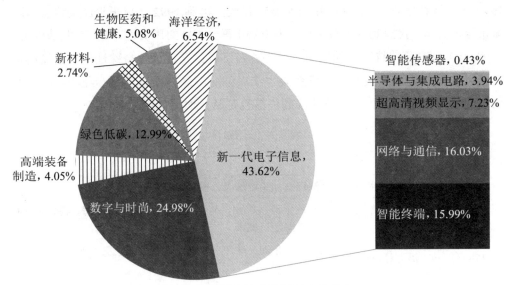

图 2-7　深圳市战略性新兴产业分布

注：绿色低碳产业包括新能源、节能环保、智能网联汽车；高端装备制造包括工业母机、智能机器人、精密仪器、激光及增材制造产业；数字与时尚涵盖软件与信息服务、数字创意、现代时尚。

资料来源：2022年深圳统计月报。

　　路子对了，发展自然蒸蒸日上。如今，高新产业已成为各大城市的共同转型方向，而深圳经过 20 多年的培育，高新产业已经遍地开花，创新指标更是位居全国前列。2021 年深圳全社会研发（R&D）投入占比达 5.46%，国家级高新技术企业超 2 万家，位居全国第二，PCT（《专利合作条款》）国际专利申请量稳居全国城市首位。在高新产业方面，深圳布局趋于成熟，2022 年，深圳战略性新兴产业增加值合计 13 324 亿元，占 GDP 的 41.4%。如图 2-7 所示，以智能终端、网络与通信、超高清视频显示、半导体与集成电路为主的新一代电子信息已成为第一大战略性新兴产业，而以新能源为主的绿色低碳、以软件与信息服务为主的数字与时尚产业发展迅猛，比重不断提升。

　　借助高新产业，深圳不断超越其他城市，坐稳一线城市之位。

■　香港对深圳的"帮助"有多大？

如今，香港除了在金融业、高等教育和人均指标上力压深圳之外，在绝大多数领域都已被深圳乃至广州迎头赶上。然而，不能否认的一点是，在深圳早期崛起的过程中，香港发挥了关键作用，这也是深圳与其他几个经济特区最大的不同之处。毕竟，国家选择在原宝安县的一片南国小渔村设立经济特区，毗邻香港正是重要因素之一。

作为"亚洲四小龙"之一的香港，一度也是制造业重镇。20 世纪 70 年代，香港制造业占 GDP 比重曾经创下了 31% 的高位，然而，20 世纪 80 年代以来，受制于空间狭小、资源短缺、劳动力及土地成本不断上升等因素，香港开启了去工业化之路，从制造业向高端服务业转型。适逢内地改革开放，邻近的珠三角地区成了产业转移的主要承接地，一衣带水的深圳自然是近水楼台先得月。

这一期间，以"三来一补"为特色的加工制造业在珠三角崛起，与香港形成了"前店后厂"的产业协作模式，珠三角迅速崛起成为世界工厂，而香港也得以发展成为高端服务业为主的国际金融和贸易中心。借助粤港合作，深圳不仅将香港的电子、机械、五金、服装、玩具等工业部门悉数吸收，还通过与国际接轨，学到了现代化的管理经验，为后来的进一步改革奠定基础。依靠"三来一补"奠定的工业基础，深圳等城市开启了制造业的"三级跳"模式，在短短几十年间完成了从"深圳加工"到"深圳制造"再到"深圳创造"的大跨越。

不仅如此，香港还是深圳、广东乃至整个内地吸收外来投资的最大来源地和内地最大的境外投资目的地。改革开放之初，资本短缺是最大难题，港澳台资在关键时刻发挥了支撑作用。根据商务部发布的数据，截至 2022 年，内地累计吸收香港投资超 1.4 万亿美元，占内地吸收外资总量的 57.6%。而香港在内地的投资多数集中在广东省，截至 2022 年初，广东累计设立外资企业近 29 万家，累计利用外资 5239 亿美元，其中六成左右来自中国香港地区（见图 2-8）。而在深圳的实际使用外资中，港资更是占了绝大比重。根据历年数据统计，1979—2020 年，深圳累计利用外资超过 1200 亿美元，其中来自中国港澳地区的资金接近 900 亿美元。同时，截至 2020 年末，在以注册地区分的外商投资企业中，来自中国香港地区的企业多达 3.1 万家，占了总数的一半以上，高峰时期更是占了近八成。当然，有必要指出的是，这些投资一部分源于中国香港的本土资金，还有一部分源自海外资金乃至一些内地资金的"借道"投资。

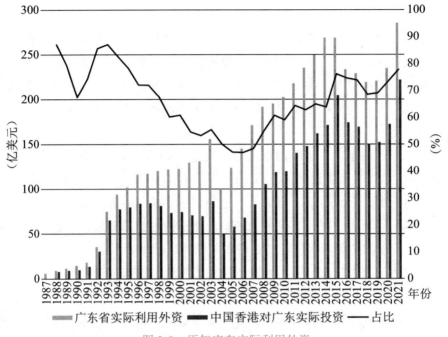

图 2-8　历年广东实际利用外资

资料来源：广东省统计年鉴

　　有意思的是，当经济实力逐渐赶超香港之际，深圳也开始面临类似香港的土地成本抬升、劳动力红利不复存在等问题，部分制造业开始向周边的东莞、惠州等地区转移，甚至形成了总部研发在深圳，工厂设在东莞、惠州的新型合作模式，这与当初香港和珠三角的"前店后厂"模式可谓有异曲同工之妙。复旦大学张军教授主编的《深圳奇迹》一书，将这种现象称为"深店莞（惠）厂"模式。事实上，除了东莞、惠州之外，深圳的产业也开始向都市圈内的深汕特别合作区、河源等地转移，几十年前跨区域的产业转移正在都市圈内重新上演。

　　可见，深圳正是将地缘优势、政策优势和产业优势发挥到极致的集大成者。没有特区政策，不会有深圳的诞生；没有毗邻香港、背靠广东的地缘优势，深圳很难有如此迅速的崛起；没有颇具先见的高新产业导向，深圳也不会有今天的地位。

■　香港为何要"再工业化"？

　　如果说改革开放初期香港是深圳崛起不可或缺的重要助力，那么如今深圳与香港已形成"港中有深，深中有港"的深度融合新局面，尤其是在科技创新领域，深港协同发展可谓大势所趋。

　　如今的香港，是以金融业、贸易及物流业、地产及专业服务业、旅游业见长的国际城市，四大支柱产业占经济比重最高超过 60%，就业人数占总体就业规模的一半左右（见图 2-9）。香港的产业结构里不仅没了农业的身影，连制造业都可有可无，制造业比重从 1980 年的 31.8% 下降到 2000 年的 3.26%，再降到 2010 年左右的 1.53%，到 2020 年前后为 1% 左右，产业工人从高峰的 100 万人以上降低到几万人的规模，且仅剩食品、饮料、烟草制品业等寥寥无几的几个行业。

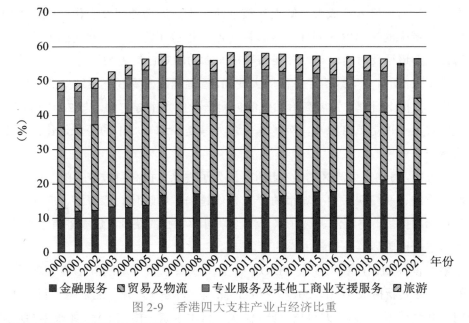

图 2-9　香港四大支柱产业占经济比重

资料来源：香港地区政府统计处。

对于国际大都市来说，从第二产业向第三产业转型可谓大势所趋，即使是纽约、伦敦、东京等世界城市，在去工业化的同时，也不约而同选择向国际科技创新中心转型，打造更多具有高附加值的生产性服务业及高新制造业。尤其是在历次全球金融危机、房地产危机和地缘冲突的影响下，各大国际金融中心都在主动告别金融一业独大的发展模式，检讨房地产泡沫化对经济体的伤害，以高科技产业的崛起来增加城市发展的韧性。

相比较而言，由于过度依赖传统经济，产业结构相对单一的香港更容易受到政治环境、经济环境、国际地缘环境乃至疫情等意外冲击的影响，金融业等支柱产业明显缺乏足够的抗风险能力，且直面来自新加坡、东京、上海等地的挑战，旅游业在疫情冲击下连续几年大幅下滑，转口贸易受到全球产业转移和国际经贸冲突的直接影响，房地产更加不可持续，产业转型已经到了不能再拖的时刻。

这些年，香港并非没有试图进行转型。早在 1998 年，香港就提出建立亚太创新和技术中心的设想，2002 年，进一步提出了发展四个"高附加值"支柱产业的建议。这其中，最为人所知的当属 1999 年推出的香港数码港计划，这个旨在造就香港硅谷的规划，最终却未有较大起色。后来，香港又提出"矽港"、中药港、科技园等产业构想，但大多不温不火。

可以说，在互联网、半导体、生物医药每一个风口到来之际，都不乏香港的身影，但为何最终未能成形？缺乏科技创新生态、制造业"空心化"或是主因，而地产化带来的挤出效应同样不容忽视，连当年旨在解决住房问题的"八万五"建房计划都遭遇反对而取消，发展高科技面临的困难自然更大。

近年来，面对全球政治经济格局大变局，香港越发感受到产业转型的迫切，"再工业化"被提上日程，发展高附加值的创科产业成了主导方向。与 20 年前相比，这一次香港不再是单打独斗，有了珠三角尤其是深圳等城市的协作，让人看到转型的希望。

一方面，粤港澳大湾区的横空出世，扩大了香港重振高科技产业的空间。广州、深圳、香港、澳门四大中心城市的分工合作越来越明晰化，广深港、广珠澳科技创新走廊的提出，粤港澳大湾区综合性国家科学中心的获批，让香港有了与广州、深圳一道打造国际科技创新中心的可能。

根据世界知识产权组织（WIPO）、美国康奈尔大学与欧洲工商管理学院公布的《全球创新指数（GII）2022》报告，深圳—香港—广州、北京两大科技集群，分别蝉联全球第二、第三大科技集群，仅次于日本东京—横滨地区（如表 2-4 所示）。WIPO 的科技集群，是以 PCT 专利申请量、科学出版物为指标，衡量科学研究和发明创新活跃程度。

表 2-4　全球科技集群排名

排名	集群名称	国家/地区	PCT 申请量	科学出版量	合计占比（%）	排名变动（对比 2015 年）
1	东京—横滨	日本	122 526	112 890	12.3	0
2	深圳—香港—广州	中国	94 340	133 327	10.1	0
3	北京	中国	32 016	260 937	6.5	0
4	首尔	韩国	46 273	124 530	5.8	0
5	圣何塞—旧金山	美国	42 884	58 087	4.6	0
6	上海—苏州	中国	22 869	148 203	4.1	1
7	大阪—神户—京都	日本	34 738	50 605	3.8	-1
8	波士顿—剑桥	美国	16 172	73 457	2.4	0

续表

排名	集群名称	国家/地区	PCT申请量	科学出版量	合计占比（%）	排名变动（对比2015年）
9	纽约	美国	13 020	73 623	2.2	0
10	巴黎	法国	14 147	62 793	2.1	0
11	圣迭戈	美国	19 363	20 688	2	0
12	名古屋	日本	18 623	17 261	1.9	0
13	南京	中国	3620	103 260	1.8	2
14	杭州	中国	8568	55 312	1.5	4
15	洛杉矶	美国	10 515	43 172	1.5	−1
16	武汉	中国	4126	80 002	1.5	4
17	华盛顿—巴尔的摩	美国	4727	75 104	1.5	−4
18	西雅图	美国	11 943	20 396	1.3	−2
19	伦敦	英国	4936	56 911	1.2	0
20	大田	韩国	10 286	23 812	1.2	2

资料来源：世界知识产权组织：《全球创新指数（GII）2022》。

另一方面，香港不乏科教优势，而深圳等地制造业发达，深港合作为科研成果的转化提供了更多可能。香港顶尖高校林立，研发、设计优势突出，根据2023QS（Quacquarelli Symonds，国际权威教育资讯机构）世界大学排名，中国香港共有香港大学、香港科技大学、香港中文大学、香港城市大学、香港理工大学5所高校跻身世界百强，其中香港大学排名世界第21位，位列亚洲第5位（见表2-5）。在理工学科方面，香港高校在电机及电子工程、计算机科学、化学化工、数学、物理及天文学、医学等领域有多所高校跻身世界百强。此外，香港至今已设有16所国家重点实验室、6所国家工程技术研究中心香港分中心以及22所中国科学院联合实验室。

表2-5　跻身世界前100名的香港高校

高　校	综合排名	工程技术	生命科学与医学	社会科学与管理学	自然科学	艺术与人文
香港大学	21	39	49	19	57	20
香港中文大学	38	89	58	39	136	34
香港科技大学	40	24	374	33	54	221
香港城市大学	54	92	—	69	201	131
香港理工大学	65	69	385	50	226	130

资料来源：QS2023世界大学排名，QS2022世界大学学科排名。

　　此外，作为世界城市，香港拥有与世界接轨的制度、法律体系和市场环境，知识产权保护体系相对成熟，在吸引国际人才方面拥有更大的优势。同时，国际金融中心的地位，作为人民币国际化和资本开放桥头堡的身份，使香港吸引了来自全球各地的"热钱"，这为初创企业的融资提供了更大的便利。考虑到以上因素，香港将金融科技、生物医疗、人工智能、智慧城市作为高科技产业发力的主方向。

　　与香港相比，深圳的高新制造业更为发达，新一代信息技术、生物医药、新能源等综合实力在全国遥遥领先，而合成生物、区块链、细胞与基因、空天技术四个未来产业处于扩张期，脑科学与类脑智能、深地深海、可见光通信与光计算、量子信息四个未来产业处于孕育期。在 2022 年中国民营制造企业 500 强榜单中，广东共有 49 家企业上榜，深圳占了 25 家；而在工信部公布的三批 45 个先进制造业优胜者集群名单中，广东上榜了 7 个，其中 4 个与深圳有关，为入围集群最多的城市，分别是深圳市新一代信息通信集群、深圳市先进电池材料集群、深广高端医疗器械集群和广深佛莞智能装备集群（见表 2-6）。

表 2-6　主要城市先进制造业"国家队"名单

城　市	数量	产　业　集　群
深圳	4	深圳市新一代信息通信集群、深圳市先进电池材料集群、广深佛莞智能装备集群、深广高端医疗器械集群
上海	3	上海市集成电路集群、张江生物医药集群、上海市新能源汽车集群
广州	3	广佛惠超高清视频和智能家电集群、广深佛莞智能装备集群、深广高端医疗器械集群
成都	3	成都市软件和信息服务集群、成德高端能源装备集群、成渝地区电子信息先进制造集群
苏州	3	苏州纳米新材料集群、生物医药及高端医疗器械集群、苏锡通高端纺织集群
佛山	3	广佛惠超高清视频和智能家电集群、广深佛莞智能装备集群、佛莞泛家居集群
东莞	3	东莞市智能移动终端集群、广深佛莞智能装备集群、佛莞泛家居集群
无锡	3	无锡市物联网集群、苏锡通高端纺织集群、泰连锡生物医药集群
宁波	2	宁波市磁性材料集群、绿色石化集群
长沙	2	长沙市工程机械集群、新一代自主安全计算系统集群
武汉	2	武汉市光电子信息集群、武襄十随汽车集群
青岛	2	青岛市智能家电集群、轨道交通设备集群

续表

城　市	数量	产 业 集 群
株洲	2	株洲先进轨道交通设备集群、中小航空发动机产业集群
南京	2	南京市软件和信息服务集群、新型电力集群、
南通	2	南泰扬海工装备和高技术船舶集群、苏锡通高端纺织集群
北京	1	京津冀生命健康集群
杭州	1	杭州市数字安防集群
西安	1	西安市航空集群
合肥	1	合肥智能语音集群
沈阳	1	沈阳市机器人及智能制造集群
长春	1	长春市汽车集群
徐州	1	徐州市工程机械集群
呼和浩特	1	呼和浩特乳制品集群
重庆	1	成渝地区电子信息先进制造集群
潍坊	1	潍坊市动力装备集群
保定	1	保定市电力及新能源高端装备集群
宁德	1	宁德市动力电池集群
赣州	1	赣州市稀土新材料及应用集群

资料来源：工信部第一批、第二批、第三批"先进制造业集群决赛优胜者名单"。

值得一提的是，深圳不只是制造业相对发达，与制造业相关的研发投入也位居全国前列。2021 年，深圳 R&D 经费投入强度首次"破 5"，达 5.46%，仅次于北京。与北京以科研院所为创新主体不同的是，深圳的研发经费多数都流向了企业，且基本都是民营企业。据统计，深圳 90% 的研发机构、90% 以上的研发人员在企业，90% 以上的研发投入、90% 的发明专利出自企业。企业自主创新，给深圳带来了不同于其他城市的活力和竞争力，但也凸显了高等教育和科研院所不够发达的现实，这与香港以高校为主的创新刚好能形成互补。

河套深港科技创新合作区，就是深港科技合作的重要产物。河套深港科技创新合作区，位于深圳福田和香港交界处，由深圳园区和香港园区组成，这是大湾区内唯一的深港两地直接接壤的跨境合作区，也是唯一以科技创新为主题的特色平台，不仅汇聚了一批深港高校及科研机构，还吸引了众多高新企业入驻。值得一提的是，两地还发布了深港"联合政策包"，开展深港规则衔接、制度创新等，致力打造"居住在港澳，工作在内地""科研在港澳，转化在内地"

的科技合作新模式。

香港中文大学（深圳）、香港科技大学（广州）的先后设立，是粤港澳三地在高等教育合作的代表。作为制造大省，广东正在担起产业转型升级的重任，从传统的加工制造产业向高新产业的全面转型，离不开高学历人才的支撑。同时，广东虽然是第一经济强省，但高等教育只能用"大"来形容，高等院校数量和在校大学生数量均位于全国前列，但一流大学和一流学科数量不及北京、上海、江苏等地，面临从教育大省迈向教育强省的紧迫性。这背后，除了自身的投入之外，也需要来自内地及港澳顶尖高校的助力。

此前，广东多采取的是吸引内地一流大学开办分校，哈尔滨工业大学（深圳）就是典型代表，录取分数已连续多年超过位于黑龙江的本部校区。然而，出于教育均衡的考虑，教育部于 2021 年发布新规，要求从严控制高校异地办学，不鼓励、不支持高校跨省开展异地办学。不过，粤港澳高校合作办学则在豁免之列。

对于港澳高校来说，由于土地资源相对有限，高校扩容普遍存在困难，这便带来科研实力虽强，但缺乏制造产业而难以带动科研成果转化的困局。在深圳、广州等地建设分校，不仅有利于破解港澳高校产学研衔接紧密度不高、办学空间有限等问题，提升港澳高校科研成果的转化率，而且有助于港澳地区融入粤港澳大湾区科技发展的大局。

可见，从多年前的"前店后厂"合作模式，到如今基于共同打造国际科技创新中心的合作，港深关系迈上了新台阶。

■ 一路向北，香港拥抱深圳

时光斗转。这一次，香港开始向深圳靠拢。

2021 年香港施政报告首次提出，将建设香港北部都会区，帮助香港更好融入国家发展大局。北部都会区，将助力香港形成"北创科、南金融"的全新发展格局。未来这一区域将形成深港两地"双城三圈"的空间格局，"双城"是香港和深圳，"三圈"即由西至东分别为深圳湾优质发展圈、港深紧密互动圈和大鹏湾 / 印洲塘生态康乐旅游圈。

北部都会区，与深圳只有一河之隔。去过香港的人都知道，维港摩天大楼林立，九龙商业区人流摩肩接踵，但在靠近深圳的香港北部，是大片的荒山林地，未纳入开发范围。南重北轻、南北失衡的区域空间格局，不仅导致香港在发展高新产业方面受限于土地空间不足的困境，而且在可开发土地紧缺之下，房价长期处于高位，许多居民只能挤在不到 10 平方米的"劏房^①"里。

　　根据香港特区政府统计处发布的数据，2022 年底，以 70～99.9 平方米的私人住宅为例，香港三大片区港岛、九龙、新界的平均售价分别为 20.6 万港元、17.1 万港元、13.2 万港元，平均售价接近深圳的 2 倍，而深圳已是内地房价最高的城市。另据中原城市指数（见图 2-10），从 1994 年到 2022 年，香港房价整体涨幅约为 200% 左右；如果以 2003 年的最低点来看，整体涨幅为 500% 多。房价涨幅超过了居民收入增长，在国际公共政策顾问机构 Demographia 的国际住房负担能力调查中，香港连续 12 年蝉联全球房价最难负担之首。

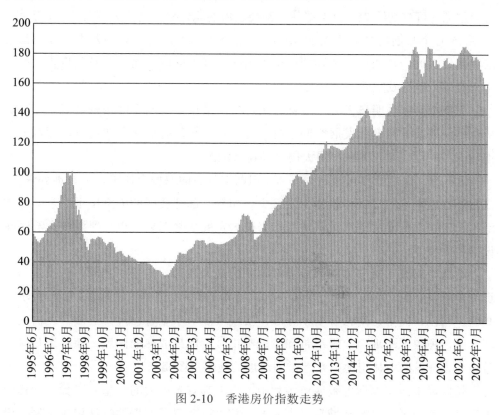

图 2-10　香港房价指数走势

资料来源：中原城市指数。

　　这一局面的出现，是多种原因导致的。一个因素是香港发展重心长期集中于维港都会区。维港是香港繁荣的源流，也是维持国际金融中心的重要支柱，这方面并无争议，但对靠近深圳的北部地区重视不够，无疑也是事实。另一个因素是，香港诸多规划受制于开发商、本地居民、环境保育组织的多方掣肘。北部都会区

————————————

①　劏房，香港的一种出租房，类似隔断房。

土地性质复杂，加上开发审批程序烦琐，再考虑到某些开发商以及有房一族的利益，香港长期以来不愿开发这一区域。

如今，香港接连推出了两大区域发展战略，在北部都会区之前，明日大屿愿景就已引发广泛关注。明日大屿，即交椅洲、喜灵洲填海工程，拟在香港中部水域进行大规模填海，分期兴建总面积约 1700 公顷的人工岛，预计成本为 6240 亿港元。一旦填海完成，有望满足 70 万～ 110 万人的居住需求，并创造 20 万个就业岗位，该区域也有望成为继中区及九龙东之后的第三个商业区。与明日大屿相比，北部都会区的雄心更大，根据规划，北部都会区发展完成后，将提供 90 多万套住宅，可容纳约 250 万人居住。都会区内的职位数目将大幅增加至 65 万个，包括 15 万个与创科产业相关的职位。目前香港总人口为 730 多万人，北部都会区和明日大屿一旦成形，香港的高房价问题将迎刃而解，而产业发展也将获得前所未有的土地开发空间。

北部都会区与明日大屿，号称香港近年来最重要的两大区域发展战略。除解决住房问题及开拓产业发展空间之外，北部都会区还有更深层的用意，即进一步推动深港融合，融入国家发展大局，共建粤港澳大湾区。

近年来，深港合作虽然日益深入，但两地打造的双城合作平台多数地处深圳，立足于香港本土的平台和载体少之又少。如今北部都会区的横空出世，意味着香港终于告别"维港情结"，堪称百年来重大发展战略调整，也是粤港澳大湾区建设的重大事件。

港深"双城三圈"将成为最强都市圈的最大注脚。所谓"三圈"，指的是深圳湾优质发展圈、港深紧密互动圈、大鹏湾 / 印洲塘生态康乐旅游圈，涵盖经济、基建、科创、民生、生态等多个领域，实现多赢。不难看出，"三圈"之内的深圳片区，覆盖了深圳口岸经济带和深圳都市区发展最成熟的区域，而香港片区多数是尚未开发的山林田地，香港借力深圳的战略意图相当清晰。

长期以来，在深圳各版城市规划中，香港都有着很大的分量，诸如"一都两市""一都两区""姊妹城""南北城"和"港深双子城"的提法屡见不鲜，但很少得到香港的积极回应，经济实力的悬殊和港深对自身定位的差异无疑是主要因素。然而，当港深经济产业实力完成此消彼长的赶超，香港又面临新国际环境下的转型之困，借助粤港澳大湾区战略的出台，加上港澳融入国家发展大局的大势所趋，香港与深圳的"双城记"终于从概念变成了现实。

届时，香港与深圳两个 3 万亿级的城市将激发多大的能量，我们拭目以待。

佛山：广佛合体，第一个 5 万亿级"同城"呼之欲出

在中国，既有"双城记"，也有"同城化"。

广深、成渝、杭甬、济青、福厦……这些"双子星"城市，通过强强联合、比翼齐飞，合力打造区域经济新高地。与此同时，广佛、沪苏、深莞、武鄂、宁镇扬、西咸、长株潭、郑开……地缘相近、人缘相亲、文化相通、产业相融，将这些城市迅速连成一体，成为都市圈时代的同城化探索者。

在这些城市组合中，广佛是起步最早、融合程度最高、发展最成熟的一个。

■ 不是一城，胜似一城

中国正在进入都市圈时代。

根据清华大学中国新型城镇化研究院发布的《中国都市圈发展报告 2021》，全国共有 34 个都市圈，包括 6 个成熟型都市圈，17 个发展型都市圈，11 个培育型都市圈。其中，广州、上海、杭州、深圳、北京、宁波都市圈为成熟型，广州都市圈位列榜首（见表 2-7）。

表 2-7 34 个都市圈

类 型	数量（个）	都市圈名称
成熟型	6	广州、上海、杭州、深圳、北京、宁波都市圈
发展型	17	天津、厦门、南京、福州、济南、青岛、合肥、成都、太原、长株潭、武汉、西安、郑州、重庆、昆明、长春、沈阳都市圈
培育型	11	呼和浩特、银川、石家庄、大连、南昌、贵阳、乌鲁木齐、西宁、哈尔滨、兰州、南宁都市圈

资料来源：清华大学中国新型城镇化研究院。

广州都市圈之所以被誉为最成熟的都市圈，是因为广佛同城。早在 2009 年，广州与佛山就开启了同城化的实践，率先推动轨道交通一体化，形成地铁"一张网、一票通、一座城"的格局；2022 年，广佛同城升格为"广佛全域同城化"。从"同城化"到"全域同城化"，标志着广州都市圈发展步入深水区，广州与佛山之间

即将从交通一体化，升级为产业、规划、公共服务等的全面一体化。

从某种意义上，广州、佛山，不是一城，胜似一城。

每到晴朗天气，从佛山南海千灯湖的高楼可以一眼望到广州的珠江新城。在我国，很少有两个超大特大城市中心城区相距如此之近，更少有两个城市之间每天都有上百万人次的人流往返。

事实上，广州与佛山本就是一家，在历史上同属广府地区，自古以来就交流频繁。在行政区划上两城虽然分分合合，但始终未能阻挡两城相向而行的步伐。自从 2009 年广佛同城启动以来，广佛便成为全国都市圈融合发展的典范，为更多都市圈的全域同城化探索出一条可行之路。

广佛同城的基础良好、进展神速。且不说广佛两城的中心城区仅相距 20 多公里，从佛山禅城、南海到广州珠江新城的跨城通勤距离，甚至比广州本市的南沙或知识城还要近上一半。更不用说，早在 2010 年，广州与佛山就开通了全国首条"跨市"地铁，如今两城之间已有 3 条地铁贯通，未来更是规划了 18 条线路。与之对比，上海与苏州昆山的跨市地铁直到 2013 年才正式开通，而武汉到鄂州的地铁是 2021 年开通的。至于北京到北三县燕郊的地铁、深圳到东莞惠州的跨城地铁更是要等到 2025 年之后。

在广佛之间，每天有 170 多万人跨城通勤，远超深莞、沪苏等地。根据广州市交委发布的《2022 年广州市交通发展年度报告》，广州、佛山两市之间的日均出行量达 171 万人次，高于深莞（84 万人次）、深惠（约 50 万人次）、珠中（45 万人次）。这一数据也高于上海与周边地区的跨城出行量。根据《2022 长三角城市跨城通勤年度报告》中的数据，上海与苏州、嘉兴、无锡、南通等市总通勤人数达 7.6 万人，远低于广佛两城之间的 33.3 万人。

与这些数据相比，一个更直观的依据是，即使在疫情最严峻的时刻，广佛也没关上跨城通勤的大门。所以，广佛不只是一个都市圈，更像一个市。

同城化程度如此之高，广州与佛山为何不合并为一个城市？

近年来，在合肥、成都、西安、济南、长春借助合并周边地市完成大扩容之后，深圳合并东莞惠州、武汉合并鄂州、西安合并咸阳、汕揭潮重新"合体"的呼声不绝于耳。

然而，城市合并牵一发而动全身。弱省会固然能借助外延式扩张迅速做大，强省会一旦再行合并之事，难免引发"一城独大"的风险。所以，近年来，对于城市扩张，无论是外延式的合并，还是内涵式的撤县设区等，官方态度都已悄然转向。2022 年 6 月通过的顶层文件《关于加强和改进行政区划工作的意见》明确指出：确保行政区划设置和调整同国家发展战略、经济社会发展、国防建设需要相适应。坚持行政区划保持总体稳定，做到非必要的不调、拿不准的不动、时机条件不成熟的不改。

在此背景下，一些城市的撤县设区、城市扩容暂时搁浅。深圳、东莞、惠州合并为一的可能性微乎其微，前两年甚嚣尘上的深圳直辖的可能性更是无限接近于 0。相比而言，广州与佛山本来就没有合并的舆论动议，在新的时代背景下，合并之说更是无从谈起。在城市合并浪潮戛然而止之际，都市圈模式纷纷登场。作为都市圈集大成者的同城化，则成了探索的主要方向。

■ 大城大圈：广佛不只 5 万亿

广佛未来将是一个 5 万亿级的超级城市。

广义上的广州都市圈，涵盖广州、佛山、肇庆、清远、韶关、云浮等地，既有珠三角地级市，也有粤北城市。作为核心主体的广州都市圈，只囊括广州、佛山全域，以及肇庆市的端州区、鼎湖区、高要区、四会市，清远市的清城区、清新区、佛冈县。这其中，发展最成熟的部分，非广佛莫属，因此广佛全域同城化可视为更进一步的都市圈。

广州、佛山经济体量加起来有多大？

广州、佛山都是万亿级经济强市，两地分别在 2010 年、2019 年晋级"万亿俱乐部"。如图 2-11 所示，广佛作为"同城"的 GDP，在 2007 年首次突破 1 万亿元大关，2013 年超过 2 万亿元，2018 年突破 3 万亿元，2021 年迈上 4 万亿元大关。根据《广佛全域同城化"十四五"发展规划》，到 2025 年，广州、佛山GDP 将达到 5 万亿元左右。

事实上，广佛同城，不只是经济体量的简单合并，更要联合打造一系列万亿级产业。广州以汽车、电子、石化为传统支柱产业，以新能源汽车、人工智能、生物医药等为主要新兴产业。佛山也是名副其实的工业大市，以智能家电、装备制造、先进材料、轻工家居为支柱产业。未来广州与佛山有望打造先进装备制造、汽车、新一代信息技术、生物医药与健康产业 4 个万亿级产业。

与此同时，广州与佛山将在"全域同城化"方面做出更多卓有成效的探索。众所周知，在行政分隔之下，同城化向来说易行难，无论是人口流动还是产业合作，均涉及相当大规模的税收、消费转移，许多地方对此不甚积极。

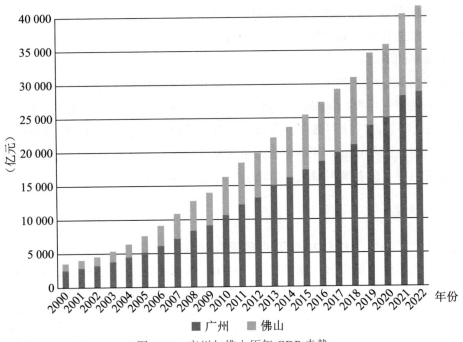

图 2-11　广州与佛山历年 GDP 走势

资料来源：《广东统计年鉴》。

　　这其中，按照难易程度可分为交通一体化、规划一体化、产业一体化、公共服务同城化、全域同城化。

　　目前，广州与佛山正处于从交通一体化向公共服务、产业乃至全域同城化迈进的阶段，而国内大多数城市还停留在交通一体化的初级阶段。广佛交通正在形成"一张网、一票通、一座城"的超级格局，从佛山到广州机场、高铁枢纽、地铁枢纽，跟市内出行几乎没有差别。同时，广州与佛山表示将成立跨区域的广佛联合规划委员会，实现规划统一编制、统一实施，探索推进土地、人口等统一管理，这是规划的一体化。广州与佛山还在探索户籍准入年限同城化累计互认，推动两市市民卡、社保卡互通互用，这是公共服务一体化的探索。

　　对于最为核心的财税问题，广州与佛山也将做出探索。此前发布的《广佛高质量发展融合试验区建设总体规划》，率先提出"探索财税分成机制"。在城市与城市之间进行财税分成，可以说是史无前例的创举。

　　众所周知，中国财政走的是"分税制"模式，这里的分税指的是中央与地方财政分成，而地方与地方之间并不存在财政共享或分成模式。各大城市都是各自为政、牢守地盘，这就造成都市圈、同城化一直运作不畅。不难想象，如果广州、深圳、上海的产业、人口转移到佛山、东莞、苏州，税收都留在了佛山、东莞、苏州，这自然影响中心城市的积极性。

目前，只有部分地区形成了突破，但相关机制仍未确立。地处汕尾、作为"飞地"的深汕特别合作区，一开始采取的是 GDP 分成模式，但由于经济实力存在巨大差距，最终由深圳全面主导。深汕特别合作区由此变成深圳第"10+1 区"，辖区居民转为深圳户籍，GDP 纳入深圳，由最初的"产业飞地"变成名副其实的"行政飞地"。

可见，在都市圈发展过程中，利益共享是关键的一道门槛。如果在 GDP 分成、财政分成、利益共享等方面迈出关键性一步，都市圈的一体化也将更加名副其实。

■　佛山工业有多强？

我国的都市圈，往往都是一众三、四线城市围绕着中心城市，中心城市对周边地区具有较大的支配权和主导权。但广州、佛山同城是少有的例外，因为佛山本身就有独当一面的能力。

广东是中国工业第一大省，深圳、广州、佛山、东莞四市的工业总产值、工业增加值均占全省的 2/3 以上，利润总额更是超过全省的七成。其中，深圳作为全国三大工业强市的地位可谓众所周知，而广东省内第二大工业城市不是广州，而是佛山。如表 2-8 所示，佛山工业总产值、规模以上工业增加值、工业企业利润总额均位居全省第二。放在全国来看，佛山经济总量排在 15 名开外，但规模以上工业增加值能排在全国第 6 位，占佛山 GDP 比重超过 50%，位居主要城市前列，为不折不扣的工业大市。

表 2-8　广东四大工业城市对比

地 区	工业总产值 （亿元）	规模以上工业 增加值 （亿元）	规模以上企业 数（个）	利润总额 （亿元）	用工人数 （万人）
广州	23 121	4963.7	6757	1519.49	125.02
深圳	42 453	9578.0	13 027	3461.99	305.87
佛山	26 312	5432.9	9370	1881.12	157.88
东莞	24 513	5187.0	12 778	1209	276.41
全省	182 919	37306.5	66 329	11278	1343.58
占比（%）	63.6	67.4	63.2	71.6	64.4

资料来源：《广东统计年鉴2022》。

曾几何时，"有家，就有佛山造""东莞塞车，全球缺货"的说法闻名全国，凸显了两城在工业上的突出地位。在珠江东西两岸，分布着以深莞惠为主的万亿级电子信息产业集群，以广州、佛山为主体的先进装备制造业产业集群，共同擎起广东工业的半壁江山。与东莞以手机制造业为主要支柱产业不同，佛山的工业门类更为齐全，以智能家电家居、汽车、先进材料、现代轻工纺织和现代农业与食品为支柱产业。

其中，包括家电在内的电气机械和器材制造业为佛山第一大支柱产业，占工业比重高达 28.3%（见表 2-9）。佛山的规模以上工业增加值位居全省第二，但家用电器、金属制品、陶瓷建材、纺织服装、家具制造等行业产值规模稳居全省第一。每个初到佛山的人，都会为其遍布大街小巷的家电厂、家居城、陶瓷建材批发市场所震撼。就连几十公里乃至上百公里之外的广深市民选购家居，也会将佛山作为优选地。

表 2-9　广深佛莞主要工业产业

城　市	产　业	占比（%）
广州	汽车制造业	25.5
	计算机、通信和其他电子设备制造业	11.8
	石化产业	10.5
	电力、热力生产和供应业	4.8
	食品制造业	4.2
深圳	计算机、通信和其他电子设备制造业	57.2
	电气机械和器材制造业	7.4
	专用设备制造业	6.0
	通用设备制造业	3.2
	电力、热力生产和供应业	2.8
佛山	电气机械和器材制造业	28.3
	金属制品业	9.8
	非金属矿物制品业	6.7
	汽车制造业	5.4
	橡胶和塑料制品业	5.3
东莞	计算机、通信和其他电子设备制造业	32.3
	电气机械和器材制造业	9.5
	金属制品业	7.7
	橡胶和塑料制品业	6.8
	专用设备制造业	5.8

注：电气机械和器材制造业，包括家电制造、电机制造、电线光缆等电工设备制造等
资料来源：《广东统计年鉴2022》。

佛山虽然在这些产业中建立起独一无二的优势，但无论是陶瓷建材还是家电家居产业，都面临大而不强的问题。可以说，产业价值链总体偏低，缺乏"爆点型"行业、"冒尖式"新兴产业，高端创新资源集聚不足，基础研究和原始创新能力薄弱，缺乏高水平研究型大学和研究院，对高端创新人才吸引不足，正成为佛山制造业发展的拦路虎。

解决以上问题，路径有两个，一个是传统产业的数字化转型和产业升级，另一个是与周边经济强市实现"制造 + 服务"或"制造 + 创新"的强强联合。

佛山选择了两条腿走路。一方面，佛山聚焦智能机器人、生物医药与健康、新能源、半导体及集成电路等领域，加快氢能及燃料电池汽车产业高质量发展，促进安全应急产业集聚发展。

智能机器人是佛山重点打造的新兴产业。珠三角是世界最大的生产制造基地，"世界工厂"对智能化转型的需求，奠定了广东作为全球第一大工业机器人和服务机器人生产基地的地位。数据显示，2022 年，广东工业机器人产量为 16.57 万套，同比增长 2.1%，占全国的三分之一。在广东，既有库卡、大族、川崎、明珞等一批国内外知名的企业，也培育了一批正在崛起的本土"新秀"，如深龙、嘉腾、利迅达、海川智能等。

新能源产业也是佛山的发力方向之一。不过，与其他城市多选择新能源整车制造或锂电池不同的是，佛山将重点放在了燃料电池上，尤其是氢能电池。早在10 多年前，佛山就率先布局氢能产业，如今已集聚了全省三分之一的氢能产业相关企业。然而，由于成本所限，氢燃料电池在与锂电池的竞争中暂时处于劣势，与锂电池大"杀"四方、所向披靡的局面不同，氢能还处于发展培育阶段，未来仍面临较大的不确定性。然而，任何技术都不能一条腿走路，氢能未来发展究竟如何，仍旧值得关注。

另一方面，借助广佛全域同城化的机遇，佛山与广州联合打造 4 个万亿级产业集群，做强先进装备制造、汽车、新一代信息技术和生物医药等新赛道。同时，利用广州第三产业相对发达的优势，打造"制造 + 服务"的全新合作格局，比如广佛将共建区域金融中心，提升商贸会展、现代物流、专业服务等生产性服务业与制造业的联动，发挥广州"千年商都"和国际会展中心优势，促进商贸繁荣。

虽然广佛同城是主要方向，但丝毫不影响佛山与深圳的"眉来眼去"。深圳是全国创新型城市，科技创新实力遥遥领先，如何借助深圳的创新实力提升佛山制造业的发展水平，无疑是关键。

虽然广佛、深莞可谓深度捆绑，但大湾区从来不会简单划分势力范围。广佛要同城，但不阻碍佛山制造业与深圳科研的强强联合。深莞要一体化发展，也不影响东莞在广深两大一线城市之间"左右逢源"，这正是都市圈、城市群的融合发展之路。

■ "可怕"的顺德人

说起佛山制造业，不能不提顺德。说起顺德，不能不提一个闻名全国的说法——"可怕"的顺德人。

1992年5月10日，《经济日报》头版《北人南行记》栏目刊发题为《"可怕"的顺德人》的文章，描述了顺德经济高速发展的奇迹以及顺德工业品风靡全国的景象，惊叹顺德人敢想敢干敢做的"可怕"。此后，"可怕"就成了顺德人引以为傲的标签，也成了"顺德模式"的代名词之一。

如今的顺德，是一个GDP超过4000亿元、工业总产值破万亿元的经济大区，经济总量在广东省各区县中排在第七（见图2-12），曾连续多年跻身全国百强区前十之列，下辖的众多镇域跻身全国十强镇。一个市辖区的经济实力超过了许多地级市，而工业实力更是与济南、西安等省会城市不相上下。

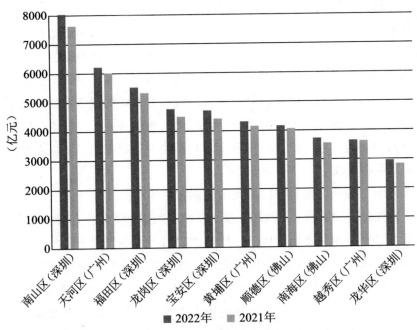

图 2-12　广东经济十强区

资料来源：各地统计公报。

然而，改革开放前，顺德还是一个典型的农业县，以稻谷、蚕桑、糖蔗、塘鱼为支柱产业，呈现清一色的农业经济。但与传统农业县不同的是，无论蚕桑、糖蔗还是塘鱼，多数销往县外，这让顺德的商品经济有了萌芽的基础。等到改革开放的春风吹起，顺德迅速抓住了这一机遇，放手发展乡镇企业，在 20 世纪 80 年代初期就形成了"摇头摆尾"的产业结构，"摇头"指的是电风扇，"摆尾"说的是塘鱼养殖。

顺德家电产业的崛起，与毗邻港澳，且侨胞、港澳乡亲众多不无关系。正如傅高义在《先行一步：改革中的广东》中所说的，广东南部的每一个乡镇都与香港有着千丝万缕的民间联系。改革开放之初，居住在港澳的顺德乡亲回乡探亲时，多会带上电风扇等家电作为礼品，敏锐的顺德人从中发现了商机。由于缺少技术储备，一开始只能拆解电风扇、电冰箱进行研究，然后一锤锤敲打仿制，终于制造出台式电风扇和双门电冰箱。到了 1985 年，顺德全县风扇厂达 14 家，年生产能力达 881 万台，产量占全国的 20.6%。1987 年，顺德全县的工农业总产值达 38.8 亿元，居全省县域经济之冠，外贸出口更是超过 1 亿美元。到了 20 世纪 90 年代，顺德先后诞生了全国第一家生产分体式空调机的厂家、亚洲最大的吊式电风扇制造厂、全国规模最大的燃气具厂家、全国最大的微波炉生产厂家⋯⋯从而开启了一个独属于顺德的黄金时代，顺德也与南海、中山、东莞并称为"广东四小虎"。

然而，仅有市场眼光还不够，在当时，来自体制机制的束缚是企业发展面临的最大困难之一，而顺德正是体制改革的先行者。20 世纪 80 年代初，顺德借助乡镇企业促进了集体经济的蓬勃发展。20 世纪 90 年代，蓬勃发展的乡镇企业遭遇了产权不明晰、责任不明确带来的发展之困，顺德率先开启了乡镇企业改制，从而带动了民营经济的飞速崛起，这一探索获得了中央层面的认可，进而在全国推广，顺德在企业产权改革领域有了类似安徽凤岗村在农村"分产到户"的地位。2009 年，顺德在全国率先开启"大部制"改革、镇（街）级"简政强镇"改革，将 41 个党政部门整合为 16 个，减少了近 2/3 的党政机构，部分机构实行党政合署办公⋯⋯

值得一提的是，被无数国人反复提起的"发展就是硬道理"，就是高层领导在顺德考察时提出的。这种敢为先下先、锐意进取、不断改革的精神，让"顺德模式"成为与苏南模式、温州模式同样耀眼的存在，也让顺德一步一个脚印，迈上全国最强区之列。

可以说，没有当时的产权改革，也不会有如今顺德一个小镇就坐拥两家世界 500 强企业的奇迹。美的、碧桂园连续多年跻身世界 500 强企业之列，这两家企业都位于顺德北滘镇，以至于坊间有了"广东世界 500 强企业，深圳第一、广州第二、北滘第三"的美谈。这背后，美的是全国第一家完成股份制改造的乡镇企业，也是中国第一家乡镇企业改制后的上市公司，而碧桂园是从北滘建筑工程公司转制而来。除了两大世界500强企业之外，在顺德，还有无数民营企业，都是改革孕育出来的种子，这些企业正成为顺德乃是佛山经济的挑大梁者。

如今，顺德已成为我国最负盛名的"家电之都"。仅2021年顺德就生产了375万台洗衣机、403万台电冰箱、1350万台空调、2390万台电风扇、3232万台电饭锅以及6095万台微波炉，顺德生产的电风扇占全国的1/10，电饭锅占1/5，微波炉占比更是超过60%。

智能家电之于顺德，是一个5000亿级的支柱产业。但顺德不只有家电，根据规划，到2025年，顺德将打造智能家电、高端装备两大5000亿级产业集群、超千亿级智能机器人产业集群，打造超500亿级新一代电子信息集群，打造超200亿级生物医药与健康产业集群。这其中，借助制造业发展优势及机器换人的需求，顺德已成为广东乃至全国工业机器人的重镇，库卡、发那科、ABB、安川、川崎，世界机器人排名前五名的行业巨头均以落户和合作形式进驻顺德，顺德的工业机器人年产量占比超过全国的5%。

事实上，与顺德一样，南海区的"南海模式"同样为人所津津乐道。顺德、南海等经济强区，北滘镇、狮山镇、里水镇等经济强镇的存在，让佛山区域经济呈现出典型的"强区弱市"及"强镇弱区"模式。

这一切，无不是体制机制改革的结果。让基层发挥更大的积极性，释放出更多有利于市场经济的元素，这是佛山过去的突围之道，也是未来保持领先的优势所在。

东莞：在广深港澳之间"左右逢源"

20多年前的东莞，给人的印象是"世界工厂"，"东莞堵车，全球缺货"的口号响彻世界。

10多年前的东莞，给人的印象是"复杂而暧昧"的，特色娱乐产业的表象一度掩盖了其工业大市的底蕴。

如今的东莞，给人的印象是"高大上"的。东莞身上有5个极其鲜明的标签："双万"城市、制造之都、外贸重镇、强镇经济、深圳都市圈核心成员。这些标签，描述了东莞的当下，也预示着东莞的未来。

■ 从农业县到"双万"大市

万亿元 GDP、千万人口，向来是高城市能级的显著标志。

2021 年，东莞在一年之内实现了两大突破——GDP 破万亿元，常住人口破千万人（见图 2-13），成为当时全国为数不多的"双万"城市之一。一个普通地级市，能在一众直辖市、省会城市、计划单列市中突围，可谓殊为不易。

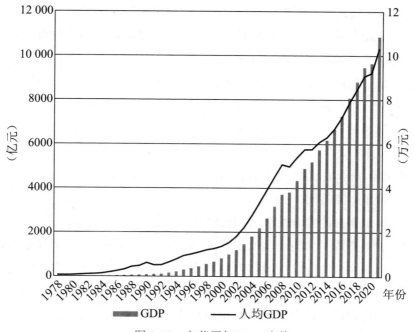

图 2-13　东莞历年 GDP 走势

资料来源：《广东统计年鉴》。

回顾历史，东莞的发展充满奇迹，也充满波折。改革开放前，东莞只是一个名不见经传的农业县，由于经济体量、人口规模过小，一直未能独自设市，在行政隶属上一直在广州、佛山、惠阳之间频繁变动，直到 1988 年才首次成为广东省辖市。

东莞能从一个普通的农业县晋级为独当一面的地级市，得益于改革开放释放出巨大的增长效应。1978 年，全国第一家"三来一补"外资企业——太平手袋厂在东莞开业，投产第一年即获取加工费 100 万元，为国家赚取外汇 60 多万港元，从此拉开了东莞加工制造业和外贸经济蓬勃发展的序幕。所谓"三来一补"，指的是来料加工、来样加工、来件装配和补偿贸易，由外商提供设备、原材料、来样，并负责全部产品的外销，由内地企业提供土地、厂房、劳动力。这是典型的"两头在外，大进大出"的加工贸易模式，虽然内地企业在其中扮演的只是低附加值的加工贸易角色，没有自主技术也没有自主品牌，但不能忽视时代的局限性。改革开放之初，面对资金、人才、技术集中匮乏的局面，"三来一补"不仅加速了沿海地区的工业化进程，还为后来"世界工厂"的崛起奠定基础。这种两头在外、外贸导向的经济模式，被经济学家称为"东莞模式"。在20世纪八九十年代，东莞模式与苏南模式、温州模式、顺德模式一同闻名于大江南北。

当时，适逢香港从工业化走向经济多元化的转型阶段，制造业退场，金融、贸易等高端服务业登上舞台。香港不乏产业及资金，而内地有改革开放的政策支持，香港与珠三角地区迅速形成了"前店后厂"的合作模式，珠三角地区的加工贸易从无到有、从小到大，迅速繁荣。而东莞，借助毗邻港澳、地处广深之间的区位优势，迅速建立体制，承接了这部分急需转移的香港资本。到1987年底，东莞已有"三来一补"企业2500多家，遍布全市80%的乡村，当年东莞GDP更是达到39亿元、出口总额为2.67亿美元，分别相当于1978年的6.4倍、6.8倍，增速之猛，位居全国前列。

在当时，东莞县的综合经济实力已经超过了内地许多地级市，率先从"一穷二白"的农业县变成了风头正劲的工业大县。工业化、城市化的突飞猛进，使东莞有了从县升格到市的需求。1985年，东莞撤县设市，虽然有"市"的名号，但级别是县级市，仍在惠阳地区的代管范围。1987年东莞再次申请升级为地级市，次年1月旋即获得国务院批复同意，作为地级市的东莞由此诞生，正式告别了千年以来县级行政建制的身份。

20世纪90年代，东莞抓住了中国台湾地区电子产业转移的机遇，吸引大量台资落户投资，为本就繁荣的外贸再添一把旺火。2000年前后，东莞已发展成为电子、机械、服装、塑胶、印刷、建材为主的产业体系。在东莞数百万的常住人口中，超过80%的常住人口居住在工厂里，成为充斥了几代人记忆的"打工潮"的关键注脚。2003年，在东莞落户的外资企业有1.4万多家，其中有33家为世界500强的跨国公司所办。据统计，东莞超过85%的工业生产与出口工业相关，出口总额相当于东莞GDP的2.7倍，外贸依存度之高，位居全国之首。

然而，2008年以来，面对全球金融危机的直接冲击，以及劳动密集型产业转移的时代趋势，东莞的加工贸易遭受了前所未有的冲击。不过，当时广东颇有先见地提出了"腾笼换鸟"之策，在内外双重压力下，东莞开启了新一轮产业转型。借助这一机遇，东莞完成了从中低端加工业向中高端先进制造业的转型。经过10

多年的培育，东莞已形成以电子信息制造、电气机械与设备制造业、纺织、造纸、食品饮料加工业为支柱的新型产业体系。其中，电子制造业和设备制造业是东莞的两大超级支柱产业，工业增加值占全市的半壁江山。仅电子产业，就吸引了以华为、OPPO、vivo、立讯精密为代表的众多高新企业落户。

如今的东莞，早已摆脱了低端制造业的称号，变成一座以高新制造业为主导的工业大城，有 17 万家企业在此扎根，其中高新企业超过 7300 家，位居地级市前列。工信部先后发布三批先进制造业集群优胜者名单，这被视为先进制造业的"国家队"，广东共有 7 个产业集群入围，其中涉及东莞的有 3 个：东莞市智能移动终端集群、广深佛莞智能装备集群、佛莞泛家居集群（见"深圳篇"表2-6）。

正因为不乏高新产业底蕴，东莞得以跻身广深港澳科技走廊之列。

■ 三次危机与转型

任何城市的崛起之路，都不是一帆风顺的，而是历经波折。不被危机打倒，而是乘势而上，化危机为机遇，才是韧性的体现，东莞就是如此。

东莞遭遇的第一次挑战，是在 1998 年前后。借助应对这次挑战，东莞从"三来一补"的劳动密集型加工产业转向了附加值更高的电子信息产业。

1998 年，亚洲金融危机爆发，严重依靠外资和外贸进出口的东莞成了直面冲击的前沿，部分以"三来一补"为特色的劳动密集型企业被迫关门，东莞产业到了转型时刻。面对危机，东莞早在 1994 年就有前瞻性地提出了"第二次工业革命"的概念，助推东莞从劳动力密集型产业向资本、技术密集型产业转型。

以 1995 年诺基亚在东莞建厂为起点，东莞的电子信息产业拉开了扩张序幕。1998 年前后，面对亚洲金融危机，以中国台湾等为代表的新兴经济体，开始加速电子信息产业向外转移。作为外向型经济代表城市的东莞，抓住了这一波机遇，借助台资完成了电子信息产业的全面布局（见表2-10），不仅对冲了亚洲金融危机的影响，而且将东莞经济再次推向新的高度。

表 2-10　东莞重点年份五大工业产业　　　　　　　　　%

1980 年		1990 年		2000 年		2010 年		2020 年	
产业	占比	产业	占比	产业	占比	产业	占比	产业	占比
食品工业	27.9	电力、蒸汽、热水生产供应业	21.9	电力热力生产和供应业	28.5	计算机、通信和其他电子设备制造业	24.2	计算机、通信和其他电子设备制造业	34.3

续表

1980 年		1990 年		2000 年		2010 年		2020 年	
产业	占比	产业	占比	产业	占比	产业	占比	产业	占比
机械工业	13.2	自来水生产和供应业	8.5	计算机、通信和其他电子设备制造业	20.8	电气机械和器材制造业	9.3	电气机械和器材制造业	9.2
化学工业	7.7	电子通信设备制造业	7.7	电气机械和器材制造业	6.4	电力、热力生产和供应业	6.8	橡胶和塑料制品业	6.8
建筑材料工业	6.6	纺织业	6.6	纺织业	4.5	皮革、毛皮、羽毛及其制品和制鞋业	5.9	金属制品业	6.3
纺织工业	3.5	机械工业	6.6	纺织服装、服饰业	4.1	造纸和纸制品业	5.8	专用设备制造业	5.7

资料来源：《东莞市统计年鉴》。

然而，好景不长，2008 年前后，全球金融危机爆发，东莞再次遭受重创。第二次挑战，冲击力度之大、范围之广、影响之深，更甚于 10 年前。据《羊城晚报》报道，2008 年，在金融危机的席卷下，东莞的外资企业关停了 865 家，2009 年关停 657 家，2010 年关停 585 家……受此影响，东莞 2009 年一季度经济遭遇了改革开放以来的首次负增长，而全年经济增速降到 5.8%，创下了 1980 年以来的新低。更严重的是，受外资企业关停的影响，东莞人口一度少了 200 万人之多。

与 10 年前相比，这次东莞面临的挑战更大。事实上，金融危机之前，东莞加工业就面临劳动力成本抬升、土地成本居高不下、劳动力密集型产业向内陆及东南亚国家转移等困境，而研发能力不足、自主品牌缺失、核心技术匮乏更让"世界工厂"充满尴尬。金融危机，不过是最后一根稻草，将存在的问题暴露出来。

对此，广东省在全国率先提出"腾笼换鸟"。所谓"腾笼换鸟"，指的是以高科技企业和高新产业，替代原来的劳动力密集型产业，从而实现产业转型升级。当时，广东共有 2.5 万家加工贸易企业，其中 1/3 在东莞，东莞自然而然成了"腾笼换鸟"的先行地。然而，"腾笼换鸟"注定是一个漫长的发展过程，必然充满阵痛，如果传统产业发展降速，而新兴产业未能及时补位，城市经济增速将会跑输大盘。

就在"腾笼换鸟"初步取得成效之际，东莞遭遇了第三次挑战，这一次经受冲击的不是工业，而是服务业。2014 年 2 月 9 日，央视一则暗访报道，拉开了"扫黄"行动的序幕，暧昧的地下灰色产业就此一扫而空，东莞身上再也没有了粉红色的标签。虽然这场行动对东莞酒店旅游业造成了前所未有的冲击，但痛定思痛之下，东莞得以全面转向"制造强市"的轨道上来。

经过十来年的培育，东莞的电子信息制造业成长为第一大支柱产业，从原来处于产业链中下游的加工制造环节，向集设计、研发、生产制造于一体的全产业链体系迈进，并成为世界第一大手机制造基地。世界手机制造的五大龙头企业，有三个总部在东莞。2010年前后，扎根于深圳的步步高，先后孵化出两个手机制造企业——OPPO、vivo，两大企业于2011年共同进军智能手机领域，短短几年间，就成为与苹果、小米同场竞技的巨头。2018年，华为终端总部正式从深圳迁往东莞松山湖。自此，全球手机五大巨头，除了苹果、小米，全部落户东莞，东莞也由此成了全球最大的手机生产制造基地。高峰时期，全球每4台手机就有1台产自东莞。

如今，东莞仍旧是全国外贸依存度最高的城市（见表2-11），但外贸结构发生了巨大变化。与改革开放早期以加工贸易为主的格局不同的是，如今东莞的加工贸易进出口总额占比降到了33%，而一般贸易进出口占比提高到41%，整个出口型制造业开始向价值链上游转移。不过，外贸依存度过高，意味着东莞易受国际经贸形势变动的影响。一旦全球经济衰退，或者产业转移加速，经济难免会受到影响。

表2-11　十大外贸城市

排　序	城　市	外贸总额（亿元）	GDP（亿元）	外贸依存度（%）
1	上海	41 903	44 652.8	93.8
2	深圳	36 738	32 387.68	113.4
3	北京	36 446	41 610.9	87.6
4	苏州	25 721	23 958	107.4
5	东莞	13 927	11 200.32	124.3
6	宁波	12 671	15 704.3	80.7
7	广州	10 948	28 839	38.0
8	厦门	9 226	7 802.7	118.2
9	青岛	9 226	14 920.75	61.8
10	天津	8 449	16 311.34	51.8

资料来源：各地2022年统计公报。

与此同时，面对劳动力成本不断抬升等问题，东莞早在2014年率先推出的"机器换人"战略取得了显著成果。"机器换人"，被誉为新一轮工厂革命，通过增加自动化生产，减少人力投入，不仅缓解了人力成本日益走高之下的"用工荒"问题，还能提质增效，节约更多成本。数据显示，2014—2019年，东莞累计投入9.1万台

（套）机器，减少用工 28 万人，劳动生产率提高了 2.8 倍。2020 年之后，机器换人呈现加速之势，一批工业机器人"军团"在东莞崛起。据松山湖管委会数据，截至 2021 年 9 月，松山湖园区集聚了超过 400 家机器人企业，其中高新技术企业 86 家。

在电子信息、先进装备两大新兴支柱产业崛起的同时，东莞开始有意识培育一批创新平台，真正从"世界工厂"转型为"科创强市"。作为大湾区综合性国家科学中心的一部分，东莞正在成为源头创新和基础科学探索的前沿阵地。2018 年 8 月，全球第四台、全国首台散裂中子源大科学装置在东莞松山湖建成开放，结束了珠三角地区无国家大科学装置的历史。而在"十四五"时期，还将有 4 个大科学装置落地广东，其中东莞拿下了中国散裂中子源二期工程、先进阿秒光源。

"科技创新 + 先进制造"，正成为东莞的新名片。

■ 强镇经济是怎么炼成的？

全国共有 300 多个地级市，无辖县的城市有 10 多个，而不设任何区县的地级市只有 4 个：广东东莞、广东中山、海南儋州、甘肃嘉峪关（见表 2-12）。

大城市的"无县化"，更多是大规模撤县设区推进的结果，这一过程伴随着县的大幅减少以及市辖区的批量增加。据不完全统计，从 1980 年到 2022 年，我国少了近 700 个县，但多了 280 多个县级市、470 多个市辖区。而东莞、中山更进一步，既没有辖县也没有辖区，由市直管镇街，少了一个层级，这些城市也因此获得"直筒子市"的称号。

表 2-12 六类无辖县城市的比较

类 别	代表城市	城市战略定位	区划幅度	城市化水平
第一类（特别行政区所在城市）	香港、澳门	特别行政区域，法律制度特殊，不受常规约束	小	非常高
第二类（直辖市）	北京、天津、上海	政治、经济等领域有特殊的超然地位	较大	高
第三类（副省级城市）	广州、深圳、武汉、南京、厦门	国家中心城市或大区中心城市	较大	较高，部分郊区一般
第四类（经济发达城市）	珠海、佛山	经济发达地区的中心城市	中等	中等偏高
第五类（治理规模较小的地级市）	乌海、克拉玛依、鄂州	新兴工业城市或区域交通枢纽城市	小	中等
第六类（不辖区的"直筒子市"）	东莞、中山、儋州、嘉峪关	特殊背景下设立的地级市	中等偏小	部分偏高

资料来源：陈科霖. 中国撤县设区 40 年[J]. 地方治理思考，2019（1）。

"直筒子市"是特殊历史时期的产物。目前仅存的四大不设区县的地级市情况各有不同：嘉峪关是因矿设企，因企设市的典型，最早因酒泉钢铁公司建设而来。儋州直到 2015 年才升格为地级市，此前属于省管县，这是海南行政区划的惯例。而东莞、中山是强镇经济的代表，升格地级市与工业化速度快过城镇化、经济增长速度超过行政区划调整速度不无关系。借助改革开放的浪潮，一些默默无闻的乡间小镇，短短几年间就一跃成为工业重镇，经济总量超过许多县乃至地级市。然而，由于城镇化、工业化速度过快，虽然城市升格为地级市，但原来的行政架构尚未来得及调整。而在实践中，这些地方发现，繁荣的镇街经济，一直都是经济活力所在。由市直管镇街，符合扁平化管理的改革方向，行政层级更少，行政成本较低，而效率更高。所以东莞在 1988 年获批为地级市时，仍保持原来镇域为主的行政架构。

目前，东莞下辖 4 个街道、28 个镇，这些镇是全国百强镇排行榜上的"常客"，经济实力最强的镇与中西部地区普通地级市的经济总量相当，一个镇的镇域经济抵得上西部地区 10 个弱县的体量。这些强镇经济激活了基层创新，也形成了"一镇一品"的产业集群。

根据中国中小城市发展指数研究课题组等机构发布的《2022 年全国千强镇名单》（见表 2-13），在排名前 100 名的镇中，广东共有 29 个镇入围，基本都位于珠三角地区。其中，东莞一市就有 15 个镇上榜，占了半壁江山。而排名前 20 名的强镇中，东莞更是占据 3 席：长安镇、虎门镇、常平镇。

表 2-13　全国千强镇前 100 名

排名	建制镇	排名	建制镇	排名	建制镇	排名	建制镇
1	昆山玉山镇	2	张家港杨舍镇	3	佛山狮山镇	4	珠海横琴镇
5	昆山花桥镇	6	苏州盛泽镇	7	苏州同里镇	8	东莞长安镇
9	张家港锦丰镇	10	昆山周镇	11	乐清柳镇	12	三河燕郊镇
13	东莞常平镇	14	佛山大沥镇	15	常州湖塘镇	16	昆山张浦镇
17	鄂尔多斯乌兰木伦镇	18	佛山里水镇	19	广州新塘镇	20	东莞虎门镇
21	太仓浮桥镇	22	苏州木渎镇	23	佛山西樵镇	24	东阳横店镇
25	苏州黎里镇	26	东莞大朗镇	27	佛山北滘镇	28	晋江陈埭镇
29	东莞塘厦镇	30	昆山巴城镇	31	东莞凤岗镇	32	昆山千灯镇
33	中山小榄镇	34	新郑龙湖镇	35	东莞厚街镇	36	宁波慈城镇
37	杭州瓜沥镇	38	东莞寮步镇	39	平湖乍浦镇	40	漳州角美镇

排名	建制镇	排名	建制镇	排名	建制镇	排名	建制镇
41	珠海南水镇	42	苍南县灵溪镇	43	济宁新兖镇	44	仁怀茅台镇
45	珠海唐家湾镇	46	常州薛家镇	47	淄博金山镇	48	无锡洛社镇
49	苏州甪直镇	50	张家港南丰镇	51	常州遥观镇	52	湖州织里镇
53	泰兴滨江镇	54	武安武安镇	55	晋江池店镇	56	江阴新桥镇
57	海安城东镇	58	苏州黄埭镇	59	慈溪观海卫镇	60	昆山陆家镇
61	东莞中堂镇	62	江阴周庄镇	63	威海小观镇	64	湖州八里店镇
65	佛山丹灶镇	66	慈溪周巷镇	67	鄂州葛店镇	68	太仓城厢镇
69	句容宝华镇	70	东莞麻涌镇	71	乐清北白象镇	72	东莞茶山镇
73	广饶县大王镇	74	诸暨店口镇	75	苏州浒墅关镇	76	青岛泊里镇
77	苏州胥口镇	78	启东吕四港镇	79	扬州仙女镇	80	宁波东钱湖镇
81	启东汇龙镇	82	东莞清溪镇	83	嘉兴大桥镇	84	平湖独山港镇
85	宁波高桥镇	86	东莞石碣镇	87	昆山淀山湖镇	88	常熟海虞镇
89	东莞大岭山镇	90	迁安木厂口镇	91	佛山乐从镇	92	佛山九江镇
93	滕州西岗镇	94	如皋长江镇	95	东莞沙田镇	96	滕州木石镇
97	常熟古里镇	98	佛山乐平镇	99	南安水头镇	100	瑞安塘下镇

资料来源：中国中小城市发展指数研究课题组、国信中小城市指数研究院《2022年全国千强镇名单》。

其中，作为手机生产重镇的长安镇，2022年GDP高达900亿元，超过中西部众多地级市，相当于四川资阳市、辽宁抚顺市、广西崇左市等地级市的水平。这里接连诞生了步步高、OPPO、vivo等千亿级企业，仅电子信息产业总产值就超过2000亿元，堪称强镇经济的代表。事实上，东莞几乎每一个镇街都有自己的主导产业，如松山湖的科创与IT（信息技术）产业，虎门镇的现代服饰，厚街镇的机电和鞋业，中堂镇的造纸产业等。

东莞形成强镇经济的格局，与改革开放初期鼓励各镇自主探索的经历不无关系，为了积极引进港资，当时东莞各镇街都使出了浑身解数，积极利用在香港的亲朋牵线搭桥。竞争激发了生产创造的活力，但也带来了恶性竞争。为了解决这一问题，东莞提出了"一镇一品"的概念，在不同镇打造不同的产业集群，从而形成了今天强镇林立的局面。

东莞是名副其实的强镇经济，虽然名为"镇"，但与一般的乡镇有着实质性差别，实际管理权限并不低。早在10多年前，广东就开启了"强镇扩权"的试点改革，将数百项县级行政职权赋予试点镇，以此解决"小马拉大车"的问题。"小马"，说的是镇的行政级别、编制、权限都相对有限，而"大车"，代指强镇堪比中西部地级市的经济产业实力。

强镇扩权，解决了镇域发展的问题。不过，未来会不会向"特大镇设市"转型，值得关注。此前，国家发改委曾表示：稳步增设一批中小城市，落实非县级政府驻地特大镇设市。随后，浙江温州的龙港镇完成了"撤镇设市"，成为我国最年轻的城市之一，河南、陕西等地也出现了"镇级小城市"的探索。东莞的强镇未来会向何处去，值得关注。

■　**在广深之间"左右逢源"**

天时、地利、人和，促成了东莞的崛起。

天时，说的是改革开放；人和，指的是大量在港澳居住的东莞乡亲及海外侨胞；地利，则是毗邻港澳、位居广深之间的区位优势。

东莞位于珠江出海口，地处粤港澳大湾区100公里黄金内湾，北接广州，西与广州隔海相望，南接深圳、东接惠州，为香港、深圳到广州的必经之地。在都市圈规划中，东莞位列深圳都市圈，但毗邻广州的区位又让东莞成了广州都市圈的"编外"成员，两地的交通、产业规划溢出之处，东莞是最大的受益者。

当然，深圳与东莞的关系更为密切。近年来，受制于土地、劳动力成本抬升等因素，深圳大量制造企业开始向外迁移，而东莞是最大的承接地。且不说华为终端早在2017年就已迁入东莞松山湖，这几年每年都有数十家高新企业从深圳迁往东莞，以深圳为总部、东莞为制造基地的产业格局正在形成。根据《深圳市2018年中小企业发展情况的专项工作报告》，2018年，深圳有91家规模以上工业企业出现外迁情况，约占规模以上工业企业总数的1.1%，累计在深工业总产值600亿元，占当年全市规模以上工业总产值的1.95%。这些企业很多都去了东莞。

比产业转移更进一步的是，都市圈"1小时交通圈"的形成。广州和深圳两大一线城市，通过东莞而连通，东莞成为大湾区"1小时交通圈"必不可少的一部分。一是东接深圳。根据规划，深圳10号线东延至东莞凤岗、深圳11号线北延至东莞长安、深圳22号线北延至东莞塘厦，东莞将与深圳通过轨道交通连成一体。二是西连广州。且不说广深港高铁、广深动车、穗深城际都通过东莞而连通，未来广州22号线有望通过南沙连通东莞与中山，广州28号线有望通过东莞松山湖与深圳对接。根据《广州市轨道交通线网规划（2018—2035年）》，未来广州与东莞之间将有6条通道连接。届时，从东莞乘坐地铁抵达广州、深圳的中心城区，均需要不到1个小时的时间。

可以说在我国很少有哪个普通地级市能同时受惠于两大一线城市。这是东莞过去迅速崛起不容忽视的因素，也是未来发展的重要支撑所在。

湛江、汕头：最"穷"最富都在广东，粤东西北怎么了

一个广东，两个世界。

珠三角富可敌国，粤东西北人均指标却不及全国平均水平。珠三角以不到一半的地级市、30%左右的土地面积，集聚了广东省62%的常住人口、80%以上的经济总量，贡献了86%的工业产值、88%的税收收入、95%以上的出口额。在强大的珠三角面前，粤东西北仿佛成了另一个世界。

珠三角为什么这么富，粤东西北为什么这么"穷"？振兴粤东西北，湛江、汕头，哪个城市能担起重任？

■ 广东区域悬殊有多大？

在中国前五强经济大省中，广东应该是区域差距相对悬殊的一个。

作为第二大省的江苏，虽然苏南、苏北的差距同样明显，但整个省份没有过度悬殊的短板存在，13个地级市全部位列全国经济百强城市，百强区、百强县数量位居全国之首。山东省除了济南、青岛双强并立，烟台、潍坊等地的经济实力、产业规模也不差，连靠"北上广深曹"一度声名大噪的曹县都有自己的主导产业。浙江更被选为共同富裕示范区，这是全国区域差距、城乡差距最小的地方之一。就连河南，虽然县域经济不够强大，但省会城市也无法一家独大，以洛阳、南阳为代表的省域副中心各有特色。

然而，在各大榜单中，广东只有珠三角熠熠夺目，粤东西北几乎不见身影。广东共有21个地级市，其中珠三角有9个地级市，粤东西北有12个地级市，但珠三角经济总量长期占全省的八成以上（见图2-14）。如果放在世界各大经济体中来比较，广东足以跻身世界第十大经济体，经济总量赶超俄罗斯、韩国，而珠三角也能排在全球前十五强之列，与澳大利亚基本相当。

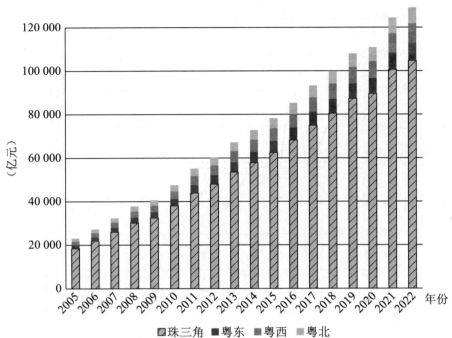

图 2-14　广东分区域历年 GDP 走势

资料来源：《广东统计年鉴》。

从经济总量上看，珠三角的万亿级城市矩阵极为耀眼，内地共有 20 多个"万亿俱乐部"成员，珠三角一地就占了 4 席，如果再加上同在大湾区的香港，这一区域的经济密度之高可见一斑。与之对比，粤东西北多数城市都未能跻身全国百强城市。2022 年，广东共有 10 市位列百强榜，几乎都是珠三角的地级市，偌大的粤东西北只有湛江、茂名两地入围。

总量的差距可谓众所周知，但人均指标的差距更大。让人意想不到的是，作为中国经济第一省，竟然有超过 2/3 的地级市人均 GDP 低于全国水平（见图 2-15）。虽然深圳、广州、珠海等地遥遥领先，但最低的梅州人均 GDP 不到全国的一半，仅有深圳的 1/5。部分县域人均 GDP 水平更是与西部欠发达地区相当。数据显示，2021 年广东有 6 个县域的人均 GDP 低于 3 万元，25 个县域的人均 GDP 低于 4 万元，主要位于粤北的梅州、河源等地。最低的五华县，人均 GDP 仅为 19 127 元。

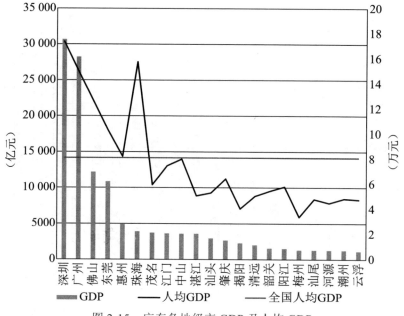

图 2-15　广东各地级市 GDP 及人均 GDP

资料来源：《广东统计年鉴》。

广东是强区经济、强镇经济的代表，但县域经济并不发达。根据百强区、千强镇等报告，2022 年，广东共有 18 个百强区、29 个百强镇，仅次于江苏（19 个百强区、36 个百强镇）。值得一提的是，这些百强区全部位居珠三角，百强镇更是集中于东莞、佛山、中山、珠海等为数不多的几个珠三角地级市。与强市、强区、强镇相比，广东百强县仅有惠州博罗县 1 地上榜，远低于江苏（25 个）、浙江（18个）和山东（13 个）。

广东县域经济为何不发达？

广东城镇化程度高，大多数强县均已"撤县设区"，而珠三角的佛山、东莞一直都以"镇域经济"著称。一镇经济之力可抵一市，但这不会体现在"百强县"排名中。毕竟，广东城镇化率位居全国前列，县经济早已被城市经济取代。珠三角 9 市的城镇化率超过 85%，远超长三角和京津冀两大城市群。

不过，在粤东西北还有大量县城存在，却无一能够进入百强县榜单，这足以说明粤东西北不但与珠三角存在巨大差距，而且与东部其他县市存在一定差距。据统计，2022 年全国共有 52 个千亿县（县级市），江苏、浙江分别占 21 个、9 个，而广东无一入围。在广东省内，排名相对较前的县域如博罗、惠东、高州等市，GDP 只有 800 亿元左右，与其他经济强县存在明显差距。

为此，2023 年前后，广东提出"百县千镇万村高质量发展工程"，发展壮大县域经济，建强中心镇专业镇特色镇，强化考核评估，以此促进城乡区域协调发展，这一重磅举措无疑具有针对性。

■ 粤东西北为何发展不起来？

粤东西北与珠三角的差距，不仅存在缺乏地缘优势、改革锐气等因素，还与地理环境、产业结构、发展定位等有关。

珠三角是珠江冲积平原地带，拥有众多国际港口，历来都是富庶之地。粤东西北多是山区，发展环境天然受限，且劳动力规模也不占优势。同样不能忽略的一点是，广东处于国土南端，广大地区无法像苏北一样享受北京、上海等黄金交通线的辐射，也难以如浙西北、浙南等山区的地级市一样享受到多个经济大省之间的交通互通资源，粤东西北的基础设施建设更多需要广东省内的扶持。

早在 2018 年，当地官员就曾直言不讳："广东省的高铁已经落伍了。"珠三角高铁网不如长三角，粤东、粤西加起来还不如中西部省份，"人均算下来就是半支香烟的长度"。当年，福建已经在全国率先实现"市市通高铁"，中部的安徽、江西紧随其后，而广东仅有一条设计时速 350 公里的高铁，且高铁总里程甚至一度落后于相邻的广西。

此后，广东开始了奋起直追。2018 年以来，深湛铁路江湛段、梅汕铁路、赣深高铁等先后开通运营，广东于 2021 年重回高铁第一大省之位，2022 年河源告别没有高铁的历史，完成高铁网络的最后一张拼图。随着广汕、广湛、深江、深汕等高铁路线的陆续开工，未来广东有望成为全国第一批"市市通 350 公里高铁"的大省，粤东西北的交通劣势也将彻底成为过去。

与交通建设的自力更生相比，广东早在 10 多年前就开始推动珠三角的产业升级，以及从珠三角向粤东西北转移劳动力、产业的"双转移"战略，粤东西北的发展自此步入快车道。不过，与突飞猛进的中西部主要地级市相比，粤东西北地区无论是产业还是人口规模都没能实现大幅扩张，劳动力仍在向珠三角地区集聚，劳动力密集型产业向内陆乃至海外转移的趋势有增无减。

为什么粤东西北没能成为珠三角产业转移的主要承接地？

就地理环境而言，粤北地区离国际市场的距离，未必比拥有空港、陆港优势的中西部地区更佳。重庆和郑州之所以能成为重要的电子信息产业基地，与航空物流的飞速发展、中欧班列的陆续开通有着密切关系，空港、陆港的崛起，让内陆城市摆脱了区位不佳的尴尬。更不用说，全球产业转移的方向，多遵循从发达国家到发展中国家，从制造业大国向人口大国转移的趋势，越南、印度等地外贸产业的崛起，也分走了一部分资源。

就人口红利来说，广东人力资本相对较高，中西部地区成本相对较低，吸引了更多劳动力密集型产业，而人力成本更低的越南等东南亚地区，也成了部分产业转移的重要目的地。与此同时，随着全国人口大盘趋于见顶，各大城市开启了新一轮"抢人大战"，从高学历人才到普通劳动人口，都在争抢之列。人口向大城市持续集聚，粤东西北自然不占优势。

此外，粤东西北产业结构相对单一、部分产业过于传统，难以适应产业形势的变化。潮汕地区一直以纺织服装、陶瓷、工艺玩具、化工塑料、印刷包装为支柱产业，粤北地区多是以有色金融为主的资源型工业，粤西地区则以重化工业为主，本身缺乏承接加工产业和向高新产业升级的基础。所以，珠三角虽然成功实现了"腾笼换鸟"，向着高新产业迈进，但粤东西北未能顺利成为劳动力密集型产业的主要承接者。

因此，基于不同的区域自然环境、资源优势，广东构建了"一核一带一区"的发展新格局（见表2-14）：珠三角是核心区和主引擎，沿海经济带包括珠三角7市以及粤东、粤西两翼，粤北则为生态屏障。其中，沿海经济带东西两翼，囊括了以汕头为副中心城市的粤东地区、以湛江为副中心城市的粤西地区，虽然整体实力不及珠三角，但并非没有潜力可挖，未来将重点打造海上风电、核电、绿色石化、海工装备等产业。

表2-14 广东"一核一带一区"区域发展格局

定位	功能区	功能定位	区域范围
一核	珠三角地区	引领全省发展的核心区和主引擎	广州、深圳、珠海、佛山、惠州、东莞、中山、江门、肇庆
一带	沿海经济带	新时代全省发展的主战场	珠三角沿海7市和东西两翼地区7市；东翼包括汕头、汕尾、揭阳、潮州4市；西翼包括湛江、茂名、阳江3市
一区	北部生态发展区	全省重要的生态屏障	韶关、梅州、清远、河源、云浮

资料来源：《关于构建"一核一带一区"区域发展新格局促进全省区域协调发展的意见》。

相比而言，粤北地区由于地理环境和生态环境的限制，只能作为生态发展区而存在，与珠三角地区分工不同，存在一定差距可以理解。根据规划，粤北地区将打造成"绿水青山就是金山银山"的广东样本，主要发展农产品加工、生物医药、清洁能源等绿色产业。这一定位是基于各自区域的不同特性，粤北地区与珠三角地区在经济发展上的差距就容易理解了。

粤东、粤西地区，本身地理位置并不错，在改革开放初期发展势头同样迅猛。但后来由于一系列的因素，发展一度受挫。但作为沿海经济带两翼的粤东、粤西地区，本身不乏发展潜力，应当成为珠三角之外的另一个增长极。

可见，粤东西北与珠三角之间的差距，既有地理环境、规划定位等客观因素带来的结果，也不乏主导产业和发展方向不同导致的结果。

■ 湛江：只缺一个跨海大通道？

湛江位居粤西，东接粤港澳大湾区，南与海南自贸港隔海相望，西承北部湾城市群，坐拥深水良港和众多大项目，属于多个国家战略交叉之地。

在国家城市群布局中，湛江与南宁、北海、海口等一并被划入北部湾城市群。但实际上几地更多只是地缘上的集合，很少有经济产业方面的联系。作为广东省域副中心城市，湛江与广州组成了双核组合，无论交通设施还是产业协作，湛江都全面向广州靠拢。所以，北部湾对湛江的影响极其有限，可以发挥的空间也不大，立足于广东基本盘，遥望海南自由贸易港，才是湛江的突围之道。

湛江该如何突围？广东对此有清晰的定位：一在于省域副中心城市。湛江是粤西地区的中心城市，广东在多份文件中都提出支持湛江建设区域创新中心、区域文化教育中心、区域医疗中心、区域商贸服务中心等。换言之，湛江在粤西的科教文卫等领域，将获得类似广州在广东的定位。

二在于打造现代化沿海经济带重要发展极。湛江以石化、钢铁为支柱产业，油气开采、石油化工、钢铁三大产业占工业的总比重超过 70%（见表 2-15），其中绿色石化已成为当地首个超千亿元的产业集群。不过，作为传统产业，前些年，石化产业因环保、安全等问题引发关注，装置大型化、炼化一体化、产业集群化、绿色低碳化、产品高端精细化就成了转型方向。

表 2-15　粤西三市主要工业结构　　　　　　　　　　单位：亿元

湛　江		茂　名		阳　江	
规模以上工业	增加值	规模以上工业	增加值	规模以上工业	增加值
总计	855.33	总计	537.14	总计	359.84
石油、煤炭及其他燃料加工业	305.88	石油、煤炭及其他燃料加工业	346.3	电力、热力生产和供应业	136.83
石油和天然气开采业	191.30	化学原料和化学制品制造业	50.76	有色金属冶炼和压延加工业	47.05

续表

湛 江		茂 名		阳 江	
规模以上工业	增加值	规模以上工业	增加值	规模以上工业	增加值
黑色金属冶炼和压延加工业	119.44	电力、热力生产和供应业	33.07	非金属矿物制品业	33.71
农副食品加工业	35.62	农副食品加工业	28.45	黑色金属冶炼和压延加工业	30.62
造纸和纸制品业	33.05	非金属矿物制品业	21.1	金属制品业	28.74

资料来源:《广东统计年鉴2022》。

所以,在广东省发布的文件中,明确提出支持湛江推动绿色钢铁、绿色石化、海工装备、清洁能源等重大产业集群建设,加快建设宝钢湛江钢铁、巴斯夫(广东)一体化基地、廉江清洁能源等重大项目,加快推进乌石17-2油田群开发项目建设等。目前,巴斯夫(广东)一体化基地项目首套装置正式投产,另一套生产热塑性聚氨酯(TPU)的装置将于2023年投入运营,该基地总投资达百亿欧元。大项目带动大投资,大投资带动大产业,大产业助推广东世界级绿色石化产业集群的加速崛起。随着一系列大项目的落户,湛江正在形成集"上游石油开采—中游石油炼化—下游精细化"于一体的全产业链体系,促进石化产业的升级。

除了自身的定位和产业突破之外,面对得政策之利的海南自由贸易港,湛江该如何借势?

湛江与海南隔海相望。随着海南推进改革开放成为国家战略,海南自由贸易港即将封关运作,一个不亚于经济特区的自由贸易港呼之欲出。对接海南,将为湛江带来新的增量。

不过,湛江与海南之间始终有数十海里的琼州海峡的阻隔。如果倡议已久的琼州海峡跨海通道能够落地,湛江无疑将成为中国经济第一大省与中国最大自由贸易港的超级联系人,坐拥门户之优势,坐享交通、物流等"流量"之利,湛江的经济体量势必会攀上新的台阶。

然而,近年来,杭州湾跨海大桥、胶州湾跨海大桥、港珠澳大桥等跨海通道先后落地,就连连通上海与宁波、舟山的沪甬通道、沪舟甬通道也已纳入规划,距离更长、跨越台湾海峡的京台高铁,也现身于远期规划中。为何最窄处不到20海里的琼州海峡跨海通道迟迟没有动静?

一个原因是技术层面的。琼州海峡水深、风大、浪高、流急、地质构造复杂、地震烈度较高、通航难度高。在港珠澳大桥管理局总工程师苏权科看来,琼州海峡的建设难度甚至比建设创下了诸多"世界之最"的港珠澳大桥还要大上很多：
"最大的难度之一是中间有海沟、海水更深，第二是地质覆盖层更深，第三是自
然环境更恶劣，包括风的因素。"众所周知，琼州海峡常年多风，每年平均风力
6级以上的天数约为170天，其中风力8级以上的为15.5天，7月至9月期间最
大风力在12级以上，每年12月至次年2月还存在大雾天气频发的情况。

正因为这些因素的存在，不到20公里长的琼州海峡通道的总投资额是惊人的。
早在2009年，时任中国中铁大桥勘测设计院总工程师高宗余曾表示，预计琼州
海峡跨海通道整个项目的总投资额将达1420亿元。如今，十几年过去了，考虑
到通胀因素，这个数字可能还要再多上一半。

更重要的原因是战略及经济层面的。一个超级工程是否要推进、何时推进，
要看经济上是否有性价比、战略上是否有必要。上海与宁波之间的杭州湾，之所
以能建3条跨海通道，是因为这里是全国经济密度最高的区域，聚集了多个世界
级港口及众多万亿级城市，建设跨海通道的潜在收益足以覆盖成本。川藏铁路几
十年或许都收不回成本，但立足于西部大开发的需要，着眼于国家战略安全的未
来，构建从成渝直达西藏再到南亚的交通大通道，其意义早已超出了简单的经济
层面。京台高铁则是政治与经济利益的双赢。立足于统一大业的未来，着眼于未
来台海两岸经济的深度融合，在福州与台湾之间开辟一条跨海通道，同样意义
重大。

与之对比，琼州海峡通道并无政治或国防战略上的需要，主要衡量的仍是经
济价值。琼州海峡两侧的广东和海南，一个是中国经济第一大省，一个是自由贸
易港，但两地的经济体量并不匹配。海南GDP仅为7000亿元左右，不到广东的
1/19，甚至只有广州的1/4左右，不及深圳南山区一个区的水平。同时，海南以
旅游业和高端服务业见长，湛江等地更多是大块头的石化产业，两地的人员、物
资往来多集中于客运及生活物资运输上。同时，广东作为经济第一大省和外贸第
一大省，拥有以广州港、深圳港、珠海港为代表的港口群，坐拥海上"黄金航道"，
并不依赖海南进行出口。所以，无论是建设跨海隧道还是跨海大桥，都面临成本
与收益的不平衡。

当然，如果海南自由贸易港建设突飞猛进，能在未来数年迅速打造一个万亿
级城市，或者诞生出具有全国乃至世界影响力的高新产业，琼州海峡跨海通道的
经济价值就会得以提升。当然，基于现实，琼州海峡跨海通道在未来5～10年
恐怕都很难上马，湛江的发展仍然只能靠自己。

■ 汕头：汕揭潮何时合并？

汕头是中国五大老牌经济特区之一，与深圳、厦门、珠海、海南在20世纪八九十年代可谓得政策之利。然而，与深圳的一飞冲天，厦门、珠海的稳健发展，海南的政策红利不断相比，汕头近年来不免陷入落寞，不仅跌出了全国百强市之列，而且声名日益不显，不复当日荣光。

汕头早在1860年就已开埠，一度为广东省内仅次于广州的第二大城市。改革开放以来，汕头所在的潮汕地区是中国著名的侨乡，依靠侨乡优势，汕头成为对外开放的重要试验田，在经济发展上一度领跑四大经济特区，但后来发生的两大事件成了汕头发展的转折点。

一是1991年潮汕地区一分为三，原汕头市变成汕头、潮州、揭阳三市。三分潮汕，主要出于汕头经济特区扩容的考虑。潮汕地域广阔，无法全部升级为特区，所以分家就成了必然选择。三分潮汕，固然解决了汕头经济特区扩容的难题，但从此三市分离，汕头、潮州、揭阳在机场、高铁站建设和产业竞争上的博弈不断，拉锯与割裂长期存在，且三市的经济体量都不高（见图2-16），全部止步于百强之外，在全国城市矩阵里越来越不凸显，因此近年来汕头、潮州、揭阳三市合并的呼声不绝于耳。

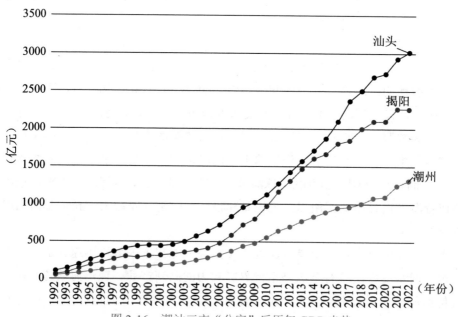

图2-16 潮汕三市"分家"后历年GDP走势

资料来源：《广东统计年鉴》。

二是 2000 年前后影响极大的"世纪税案"。当时，我国开启了一场声势浩大的打击走私和骗税行动，潮汕地区一些企业被揭发存在制售假发票、出口骗税、偷税漏税等大量违法犯罪行为。经查处，犯罪分子虚开增值税金额达 323 亿元，骗税 42 亿元，为改革开放以来涉案金额最大的税案。

经此事件，当地商业信用遭受冲击，一些合法企业也被席卷其中，部分企业被迫出走，外部投资出现断崖式下滑，营商环境成了困扰汕头发展的最大问题。据新华网报道，2001 年，全国 18 个地区相关部门向企业下发不与汕头、潮阳市（现为汕头市潮阳区）进行经济活动的通知，也有一些地区相关部门提出不接受潮汕地区的发票。虽然后来当地以刮骨疗伤式的决心再造营商环境，但错过了发展的黄金时代，经济难以跟上其他城市的步伐。

除了这两大转折点之外，汕头在"特区不特"之后未能成功进行"二次创业"，产业迟迟未能得到升级。从 20 世纪一直到现在，汕头的支柱产业一直围绕纺织服装、工艺玩具、化工塑料等方面（见表 2-16），这些产业都属于劳动密集型产业，处于产业链的底端，附加值不高，抵抗市场风险的能力较弱，而汕头的新产业、新经济尚不成规模。

表 2-16　汕头、揭阳、潮州三市主要工业结构　　　　单位：亿元

汕　头		揭　阳		潮　州	
工业行业	增加值	工业行业	增加值	工业行业	增加值
总计	739.85	总计	511.51	总计	273.11
纺织服装、服饰业	189.52	皮革、毛皮、羽毛及其制品、制鞋业	51.76	非金属矿物制品业	93.91
橡胶和塑料制品业	84.44	金属制品业	50.45	计算机、通信和其他电子设备制造业	28.94
文教、工美、体育和娱乐用品制造业	70.24	纺织服装、服饰业	43.22	食品制造业	13.46
纺织业	56.88	黑色金属冶炼和压延加工业	38.17	化学原料和化学制品制造业	13.15
化学原料和化学制品制造业	37.84	食品制造业	37.13	农副食品加工业	12.96

资料来源：《广东统计年鉴2022》。

要知道，就在同一时期，珠三角地区从最初的"三来一补"等加工产业向高新技术产业转型，逐步建立起以电子信息、智能装备、生物医药、新型显示为代表的高新产业体系。

可见，汕头面临的问题相当复杂。除了潮汕地区三分带来的博弈之外，更重要的是营商环境和产业升级。作为中国著名的侨乡，潮汕背靠1500万侨胞，无论是资金还是人力都不稀缺，难的是如何将这些力量汇聚在一起，改革开放再出发。

在新时代，汕头如何迎头赶上，备受关注。

对此，广东出台《关于支持汕头建设新时代中国特色社会主义现代化活力经济特区的意见》，明确赋予汕头省域副中心城市的身份，与湛江一东一西分别引领粤东与粤西发展。同时，在广东的城镇空间格局里，汕揭潮都市圈是与广州、深圳、珠西、湛茂齐名的五大都市圈之一，也是粤闽浙城市群的一部分，而汕头正是其中的中心城市。不管汕头、揭阳、潮州三市是否重启合并之路，汕头的龙头地位都会相当明确。

当然，相比寻求城市合并以做大体量来说，产业才是突围的关键。《关于支持汕头建设新时代中国特色社会主义现代化活力经济特区的意见》提出，支持汕头大力发展数字经济和工业互联网，加快纺织服装、工艺玩具、精细化工等传统支柱产业转型升级，做大做强装备制造、印刷包装、化学和生物制剂、保健食品等产业。同时，构建海上风电全产业链，打造千万千瓦级海上风电基地。培育壮大生物医药、新材料、新一代信息技术等战略性新兴产业，发展海洋新兴产业，推进海水淡化示范工程建设和关键技术国产化进程。

这其中，汕头海上风电发展最为迅猛，汕头自然成为广东省海上风电的重镇之一。作为中国经济第一大省，广东全社会用电量位居全国之首。然而，缺煤、少油、乏气、水能资源基本开发完毕，却形成了困扰。为突破能源困局，广东一方面大力发展核电。多年来，广东核能发电位居全国之首。2022年以来，广东陆丰核电项目、廉江一期核电项目先后获得国家核准，核电建设步入快车道。另一方面，利用全国第一长的海岸线和季风气候区的优势，广东成了海上风电的重镇。广东的海上风电，主要分布在粤东和粤西，两地都在形成千万千瓦级海上风电基地。粤东以汕头为首，粤西则以阳江为龙头。

风起汕头。汕头地处粤东沿海，海域风力资源丰富，海上风速达8～9米/秒，海上风电年有效平均利用小时数在3000小时以上，属海上一类风电场。同时，汕头海上风电规划场址水深在50米以内，建设施工成本较低，在没有补贴的情况下，大部分场址资本内部收益率可达到6%～7%，具备在"十四五"期间实现平价上网的条件。根据《广东省海上风电发展规划（2017—2030年）（修编）》，汕头市拥有3535万千瓦风电规划装机容量，约占全省深水区规划装机容量的53%，占整个粤东区域规划的60%以上，具备大范围连片开发优势。

海上风电之于汕头，不只是简单的风电场及交通建设投资带来的直接拉动效应，更能通过产业协同带动一个千亿级风电装备产业的崛起。目前，汕头市正在科学谋划、统筹布局海上风电全产业链，集中布局整机制造、发电机、塔筒等风电产业项目，并瞄准了涵盖叶片、轴承、电缆、大型铸造件、主控、变流器及大型钢结构件等产业链条龙头企业开展精准招商，推进"海上风电＋"产业发展，加快打造具备汕头特色的海上风电生态体系。

显然，汕头能否"乘风而起"，关键在于如何将风电建设优势转化为上下游产业链优势，建立起真正具有竞争力的本土产业链。

可以说，无论是湛江还是汕头，先天条件并不差，有港口、有铁路，还不乏高等院校等优质教育资源，以及来自广州、深圳的对口战略合作，没有理由原地踏步。一旦湛江、汕头乘势崛起，带动粤东和粤西形成新的经济增长极，中国经济第一大省的发展空间更加不可限量。

第三章 —————— 京津冀，北方经济"压舱石"

北京：京沪，谁才是中国经济第一城

天津："京津沪"远去，何以守住北方第二城

石家庄：55 年换了 11 次省会，河北为何这么折腾

唐山：京津冀之后，再无"京津唐"

雄安新区：央企总部外迁，再造一个"新北京"

北京：京沪，谁才是中国经济第一城

近代以来，上海一直是名副其实的中国第一城。

早在 20 世纪 20 年代，上海就成为远东第一大都市。1949 年之后，凭借雄厚的工业实力，上海经济长期位居全国城市之首。即使在计划经济时期一度被香港赶超，但在改革开放的时代浪潮中，上海迅速完成了反超，并不断扩大领先优势。

然而，这一纪录很有可能再次被打破，最大的挑战者不是香港，也不是广州、深圳，而是北京。改革开放之前，北京的经济总量还不到上海的一半，经过数十年的追赶，到 2021 年，北京的经济总量已经达到上海的 90% 以上，2022 年上半年更是实现了历史性的季度反超……

北京的经济实力，正在无限逼近上海。京沪，谁才是未来中国经济第一城？

■　北京，正在无限逼近上海

北京经济总量超越上海，放在几十年前，恐怕是难以想象的事情。

然而，疫情这只"黑天鹅"，改变了一切。2022 年上半年，北京 GDP 同比增长 0.9%，上海 GDP 同比下降 5.9%。一增一降之下，上海失去了巨大的领先优势，北京以 3 亿元的微弱优势赶超上海，这也是北京在历史上首次半年度 GDP 超越上海，打破了上海经济不可战胜的神话。

疫情，成了搅动区域经济的关键。2022 年 3 月底到 6 月初，上海遭遇了史上最严峻的奥密克戎变异株的"袭击"，一度静态管理长达两个月之久，导致上海第二季度 GDP 同比下降 13.5%，创下有完整记录以来的最高季度降幅。虽然北京同样遭遇了一波又一波疫情的干扰，但冲击弱于上海，半年度经济总量得以实现超越。当然，这只是短期赶超，并没有最终决定胜局。随着疫情冲击的消退，上海迅速恢复强劲增长动能，逐渐追回"失去的两个月"。就在当年第三季度，得益于后疫情时代的经济复苏，上海实现了大幅反超，并在全年保持较大的领先势头，走出了与后疫情时代武汉相似的反弹曲线。

虽然北京的经济第一大市只维持了一个季度，但在过去几年，北京的经济总量无限逼近上海，也是不争的事实。如图 3-1 所示，改革开放之前，北京 GDP 值长期不到上海的一半；改革开放初的 20 年里，北京与上海的 GDP 差距虽然有所收缩，但一直都没有突破 70%。2000 年之后，北京加速了追赶过程，这从关键节点的突破周期就可以看出：1983 年，北京与上海经济总量之比首次突破 50%，1988 年迈过 60% 的大关，2001 年超过 70%，2007 年首次超过 80%，2013 年触及 90% 的门槛，2021 年达到了创纪录的 95%。

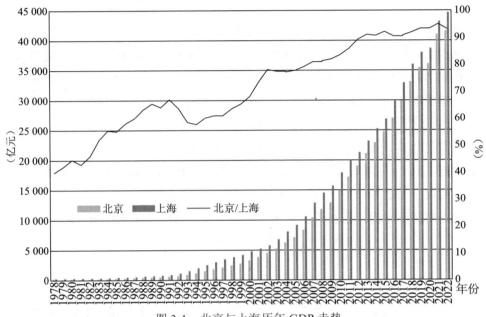

图 3-1　北京与上海历年 GDP 走势

资料来源：《中国统计年鉴》。

可以看到，从 60% 到 70%，北京用了 13 年时间，而从 70% 到 80%，再到 90%，各自用了 6 年时间，追赶速度越来越快。未来，中国经济第一大市之争，未必没有悬念。

■ 北京，何以加速腾飞？

北京加速赶超的背后，有几个时间点值得关注。

一是 20 世纪 90 年代，北京的追赶速度为何一度放缓？原因是，1990 年浦东开发正式成为国家战略，这是继 1980 年设立深圳经济特区之后的又一大创举。作为改革试验田，浦东新区诞生了新中国第一家证券交易所（上交所）、第一个金融贸易区（陆家嘴）、第一个保税区（外高桥）、第一个自由贸易试验区及临港新片区、第一家外商独资贸易公司等一系列"全国第一"，也带动了上海经济的腾飞。

二是 2000 年之后，北京为何开始加速？一个原因是第三次技术革命进一步深化，互联网产业开始崛起。作为中国互联网的发源地，北京自然成了最大的受益者。从 1987 年中国第一封国际电子邮件从北京发出，到 1994 年以北京为起点中国正式接入国际互联网；从 1999 年中关村科技园区正式成立，到 2000 年之后大批中国互联网企业启动上市；从 2009 年 3G 牌照下发，到 2013 年 4G 牌照下发，再到 2019 年 5G 牌照正式下发……在中国互联网的每一个历史性时刻，都少不了北京互联网和北京互联网企业的身影。直到今天，信息产业依旧是北京最大的战略性支柱产业之一，2022 年，北京软件和信息服务业增加值占全市 GDP 比重上升至 17.9%，数字经济核心产业增加值占比达 23.9%，这一数字甚至超过了制造业。不仅如此，在中国互联网百强企业中，北京一地就占了 1/3（见图 3-2）。虽然上海在 2010 年之后开始了互联网的"补短板"和"弯道超车"之路，但与北京的差距仍旧巨大。而深圳、杭州固然拥有超级巨头，但面临着"只见月亮，不见星星"的尴尬。

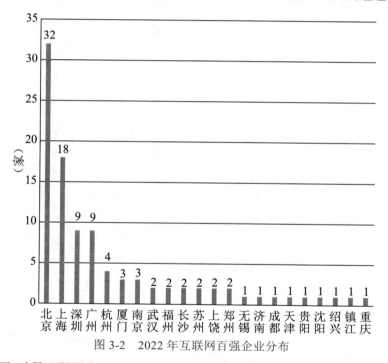

图 3-2　2022 年互联网百强企业分布

资料来源：中国互联网协会。

　　三是 2015 年之后。随着全球产业转移的加速演变，以及中国制造业从"中国制造"向"中国智造"的跨越，再加上贸易冲突、地缘冲突带来的大洗牌，科技驱动成了新的增长力量。北京一直是全国智力资源的集聚地，也是首屈一指的科创高地，在这一轮高端产业的转型中，同样占据相当大的优势。

　　北京拥有全国最多的一流高校和科研机构。在 2022 年第二轮"双一流"大学评选中，北京共有 34 所高校入围，100 多个学科跻身其中（见表 3-1），超过了上海与江苏的总和，说是第一大高教重镇可谓毫无疑义。不仅如此，北京还有包括中国科学院、中国工程院在内的 1000 多家科研院所、128 家国家重点实验室和近 3 万家国家高新技术企业，50 多万名科研人员从事各种研发活动，科技创新储备之厚、含金量之高，可见一斑。

表 3-1　第二轮"双一流"大学分区域分布

省份	高校数量（家）	上榜学科数量（个）	代 表 高 校
北京	34	>100	北京大学、清华大学、中国人民大学、北京航空航天大学、北京师范大学等
江苏	16	51	南京大学、东南大学、苏州大学等
上海	15	64	复旦大学、上海交通大学、同济大学等
广东	8	21	中山大学、华南理工大学等
陕西	8	19	西安交通大学、西北工业大学等
四川	8	14	四川大学、电子科技大学等
湖北	7	32	武汉大学、华中科技大学等
天津	5	14	天津大学、南开大学等
湖南	5	15	湖南大学、中南大学等
黑龙江	4	12	哈尔滨工业大学、东北林业大学等
辽宁	4	7	东北大学、大连理工大学等
浙江	3	23	浙江大学、宁波大学、中国美术学院
吉林	3	13	吉林大学、东北师范大学、延边大学
安徽	3	13	中国科学技术大学、合肥工业大学、安徽大学
山东	3	8	山东大学、中国海洋大学、中国石油大学
福建	2	7	厦门大学、福州大学
重庆	2	5	重庆大学、西南大学
河南	2	4	郑州大学、河南大学
新疆	2	4	新疆大学、石河子大学
山西	2	3	太原理工大学、山西大学
甘肃	1	4	兰州大学
云南	1	2	云南大学
内蒙古	1	1	内蒙古大学
海南	1	1	海南大学
广西	1	1	广西大学
西藏	1	1	西藏大学

省份	高校数量（家）	上榜学科数量（个）	代 表 高 校
江西	1	1	南昌大学
贵州	1	1	贵州大学
河北	1	1	河北工业大学
青海	1	1	青海大学
宁夏	1	1	宁夏大学

注：清华大学、北京大学自主确定学科。

资料来源：教育部、财政部、国家发展改革委：《关于公布第二轮"双一流"建设高校及建设学科名单的通知》。

四是 2021 年。当年，我国开始推动大规模新冠疫苗接种，仅 2021 年的接种量就超过 28 亿支，这些疫苗主要由科兴中维、国药北生研两家北京企业提供。如果加上出口，仅 2021 年，北京就生产了 50 亿支新冠疫苗，而科兴中维、国药北生研两家公司贡献的产值就超过 2300 亿元。

借助新冠疫苗产能的巨量扩张，北京医药制造业产业 2021 年同比增长 250%，占工业比重从此前的 11% 大幅增加到 30%，这让拿下了生物医药先进制造业"国家队"产业集群的上海都难以企及。不过，2022 年以来，由于疫情形势变化，加上防控政策调整，我国迅速迈过感染高峰，生活恢复常态化，疫苗增长"奇迹"难以维持，北京医药制造业出现明显回落，在一定程度上拖累了经济增长。

所以，北京对上海的加速追赶，既有短期诸如新冠疫苗之类的刺激因素，也有长期的互联网崛起、"科创为王"等带来的增长效应，但同样不能忽视了持续的政策倾斜。

■ 政策高地中的高地

本就作为政策高地的北京，近年来又被赋予一系列重任。

第一个是京津冀协同发展。顾名思义，京津冀城市群最大的目标就是区域的协同发展。虽说是协同发展，但由于城市能级悬殊、资源禀赋不同、基本面大相径庭、发展阶段有别，在相关战略、政策、规划上自然会存在倾斜。与粤港澳大湾区多个中心城市齐步走不同的是，在京津冀，北京是唯一的中心，诸多战略都是围绕北京而进行，北京作为全国政治、文化、国际交往和科技创新中心的职能得到了强化，这也带动了经济结构的进一步优化。

与此同时，周边地区不得不为了北京的"需要"而做出取舍，一个典型例子就是大气污染防治战，以传统产业为主的天津、河北的众多企业成了首当其冲的治理对象。当然，在协同发展下，北京也开始发挥辐射和扩散的功能，疏解非首都功能就是典型体现，这在客观上促进了津冀地区的发展，我们在雄安新区一文中将有详细解读。

第二个是服贸会，即中国国际服务贸易交易会，其前身为"京交会"。北京服贸会，与广州广交会、上海进博会并称三大国际性会展。广交会聚焦于出口，已有60多年的历史；进博会诞生于2018年，以货物进口为主题；服贸会正式创办于2020年，是我国服务贸易领域唯一的国际性、国家级、综合型展会。

服务贸易是中国经济步入高质量发展阶段的必然要求，其重要性毋庸讳言，但为何最后给了北京？在传统货物贸易方面，北京由于缺乏港口和制造业腹地，货物进出口不算突出，不及深圳、东莞等一些沿海城市。但服务贸易的逻辑与服务贸易有了天壤之别，它更依赖于发达的第三产业，北京第三产业占比超过80%，而上海、广州刚突破70%，深圳还不到65%。北京不仅第三产业占比最高，而且相当发达。作为全国政治中心、文化中心、国际交往中心、科技创新中心，北京在金融、商务、信息、科创、文化娱乐、医疗等方面的优势是独一无二的。这些条件成了北京作为服贸会主办地的优势。

第三个是北京证券交易所。2021年，北京证券交易所成立，打造服务创新型中小企业主阵地。在此之前，包括港澳台在内，我国已有4个大型证券交易所。除了港交所和台交所，上交所和深交所均成立于1990年。过去30多年来，包括广州、重庆、澳门在内的众多城市，都在积极布局新的证券交易所，但最终为何花落北京？

事实上，北京虽然没有"国际金融中心"之类的定位，但作为金融监管和决策管理中心，金融实力在全国首屈一指。北京聚集了"一行两会"（中国人民银行、银保监会、证监会）等主要金融监管机构、大多数国有大型商业银行总部、15家全国性金融行业协会、全国100%的政策性金融机构、50%的保险集团总部、四大资产管理公司总部，以及众多外资金融机构。

目前，金融业已超越软件和信息服务业，成为北京的第一大支柱产业。如图3-3所示，2022年，北京金融业增加值达8196.7亿元，占GDP比重的19.7%，超过上海的19.3%；金融机构本外币存贷款余额超过30万亿元，位居全国之首。截至2022年底，北京共有境内外上市公司逾770家，总市值约36万亿元，市值规模相当于上海、深圳的2倍以上。

根据全球金融中心指数报告（GFCI），香港、上海、北京、深圳全部跻身国际前十。可以说，北京的金融业发展优势基本是由首都的管理决策功能延伸而来，可谓近水楼台先得月。以此为基础，北京在金融管理、决策、信息、科技、服务、财富管理等方面有相当大的优势，金融业对北京经济的拉动作用日益明显。

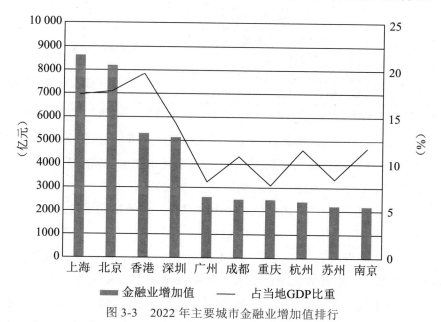

图 3-3　2022 年主要城市金融业增加值排行

资料来源：各地统计公报及公开报道。

所以，城市能级最高、政策优势最大、高端产业最发达，北京经济的飞速发展并不令人意外。

■ 京沪有何不同？

京沪，各自的发展上限有多高？

中国最大的两个城市，在区域经济中的定位与职能各不相同，从而决定了各自的发展上限。

北京是全国政治中心、文化中心、国际交往中心、科技创新中心。作为首都，北京天然就有了政治中心和国际交往中心的地位，3000 多年建城史、860 多年建都史，让北京的文化地位底蕴深厚，而人才、资源向首都汇聚，又让北京有了全国文化中心和科技创新中心的地位。

与北京相比，上海更多的是经济职能。根据最新定位，上海是国际经济中心、金融中心、贸易中心、航运中心和科技创新中心（见表 3-2）。上海之所以能成为经济中心，不仅因为上海长期位居中国经济第一大市，而且上海的金融、贸易、航运、航空、科创等实力均位居全国乃至全球前列，且背后还有长三角这一世界级城市群的支撑。

表 3-2　北京、上海战略定位及发展目标

城市	战略定位	具 体 定 位	发 展 目 标
北京	四大中心	全国政治中心、文化中心、国际交往中心、科技创新中心	建设国际一流的和谐宜居之都
上海	五个中心	国际经济中心、金融中心、贸易中心、航运中心和科技创新中心	努力建设成为卓越的全球城市

资料来源：《北京城市总体规划（2016—2035年）》《上海市城市总体规划（2017—2035年）》

　　京沪的第一大不同，是工业。上海是中国工业第一大市，而在北京的产业体系里，工业早已从第一大产业退居为第三大产业，占经济比重在主要城市里垫底。2022年，上海工业总产值突破4万亿元、工业增加值迈过1万亿元大关。与之对比，北京工业总产值为2.4万亿元，工业增加值为5030.4亿元，占经济比重仅为12.1%，不仅低于上海（24.2%），更远低于深圳（35.1%）。

　　从工业占比来看，北京已经是一个不折不扣的以第三产业为主的大都市（见图3-4）。然而，改革开放之前，北京曾长期以经济中心和工业基地为定位，第二产业占比一度高达70%以上，直到1990年之后才低于50%，自此一路下滑，成为全国工业比重最低的一线城市。如今，北京的工业只剩下汽车制造、生物医药和电子信息等为数不多的几个千亿级制造业集群，而上海拥有电子信息、生命

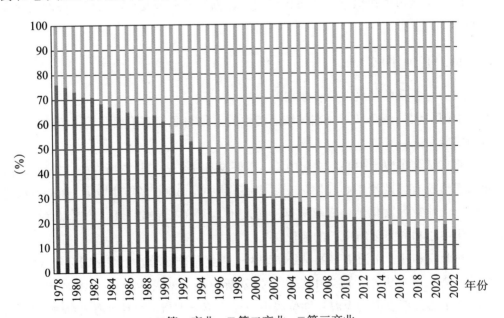

图 3-4　北京三次产业历年结构

资料来源：《北京统计年鉴》。

健康、汽车、高端装备、先进材料、时尚消费品六大重点产业以及集成电路、生物医药、人工智能三大先导性产业。

这背后涉及北京的城市定位之变。20世纪50年代，北京提出打造"现代化工业基地"的目标，建设"大而全"的工业体系。在石景山、通惠河、东南郊、长辛店等一大批工业区，诞生了以首钢、北汽、北重、石热为代表的大型工业企业。一座城市里，竟竖起1.4万根大烟囱。许多老北京人都有工厂大院的记忆。

改革开放之后，北京开始聚焦政治、文化、国际交往等功能，经济中心的说法开始淡出，"工业基地"也不再提及。1983年，中央在对北京第四版总规划里批复：今后北京不要再发展重工业，特别是不能再发展那些耗能多、用水多、运输量大、占地大、污染扰民的工业，而应首重发展高精尖、技术密集型的工业。到了1993年，在北京第五版总规划的批复里，中央再次重申"北京不要再发展重工业"。到了21世纪，经济中心和工业基地再也没出现在北京的相关规划中，北京由此变成以高端服务业为主导的现代化大都市。

第二个不同，在于科创实力。北京、上海都是我国科技创新实力最强的城市，但北京的创新更多来自大学及科研机构，上海的创新则是科研机构与顶级企业携手共进的成果。从创新方向来看，北京覆盖了从量子科学、脑科学、合成生物学、空间科学、深海科学等基础科学领域，到量子计算、6G、未来网络、无人技术、前沿科技领域，再到集成电路、人工智能等核心领域，从源头创新到前沿创新再到产业创新，可谓无所不包。

从研发强度来看，北京在全国长期保持领先之势。北京全社会研究与试验发展（R&D）经费投入总量由2012年的1063.4亿元增加到2021年的2629.3亿元，研发强度由2012年的5.59%提高到2021年的6.53%，位居全国第一，远高于上海（4.21%）。其中2021年，北京全市基础研究经费为422.5亿元，约占全国的1/4。

第三个不同，在于上文提到的金融业。上海被视为中国内地竞逐国际金融中心的代表，事实上，无论是金融业增加值还是本外币存款总额，抑或金融门类或大型金融机构集聚度，北京的综合实力都不亚于上海。不过，同样是金融中心，北京与上海的定位不同、侧重点不同，发展方向也不同。

简单来说，上海是市场意义上的国际金融中心，北京则是全国金融决策管理中心。面向国际，上海的金融竞争力或许更强一些。一个拥有货币、债券、股票、外汇、期货、黄金和金融衍生品等在内的各类市场，作为全球金融要素市场最齐备的城市之一，未来势必要与"纽伦港"进行直接竞争。

第四个不同在于区位。中国共有四大一线城市，无论上海还是广州、深圳，均为沿海城市，拥有大型港口和国际航线，只有北京既不沿海也不沿边，其超级城市定位的形成，靠的不是区位，而是首都这一政治中心带来的集聚力量。

第五个不同在于腹地。北京以京津冀城市群为依托，上海以长三角城市群为基本盘。虽然都是世界级城市群，但无论是经济实力还是区域融合程度，长三角都力压京津冀一头。根据表 3-3 数据，长三角覆盖三省一市、41 个地级市，GDP超过 29 万亿元、常住人口规模达 2.37 亿人，分别占全国的 1/4、1/6，人均 GDP超过 12 万元，位居全国前列。与之对比，京津冀覆盖一省两市、13 个地级市，GDP 为 10 万亿元，常住人口规模 1.1 亿人，人均 GDP 仅为 8.7 万元，与长三角存在明显的差距。

表 3-3　三大城市群主要数据对比

	京 津 冀	长 三 角	粤港澳大湾区
城市（个）	16	41	11
面积（万平方千米）	21.6	35.8	5.6
GDP（万亿元）	10.02	29.03	13.04
人口（亿人）	1.09	2.37	0.86
人均 GDP(万元)	9.1	12.3	15.1
占全国经济比重（%）	8.3	24.0	10.8
占全国人口比重（%）	7.8	16.8	6.1

注：京津冀包括北京、天津、河北 3 省市，长三角包括江浙沪皖 4 省市，大湾区包括广州、深圳、香港、澳门、佛山、东莞、惠州、珠海、中山、江门、肇庆这 11 市。

资料来源：根据各地 2022 年统计公报梳理。

相比于区域面积、经济总量及发展水平等方面的不同，京津冀与长三角最大的落差在于产业。在京津冀，除北京建立了以高端服务业为主的高新产业体系之外，天津与河北均以石化、钢铁等高耗能的传统产业为主，缺乏长远竞争力。相比而言，长三角地区的新一代电子信息技术、集成电路、新能源、新材料、人工智能、生物医药等高新产业蒸蒸日上，长远发展空间无疑更为广阔。

■ 京沪，面临哪些挑战？

京沪，各自都有哪些短板，又面临哪些挑战？

上海面临的挑战主要在外贸和人口层面。作为我国改革开放的前沿窗口和对外依存度较高的国际大都市，国际经贸形势、地缘环境的变化，对上海的影响尤为明显。

在人口方面，上海面临"少子化+老龄化+人口天花板触顶"的三重压力。众所周知，长三角的人口形势之严峻，直追东北，而上海又是严重区域。数据显示，2010—2022年，上海老龄化率从10.1%大幅提高到18.7%，仅次于东北，远远高于广东，与深圳、东莞不到4%的老龄化率相比更为凸显。同时，2022年上海人口出生率降到4.35‰，常住人口自然增长率为-1.61‰，这一出生率已经与东北基本相当，明显低于陷入人口危机多年的日本。

当然，作为发达城市，上海只要放开户籍门槛，无数人才会蜂拥而入。然而，上海受到人口天花板的制约，在"抢人"方面存在诸多约束。根据规划，上海2035年的人口上限是2500万人（见图3-5），而2020年第七次全国人口普查显示，上海人口已经超过2300万人，仅剩182万的增长空间，平均每年只能增长10来万人。所以，前几年，上海就已开始纾解中心城区人口，这导致上海年度人口一度负增长，而2010—2020年总增量仅为185万，远低于深圳、广州、杭州等城市。

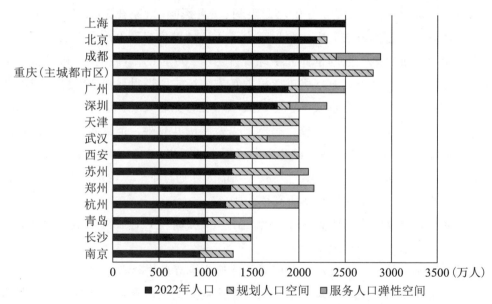

图3-5　主要城市2035年人口规划"天花板"

资料来源：各地统计年鉴，各地2035年国土空间总体规划。

与上海相比，北京面临的第一个挑战也是人口。

且不说北京2300万的人口天花板对长期人口增长形成了直接制约。近年来，当广州、深圳双双通过放宽落户在全国大肆"抢人"之际，北京的常住人口却出现了罕见的连续5年负增长，从2016年的最高峰2195.4万人，持续减少到2021

年的 2188 万人。虽然看起来减少的量并不多，但同一时间，主要一、二线城市人口都实现了大幅增长，其中，深圳常住人口增长 266 万人，广州增加 202 万人。

北京人口减少，并非吸引力不足，而是政策主动控制所致。2022 年召开的北京市第十三次党代会透露，北京成为全国首个减量发展的超大城市。自从 2014 年北京提出积极稳妥推进非首都功能疏解、降低主城区人口密度以来，全市累计退出一般制造和污染企业约 3000 家，疏解提升区域性批发市场和物流中心近 1000 个，实现城六区常住人口比 2014 年下降 15% 的目标，城乡建设用地减量 110 平方公里。

产业转移、人口减少，于一般城市不啻于"晴天霹雳"，但对于北京来说是高质量发展的必然选择。但是，人口是经济产业的基本盘，高学历人才更是城市发展的长远竞争力所在。即使主动抽疏人口的北京，也不得不在其他一、二线城市发起的"抢人大战"中做出反应。

2021 年以来，户籍门槛第二森严的上海率先加入抢人的大合唱，先后放开清华大学、北京大学及复旦大学、上海交通大学等高校毕业生的落户限制，随后再次放开世界前 100 名院校毕业生的落户限制。受此影响，北京在 2021 年发布的《北京市引进毕业生管理办法》中，罕见亮出了"计划单列式""抢人"的大招：对于全市重点发展领域，面向世界大学综合排名前 200 位的国内高校本科及以上学历毕业生，按照计划单列办理引进。根据官方解读，所谓世界前 200 位的国内高校，只包括清华大学、北京大学、复旦大学、上海交通大学、浙江大学、中国科学技术大学、南京大学 7 所高校。虽然覆盖范围极其有限，但这对于以"进京指标"作为落户限制的城市来说，已经迈出了不小的一步。2023 年初，香港加入"抢人大战"，罕见向全球百强大学生开放"高端人才通行证"，内地的清华、北大、复旦、华中科大、中山大学等 9 所高校入围。

事实上，"抢人大战"越来越白热化。当广州、深圳乃至上海、香港陆续下场"抢人"之时，北京也不能再无动于衷了。

北京面临的第二个挑战，来自疏解非首都功能带来的影响。

对于北京来说，批发市场、劳动密集型产业、高耗能产业的转移，对短期的经济增长会带来一定影响。而包括央企总部、在京行政机构、大学、医院等向周边地区的转移，会进一步带动人才流失，从而对长远发展带来不利影响。

如果单看一个城市的利益取舍，自然是越大越全越多越好。但立足于治理"大城市病"、落实首都功能战略定位、推进高质量发展和京津冀协同化发展的未来，这些产业转移显然是多赢之举。只要高新产业不断崛起，即使走了一批还会再来一批，而产业结构和人才结构都得到了全面提升，未来的发展反而更是如虎添翼。

更何况，在行政力量对资源分配有着决定性作用的地方，城市行政级别与经济发展之间存在明显的正相关关系。作为行政级别、城市能级最高的城市，北京只要想做经济第一城，并不存在任何阻碍，只要将优质资源重新汇集到北京就能完成这一目标，但这样的第一城既非国家之需，也非区域发展之福。

京沪，谁是中国经济第一城并不重要。当中国成为世界经济第二大国，并向世界第一发起了前所未有的"挑战"时，作为金字塔尖的城市，要追求的不是内部排名，而是如何以一己之力带动周边区域发展，各扬所长、共同进步，以世界城市的超高能级，在国际上形成弥足长远的影响力。

天津："京津沪"远去，何以守住北方第二城

1949 年，天津经济总量位居全国第二，仅次于上海；1978 年，天津经济总量位居全国第三，仅次于上海、北京；2010 年，天津经济总量位居全国第五，仅次于四大一线城市；2020 年，天津首次跌出十强城市……

从与京沪齐名的全国第三大城市，到与广州、深圳争锋的一流直辖市，再到与南京竞夺第 10 名，未来甚至还面临来自青岛、郑州的北方第二城之争……短短几十年，天津的城市地位发生了翻天覆地的变化，在全国的存在感越来越低，以至于获得了"灯下黑"的戏称。

天津怎么了？未来天津能否重返全国前十乃至前五城市？

■ 从第三城到跌出前十

改革开放之前，天津与京沪齐名，位列第一梯队城市，"京津沪"之名可谓无人不知无人不晓。无论是计划经济时代还是改革开放前期，天津都是北方首屈一指的工业重镇。新中国第一辆自行车就出自天津，风靡全国的海鸥手表、飞鸽自行车、牡丹缝纫机"老三件"，更是天津历史荣光的见证。

改革开放后，天津被确立为第一批沿海开放城市，天津技术开发区、天津港保税区、滨海新区相继成立，借助石化、钢铁、装备制造、航空航天、国防科技等行业，天津经济突飞猛进，虽然 GDP 在 1991 年被广州超越，但始终保持了领先优势。2011 年，天津曾官宣 GDP 破万亿元，与深圳、重庆、苏州同时跻身"万亿俱乐部"，天津与广州、深圳的经济实力在伯仲之间，当时广东媒体曾以"第

三城之争"对天津做了广泛报道,将天津作为赶超广州的对手之一。

这应该是天津的高光时刻。2015年以来,在一轮又一轮的"挤水分"之下,天津经济的"里子"被暴露出来,先是退出了第一梯队,接着又被杭州、南京等城市超越,乃至罕见"跌"出十强之列(见图3-6)。自此,天津的竞争者从广州、重庆、苏州,变成了青岛、郑州等北方城市,北方第二城之争悬念重重。

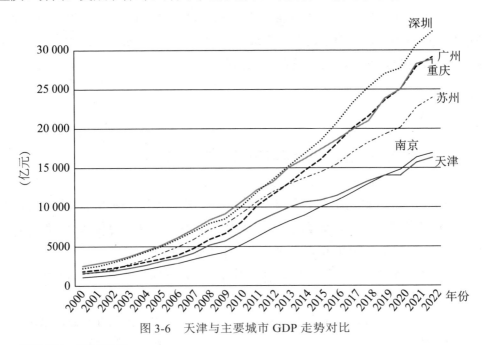

图 3-6 天津与主要城市 GDP 走势对比

资料来源:各地统计局。

天津在经济上的一退再退,源自两波"挤水分"。

2018年初,天津发布公告,将滨海新区2016年的万亿元GDP调整为6654亿元,缩水近三分之一。根据官方发布的说明,此次滨海新区调整GDP数据,是更改统计口径所致。原本只要注册在滨海新区的企业产值全部计算在滨海新区,这就造成滨海新区与天津其他区县乃至北京部分地区GDP重复计算。作为国家级新区,滨海新区具有相当多的政策优势,许多天津市乃至北京、河北的企业纷纷将注册地落户于此,企业实际经营地却未随之迁移,将之计入GDP,既不符合实情,也有违GDP统一核算的严肃性。

这还不是终章。随着经济普查进行,天津再次将2018年GDP从初核的1.88万亿元调整到1.33万亿元。经过调整,天津被"挤"到了十强城市的边缘,2020年首次被南京赶超,自改革开放以来第一次"跌"出了十强。

随后，天津根据经济普查对历年 GDP 进行了修订，2011 年原本破万亿元的 GDP 数据被修订为 8112.5 亿元，直到 2014 年才真正破万亿元。作为天津经济支柱大区，滨海新区同样难逃再次被"挤水分"的命运。根据 2021 年《天津统计年鉴》提供的数据，2019 年和 2020 年，滨海新区 GDP 分别为 5857.8 亿元、5871.06 亿元，相比"挤水分"之前 2016 年的万亿元 GDP 接近腰斩，自第一次"挤水分"之后的 6654 亿元，再次缩水。

不过，"挤水分"只是表象，在 GDP 全国统一核算之前，重复计算的问题普遍存在，地方 GDP 之和超过全国 GDP 的现象时有发生。相比简单的"挤水分"，真正的问题是，天津为何一次性"挤"掉了如此之多的 GDP？这背后，究竟是统计因素还是经济发展遭遇了困境？

答案显然是后者。2010 年前后天津经济的高速增长，得益于一系列大项目、大投资的落地。2010 年后，天津固定资产投资总额占 GDP 的比重常年超过 60%，经济发展高度依赖投资。然而，任何投资都会面临边际效应递减的问题，基建投资在疯狂"刷"GDP 的同时也会衍生出无穷无尽的债务问题。同一时间，广东正在进行"腾笼换鸟"，江苏正在进行新一轮的产业转型升级，而天津固守于传统产业，未能培育出真正具有优势的高新产业。一旦失去了投资支撑，又缺乏具有竞争力的高新产业，天津经济自然面临降速之困。

雪上加霜的是，2015 年天津港"8·12"爆炸事故彻底暴露了"化工围城"的风险，一场针对危化品和石化园区的整治铺天盖地而来。与此同时，随着我国发展进入新阶段，大气污染防治成为三大攻坚战之一，碳达峰、碳中和的时代趋势浩浩荡荡，环保治理、能耗双控等压力叠加而至，以石化、钢铁为支柱产业的天津，自然首当其冲。

数据显示，从 2017 年开始，天津用了 3 年多的时间，先后整合、撤销、取缔 246 个工业园区，关停退出 3 家钢铁企业，分类整治 2.2 万家"散乱污"企业。经过这一轮整顿，天津环保生态有所好转，但几万家企业遭遇整治，经济难免遭受转型阵痛。

受种种因素影响，天津经济增长乏力，而债务问题凸显。根据华创证券等测算，2022 年末，天津负债率（政府债务余额 /GDP）为 53%，位列全国第五。全口径债务率 [（地方债务余额＋城投有息负债）/（一般预算收入＋政府性基金收入＋转移性收入）] 超过 700%，位列全国前列，债务负担较重。近几年来，天津发生了多起信用风险事件，而"防范化解政府债务风险"也多次位列天津预算执行报告中。

面临这些问题，天津在短期内重回第一梯队，压力不小。

■ 天津怎么了？

如今，说起深圳，以华为、腾讯、中兴、大疆为代表的高新科技产业，以中国平安、招商银行为代表的金融总部企业，让这座城市成为最闪亮的存在。反观天津，除了一些大型能源国有企业之外，几乎找不到耳熟能详的知名企业。

在世界500强榜单上，天津连续多年失去了身影，2015年曾经跻身榜单的渤海钢铁、2018年进入榜单的天津物产集团，后来双双遭遇信用违约困境，不得不破产重整。在2022年中国500强榜单中，天津共有6家企业上榜，几乎都是国有企业，而北京共上榜88家企业，上海上榜31家企业，深圳上榜29家企业，广州上榜19家企业（见图3-7）。而从上市公司数量来看，天津与北京、上海、广州、深圳之间更存在巨大的差距，截至2022年，天津共有80多家境内外上市企业，而广州超过200家，深圳突破500家，北京、上海更是双双超过600家。

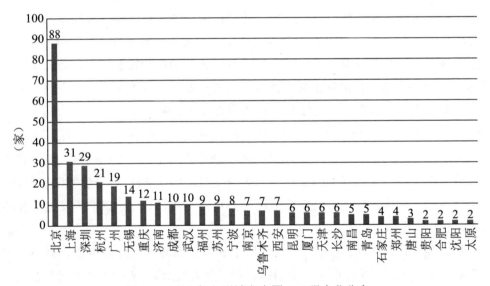

图 3-7 2022年主要城市中国500强企业分布

资料来源：中国企业联合会、中国企业家协会"2022年中国企业500强榜单"。

天津一流企业尤其是大型上市企业的缺位，根本原因在于产业结构。目前，天津以石化、钢铁、汽车、机械装备、电子、医药制造为主要产业（见图3-8），其中石化仍旧是天津的第一大支柱产业，占工业增加值的比重高达30%以上，占全市工业利税总额的比重更是超过40%。其中，附加值相对较低、对地方产业难以形成更大拉动效应的石油、天然气开采业占了绝对的大头，而化工、石油加工业等占比仅为1/3。事实上，石化一直是天津的传统主导产业。天津是我国近代化学工业的发祥地，化学工业有百余年历史。近年来，借助北方第一大港的区位优势，天津的石化产业蒸蒸日上。在主要工业品中，天津原油产量位居全国第一，乙烯、天然气产量位居全国前十。

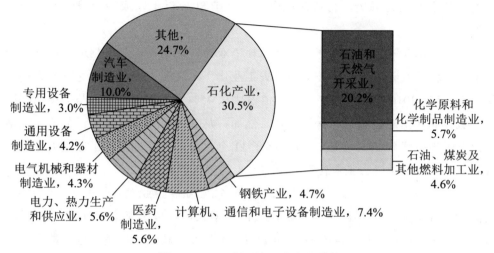

图 3-8　2021 年天津工业产业结构

资料来源：天津市统计局官网。

多年来，天津产业虽然历经转型，但仍未建立具备优势的高新产业矩阵，不仅在前些年最热门的互联网等产业上毫无存在感，而且在最近大热的集成电路、人工智能、新能源、数字经济等赛道中也未建立起规模优势。2022 年，天津的高技术产业占工业比重仅为 15% 左右，包括电子制造业、医药医疗制造业及航空、航天器及设备制造业。

这其中，最受瞩目的当属航空航天产业，这是天津深耕的十二条重点产业链之一。拥有空客飞机、直升机、无人机、运载火箭、卫星及超大型航天器五条子链条，坐拥空客天津公司、航天长征火箭、航天五院 518 所、天津直升机、航天神舟飞行器等一众国内重要龙头企业和科研院所。航空产业的未来充满想象的空间。不过，航空航天产业占天津工业增加值的比重还不到 1%，产业规模仅是百亿级，离真正成为新的支柱产业还有相当长的距离。

除工业之外，金融业也是天津的支柱产业。2022 年，天津金融业增加值达 2197 亿元，在全国排名第九，占 GDP 比重为 13.5%，本外币存款总额 4.04 万亿元，位居全国第十。不过，上海、香港、北京、深圳这四地几乎垄断了所有重要的大型交易所，聚集了众多一流的金融总部企业，就连作为一线城市的广州也只拿下了广州期货交易所，遑论天津。

　　既然拿不下金融中心的定位，天津就只能转而发展特色金融产业，形成了以融资租赁、商业保理、融资担保等为代表的新型金融服务体系。近年来，天津的融资租赁业务规模始终占全国 1/3，特别是在飞机、国际航运船舶、海工平台租赁业务方面更为突出，租赁跨境资产占全国 80% 以上，成为全国同行业的排头兵。

　　石化、钢铁等传统支柱产业面临能耗"双控"之困，而高新制造业矩阵尚未成形，这就导致天津出现了被动的"去工业化"，工业占比呈现加速下降态势。从 2000 年到 2010 年，天津工业增加值占比从 45% 下降到 41.5%，与中国从制造业向服务业转型的趋势基本保持一致。然而，从 2010 年到 2020 年，天津工业增加值进一步下降到 30% 左右，10 年降了 11 个百分点。要知道，工业是天津的安身立命之本，过早"去工业化"无疑拖累了经济大盘。

　　关键的是，由于高新产业尚未形成优势，加上知名企业尤其是民营企业不多，天津对人才的吸引力早已不复当初，人口负增长已经成为常态。2022 年，天津常住人口为 1363 万人，相比 2021 年减少 10 万人，被武汉赶超。这一数字，相比历史高峰期 2016 年减少了 80 万人，其常住人口规模已经回到 2012 年的水平（见图 3-9）。而这 10 年间，绝大多数东南沿海及中西部强省会人口都在突飞猛进，广州、深圳、成都、西安人口增量都在 300 万人以上。

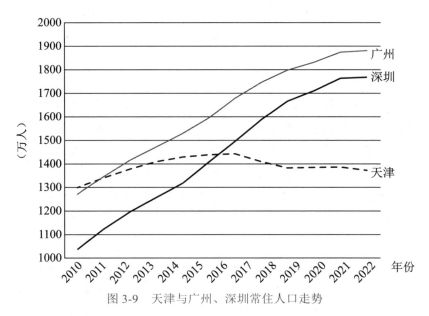

图 3-9　天津与广州、深圳常住人口走势

资料来源：各地统计年鉴。

显然，在北京、上海、广州深多条腿走路，中西部城市陆续承接产业转移的大浪潮中，天津若不能完成向高新产业的转移，未来很容易在城市竞争中处于劣势。

■ "灯下黑"的城市

有无经济腹地决定了中心城市发展的上限。

上海以长三角为经济腹地，广州、深圳以珠三角为经济腹地，北京以京津冀乃至整个北方为经济腹地，只有天津没有真正属于自己的经济腹地。

有句老话叫"大树底下好乘凉"，但聚光灯下往往也是最容易被忽视的区域，这就是"灯下黑"效应。背靠京城，面朝大海，天津完成了从拱卫京畿和漕运门户的"天津卫"向工商业发达的"大天津"的转变。然而，作为首都的北京是典型的强中心城市，集全国资源于一体，无论是发展工业还是第三产业，都有着无与伦比的优势。虽然天津一直以北方经济中心和重要工业基地的身份自居，但北京的定位屡经变迁，且与天津形成直接竞争关系。

正如我们在北京相关文章中所讨论的，计划经济时期，北京曾以经济中心、工业基地为主导定位，先后兴建了一批钢铁、石油化工、机械、电子、仪表、轻纺、建材、食品厂，形成了门类较为齐全的工业体系。1979 年，北京重工业产值占工业总产值的 63.7%，成为仅次于辽宁的全国重工业基地之一，这就与天津的功能定位、产业结构形成了较大重合。改革开放后，北京不再以经济中心自居，而天津借助沿海开放战略，在全球化贸易时代再度崛起，成为北方最大的港口城市和进出口城市，开始以"北方经济中心"或"渤海地区经济中心"自居。虽然经济中心不再是北京的主导定位，但北京对全国资源的虹吸能力丝毫没有减弱，时至今日，北京仍旧是北方经济总量最高的城市，相当于整个河北的经济总量，且比位居第二名的天津多了 2 倍多。

可以说，直到 2015 年《京津冀协同发展规划纲要》出台，北京与天津的定位才彻底明晰化。根据规划（如表 3-4 所示），北京是全国政治中心、文化中心、国际交往中心、科技创新中心，天津是全国先进制造研发基地、北方国际航运核心区、金融创新运营示范区、改革开放先行区。可以看出，北京的四大中心定位中，既没有了经济功能，也不再有工业基地的提法，而天津侧重于制造业和航运，但也失去了"北方经济中心"的定位。

表 3-4   京津冀三地定位

	定　位
北京	全国政治中心、文化中心、国际交往中心、科技创新中心
天津	全国先进制造研发基地、北方国际航运核心区、金融创新运营示范区、改革开放先行区
河北	全国现代商贸物流重要基地、产业转型升级试验区、新型城镇化与城乡统筹示范区、京津冀生态环境支撑区

资料来源：《京津冀协同发展规划纲要》（2015年）。

究其原因，天津近年来经济发展相对缓慢，经济体量在全国排在十名开外，不到北京的一半，已经失去独当一面的能力。且不说作为北方第二城的身份面临来自青岛、郑州、西安等地的挑战，以重工业为主的产业结构也难以对北方产生带动作用，北方经济中心自然名不副实。

关键的是，天津虽然背靠京津冀城市群，但京津冀的主导者一直是"京"而非"津"。河北虽大，但几乎所有地级市都向实力悬殊的北京靠拢，连省会石家庄都处于相对尴尬的地位，何况省外的天津？雄安新区的横空出世，北三县与通州一体化的推进，带动了北京大项目、大投资及产业转移的大变局，天津不再是唯一甚至主要的承接地，势必给天津带来直接而长远的挑战。

所以，空有直辖市的超高定位，却没有与之相匹配的都市圈或城市群作为腹地，面临来自北京的资源虹吸效应，天津的发展空间自然受限，这又导致天津北方第二城的地位受到挑战。

■ 何以守住北方第二城？

过去几十年，在北方，天津一直是仅次于北京的存在。然而，近年来，在经济"挤水分"、环保整治及限产冲击、京津冀城市群重新定位、产业转型升级尚未完成等一系列压力制约之下，天津与北京的差距越来越大，而与追赶者青岛、郑州等地的距离越来越小（见表3-5），北方第二城之位面临着前所未有的挑战。

早在1978年，天津经济总量分别是青岛、郑州的2.1倍、4倍，到2000年这一比例分别缩小到1.3倍、2.2倍，2010年进一步分别收缩到1.2倍、1.7倍，2022年天津的领先优势分别只剩下9.6%、18.8%。这背后，天津经济增速放缓是不争的事实，"十二五"时期（2011—2015年）天津年均GDP增速达11%，而"十三五"时期（2016—2020年）天津平均GDP大幅降到3.8%，远低于8.6%的规划目标；同期，青岛在两个五年间的年均增速分别为10.1%、6.5%，"十三五"时期大幅跑赢天津。借助电子信息产业的崛起，郑州经济增速更是位居全国前列，两个五年时期年均增速分别高达 11%、6.8%，远远高于天津。

表 3-5 2022 年北方 GDP 前十的城市

北 方		
序 号	城 市	GDP（亿元）
1	北京	41 610.9
2	天津	16 311.34
3	青岛	14 920.75
4	郑州	12 934.69
5	济南	12 027.5
6	西安	11 486.51
7	烟台	9515.86
8	唐山	8900.7
9	大连	8430.9
10	沈阳	7695.8

资料来源：各地统计公报。

当然，能否成为北方第二城，看的不只是经济总量，还要考虑城市能级、产业结构、城市辐射力、教科文卫发展水平等一系列综合指标。这方面青岛、郑州或许各有短板，但天津本身与北方第二城也在渐行渐远：不说经济总量，无论从人均 GDP、城镇居民人均可支配收入，还是社会消费品零售总额、资金总量，抑或作为参考的电影票房、地铁客流量等指标，天津都与北方第二城渐行渐远，与南方万亿级城市的差距更是越来越大。

其中，天津的消费滑坡最让人意外。一个坐拥 1300 多万常住人口的超大城市，社会消费品零售总额却不及一些二线普通省会城市，甚至不及一些普通地级市。根据国家统计局数据，2021 年天津社会消费品零售总额为 3769.8 亿元，排在全国 20 名开外，不仅不及自身 5 年前的水平，而且低于人口不足千万的泉州、徐州、南通等普通地级市。这背后，或许不乏疫情冲击的影响，但人口总量相当且疫情影响有过之而无不及的武汉，2021 年消费总额高达 6795 亿元，接近天津的 2 倍，这足以说明许多问题。

当然，虽然经济地位面临挑战，但天津仍然拥有其他城市难以企及的政策优势，不但拥有直辖市、国家中心城市、超大城市等多重身份，而且从经济开发区到国家级新区再到自由贸易区，天津都是尝"头啖汤"的城市之一。问题在于，行政地位如何带动资源调配，政策优势如何转化为发展优势，历史荣光如何变成新时代的奋斗动力。

石家庄：55 年换了 11 次省会，河北为何这么折腾

"请说一条关于石家庄的冷知识？""河北省会是石家庄。"

这是网络上流传极广的一条段子，虽是调侃，但也道出了石家庄的存在感之低。百年以降，河北省会屡经变迁，石家庄作为省会仅有50多年历史。论历史文化，石家庄不及保定、邯郸悠久；论经济实力，一直被唐山压着一头；论经济首位度和人口首位度，不及西部省会城市；论知名度，雄安新区似乎更胜一筹；论对全省的影响力，石家庄远逊于作为首都的北京以及直辖市的天津……无论从哪方面来看，石家庄都有点尴尬。

为此，近年来，从石家庄到河北省都提出了强省会战略，宣布要大幅提升城市品位、能级和首位度，2025年石家庄全市经济总量力争超万亿元，力争综合经济实力重回全国前30强。

打造强省会，石家庄难在哪里？重回全国前30强，石家庄有哪些底牌可打？

■ 55 年换了 11 次省会

在内地 27 个省会/首府中，石家庄是最年轻的一个。

石家庄所在的燕赵大地，历史悠久，人杰地灵，在我国古代政治、军事、经济史上都有突出地位。但石家庄作为一个城市而存在，只有百年左右的历史，石家庄成为省会，更是只有短短不到 60 年的时间。

100 多年前，石家庄只是一个数十户人家聚居的村落，得益于京汉铁路在此设站而逐步发展壮大，被称为"火车拉来的城市"。1925 年，石家庄首次设市，名为"石门市"。不过，此后历遭变迁，从市降为镇再变成市，直到 1947 年才正式更名为石家庄。

石家庄成为省会，是在 1968 年。从 1911 年到 1968 年，河北省会曾先后 11 次搬迁，历经保定、北京、天津、石家庄等多个城市。其间，保定曾经先后 5 次、北京 3 次、天津 3 次作为河北省会而存在（见表 3-6）。据《河北省省会变迁始末》一书钩沉，晚清之际，河北为直隶省，直隶省治所长期设在保定。辛亥革命之后，直隶省治所从保定迁往天津。南京国民政府成立后，1928 年，改直隶省为河北省，

省会曾短期设在北平（今北京）。1930 年，军阀混战时期，北平升为特别市，天津再次成为河北省会。1935 年，河北省会再次搬往保定。抗战时期，河北大名、洛阳、西安、陕西眉县，都作过河北省会。抗战胜利之后，北京、保定先后多次成为河北省会，直到 1949 年，北京成为首都，保定第 4 次成为河北省会。

表 3-6　河北省会变迁史

时　　间	城　　市	备　　注
1911—1913 年	保定	直隶省
1913—1928 年	天津	
1928—1930 年	北平（北京）	1928 年，直隶省改为河北省
1930—1935 年	天津	
1935—1937 年	保定	
1937—1945 年	—	抗战时期，辗转不定
1945—1946 年	北平（北京）	
1946—1947 年	保定	
1947—1949 年	北平（北京）	1949 年 9 月，北平改称北京市
1949—1958 年	保定	1949 年 7 月，河北省人民政府成立
1958—1966 年	天津	1958 年 2 月，天津改为河北省辖市
1966—1968 年	保定	1967 年 1 月，天津恢复为直辖市
1968 年至今	石家庄	

资料来源：《河北省省会变迁始末》《河北省志》。

到了 1958 年，天津再次登场。在当时的时代背景下，为了依托大城市实现工农业更好地同时并举发展，河北将省会从保定迁往天津。1966 年，天津改为中央直辖市，河北省会再次迁回保定，这是保定第 5 次成为河北省会。不过，短短两年后，1968 年，石家庄取代保定，首次成为河北省会，直到今天。

河北省会之所以屡遭变迁，与京津两地政治地位的提升不无关系。当北京成为首都、天津成为直辖市，自然不可能再作为河北省会。而当年出于"三线建设"、备战机制以及首都稳定的需要，也决定了河北省会不是一省所能自主决定的问题，而必须权衡京津冀三省市的政经关系、区域经济均衡发展等需要，与京津之间的距离也成为重要的考量因素，最终石家庄脱颖而出。

当然，石家庄能从一个名不见经传的城市变身一省省会，也与当时石家庄初具工业城市规模、有一定的经济底子密不可分。20 世纪初，井陉煤矿的发现及石门焦炼厂的落成，让石家庄初具工业基础。"一五"时期，华北制药厂、石家庄棉纺织厂在此布局，让石家庄成为华北地区最大的制药基地和纺织中心之一，生物医药、纺织服装至今仍是石家庄的重要支柱产业。

然而，河北省会屡经搬迁，不仅割裂了相关城市原有的经济联系和市场分工，也导致城市功能不断发生变化。保定因失去省会地位而风光不再，石家庄也因无法继承省会城市应有的历史文化、教育科技等资源，在省会功能上面临从零开始的尴尬。

一个简单的例子是，河北省目前只有 1 所"双一流"大学，即河北工业大学，但这所高校坐落于天津市。因为 1958—1966 年在天津作为河北省会时，河北曾重金建设或扩建了多所高等院校，包括天津师范学院、天津艺术师范学院、河北财经学院、天津医学院、天津音乐学院等，多数划给了天津，而当时的河北工学院（即今天的河北工业大学）虽然划给河北，但办学地址一直放在天津。

在各大省区市中很少有像河北省会一样搬来搬去的。毕竟几乎所有的经济大省的省会都延续了数百年乃至上千年之久，整个城市功能都围绕省会职能而扩展，省会因此具有得天独厚的资源集聚优势。

河北省会屡经变迁，导致最年轻的省会石家庄对全省缺乏足够的辐射力和影响力。这在石家庄经济实力相对强劲的 20 世纪 90 年代如此，在其经济实力被唐山长期压制的 21 世纪初期更是如此，而随着大城市群时代的到来，石家庄更是从一省龙头变成了京津冀城市群的从属者，与省内其他地级市相比，并无太多的优势。可以说，种种因素造成了石家庄今天的尴尬局面。

■ **石家庄首位度为何这么低？**

石家庄不仅是经济首位度最低的省会之一，也是"势力范围"最小的省会之一。

作为省会，石家庄并非河北第一经济大市。石家庄自 1968 年成为省会之后，经济曾经一度飞速发展，晋级为全省第一经济大市，20 世纪 90 年代甚至位列全国 20 强，在省会城市中也能排进前六。然而，2000 年以来，随着对外贸易的兴起，加上国企改革、大气污染防治、产业转型与升级，石家庄逐渐失去经济优势。如图 3-10 所示，2004 年，唐山 GDP 首次赶超石家庄，此后就保持领先优势，到 2022 年，石家庄 GDP 仅为唐山的八成左右。

放眼全国，石家庄在全国仅位居 35～40 名左右，整体经济实力与山东潍坊、浙江绍兴、江苏盐城等普通地级市相当，在省会城市中位列第 16 名，与南昌整体实力相当，而周边的郑州、济南等省会早已跻身"万亿俱乐部"。

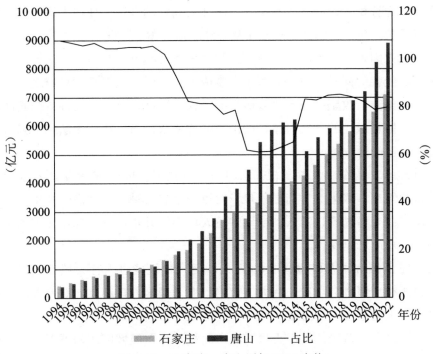

图 3-10　石家庄、唐山历年 GDP 走势

注：唐山GDP数据尚未经普查调整。

资料来源：各地统计年鉴。

　　同时，石家庄还是全国省会城市经济首位度最低的城市之一。2022 年，石家庄 GDP 占全省比重为 16.8%，仅高于呼和浩特、南京、济南三地，远低于成都、武汉、西安等传统强省会。其中，内蒙古的鄂尔多斯、包头等资源型城市实力强劲，省会不占优势；江苏、山东均为多中心模式的经济大省，江苏 13 个地级市全部跻身百强市，而山东也坐拥多个经济大市，省会首位度低可以理解。

　　相比来看，河北并非经济强省，省内也并非经济强市林立的格局。省会首位度之低，与石家庄近年来发展缓慢不无关系。数据显示，2000—2022 年，石家庄 GDP 仅增长 6.4 倍，而同省的唐山增长了 8.7 倍，北京、天津分别增长 11.7 倍、9.2 倍，邻省的郑州则增长了 16.7 倍，作为网红城市的合肥更是增长了 23.6 倍。

　　石家庄的经济发展为何变慢了？一个原因是，在"八纵八横"的高铁时代，石家庄失去了"火车拉来的城市"这一基础优势。"普铁"时代，京广铁路与正太铁路交叉而过，奠定了石家庄作为华北地区铁路枢纽的地位。然而，高铁网络的迅速普及带来了铁路枢纽的大洗牌，当在"普铁"时代极其边缘化的合肥都已形成"米"字形高铁网时，石家庄却只有为数不多的几条线路。作为八纵之一的京昆通道，经行雄安，绕开了石家庄。而郑太高铁的开通，使得太原能够直接经过郑州直通长三角、大湾区，石家庄从必经之地变得边缘化。

另一个原因是，石家庄的支柱产业整体偏重，钢铁、热电、化工、水泥等产业带来巨大能耗的同时，也让石家庄一度成为大气污染最严重的城市之一。无论是在大气污染防治攻坚战还是"双碳"的时代浪潮中，这些产业都首当其冲，成了去产能、能耗双控的首要对象。而由于区位所限，石家庄还无法利用强省会战略来提升自己的地位。

同时，河北是人口大省，石家庄却非人口强市。早在 2019 年，石家庄就率先取消落户限制，成为"零门槛落户"的第一个省会城市。然而，几年过去了，零门槛落户并未带动人口流入，当地常住人口连续几年停滞不前，楼市也未能借助零门槛落户而迅速反弹。

石家庄虽然常住人口超过 1100 万人，但一直没能进入特大城市之列。根据我国城市规模层级划分标准，特大城市的门槛是城区人口超过 500 万人，而石家庄城区一直未能迈过这一门槛。

石家庄之所以落选，是因为虽然城市面积不小，但城区面积不大。石家庄下辖 8 区、13 县（市），堪称行政区划最多的省会之一。下辖县域过多，大量县域与乡村人口的存在，拉低了城区人口的体量，导致石家庄城市能级迟迟难以提升。面对这一局面，有市民建议："通过行政区划调整改变石家庄市辖县过多、行政管理相对落后的局面。"对此，有关部门回应称："将加强与国家、省有关部门的沟通联系，按照有关政策规定，稳慎有序地推进我市区划调整工作。"

事实上，省会通过撤县设区扩大城市规模，一直是做大强省会的必由之路。但近年来，随着政策调整，有关方面从此前的鼓励撤县设区，转向"慎重从严把握撤县（市）改区；严控省会城市规模扩张，确需调整的要严格程序、充分论证"的稳重表态。这无疑加大了省会城市扩张的难度，石家庄能否借助行政区划调整迅速提升城市能级，有待观察。

■ 影响力最弱的省会

作为省会，石家庄的"势力范围"并不大。

数百年来，河北作为拱卫京畿的角色而存在，形成相对独特的空间格局。熟悉河北地理格局的人都知道，偌大的河北被京津切割成了 4 个板块，冀南冀北遥遥相望，冀中与冀东中间隔着京津。而在京津包围之下，在北京通州隔壁还有一处类似于"飞地"的区域，即隶属于廊坊的大名鼎鼎的三河、香河、大厂"北三县"。

立足于河北一省，石家庄是独一无二的省会。但置于京津冀城市群，北京是独一无二的核心城市，天津与北京发挥"双城记"，石家庄只是与唐山、保定并列的区域性中心城市。从行政级别上看，北京是首都，天津是直辖市，石家庄只是地级市，在行政级别上与两城存在巨大悬殊。

更不用说，一个北京的经济总量就与河北全省相当，而天津的经济规模也超过了石家庄的2倍，京津冀三地之间存在一定的"断崖式"差距。从人均GDP来看，石家庄与京津的差距显得更为直观，如图3-11所示，2022年，石家庄人均GDP仅为6.33万元，低于全国平均水平，而天津为11.9万元，北京超过18万元。石家庄人均GDP不到天津的一半，不及北京的1/3。

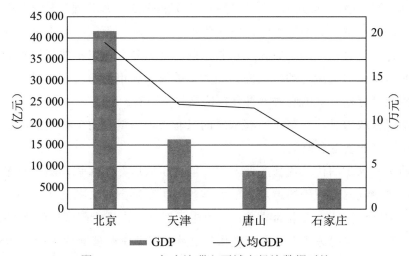

图 3-11 2022 年京津冀主要城市经济数据对比

资料来源：各地统计公报。

2017 年成立的雄安新区，为这一格局平添了新的变数。雄安新区被誉为千年大计，承担着疏解北京非首都功能及打造新的增长极的多重重任。在北京相关规划中，雄安新区与通州副中心共同作为北京的"两翼"而存在。目前，雄安新区建设已初见雏形，而在京央企总部、高校、医院等向雄安新区迁移的大幕已经拉开。一旦雄安新区发展壮大，将成为河北不亚于省会石家庄的一股力量。

考虑到城市能级、经济实力和地理环境的不同，河北各大地级市纷纷向京津靠拢，或自成体系，就不难理解了。这一格局，在《河北省国土空间规划（2021—2035 年）》中也有所体现。根据规划，河北总体空间格局为"两圈两翼、三带四区、多点支撑、南北生态"。所谓"两圈"，指的是首都圈和省会圈，"两翼"指的是雄安新区和张北新区，"三带"为沿海、京廊雄保石邯、张京唐秦，"四区"

则是环京津核心功能区、沿海率先发展区、冀中南拓展区、冀西北生态涵养区，而廊坊的环京北三县更要与通州形成一体化发展。

不难看出，石家庄作为省会所能影响的只是省会都市圈内为数不多的几个城市，辐射范围局限于冀中南地区，包括邢台、衡水、保定部分县市。即使如此，石家庄都市圈还面临以郑州为中心的中原城市群的竞争，在 2016 年发布的《中原城市群发展规划》中，河北邢台、邯郸被纳入其中，且与石家庄都市圈多有重合之处。虽然郑州未必真的能辐射到河北，但这足以说明石家庄的尴尬之处。

■ 弱省会的反击

重回全国 30 强，这是石家庄的野心。打造强省会，或许是突围之路。

然而，与南京、济南等处于经济大省的"弱省会"不同，与南昌、太原等省内一城独大的省会也不同，石家庄在省内既非一城独大，也不像其他省会一样对于全省具有全面的支配力和影响力。当大多数兄弟城市纷纷向京津靠拢之时，石家庄指望通过行政力量迅速做大省会首位度并不现实。

排除了行政力量，石家庄能够依靠的只有市场力量，而生物医药、新一代信息技术两大产业被寄予厚望。

医药是石家庄的传统优势产业。"万能青年旅店"在《杀死那个石家庄人》中唱道："傍晚六点下班换掉药厂的衣裳，妻子在熬粥我去喝几瓶啤酒……走在二环边，空气中都是青霉素的味道。"道出了石家庄作为"药都"的历史荣光。

有"新中国现代医药工业奠基之作"之称的华北制药就诞生于此，1958 年，华北制药第一批青霉素正式上市之后，彻底结束了中国青霉素依赖进口的历史。改革开放后，石家庄医药产业不断发展壮大，聚集了以华药、石药、神威、以岭、科迪为代表的龙头企业。2002 年，石家庄医药产业实现产值 200 亿元，占全国医药工业总产值的 6.86%，综合实力仅次于上海。2005 年，石家庄成为我国首批获准设立的三大国家生物产业基地之一。

然而，在新一轮产业技术变革和区域生物医药产业布局中，底蕴深厚的石家庄未能快行一步。2010 年，石家庄医药业主营业务收入为 502 亿元，2020 年增长到 617 亿元，10 年间仅增长 22%。与此同时，上海医药产业总产值在 2020 年和 2021 年连续突破 6000 亿元、7000 亿元大关，而山东、江苏、广东、浙江等地的医药产业也后来居上。根据规划，石家庄医药产业最快要到 2025 年前后才能迈过千亿元大关。

这背后，未能抓住新一轮生物医药产业变革机遇，未能在生物疫苗、创新药等方面实现突破，传统药企多数集中于原料药、仿制药制造环节，创新能力不足，再加上大气污染防治、环保限产的压力，以及人才外流、产业外迁、创新基金不足等因素，导致石家庄医药产业未能乘势而上。

可以说，医药产业如何从大变强，是石家庄面临的最大问题。

与医药相比，新一代信息技术几乎是所有城市必争之产业。然而，当成都电子新产业总产值突破万亿元，合肥借助京东方、联宝、长鑫存储等龙头企业展开全面布局，郑州借助富士康实现从无到有的突破，石家庄在电子信息产业上有哪些突出优势？

石家庄虽然高等教育不算发达，但也聚集了一批行业顶尖机构和一流企业。以中国电科13所、54所、中电六所等为代表的优势企业，是石家庄着力发展新一代电子信息技术核心部件和重大产品的底气。而海康威视、中瓷电子、普兴电子等企业的落地，让石家庄一些细分领域获得了充分的竞争力。

除生物医药、新一代信息技术之外，石家庄还重点培育了现代食品、商贸物流、装备制造三大准千亿级产业。如果未来这五大产业都能迅速迈入千亿级，那么石家庄的经济总量、首位度和影响力必然得到显著提升。当然，现在一切还只是开始。

唐山：京津冀之后，再无"京津唐"

曾几何时，"京津唐"这个说法悄然淡出公众的视野。

二三十年前，京津唐作为四大工业基地之一进入教科书，许多人只知河北唐山而不知省会石家庄。如今，说起唐山，留给人的只有几个相对宏大而模糊的认知：一个是当年的唐山大地震，震后唐山人坚韧不拔、积极重建的精神令人动容；另一个是钢城的定位，唐山一个地级市的钢铁产量，放在世界能排在第二，远超美国、日本等工业大国。此外，唐山2022年曾因疫情防控等事件备受瞩目。似乎只有负面新闻才能带来存在感，这不能不说是城市发展的遗憾。

唐山怎么了？

■ 从京津唐到京津冀

20世纪八九十年代，唐山是与京津齐名的存在。

当时，京津唐与辽中南、沪宁杭、珠三角共同作为我国四大工业基地而存在，这个说法见诸大学与中学的教科书，为许多"80后""90后"群体所熟知。唐山是我国近代工业的摇篮，中国第一座机械化采煤矿井、第一条标准轨距铁路、第一台蒸汽机车……均诞生于此。这里煤炭储量丰富，钢铁产业发达，在工业上与京津并列并不让人意外。

时隔多年，与东北衰落导致辽中南工业基地"出场率"越来越低一样，"京津唐"也越来越少被提及，唐山作为华北地区重要中心城市的地位也不复存在。2015年，京津冀协同发展规划正式出炉，自此，京津冀取代京津唐，成为备受瞩目的概念之一。这从百度搜索指数可见一斑，如图3-12所示，2014年之前，京津唐的搜索频次明显高过京津冀；从2014年开始，京津冀开始成为热门概念，搜索指数逐步赶超京津唐；2015年之后，京津冀搜索指数呈现"井喷"上涨之势，平均搜索指数相当于京津唐的20倍以上；2020年之后，京津冀的热度依旧维持在高位，而京津唐的搜索指数越来越低。

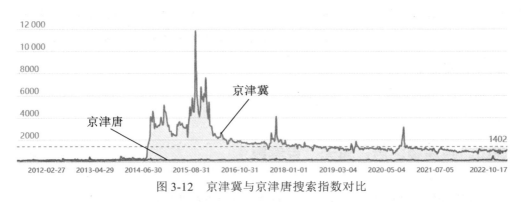

图3-12　京津冀与京津唐搜索指数对比

资料来源：百度指数。

京津冀取代京津港，是区域发展格局的重大变迁。与京津唐单纯作为工业基地相比，京津冀则是与长三角、粤港澳大湾区齐名的世界级城市群，覆盖范围更广、定位更高、发展空间更大。如果说在工业时代，唐山的地位相对突出，那么在城市群时代，唐山只是区域性中心城市之一。根据2015年发布的《京津冀协同发展规划纲要》，北京作为"一核"而存在，天津与北京是"双城"，唐山只是与石家庄、保定、邯郸等共同作为节点性的区域性中心城市而存在。在产业方面，原本的京津唐工业带也被京津、京保石、京唐秦三个产业带取代。

这次规划也是对京津冀三地定位的重新梳理。北京最新的定位是全国政治中心、文化中心、对外交往中心和科技创新中心，突出其高端服务业的带动作用，工业城市的属性不复存在；天津则被定位为全国先进制造研发基地、北方国际航运核心区，作为北方制造业和航运枢纽的地位更为清晰。与此同时，河北则被整体定位为全国现代商贸物流重要基地、产业转型升级试验区、新型城镇化与城乡统筹示范区、京津冀生态环境支撑区，这一方面凸显了河北作为首都"护城河"的地位，服务于北京是其职能之一，因此在大气污染防治、能耗双控等方面必然要成为急先锋；另一方面则重新定位了河北的工业功能，以钢铁为支柱的产业体系面临转型，港口则要向现代化的物流基地转向。

置身其中的唐山，也从当初的副中心城市变成了一个以工业为主的区域城市。如果再考虑到雄安新区的横空出世，作为千年大计，雄安新区成为北京疏解非首都功能的主要承载区，一众在京央企总部、大学、医院及相关产业逐步迁移至此。雄安新区地位的抬升，势必影响到唐山在整个区域中的存在，也对唐山着力打造的曹妃甸带来直接而长远的挑战。

关键的是，虽然唐山是京津冀地区毫无疑义的第三城，且不乏河北经济第一大市的显赫身份，但与京津相比，唐山的经济实力存在明显差距。从经济总量来看，2022 年，北京 GDP 突破 4 万亿元，天津超过 1.6 万亿元，而唐山离万亿俱乐部仍有距离，仅为天津的一半多、北京的 1/5（见图 3-11）。从人均数据来看，唐山人均 GDP 为 11.5 万元，与京津两地同样存在一定差距。再从产业来看，唐山虽是河北经济第一大市，但唐山以钢铁产业为主，而北京高新科技产业相对发达，天津工业门类较为齐全，京津两地对周边均有一定带动作用，而唐山只能局限于自身的发展。

所以，经济实力如此悬殊，唐山难以担起第三城之位，京津唐的说法成了传说也就不令人意外了。

■ 全球第一钢城

"世界钢铁产量第一是中国，第二是河北，第三是唐山。"

这段话道出了过去唐山及河北经济飞速发展的最大助推者，也道出了近年来经济放缓的主要症结所在。得益于丰富的煤炭、铁矿等资源，加上港口及铁路优势，唐山乃至河北有了做大钢铁产业的先天优势。然而，一钢独大，既造就了重工业时代包括唐山在内的河北的崛起，也让其在大气污染防治、碳达峰碳中和以及产业转型升级的三重压力下备受冲击。

没错，河北是中国钢铁第一大省，唐山是全国钢铁第一大市。如图 3-13 所示，2022 年，全国粗钢产量 10.13 亿吨，占据全球半壁江山，而河北一省就高达 2.12

亿吨,占全国的22%左右。同期,唐山粗钢产量为1.24亿吨,占河北的半壁江山,相当于全国的1/8强。要知道,作为钢铁产量第二大省的江苏,全年粗钢产量仅为1.16亿吨,一个省不及唐山一个市。不仅江苏粗钢产量不及唐山,世界上几乎所有国家的钢铁产量,都没有唐山一个市高。作为世界钢铁产量第二高的印度,2022年粗钢产量为1.24亿吨,与唐山一市几乎相等。而分别位居第三、第四的日本、美国粗钢产量均不到1亿吨,仅为唐山市的七成左右。

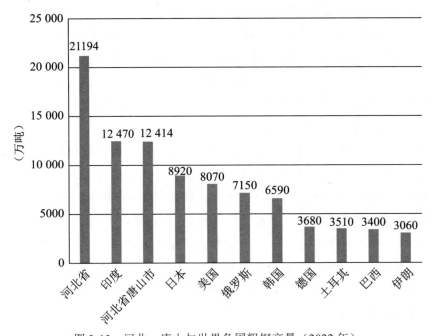

图3-13 河北、唐山与世界各国粗钢产量(2022年)

资料来源:国家统计局、Worldsteel(世界钢铁协会)。

换言之,单拿一个唐山市出来,钢铁产量就能碾压几乎所有国家。这还不是唐山的巅峰时刻。近年来,由于环保限产加上产能过剩等因素,唐山及河北的钢铁产能已经出现明显收缩。高峰时期,河北钢铁产量在全国的占比超过25.5%,而唐山占全国比重高达14%。

钢铁产业规模之大,导致了唐山整体产业过重,过度依赖钢铁,也让唐山经济转型遇阻。2022年,唐山钢铁产业增加值超过2500亿元,占工业增加值的55.2%,占全市GDP的30%左右(见图3-14)。除钢铁之外,唐山只有依托港口的物流产业相对发达,占GDP比重为17.8%,其他优势产业如高端设备、绿色化工、绿色建材等合计占比仅为11.5%。至于在新兴产业方面,唐山正在着力打造的节能环保、现代应急装备、生命健康等新兴产业，合计占 GDP 比重还不到 9%。

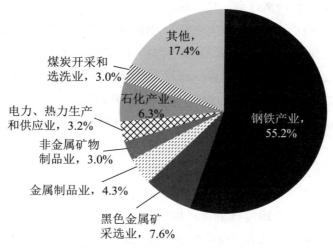

图 3-14　唐山主要工业产业结构

资料来源：唐山统计摘要（2022）。

2020 年以来，在全球"大放水"、疫情冲击、俄乌冲突，加上环保限产等带来的影响之下，全球大宗商品价格暴涨，由此带动钢铁产业狂飙式上涨，唐山经济借此绝地反弹，经济增速一度位居京津冀地区所有城市之首。然而，这种局面不可能长期持续，钢铁产业迟早都要面临碳中和碳达峰、产能过剩等长期趋势的考验，未来唐山经济势必面临转型的阵痛。

无论是早前的节能减排，还是后来的大气污染防治攻坚战，抑或此后的能耗双控，以及未来的碳达峰、碳中和，钢铁产业都是首当其冲。数据显示，我国钢铁行业年碳排放量为 18 亿吨，占工业碳排放的 20%、全国碳排放总量的 15%，是所有制造业门类中碳排放量最大的。

同时，中国钢铁产能占全球一半以上，增长空间极其有限。随着基建、房地产投资增速开始放缓，钢铁产能过剩的矛盾将日益突出。同时，我国虽然是钢铁冶炼大国，但作为原材料的铁矿石长期依赖于进口，近几年，我国铁矿石对外依存度一直保持在 80% 以上，铁矿石一旦被"卡脖子"，钢铁产业势必受到影响。为此，从 2016 年开始，国家有关部委就逐步明确，严禁新增钢铁产能，严防已化解过剩产能复产，大力推进绿色低碳转型，落实碳达峰实施方案。

近年来，唐山及河北钢铁产量开始逐步下滑。唐山在 2018 年提出要淘汰1000 立方米以下高炉、100 吨以下转炉和 180 立方米以下烧结机的要求，2022 年底相关高炉、转炉全面关停。在此期间，以国丰钢铁、金马钢铁为代表的多家企业或关停或转产，钢铁产业迎来空前大洗牌。

当然，化解钢铁产能过剩，对于城市钢铁产业并非全部都是负面影响。毕竟，限制钢铁产能，核心在于遏制无序扩张、淘汰落后产能，而对于先进产能，不仅不会限制，反而在提倡乃至鼓励之列。同时，国家有关部委明确，鼓励行业龙头企业实施兼并重组，打造若干世界一流超大型钢铁企业集团。依托行业优势企业，在不锈钢、特殊钢、无缝钢管、铸管等领域分别培育 1 ~ 2 家专业化领航企业。这对于以唐山为代表的钢铁大城，未尝不是产业转型升级的机会。

■ 曹妃甸的教训

这些年唐山并非没有布局转型。其中，最大的动作当属如今已经沉寂的举全城之力打造的曹妃甸。2010 年前后，唐山曹妃甸是与天津滨海新区、广州南沙新区齐名的存在，寄托着城市晋级的希望，风头之盛一度赶上了天津滨海新区。

早在 2003 年，借助北京首钢搬迁至唐山的机会，曹妃甸开发被提上日程，并且作为河北一号工程而备受瞩目。当地试图将曹妃甸打造成集大码头、大钢铁、大化工、大电力四大产业于一体的经济重镇，规划人口规模超过 100 万人。2008年以来，借助 4 万亿元大投资，唐山开启了声势浩大的"造城运动"，曹妃甸的吹沙填海工程为当时全国之最，整个曹妃甸遍地都是工地，这也让当地获得了"全国最大单体工地"的称号。

然而，过度超前开发，产业引进不及预期，大批在建项目一度陷入烂尾风险，2014 年前后，曹妃甸一度被媒体称为"鬼城"。2018 年，在生态优先的理念影响下，我国取消围填海地方年度计划指标，地方不再审批新增围填海项目，除国家重大战略项目外，全面停止新增围填海项目审批。随后，唐山曹妃甸区对 21.35 平方公里的围海区域进行了拆除，黄骅港散货港区液化天然气（LNG）码头工程等多个项目停止办理用海手续，严防落后产能和污染企业向沿海地区转移……

近年来，在京津冀协同发展的助力下，曹妃甸恢复活力，大批首都工业项目转移至此。数据显示，自 2014 年以来，曹妃甸区累计实施亿元以上京津项目 268个，总投资 2917.2 亿元。其中，北京项目 234 个，总投资 2838.14 亿元；天津项目 34 个，总投资 78.96 亿元。

此外，自由贸易区、综合保税区、综合试验区、经济开发区等多个国家级金字招牌纷至沓来，让曹妃甸获得更多政策垂顾。与此同时，全球港口贸易格局发生变化，曹妃甸港作为北方重要的能源、原材料大港的地位日益突出。

虽然曹妃甸重回经济增长主轨道，但当初的宏大规划早已成了明日黄花。从经济来看，从 2012 年到 2022 年曹妃甸 GDP 从 356 亿元增长到 1010.3 亿元，增长 1.84 倍；而同期广州南沙区 GDP 从 785 亿增长到 2252.6 亿元；天津滨海新区则突破 6000 亿元大关，成为仅次于上海浦东新区的第二大国家级新区。从人口来看，根据第七次全国人口普查数据，2020 年唐山曹妃甸区常住人口为 35 万人，离百万人口大关依旧遥远，这其中一部分常住人口还得益于华北理工大学、华北理工大学冀唐学院、唐山工业职业技术学院、北京曹妃甸国际职教城等多所高校在校大中专学生的贡献。

曹妃甸发展面临的困局，一方面，源于铺大摊子的超前建设，而产业配套未能随之跟上，这也是全国诸多地区造城运动的通病；另一方面，雄安新区的横空出世，不仅直接取代曹妃甸成为河北最大的热点区域，也成了北京央企总部、大学以及部分重要产业外迁的主要目的地，对北京疏解资源形成了分流。这种背景下，连曾经背靠大投资、大项目的天津都不免受到影响，更不用说只是作为区域中心城市的唐山了。

■ 唐山的第二张王牌

港口是唐山除钢铁之外的第二张"王牌"。

2022 年，唐山港货物吞吐量高达 7.7 亿吨，超过广州、深圳、天津等港口，位居全国第二，仅次于宁波舟山港（见"上海篇"表 1-1）。可以说，唐山港已经超越天津港，成为北方第一大港，这也是唐山除钢铁之外的最大的亮点。不过，如果看含金量更高的集装箱吞吐量，唐山港则位于中下游。从集装箱吞吐量来看，2022 年，上海以 4730 万标准箱的规模位居全国第一，天津港以 2102 万标准箱的规模位居全国第六。与之对比，唐山港集装箱吞吐量仅为 334 万标准箱，位居内地第 17 位，吞吐量不到天津的 1/6。

这与唐山港的主要货物贸易结构有关。唐山港是典型的干散货运输为主的港口，以煤炭、铁矿石、石油、天然气及制品、钢铁等为主要对象。唐山港曹妃甸港区是我国华北地区、西北地区、东北地区乃至蒙古国煤炭贸易的主要出海口。然而，这些大宗商品固然容易抬升港口贸易的"吨位量"，但与以机电、汽车等为主要对象的集装箱港口对比，无论是附加值、含金量还是产业带动力都相对不足。集装箱港口更多依赖周边的经济腹地，腹地越广阔，产业越发达，港口就越繁荣，如广州港、深圳港。而以干散货运输为主的港口，由于门槛较低，竞争更为激烈，且容易受到经济形势和能源结构调整的影响。

衡量一个港口的竞争力，除了要看其规模之外，还要看产业腹地、港城互动、综合贸易体系是否完善。上海之所以能成为国际航运中心，不仅因为坐拥上海港这一中国第一大港，更在于背靠整个长三角这一经济腹地，且围绕着港口形成了高新产业集聚的临港经济区，同时形成了集航运金融、贸易、保险、法律等于一体的综合枢纽。

相比而言，唐山港目前还只是在规模上做到了极致，更多只是一个港口，难言航运中心。正如当地官方媒体直言不讳指出的："唐山港货种以铁矿石、煤炭、钢材等大宗原材料散货为主，还属于大进大出的流量经济，仅起到货运、中转和接卸的物流通道作用，通过型货物多，落地增值服务少。"

唐山港面临的第二个问题是，环渤海地区港口众多，存在同质化竞争现象。在渤海湾，分布着天津港、唐山港、青岛港、烟台港、营口港、大连港等众多港口，彼此之间存在重复建设、结构性产能过剩等问题。

唐山港面临的第三个问题是，干散货运输为主，集装箱贸易占比较少。当然，这与河北整体以重工业为主的产业结构息息相关。但能否成为综合贸易大港，决定了唐山港的"天花板"有多高。

所以，如何借助世界第三大货运港，打造综合贸易大港，拓展唐山的产业腹地，助力临港经济和海洋经济腾飞，是唐山城市晋级的关键。

雄安新区：央企总部外迁，再造一个"新北京"

从"一张白纸"造出一座城，需要多长时间？

北京从幽州到大都，从明清两朝的京城到如今的首都，历经上千年之久；上海自开埠到成为远东第一大都市，历经将近100年时间；最年轻的一线城市深圳，从小渔村到变身国际大都市，也用了40多年时间。

如今，有了"基建狂魔"的加持，从荒无一人的郊野到高楼林立的都市，或许只需几年时间。但要造一座与众不同的未来之城，造一座承载着千年大计的超级城市，尤其是在北京100多公里之外的河北再造一个"新北京"，更是不容易，也不是短短几年时间就能见效的。

然而，这是一步必行之棋。雄安新区，关乎河北的未来，关乎京津冀的协同发展，更关乎南北经济的平衡。

如今，一切才刚刚开始。

■ 央企总部外迁，谁是最大的受益者？

央企外迁的大幕正在徐徐拉开。

2020 年以来，中国长江三峡集团、中国电子信息产业集团、中国船舶集团总部、华能集团先后从北京搬离，而新组建的中国稀土集团、中国电气装备集团、中国星网集团、中国中化控股、中国矿产集团等也将总部设在了北京之外，未来还有更多央企总部向外迁移。

目前，我国共有120多家央企，其中包括98家国资委出资管理企业（见表3-7），26家中央金融企业，烟草、铁路、邮政 3 家行政类央企，出版等多家文化类央企。一般而言，社会将国资委监督管理的央企，视为承担主要经营功能的产业类央企，覆盖核电、军工、航空航天、石化、电力、能源、电信、汽车制造等领域，其中51 家为副部级企业。

表 3-7 央企总部分布情况

城 市	数 量	代 表 企 业
北京	69	中石油、中石化、中国移动、中核、国家电网、中国中铁等
上海	7	中国船舶、宝武钢铁、中远海运、东方航空、中国商飞、中国电气装备、交通银行
雄安新区	4	中国星网、中国中化、中国华能、中国矿产资源集团
深圳	3	中国电子、中广核、华侨城
武汉	3	三峡集团、东风汽车、中国信科
香港	3	招商局、华润、中旅集团
广州	2	南方电网、南方航空
长春	1	中国一汽
哈尔滨	1	哈电集团
齐齐哈尔	1	中国一重
鞍山	1	鞍钢集团
大连	1	华录
成都	1	东方电气
赣州	1	中国稀土集团
澳门	1	南光集团

资料来源：国资委官网 2022年央企名录

这些央企总部绝大多数位于北京，既有计划时期历史因素遗留的结果，也不乏北京作为首都的独特吸引力所致。由于计划经济时代国有企业占据主导局面，行政支配能力越大的地方，聚集的国有企业总部就越多，而作为首都，北京自然是中央企业总部的首选地。同时，在进一步深化改革之前，一些机构施行的是"政企合一"体制，一些石油、化工、航天、船舶、核工业领域的大型企业，原本就是由国家产业部局改制而来，而这些机构原本就集中在北京，央企总部就顺理成章留在了北京。我们熟悉的三大运营商、"三桶油"、四大国有银行以及国铁等100余家央企总部都设在北京。这些央企总部的存在，也让北京成为世界500强企业最多的城市，其数量之多，超过了上海、广州、深圳、香港、台北等城市的总和。

央企总部为何要搬离北京？

这首先得益于北京的定位之变。根据《北京城市总体规划（2016—2035年）》，北京的定位是全国政治中心、文化中心、国际交往中心、科技创新中心。可见，北京一改过去集政治、经济、文化乃至工业基地于一身的"全能"模式，开始专注于大国首都的主要功能。立足于这一定位，北京开启了对非首都功能的疏解：不仅一般制造业、批发市场、物流市场等被疏解到周边地区，就连市级机关35个部门共1.2万人也已搬入位于通州的城市副中心，北京实现了"都"与"城"的分离。

这两步完成之后，就轮到在京部委所属高校、医院和央企总部了。截至2022年，北京交通大学、中国地质大学（北京）、北京科技大学和北京林业大学宣布到雄安建立新校区，协和、宣武医院两所三甲医院宣布在雄安新区设立院区，中国星网、中国中化、中国华能3家央企总部在雄安新区启动建设，中国矿产资源集团注册落地雄安，中国中铁产业首个产业集群落地雄安，非首都资源疏解取得空前突破。

大量资源集聚在北京，固然增强了北京的综合实力，但会带来一系列"大城市病"，且不利于全国的均衡发展。就此而言，央企总部外迁，也有区域平衡发展的用意。

央企总部外迁，哪些城市最受益？

根据已经完成外迁的企业来看，一些央企选择回归了产业主营地，如三峡集团总部落户武汉，中国电子信息产业集团落户深圳，中国稀土集团落户江西赣州，都是如此。三峡集团的主要业务在湖北，过去总部也长期位于湖北；而深圳是我国最大的电子信息产业基地，赣州是我国中重稀土的主产地，向来有"世界稀土看中国，中国稀土看赣州"之说。

一部分央企总部选择向产业发达、国际化程度较高的高能级城市转移。如中国船舶、中国电气落户上海，就是看到了上海作为国际航运中心和国际门户枢纽等优势。中国电气装备集团选择上海，一个考虑是产业集聚，长三角地区是我国装备制造业发展的高地，区域内发电、输电、配电全产业链企业分布多，产业链从原材料到基础零部件再到成套解决方案产业链、供应链完善；另一个是国际化转型的需要，正如相关负责人所指出的："虽然目前中国输配电产业在国内很强，但是国际竞争力还是有短板、有弱项，重组整合的目的，就是要提高国际化竞争能力。"

当然，大量央企将目光投向了雄安新区，这才是北京疏解非首都功能的最大承载地。

作为千年大计，雄安新区本身就是因首都而生。承接北京非首都功能，是雄安新区的首要任务，也是雄安新区实现突破性发展的重要抓手。北京"十四五"规划明确提出，北京将主动支持雄安新区建设，推动非首都功能向雄安新区转移，支持部分中央在京行政事业单位、总部企业、高等学校等向雄安新区有序转移。2021年，京津冀协同发展领导小组办公室有关负责人在接受采访时表示，将以在京部委所属高校、医院和央企总部为重点，分期分批推动相关非首都功能向雄安新区疏解。

事实上，就在雄安新区成立当年，就有一份包括87家央企总部的迁移名单在网络上流传。然而，时隔4年之后，雄安才正式迎来了第一批搬离北京的央企总部。这凸显了央企总部外迁涉及利益之复杂，推动之艰难。与央企总部相比，在京部属高校、医院的搬迁恐怕更不容易，如果没有相对完善的基础设施、可预期的发展前景以及行政层面的强力推动，这些高端要素向雄安新区的转移，可能需要几年乃至十多年的时间。

如今，第一步已经迈出，央企总部加速离京的浪潮席卷而来。一旦推进有力，在不远的将来，雄安有望成为北京之外，与上海等地分庭抗礼的第二大央企总部所在地。

■　央企总部外迁，能带来什么？

央企总部，听起来很"高大上"，但能带来多大的利好？

众所周知，央企业务分布在全国各地乃至海外，一个职工总数高达十多万人的大型央企，总部人员可能只有几百人。近年来，经过多轮央企改革及机构编制改革，央企总部编制人员得到进一步精简，相比高峰时期减少了20%以上。据国资委 2020 年透露的数据，央企总部平均部门数量由 17 个降到 14 个，平均人员编制由 366 人降到 289 人。

所以，即使几十家央企总部都转移到雄安，所能带来的机构人员顶多也只有几千人。如果这些人员家属都从北京迁移到雄安，整体上也只有几万人的规模。对于一个规划人口上百万人乃至数百万人的城市来说，可谓九牛一毛，对迁入地所能带动的就业及消费可以忽略不计。事实上，这一点也成了数年前央企外迁争议的一环，既然央企总部人员不是想象中的那么臃肿，迁走几千人乃至上万人对于疏解非首都功能，能有多大作用？

显然，这是只窥一角不见全豹的看法。熟悉总部经济的人都知道，无论是央企总部还是民企总部，从来不只是一栋总部大楼或几百名编制人员那么简单，在庞大的产业背后，必然有与之相关的上下游产业链企业汇聚于此，带动一个产业链的崛起。

与其他大型总部企业相比，央企拥有企业和事业单位的双重属性，在关键领域有着举足轻重的影响力和支配力。前些年，出于"跑部钱进"的考虑，几乎每个地市都在北京设立了"驻京办"，后来虽屡经整顿，仍有小部分"驻京办"以各种各样的形式保存了下来。央企总部也是如此，尤其是掌握了关键资源的产业类央企，对中下游中小企业的影响力可想而知。比如，2022 年底宣布在雄安新区疏解产业集群的中国中铁，虽然总部并未迁移，但旗下多家二三级公司搬迁，带动 4000 余名技术专家在此工作、生活，开启了央企以产业集群方式疏解落户的新模式。

同时，总部经济还会带来显著的税收效应。在北京、上海、广州、深圳等一线城市，一栋聚集了多家总部企业的大楼，一年的总税收额或许超过几十家乃至上百家专业市场的税收总额。在深圳福田区，年税收超过 1 亿元的写字楼就达 80 多座，广州珠江新城 CBD（中央商务区）也有 60 多幢。且不说企业总部本身就能带来一定的个人所得税、房产税、契税等税赋，总部合并地方而来的增值税、企业所得税等大头也有一部分留给了地方，这就给总部经济发达的城市带来了不菲的税收贡献。

不过，央企的分税制与市场化企业有一定的不同之处。在主要税收中，消费税为固定的中央税，无论是央企还是民企，均是 100% 划归中央。而企业所得税中，除邮政企业、铁路运输企业、银行、海洋石油天然气企业等需要 100% 上缴中央外，其他央企的企业所得税多数由中央与地方分成。至于增值税、个人所得税等税种，一般是按照分税制，在中央与地方之间进行分成。所以，央企总部落户能带来的税收效应可想而知。

可见，无论是基于行政逻辑还是基于市场逻辑，央企总部外迁之后，必然有大量企业随之迁移，带给迁入地的就不只是一家企业、几百人，而是整个产业链，数千人乃至上万人的就业市场，这正是总部经济的经济效应所在。

■ 超越深圳、浦东的可能性有多大？

央企总部外迁，有助于改变雄安在起步之初只有高楼不见产业的局面。未来，随着大量高校、医院、金融机构、行政事业单位向雄安外迁，雄安的城市面貌和功能将日益完善，一个矗立在北京之外又承载着大量北京功能的"新北京"初见雏形。

不过，即使这些机构全部外迁，雄安新区离真正的"新北京"仍有相当长的距离，只是迈出了"千年大计"宏大目标的一步。毕竟，央企、高校、医院乃至金融机构等的迁移只有"输血"之效，能为雄安新区打下良好的基础，但雄安新区能否上新的台阶，关键还在于自身的"造血"功能，能否借此打造出一流的现代产业体系。

许多人将雄安新区与深圳经济特区、上海浦东新区进行对比，后两者都借助特殊战略定位完成了举世瞩目的大跨越，从而为区域经济带来新的增长极，也成为我国改革开放的重要标志。

与深圳经济特区毗邻香港、上海浦东新区背靠长三角一样，雄安新区从一诞生就得地利之便，不仅是北京疏解非首都功能的主要承载地，也与通州副中心共同构成北京新的"两翼"。雄安地处华北腹地，与北京、天津构成一个等边三角形，距离北京、天津均约105公里，形成掎角之势。不仅如此，雄安还是未来华北地区的新交通枢纽，在《现代综合交通枢纽体系"十四五"发展规划》中，雄安被定位为全国性综合交通枢纽城市，这一枢纽涵盖了"四纵两横"高速铁路网、"四纵三横"高速公路网，且是京津冀—粤港澳主轴、京津冀—成渝主轴的重要节点。目前，京雄城际已正式开通运营，雄安到北京大兴机场最快只要19分钟，到北京市中心只要50分钟，雄安开始融入北京"1小时交通圈"。

雄安新区的区位优势不差，政策优势也丝毫不弱于深圳经济特区与上海浦东新区。论重视程度，三者均为顶层设计；论行政规格，三者都是副省级；论规划定位，三者都肩负着一系列探索重任（见表3-8）。

表3-8 深圳经济特区、上海浦东新区与雄安新区情况对比

	设立时间	最新目标定位	战略规划
深圳经济特区	1980	卓越的国际经济特区、国家对外门户开放枢纽、粤港澳大湾区核心引擎、国际科技创新中心、全球海洋城市	建设中国特色社会主义先行示范区

续表

	设立时间	最新目标定位	战 略 规 划
上海浦东新区	1990	改革开放的示范区，上海建设"五个中心"和国际文化大都市的核心承载区，全球科技创新的策源地，世界级旅游度假目的地，彰显卓越全球城市吸引力、创造力、竞争力的标杆区域	打造社会主义现代化建设引领区
雄安新区	2017	北京非首都功能疏解集中承载地，建设成为高水平社会主义现代化城市、京津冀世界级城市群的重要一极、现代化经济体系的新引擎、推动高质量发展的全国样板	国家大事，千年大计

资料来源：《中共中央、国务院关于支持深圳建设中国特色社会主义先行示范区的意见》《中共中央、国务院关于支持浦东新区高水平改革开放打造社会主义现代化建设引领区的意见》《河北雄安新区总体规划（2018—2035年）》。

不同的是，深圳经济特区和上海浦东新区均以"改革"和"开放"为主定位，雄安新区的关键词是"高质量发展"。深圳经济特区和上海浦东新区的崛起，既有行政力量的主动推动，也不乏市场力量的全面参与。深圳经济特区成立的1980年、上海浦东新区大开发的1990年，分别是我国改革开放初露锋芒及行至中途之际，无论是对外开放，还是市场化转型，抑或体制机制改革，都才起步不久，任何一步突破，本身就能带来足够大的增长势能。同时，深圳与上海都是沿海港口城市，本身就处于国际贸易的最前沿，制造业与外贸容易形成双轮驱动，从而带动两大区域的全面崛起。

经过数十年的摸索前行，深圳一众企业在国际上有了相当大的竞争力，甚至成为国际经贸博弈的主阵地之一；上海浦东新区则建设成为集国际金融中心、国际航运中心及人工智能、生物医药、集成电路高新产业于一体的一流国际级新区。以此为对标，未来雄安势必要在产业上形成全新的突破，除央企总部之外，雄安还需要着力打造一系列战略性新兴产业及未来产业。这方面，雄安新区布局了五大高端高新产业，即新一代信息技术、现代生命科学和生物技术、新材料、高端现代服务业、绿色生态农业，这些产业若能取得突破，雄安的发展空间自然不可限量。

当然，雄安新区设立的2017年，我国改革开放即将迈入第40个年头。无论是对外开放还是市场化改革，都已趋于成熟，而全国范围内的经济、产业、人口格局早已成形，要想在内陆地区打造一个新的增长奇迹，并没有那么容易，雄安新区势必需要更长的时间来打造。

正所谓，千年大计，不急于一时。

第四章 ———— 中部崛起，谁执牛耳

武汉：坐拥百万大学生，留住人就是留住未来
郑州：背靠 1 亿人口基本盘，河南能否"打败"越南
长沙：一个让"炒房"客有去无回的城市
南昌：被万亿城市包围，何以摆脱"阿卡林"省会之名
太原：山西煤炭产量全球第一，为何就是富不起来

武汉：坐拥百万大学生，留住人就是留住未来

在全国 600 多个城市中，只有两个地方时常以"大"冠之，一个是大上海，另一个是大武汉。

大江大河大武汉。武汉之大，不只在于地理意义上的大，两江汇流、三镇鼎立、九省通衢、百湖交错的景象，给人以大的想象，更重要的是，武汉曾经一度是仅次于上海的大都会，素有"东方芝加哥"的美誉。

时至今日，武汉还是中部人口最多的省会，是全国大学生数量最多的城市之一。在武汉，1/10 的人都是在校大学生。高学历人才是城市竞争的底牌。谁能抢到更多的劳动力人口，谁能吸引更多的大学生，谁就能在新一轮的产业竞争和城市竞争中抢得先机。

然而，当许多城市以送钱、送房、送户口争抢大学生之际，武汉面临的最大苦恼竟然是如何留住百万大学生。

■ 坐拥百万大学生，为何留不住人？

坐拥百万大学生，这是武汉最大的优势之一。而每年留下的毕业生不到一半，这是武汉最大的尴尬之一。

武汉是我国高校数量和在校大学生最多的城市之一。根据教育部官网提供的数据，截至 2022 年，武汉共有 83 所普通高校，其中本科院校 46 所，仅次于北京，位居全国第二（见图 4-1）。从大学生数量来看，2022 年，包括本专科生及研究生在内，武汉共有 133.3 万名在校大学生，在校本专科生数量和在学研究生数量，双双位居全国第三。如果单看本科生，可以说，武汉是全国大学生最多的城市。

当然，高校数量和大学生数量只能说明教育规模之大，武汉是名副其实的高等教育大城，但是不是教育强城？

没错，武汉也是全国"双一流"大学最多的城市之一，云集了武汉大学、华中科技大学、武汉理工大学、华中师范大学等 7 所"双一流"大学，数量仅次于北京、上海、南京，与广州、西安、成都齐平。在软科世界大学学术排名中，武汉大学与华中科技大学，双双跻身 200 强之列，均位居内地前十。同时，武汉还

集聚了一批重点科研机构，"两院"院士数量位居全国前列。根据2022年统计公报，武汉地区共有科技研究机构97个，国家重点实验室30个，国家级工程技术研究中心19个，拥有中国科学院院士30人，中国工程院院士40人，综合实力位居全国前列。

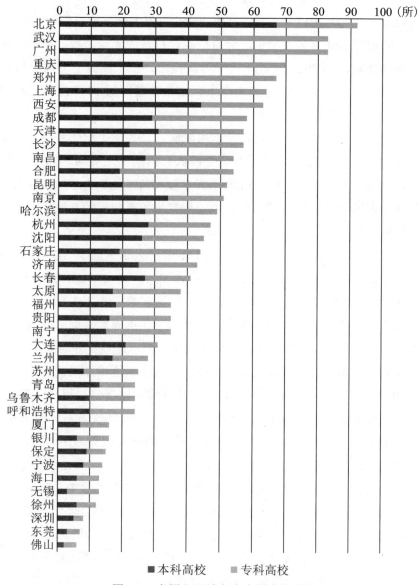

图 4-1 全国主要城市本专科高校数量

资料来源：教育部2022年度全国高校名单。

然而，每年都有数十万来自全国各地的大学生涌入武汉，最终毕业后留在当地的却不多。以武汉大学、华中科技大学为代表的"双一流"大学，只有三成左右的毕业生选择留鄂，大部分毕业生去了珠三角和长三角（见图4-2）。武汉市人社局数据显示，2007年大学毕业生留汉就业比例为55.3%，此后逐年下滑，2011年首次跌破50%。到2016年，这个比例已下滑至45.5%，创下历史低点，这让武汉备受"人才中转站"之类的调侃。

正因为这一点，从2017年开始，武汉出台"百万大学生留汉创业就业计划"，要用5年时间留住100万名大学生，努力把武汉打造成大学之城、青年之城、梦想之城、创新之城。而2021年后，武汉再次提出，"十四五"期间，每年留住30万名大学生，累计留住150万名大学生。这意味着短短10年左右的时间武汉要留住200多万名大学生。

为此，武汉率先放开大学生落户及购房限制，且大学生配偶及其未成年子女均可随迁落户。武汉还在全国首开大学生最低八折购房之先河，同时每年建50万平方米以上的人才公寓、5年建3000个大学生见习基地，大学生租住人才租赁房租金不高于市场价的70%，博士生、硕士研究生还有相应的补贴……武汉以最大政策红利留住百万大学生。

5年过去了，效果可谓立竿见影。2017年留汉大学生的30.1万人，2018年为40.6万人，2019年超30万人，2020年约为30万人，2021年超过34万人，2022年新增31.7万人……几年下来，留汉大学生总数高达200万人，武汉也连续五年成为人才净流入城市，一改过去留不住大学生的尴尬局面。武汉大学、华中科技大学两所顶尖高校留在湖北的毕业生比例也双双超过了外地。

长期以来，广东一直是武汉大学、华中科技大学两所重点高校毕业生的主要就业地。2020年华中科技大学本科毕业生留在湖北的比例首次超过广东，1/3左右的毕业生选择留在湖北，而去往广东的毕业生减少到20%左右（见图4-2）。武汉大学也是如此，2021年武汉大学毕业生留在湖北的比例为30.45%，去往广东的毕业生比例为18.92%。

虽然这些高校毕业生留鄂比例纷纷打破了不超过广东的历史，但重点高校留鄂毕业生整体比例并未出现大幅扩张，整体维持在30%左右的水平。在流向广东毕业生有所减少的同时，流向江浙沪、北京的毕业生比例有所增加。

位居中部的武汉，无论是劳动力人口还是大学毕业生，都面临三个方向的拉扯（从南方的广东，到北部的北京，再到东部的长三角）。虽然"留人"效果明显，但广东、上海的高校毕业生动辄是70%以上留在本地就业，而四川大学也有超过一半的毕业生留在本省就业，由此看来，武汉还有很长的路要走。事实上，广东吸引的不只是来自武汉的大学生，还有来自中部各省区市乃至东北地区的大学生。这与广东作为中国经济第一大省、工业第一大省的底气不无关系。大学生流向何处，最终看的是就业空间和创业环境，广东的互联网、金融业、高科技产业都相当发达，因此对外地毕业生有着持久的吸引力。

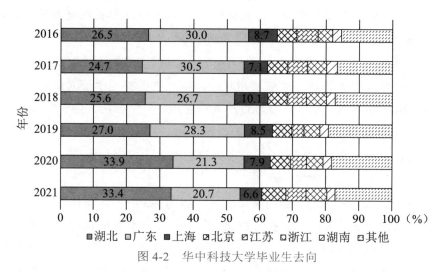

图 4-2　华中科技大学毕业生去向

注：2016—2020年为本科毕业生，2021年为全校毕业生。
资料来源：历年华中科技大学毕业生就业质量年度报告。

这对武汉的启示是，送人、送钱、送户口，只有一时之效，最终要想留住人才，靠的还是经济和产业。如果武汉能诞生多家世界 500 强企业，能在电子信息、新能源、生物医药、人工智能、高新产业方面诞生更多一流企业，不仅留住百万大学生不再是难题，甚至还能反过来吸引广东、上海等地的毕业生。

■　**中部人口第一城之争**

武汉不只是大学生最多的城市，还是中部人口最多的城市。

众所周知，中部是全国人口密度最高的地区之一。这里平原众多、河流密布、交通区位优势突出，孕育了众多人口大市。根据全国第七次人口普查数据，中部六省常住人口总计高达 3.65 亿人，占全国 1/4 强。在中部六大省会中，目前已有武汉、郑州、长沙三城的常住人口超过千万人，合肥离千万人口只有一步之遥，堪称千万人口城市密度最高的区域之一。

长期以来，武汉都是中部人口第一城。据《武汉市志》记载，早在清朝乾隆时期，武汉三镇就集聚了 20 万人口。而 1861 年汉口开埠之后，武汉人口开始膨胀，三镇城市总人口达到 83.25 万人。民国时期，武汉工商业飞速发展，"东方芝加哥"的威名广为人知，武汉人口在 1930 年突破百万大关，1935 年进一步增加到 128 万人。新中国成立后，武汉作为工业重镇的地位得到强化，借助工业化的机遇，叠加自然人口增长，1960 年前后，武汉总人口达到 450 万人。到 1978 年，武汉人口进一步增加到 548 万人，超过当时的广州市。改革开放后，随着武汉经济的飞速发展，外来人口不断涌入，武汉常住人口在 2011 年首次突破千万大关，2021 年超过 1300 万人，到 2035 年有望突破 1600 万人。

不过，武汉并非一直稳守中部人口第一城之位。2020 年湖北省一度流失上百万人口，武汉常住人口也一度被郑州赶超，第一次丢掉了中部人口第一大城之位。不过，2021 年武汉借助经济复苏带动人口回流，一年新增常住人口 120 万人，以较大的优势反超郑州，夺回了中部人口第一城，同时城区人口首次突破 1000 万人，成为我国第 8 个超大城市，在城市规模层级上，成为与北京、上海、广州、深圳、成都、重庆、天津同等的存在。

武汉是全国人口吸引力最强的城市之一。如图 4-3 所示，2010—2022 年，武汉新增常住人口 395 万人，年均增长 33 万人，仅次于同时期的深圳、广州、成都、西安等城市。武汉的人口增长，除了自然增长的贡献之外，还有一部分来自省内省外的人口流入。作为强省会且是全省唯一的万亿级城市，武汉的人口吸引力独一无二。过去 10 多年来，在湖北 17 个地级市中，只有武汉、恩施、咸宁等为数不多的几个城市人口有所增加，大多数人口处于负增长。同时，武汉对省外虽然不乏吸引力，但外来人口以河南、湖南等周边地区为主。

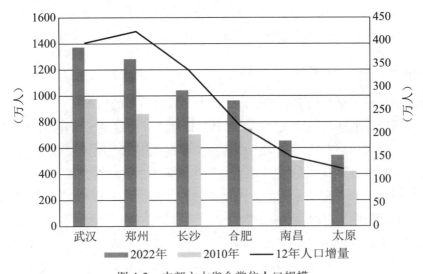

图 4-3　中部六大省会常住人口规模

资料来源：各地统计年鉴。

不过，武汉与郑州的中部人口第一城之争，仍未画上句号。武汉虽然比郑州多了近百万人，但郑州拥有河南这一人口大省作为腹地，而武汉所属的湖北人口规模与河南存在一定差距。河南是我国户籍人口最多的省份，同时也是常住人口第三大省，这为郑州打造强省会提供了强大的人口储备空间。数据显示，2022年河南常住人口规模高达9872万人，户籍人口规模多达1.15亿人。虽然河南常住人口存在负增长风险，但如此庞大的人口规模，仍非其他地区所及。与之对比，2022年湖北常住人口仅为5800多万人，不到河南的六成。相比于人口腹地，更重要的是，武汉的人口首位度在省会城市中遥遥领先，一个城市占了湖北全省人口的1/4强，而郑州的人口首位度还不到15%。考虑到人口腹地、经济首位度、人口首位度的巨大悬殊，郑州相较武汉还有更大的增长空间。

这在规划上也有体现。根据各地国土空间总体规划，2035年武汉规划人口为1660万人，郑州为1800万人，且预留了基于20%的弹性空间。可见，郑州的人口承载力高于武汉，且在未来还有较大的增长空间。届时，郑州再次赶超武汉，并不令人意外。

当然，无论是武汉还是郑州，都面临省内人口流失到省外的共同困境。河南每年都有大量人口到长三角、珠三角务工，湖北也是广东外来人口最多的五大省份之一，在广州就有多个湖北人聚居的"湖北村"，如康乐村、鹭江村就有近十万名湖北人在此从业定居。

因此，与留住百万大学生的逻辑一样，武汉还肩负着留住省内劳动力人口的重任，这背后最大的依靠仍旧是经济和产业。

■ 从"大武汉"到"强武汉"

"武汉最大的问题不是'一城独大'，而是'大而不强'。"湖北官方对此曾一针见血。

"一城独大"，说的是武汉地域之大、规模之大，经济、人口首位度之高，对兄弟地级市的领先优势之大（见图4-4）；"大而不强"，指的是武汉虽然经济总量位居全国前列，但整体实力、产业竞争力、创新活力，与沿海地区还存在一定差距。因此，如何从"大武汉"迈向"强武汉"，就成为关键。

"大武汉"之所以仍有必要，是因为偌大的湖北需要一个强中心城市来引领，需要武汉代表湖北参与国家乃至国际竞争。这方面，中共湖北省委十一届八次全会提出，武汉之于湖北，相当于上海之于长三角，旗帜鲜明地支持武汉做大做强，充分发挥国家中心城市、长江经济带核心城市的龙头引领和辐射带动作用。

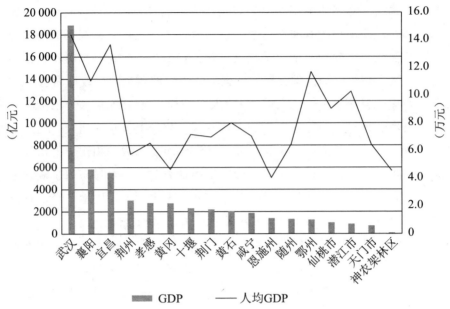

图 4-4　2022 年湖北各地市经济数据

注：仙桃、潜江、天门、神农架为省辖县级行政区。

资料来源：各地统计公报。

　　"强武汉"，不仅关乎武汉"抢人"的底气，更关乎武汉经济发展的未来。"强武汉"说起来很复杂，但落脚点在于五大中心定位：全国经济中心、国家科技创新中心、国家商贸物流中心、国际交往中心和区域金融中心。在五大中心中，全国经济中心、国家科技创新中心、国家商贸物流中心三大中心为关键。

　　先看国家商贸物流中心。武汉的地理区位优势相当突出，《国家综合立体交通网规划纲要》提出了"四极"的概念，京津冀、长三角、大湾区、成渝四大集群纵横贯通，形成了"6 大主轴、7 条走廊、8 条通道"的交通结构。而居于其中的正是武汉，虽然国家层面并未将武汉作为"一极"，但在武汉的国土空间总体规划中，首次抛出了"国家区域发展钻石结构"这一概念，在"四极"之外增加了中心枢纽，从中可见武汉区位优势之突出。

　　作为九省通衢，武汉是全国 20 个国际性综合交通枢纽之一，"米"字形高铁网将武汉与全国联通在一起，4 小时内通达北京、上海、广州、深圳四大一线城市，且武汉机场与鄂州机场的联动，也使武汉获得建设世界级航空客运货运双枢纽的可能。同时，武汉还是全国重要的小商品批发集散中心，也是国际消费中心城市的有力竞争者，武汉社会消费品零售总额位居全国前十，打造商贸物流中心潜力无限。

与国家商贸物流中心相比，武汉更要着重打造全国经济中心和国家科技创新中心，落脚点即产业和创新。

早在民国时期，武汉就是远东地区最强的工商业城市之一，工业优势延伸到新中国成立之后。在"一五"计划中，苏联援助的156项重点项目中，有8家落户湖北，由此奠定了武汉乃至湖北现代工业发展的基础。武汉钢铁、武汉重型机床、武汉锅炉、武汉船舶重工等耳熟能详的大企业均发端于此。在20世纪60年代的"三线建设"中，湖北西北部的十堰成了第二汽车制造厂的所在地，汽车产业在湖北崛起，后来第二汽车制造厂更名为东风汽车，总部迁往武汉，成了武汉汽车产业的一部分。改革开放之前的工业布局奠定了武汉以钢铁、机械等重工业为主的传统产业结构。

近年来，随着钢铁等重工业产能过剩，加上"双碳"时代的转型需求，武汉亟需打造新的支柱产业。经过多年培育，武汉已形成以光电子信息、汽车及零部件、生物医药及医疗器械为代表的新支柱产业，这三大产业未来都有望晋级万亿级产业。

在武汉有两"谷"之说。一个是大名鼎鼎的"光谷"，另一个是最新提出的"车谷"。

在全国，以"光"命名的区域不多，武汉"光谷"正是其中最耀眼的一个。"光谷"之强，不仅在于容纳了以华中科技大学为代表的数百所（家）国家级高校和科研机构，而且集聚了武汉超过一半的高新技术企业，是武汉乃至湖北光电子信息、互联网、生物医药的产业高地，2022年武汉光电子信息产业集群更是跻身先进制造业"国家队"。

单以光电子信息来看，"光谷"是全球最大的光纤光缆生产基地、最大的光电器件研发生产基地、最大的激光产业基地和最大的地球空间信息产业基地。围绕着"光谷"形成的光电子信息产业，是武汉的重要支柱产业，2011年光电子信息产业产值首破千亿元，2016年突破5000亿元，到2025年有望突破1万亿元。目前，在光通信、激光与智能制造、光电显示、光电传感、无线通信、精密光学等领域，武汉均有一批龙头企业崭露头角，包括本土崛起的光迅科技、烽火通信、华工科技等龙头企业，也吸引了以长江存储、华星光电、天马微电子、京东方、高德红外等为代表的上下游企业。

在汽车领域，武汉是全国七大汽车产业集群之一，汽车制造业为武汉第一大支柱产业（见图4-5）。2021年，武汉汽车年产量超过140万辆，汽车产业产值超过3300亿元。目前，武汉聚集了东风本田、东风乘用车、岚图汽车、小鹏汽车、吉林路特斯等 8 家乘用车企业，扬子江汽车集团有限公司等 3 家客车企业，以及 1000 余家汽车零部件企业。在代表未来的新能源汽车领域，武汉正在发力，2021 年新能源汽车产量超过 10 万辆。随着东风本田新能源工厂、小鹏汽车智造基地、吉利路特斯武汉生产基地等项目的开工或投产，未来武汉新能源汽车年产量有望突破 50 万辆乃至上百万辆。

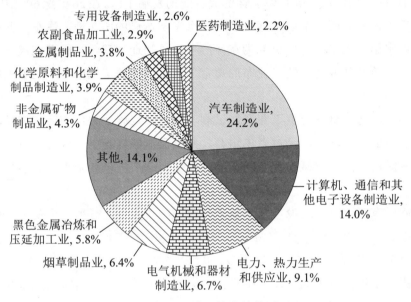

图 4-5　武汉工业结构

资料来源：《武汉统计年鉴2021》。

　　武汉生物医药的实力同样不容小觑。2020 年初的一场疫情，让武汉在全面承压的同时，也让当地的生物医药机构及企业得以崭露头角，在抗疫中发挥了关键作用。武汉不仅拥有华中科技大学同济医学院附属协和医院为代表的多家百强医院，而且集聚了国药中联、泰康人寿、九州通、联影医疗、华大基因、人福医药、迈瑞医疗、霍尼韦尔等一批行业龙头企业，拥有光谷生物城、光谷南大健康产业园、汉阳大健康产业发展区等一批产业集聚区。

　　这些产业将是武汉留人乃至"抢人"的重要支撑所在。

■　能否拿下国家科学中心？

　　如果说国家中心城市是城镇体系的最高层级，那么综合性国家科学中心就是科技创新体系的最高层级。

　　武汉是全国九大国家中心城市之一，未来能不能拿下综合性国家科学中心？

综合性国家科学中心，是国家科技领域竞争的重要平台、国家创新体系建设的基础平台，也是一个区域在国家创新体系中战略地位的重要标志。截至2023年，我国已有北京怀柔、上海张江、大湾区、安徽合肥、陕西西安五个综合性国家科学中心，而自2017年以来，武汉一直试图拿下下一个国家科学中心，这一雄心更是写入了武汉的"十四五"规划当中。

武汉对国家科学中心志在必得，一个原因是武汉拥有相当大的科技、教育优势。正如前文所说，武汉拥有武汉大学、华中科技大学等84所高校，国家级实验室、重点实验室30个，科教实力仅次于北京、上海，居全国第三，东湖国家自主创新示范区的知识创造和技术创造能力居全国高新区第二位……

另一个原因是，创建国家科学中心关系着武汉未来的产业升级。国家科学中心，堪称一个国家的"科技航母"，其聚焦的前沿科技领域不仅关乎国际科技竞争，还为地方的产业转型升级谋得先机。一般来说，国家科学中心由国家重点实验室、大科学装置、前沿交叉研究平台等多种创新要素构成。成为国家科学中心，不仅会在科学基础设施、重点实验室、前沿科技研究等方面获得政策与资金倾斜，还能借此吸引到来自全国乃至世界的高新人才，从而成为"抢人大战"的重要抓手。

问题是，早在2017年前后，武汉就已开始积极申请成为国家科学中心，为何多次失之交臂，未能晋级第一梯队？

一个原因是，武汉虽然高校、科研院所众多，但缺乏相对集中的科研创新集群。对于人大代表关于在中西部地区打造国家科学中心的建议，国家发改委曾答复表示："从武汉市拥有的设施数量和学科相关性上看，尚未在一个相对集中的区域形成设施集群效应，与组建综合性国家科学中心的要求还存在一定差距。"

2021年，武汉开始全面建设东湖科学城，以此为主体争夺国家科学中心。东湖科学城位于东湖高新区东部，依托光谷科技创新大走廊，借助光电子信息、生命健康两大万亿级产业，打造成为三大高地——科技创新高地、产业创新高地、创新人才高地。为实现这一目标，东湖科学城推出声势浩大的"7997"工程，即打造"七大湖北实验室、九大科学装置、九大国家级创新中心、七大重点板块"，为创建国家科学中心奠定基础。一旦这些工程项目落地，在硬件层面上武汉成为国家科学中心的阻碍将不复存在。

另一个原因是，武汉虽然是全国三大智力密集区之一，但在科技创新方面与发达城市还有一定差距。以最具含金量的R&D（研发强度）来看（如图4-6所示），武汉虽然高于全国水平，但与北京、上海、深圳还有较大差距。2021年武汉市全社会研发经费为 621.87 亿元，研发投入占 GDP 的比重由 2012 年的 2.66% 提升到 3.51%，高于全国水平（2.44%）。但北京、上海、深圳的研发强度早已"破 4"，2021 年上海研发总投入高达 1800 亿元，占比超过 4.21%，2021 年深圳的 R&D 投入更是首次"破 5"，达到 5.46%，北京更是高达 6.53%。

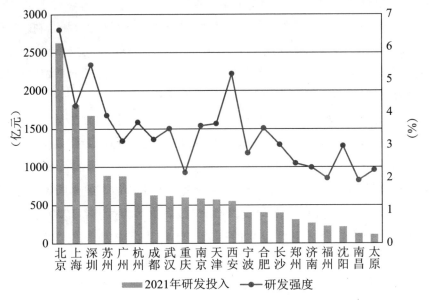

图 4-6　主要城市研发投入强度（R&D）排行

资料来源：各省科技经费投入统计公报。

究其根本，全社会研发投入，除了来自高校、科研院所的投入之外，还有来自企业尤其是民营企业的研发投入。深圳的高等级教育并不发达，只有南方科技大学一所"双一流"高校，大学生数量只有武汉的 1/10，但深圳的研发强度高达 5.6%，一个重要原因是高新企业众多，国家级高新技术企业超过 2 万家，相当于武汉的 2 倍多，且聚集了大量具有科技含金量的龙头企业，如华为、腾讯、大疆等，仅华为一年的研发经费就高达 1000 多亿元，超过许多二线省会的总和。

不过，近年来武汉科学研究与试验发展（R&D）投入呈现高速增长态势，且高新技术企业数量增长迅猛。2019—2021 年，武汉高新技术企业年增量分别为 881 家、1842 家、2892 家，高新技术企业总数达到 9151 家，与 2016 年相比翻了一番。

所以，基于科教优势，加上东湖科学城的谋篇布局，以及 R&D 投入、高新技术企业数量的"井喷"式增长，武汉未来拿下国家科学中心或许没有太大悬念。

有句老话说"21世纪最重要的是人才"，而"人才强国"也是与"制造强国"等并驾齐驱的重要战略。有人就有未来，有高端人才就有更加灿烂的未来，留住百万大学生，武汉的未来不可限量。

郑州：背靠1亿人口基本盘，河南能否"打败"越南

"河南的对手是越南？"

近年来，随着全球产业大转移，越南制造业和外贸逐渐崛起，"越南争抢中国出口市场份额""越南即将成为下一个中国"之类的说法不胫而走。深圳、河南屡屡被拿出来与越南进行对比，一个是中国最大的出口城市，越南出口超越深圳，被视为越南外贸崛起的信号；另一个是中国户籍人口第一大省，河南与越南在劳动力密集型产业的大转移过程中，面临着直接竞争。

对于一个经济总量仅有我国广西水平的国家来说，越南神话或许被高估。但在新一轮产业转移中，郑州与河南能否把握住机遇，利用1亿人口基本盘带来的劳动力人口优势与超大规模市场优势，留住乃至争夺更多制造业，不仅关乎一个城市未来的发展空间，也关乎我国制造业的长远发展。

■ 河南的对手是越南？

为什么说河南的对手是越南？

作为一个人口规模上亿、外贸狂飙突进的新兴国家，越南已经成为全球制造业中不可忽视的新力量。虽然越南的经济总量仅与广西相当，但外贸进出口总额一路上行，目前正在直追江苏，未来有望赶上中国外贸第一大省广东。面对世界百年未有之大变局，加上全球产业转移新趋势，越南在外贸上的崛起不容低估。

坊间最喜欢拿越南与深圳进行对比，"越南出口超过深圳"也一度成为谈资。的确，越南出口早已赶超深圳，且领先优势不断拉大。2022年，越南外贸总额达7325亿美元（约合4.93万亿元人民币），其中出口3718亿美元（约合2.5万亿元人民币），而我国第一出口大市深圳同年出口额为2.19万亿元（见图4-7）。

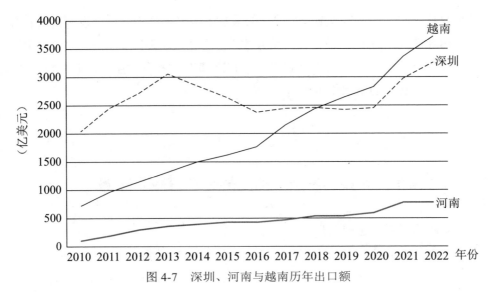

图 4-7　深圳、河南与越南历年出口额

资料来源：国家统计局、越南海关总局。

　　没错，越南的出口额已经超过深圳。事实上，这种事不是第一次发生，早在2019 年，越南的出口总额就已超过深圳，此后一直保持领先优势。然而，越南与深圳并无可比性。毕竟越南是一个人口近亿的中等国家，而深圳只是一个拥有1700 多万人口的副省级城市。深圳与越南处于不同发展阶段，一个早已完成了产业转型，以高新产业为主，一个是全球产业转移的受益方，目前仍以低附加值的加工制造业为主，类似于本世纪之初的中国。

　　与深圳相比，越南与河南的相似之处更多。虽说越南与河南的经济总量之间存在巨大差距，但两地人口规模相当、出口结构也有一定重合，在外贸上存在明显的竞争关系。

　　从人口来看，河南是中国户籍人口第一大省、常住人口第三大省，户籍人口超过 1.1 亿人，常住人口接近 1 亿人，15 ～ 59 岁的劳动力人口占比近 60%。越南则是世界排名前十五的人口大国，总人口在 2023 年迈过 1 亿大关，劳动力人口 5600 多万，与河南基本相当。越南的人口增长率相对较高，未来几年破亿可谓毫无悬念。

　　从外贸结构上看，河南外贸以机电产品为主。2022 年，河南全省外贸进出口总值达 8524.1 亿元，居全国第九、中部第一，其中机电产品占比高达 62.8%，手机占了全部出口额的 48.6%（见图 4-8）。从城市来看，郑州一地的进出口总额就高达 6070 亿元，占比 72% 左右，而郑州的出口绝大部分是以富士康工厂为代表的电子产业贡献的。

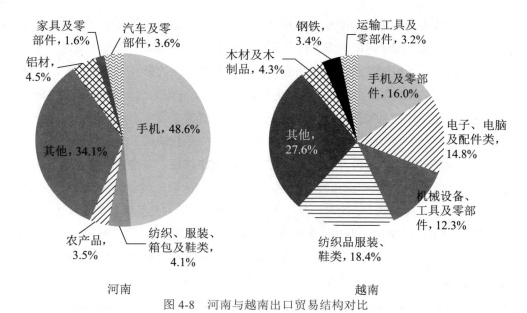

图 4-8　河南与越南出口贸易结构对比

资料来源：郑州海关、越南海关总局2022年数据。

在越南的外贸结构中，手机、笔记本电脑及零部件合计占比超过30%，这一比例还在逐渐提升。目前，三星超过50%的手机以及1/3的电子产品出货量都由越南提供，越南已经成为三星在海外最大的生产基地。而富士康早在2007年就开始投资越南，近年来又不断扩大投资，未来还会有更多的产业链转移到越南等地。不仅如此，随着产业链转移，一些中资企业也开始在越南建厂，从早期的纺织服装、建材家居到后来的消费电子产业。根据光大证券的研报分析，2018年苹果200家供应商中有150家公司在中国内地设厂，数量达358家（占比46.4%），到2020年工厂数量减少至259家（占比42.5%）；而2018年在越南投资设厂的苹果供应商仅有17家（占比2.2%），到2020年在越南设厂的公司增加到23家（占比3.8%），其中来自中国内地的企业达到7家，占据近1/3的比例。

全球产业转移是大势所趋。20世纪八九十年代，中国是欧美及东亚地区产业转移的受益方，当中国产业链从低端不断走向中高端之时，加上人口红利不复存在，以及国际贸易形势多变，一些劳动力密集型产业必然面临转移。沿海发达地区的相关产业，究竟是向东南亚、南亚（印度）等地转移还是向我国中西部人口大省转移，则存在明显的替代效应和竞争关系。

以河南为代表的中西部人口大省，既不缺少年轻劳动力人口，也不乏土地、财税等相关政策优势，无论是基建还是营商环境都不弱于越南。2010年前后，郑州引进富士康，就是迈开承接产业转移的关键一步。经过10多年的发展，郑州富士康工厂已经成为全球最大的手机生产基地之一。在富士康的示范效应下，一批上下游产业纷至沓来。如今河南智能手机产量约占全球的 1/7，高峰时期郑州更是包揽了全球一半的苹果手机的生产。电子信息产业已经成为郑州的第一大支柱产业，也成了郑州外贸进出口的主要贡献者，一家企业贡献了整个城市 70% ～ 80% 的出口额。

这从郑州历年的外贸出口额就可见一斑。富士康落户当年，郑州全市出口总额仅为 34.56 亿美元，次年就飙升到 96.37 亿美元，2012 年狂增到 202 亿美元，2015 年首次突破 300 亿美元，2019 年接近 400 亿美元，2021 年进一步飙升到 550 亿美元。从进出口总额来看，2022 年郑州外贸总额占河南省的七成左右，位列省会城市第五位。这是从无到有、从小到大的跨越，从 2010 年到 2022 年，郑州外贸总额大涨 15 倍，从而带动 GDP 狂飙突进，为郑州在全国经济位次的不断提升立下了汗马功劳。

富士康选择落户郑州，并且将之打造成为全球最大的苹果手机生产基地，一方面是基于郑州作为国际性综合交通枢纽的区位优势，高铁四通八达，航空物流日益崛起，手机等电子产品，无论是通过中欧班列还是国际货运航班出口欧美，都与坐拥港口优势的沿海带相差无几；另一方面，河南是中国户籍人口第一大省，1 亿多人的基本盘，可以为电子产业提供丰富的劳动力。而作为中部省份，河南的劳动力成本远低于珠三角、长三角等地，这也是众多电子产业向内陆转移的主要逻辑所在。

然而，对于郑州来说，仅有一个富士康还不够。对于更多中西部人口大省来说，沿海地区纺织服装、家用电器、电子信息、制药、装备制造等产业转移，都面临来自越南的直接竞争。虽说越南在基础设施、劳动力素质、法治环境等方面与我国中西部省份仍有差距，但越南劳动力成本不到中国的一半，而且作为东盟成员，越南与美国、欧盟等都已签订自贸协议，外贸发展可谓如虎添翼。在这场产业转移的竞夺战中，我国中西部地区能否胜出，仍旧悬而未决。

对此，2022 年初工信部等十部门发布的《关于促进制造业有序转移的指导意见》指出，引导劳动密集型产业重点向中西部劳动力丰富、区位交通便利地区转移；促进技术密集型产业向中西部和东北地区中心城市、省域副中心城市等创新要素丰富、产业基础雄厚地区转移。

这是河南的机会，也是众多中西部人口大省的机会。

■ 谁来稳住河南人口基本盘？

人口规模庞大，是河南的优势。背靠 1 亿多人口，也是郑州的底牌之一。

然而，河南是全国人口外流最多的省份。根据《中国人口普查年鉴（2020）》，河南人口外流 1610 万人，仅吸引外省人口 127 万人，人口净流出 1482 万人，超过东北三省总和，位居全国之首（见表 4-1）。与 2010 年第六次全国普查人口时相比，增加 595.45 万人，说明户籍人口流出的趋势有增无减。

表 4-1　各地人口净流入排行　　　　　　　　　单位：万人

地　　区	常住人口	外来人口	流出人口	净流入人口
广东	12601	2962	169	2793
浙江	6457	1619	236	1382
上海	2487	1048	38	1010
北京	2189	842	47	795
江苏	8475	1031	435	596
新疆	2585	339	60	279
天津	1387	353	80	274
福建	4154	489	261	228
辽宁	4259	285	187	97
海南	1008	109	42	67
宁夏	720	68	37	31
西藏	365	41	14	27
青海	592	42	43	-1
内蒙古	2405	169	178	-9
山东	10 153	413	426	-13
山西	3492	162	199	-36
云南	4721	223	296	-73
陕西	3953	193	299	-105
吉林	2407	100	241	-141
重庆	3205	219	418	-198
河北	7461	316	548	-232
甘肃	2502	77	345	-268
黑龙江	3185	83	393	-310
湖北	5775	225	599	-374
江西	4519	128	634	-506
湖南	6644	158	804	-646
广西	5013	136	811	-675
贵州	3856	115	845	-731
四川	8367	259	1036	-777
安徽	6103	155	1152	-997
河南	9937	127	1610	-1483

资料来源：《中国人口普查年鉴（2020）》。

根据河南统计局发布的通报，外流人口主要来源地为周口、驻马店、信阳、商丘、南阳等地，其中周口有 267 万人去了省外，出省流动人口数量最多，这些地方均是农业大市也是人口大市，大量劳动力人口到省外务工或创业。值得注意的是，这还只统计了河南流向省外的户籍人口，未纳入已在外省落户的人，也没计入短期商务、打工的暂住人口，如果将这些人口囊括在内，河南人口流失的形势更为严峻。

河南人都去哪里了？

"孔雀东南飞"，长三角和珠三角两大世界工厂是河南人口外流的最大承接地，仅广东一省就虹吸近 300 万人（见表 4-2）。根据河南统计局发布的分析，河南人口外流的五大目的地分别是广东、浙江、江苏、上海、北京。其中，广东是南阳、驻马店、许昌、漯河人口外出的首选流入地；浙江是信阳、周口外出人口的首选流入地；江苏是商丘、平顶山、洛阳、新乡、开封人口外出的首选流入地。

表 4-2　河南户籍人口主要流向地　　　　　　单位：万人

序　　号	2010 年		2020 年	
	省　　份	流 出 人 口	省　　份	流 出 人 口
0	合计	1014.6	合计	1610.09
1	广东	257.4	广东	277.4
2	浙江	131.9	浙江	246.6
3	北京	126.0	江苏	219.7
4	江苏	86.2	上海	134.3
5	上海	70.0	北京	127.2

资料来源：《第六次、第七次全国人口普查年鉴》。

人口流动，背后更多还是经济问题和就业问题。人口外流的背后是河南的经济产业结构使然。河南以绿色食品、装备制造、电子制造、先进金属材料、新型建材、现代轻纺为战略性支柱产业，这些产业普遍存在优势产业能级不高、新兴产业发展滞后、创新能力不足等问题。除了电子产业之外，其他产业涵养的就业能量相对有限，加上产业规模所限，无法留住本省的年轻劳动力人口。同时，长期以来，河南虽然为中国经济第五大省，但一直缺乏一个强大的中心城市，省会首位度位居全国中下游，加上地处中原腹地，四通八达，省内人口容易借助高铁、高速等交通通道走向全国各地。

不过，近年来这一局面已经有所改观，尤其是省会郑州的崛起，在稳住河南人口基本盘、吸引人口回流方面发挥着不可估量的作用。第七次全国人口普查数据显示，2010—2020 年，郑州新增常住人口近 400 万人，仅次于深圳、广州、成都等城市，位居中部地区首位，在全国遥遥领先。与之对比，武汉增长254万人，长沙增长300万人，合肥增长191万人。借助人口增长，郑州反超南阳成为河南省内人口第一大市，且与武汉开始了中部人口第一城的竞夺战。

当然，不同于广州、深圳等地吸引了全国的人口，郑州的虹吸对象以省内各地级市为主。数据显示，2020年郑州吸纳的省内其他城市流出人口达368万人，占全省流动人口总数的58.1%，另两个流入人口较多的市为洛阳和新乡，2020年分别流入38万人、30万人。整体来看，郑州是河南唯一的人口净流入的省辖市，净流入人口达354万人，占其常住人口的28.1%。与广州、深圳乃至武汉相比，郑州或许对全国人口的吸引力仍旧不足，但能稳住省内人口基本盘、减少人口持续流失，已属不易，更多的要待将来。

郑州人口大增，一方面得益于以富士康为代表的电子信息产业的崛起，吸引了大量省内劳动人口回流，仅郑州富士康工厂员工就达30多万人。而郑州不只富士康一家龙头企业，仅电子信息产业就有数百家上下游产业链企业，整体就业规模以百万计。除了电子信息产业，郑州还有汽车制造业、食品加工业、物流产业、生物医药等，这些产业的蓬勃发展对于人口回流也形成了一定的支撑作用。

另一方面，郑州人口大增与郑州城市能级的提升不无关系。这些年，郑州先后斩获国家中心城市、国际性综合交通枢纽城市、国家空港型物流枢纽城市、中原城市群龙头城市等一系列定位，这无疑增强了郑州打造强省会的底气。

未来，郑州有望反超武汉，跻身中部人口第一大市。正如我们在"武汉篇"所讨论的，郑州拥有河南这一全国最大的人口腹地，且人口天花板多达1800万人，更按照2100多万人来配置公共服务和基础设施，再加上2020年和2022年郑州先后两次放开落户限制，成为首个零门槛落户的国家中心城市，势必为郑州虹吸省内人口乃至吸引外省人口带来强大助力。

■ 能否跻身北方第三城？

郑州是如何完成逆袭的？

郑州虽然只是普通省会，既没有副省级城市的地位，也没有计划单列市的光环，但坐拥国家中心城市、中原城市群、国际性综合交通枢纽等一系列殊荣。过去10年来，郑州GDP翻了3倍多，经济增速位居全国前列，从一个名不见传的中部普通省会城市，晋级为北方第四城，仅次于北京、天津、青岛，且与天津、青岛之间的差距不断收缩（见图4-9），未来不乏跻身北方第三城的可能。

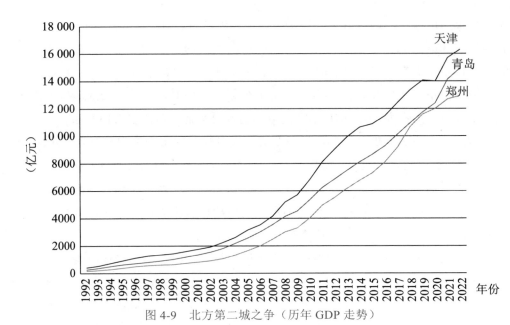

图 4-9　北方第二城之争（历年 GDP 走势）

资料来源：各地统计年鉴。

　　其一，区位优势是郑州最大的底牌。承东启西、连南贯北，数十年来郑州一直是交通枢纽，这一优势在高铁时代、空港时代仍旧得到保持。2016 年，"八纵八横"高速铁路网的宏伟蓝图横空出世，郑州晋级为"米"字形的综合交通枢纽，这是继传统铁路时代后郑州交通枢纽地位再一次得到巩固。6 年后，随着郑渝高铁、济郑高铁的开通，河南成为全国第 7 个市市通高铁的大省，郑州也成为全国首个建成"米"字形枢纽的城市。

　　"米"字形铁路枢纽有多重要？"米"字形高铁枢纽的建成，意味着中心城市地位的进一步巩固，这是国家中心城市不可或缺的基础条件。同时，高铁枢纽还利于中心城市扩大对省内外沿线城市的辐射力。毕竟高铁通达性越强，人口流动就会频繁，这对于省会城市尤其是利好。过去省会城市的影响力固然强大，但在可通达性上与沿海城市并无太大差异，省会城市未必竞争得过沿海发达城市。但在"市市通高铁"时代，省会城市作为网络枢纽而存在，地级市与省会之间的互动只会更加频繁与密切，一些偏远地区的产业、人口会加剧向中心城市聚集。

　　以郑州为例，在"米"字形高铁枢纽下，郑州到河南省内任何一个地级市的时间都能控制在 1 小时之内，通过高铁，郑州将全省所有地级市都纳入自己的辐射圈内。这种局面下，只要省会城市存在一定具有竞争力的产业，就能借助高铁枢纽稳住省内人口基本盘，从而遏制人口外流的速度。

　　其二，城市能级的巨大提升。2016 年，《促进中部地区崛起"十三五"规划》

发布，明确提出支持武汉和郑州建设国家中心城市，武汉和郑州顺势成为全国第七个和第八个国家中心城市。同年，《中原城市群发展规划》获批，中原城市群以郑州为中心，辐射的不只河南一地，还包括河北、山西、安徽、山东等地。2018年以来，郑州又先后获批国家物流枢纽、国际性综合交通枢纽……这一系列政策，不仅显著提升了郑州的城市能级，增加了郑州对全省乃至周边地区的辐射力，而且不断强化郑州的存在感，为郑州吸引产业和人才落地提供了更多的可能。

其三，内陆开放让郑州获得了过去沿海城市独占的外贸优势。正如笔者在《中国城市大趋势》一书所分析的，长期以来，以海洋为主的国际贸易体系形成了"海权至上"的竞争模式。谁靠近港口，谁就靠近国际市场，这是沿海城市得以迅速崛起的重要条件。然而，随着国际局势的变迁，国内大循环战略成为主流，"陆权"开始复兴，内陆城市即将重回高光时代。

内陆复兴，首先得益于以"八纵八横"高铁网、国际航空枢纽为代表的国家综合立体交通体系的完善，提升了内陆城市的通达性，同时中欧班列借助新亚欧大陆桥将内地生产的货物输送到世界各地，内陆城市得以蜕变成开放前沿。而以互联网为代表的数字经济等新型基础设施的完善，更是抹平了不同地区之间的差距。同时内陆地区人口众多，且拥有超大规模的市场，为国内大循环战略的推进提供了强大助力。

郑州的开放，一个依靠的是"陆上丝绸之路"。依靠铁路枢纽和电子产业优势，郑州的中欧班列呈现"井喷"之势。自2013年以来，中欧班列（郑州）相继开通并常态化运行了郑州至汉堡、列日、慕尼黑、赫尔辛基、米兰、华沙、卡托维兹等线路，基本构建了河南连通欧洲、中亚和东盟及亚太（日韩等）的国际物流大通道。截至2023年初，中欧班列（郑州）累计开行班列7000余班次，形成了直达欧盟、俄罗斯、中亚和东盟地区20个目的站点、途经8个出入境口岸的集疏体系。

另一个依靠的是"空中丝绸之路"。不靠海、不沿边，一条跑道飞蓝天，郑州借助航空，成功在国际贸易中破局。2019年，首批国际物流枢纽名单对外发布，郑州是其中唯一的空港型国家物流枢纽。空港给郑州带来的好处数不胜数，2021年郑州机场旅客吞吐量为1895.5万人次，位居全国第14位，而货邮吞吐量达70.5万吨，位居全国第6位，超过了武汉、成都、重庆等城市，位居全国第六、中部第一。

其四，产业崛起。10多年前，郑州还以传统产业为主，除了汽车、食品加工业等占有一定优势之外，煤炭、化工、机械制造、纺织等产业都面临转型升级问题。如今电子信息已经崛起为郑州的第一大支柱产业，汽车制造业也从传统的燃油车向智能网联汽车转型，产业升级初现效果。不过，与同能级城市相比，郑州的龙头企业不多，高新产业仍旧不够发达。以中国企业500强为例，截至2022年，郑州只有4家中国500强企业，且多数集中于能源、地产行业，而同期济南、武汉、无锡分别是11家、10家、14家。再以国家级高新技术企业来看，截至2022年，郑州的高新技术企业突破4000家，而同期武汉超过9000家、无锡近5000家，郑州还有一定差距。

作为支柱的电子信息产业，仍侧重加工组装方面，在产业链上处于中下游，且过度依赖富士康这一龙头企业，未来势必直面中西部省会乃至越南、印度等地的直接竞争，这正是郑州崛起面临的挑战。

长沙：一个让"炒房"客有去无回的城市

"湘江北去，橘子洲头。"一首词，奠定了长沙的基调。

这是一座名副其实的"网红"城市。但在"网红"的表象下，长沙有一个让所有人印象深刻的标签：一个让"炒房"客有去无回的城市。

在反炒房方面，长沙可谓无出其右，连房价最高的深圳都一度派队"学习"经验，而"全国学长沙"更是一度成为政策导向。反炒房，给长沙带来了什么？去房地产化，是否限制了长沙的经济和人口增长？长沙何以将"房住不炒"坚持到底？

■ 房价最低的万亿级城市

长沙是全国房价最低的万亿级城市。

作为全国为数不多的"双万"城市，长沙的房价排名与经济排名极其不相称。截至2023年初，全国共有70多个城市房价破万，浙江更是以11个地级市房价全部破万而被人们津津乐道。长沙在这个榜单上则处于垫底水平，不仅低于武汉、郑州等中部省会城市，甚至不及浙江衢州、河北廊坊、海南陵水等普通地级市。

房价是高是低、是否合理、是否可负担，看的不只是绝对数值，更要与居民收入进行对比——房价收入比，衡量的是一个家庭不吃不喝多少钱才能负担得起一套房子。根据国际惯例，发展中国家的房价收入比在6～9处于合理水平，而深圳、北京、上海全部超过30，厦门、三亚也居高不下，只有长沙一直维持在6～7之间，是唯一处于合理水平的大城市（见图4-10）。与中部各大省会城市相比，长沙无论是房价还是房价收入比都处于垫底位置，其房价收入比约为武汉的一半。

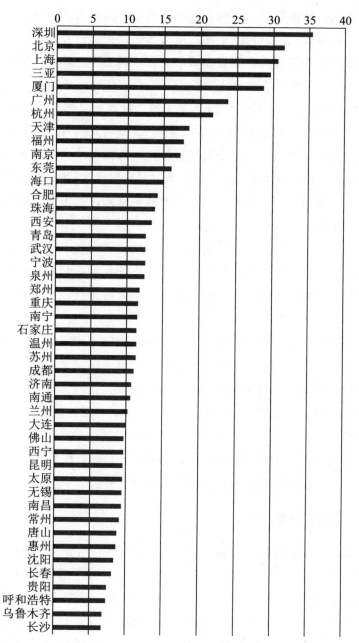

图 4-10　2022 年主要城市房价收入比

注：房价收入比 = $\dfrac{平均房价 \times 人均住房面积}{城镇居民人均可支配收入}$

资料来源：中国房价行情网，各地统计公报。

当然，房价高并不合理，房价低也未必全部合理。有的城市房价低，是经济失速、人口外流、城市收缩、市场热度匮乏所致，如黑龙江鹤岗、牡丹江等地几万元一套房子就是如此。但长沙不同，作为名副其实的强省会、人口净流入地，长沙的经济增速长期位居中西部省会城市前列，其房价之低、房价收入比之低，更多是反炒房"组合拳"带来的结果。

早在 2019 年前后，长沙在全国率先发起"反炒房之战"。当时，长沙房价一度大幅上涨，市场上甚至出现 12 岁儿童与 85 岁老人摇号抢房的奇观。随后，作为省委机关报的《湖南日报》连发四篇社论，直指长沙房地产乱象。随后，长沙开启了声势浩大的"反炒房之战"，当地领导在接受《人民日报》采访时表示："长沙坚决摆脱对房地产的依赖、对土地财政的依赖，走出一条以制造业高质量发展为代表的实体经济高质量发展之路。"

这场"反炒房之战"，一开始被认为是一场雷声大雨点小的"作秀"，在房地产拉动经济与土地财政依赖面前，很快就会土崩瓦解。然而，几年过去了，即使楼市从高热状态跌入谷底，长沙依旧不为所动，除了在人才政策上有所松绑之外，对于核心楼市的调控则是寸步不让。

如此之低的房价，曾遭遇当地市民的投诉，连发六问质问"长沙房价为什么不能涨起来？"对此，当地的态度十分清晰："继续保持调控方向不变、调控目标不减、调控力度不松，持续保持长沙'房价洼地'比较优势，并使之成为长沙城市竞争、产业聚集、人才流入的要素保障，进一步提升老百姓的获得感、幸福感。"同时，当地官方微信公众号"长沙发布"进一步发文：选择长沙，只要肯奋斗，就能过上幸福生活，"买得起房子、娶得到妻子、养得好孩子"。

可见，"房价洼地"已成为长沙的重要竞争优势。

■ 知易行难的长沙模式

长沙模式，一度被住建部作为向全国推广的样本，这套模式说起来并不复杂。

一是楼市调控全国最严，反炒房态度最为坚决，几乎遏制了所有投机空间。在长沙，商品住房取得不动产证 4 年后方可上市交易，这无疑增加了炒房投机的变现周期。同时，购第二套房，必须在首套房拿证 4 年之后，这也限制了炒房群体的炒作能量。个人购买第二套改善型住房，则按 4% 的税率征收契税，而其他城市一般为 1%～3%，这一政策直到 2022 年 8 月才调整为 1%～4%。同时，长沙还出台了一系列政策堵住各种人才购房漏洞，防止以"抢人"之名"暗度陈仓"。

二是放量供应土地，杜绝人为制造短缺。房价短期看政策，中期看土地，长期看人口。毕竟土地是垄断的，土地供应是否充分，是不是存在人为制造短缺，有没有主动制造"地王"，决定着许多城市的房价走势。反观长沙，土地供应呈现"井喷"之势，供求不存在人为制造的短缺。自 2017 年以来，长沙土地供应就处于放量状态，2021 年虽然市场转冷，但长沙的土地供应面积仍旧创下新高（见图 4-11）。长沙只有 1000 万左右的人口，不仅低于武汉，更少于广州和深圳，但长沙的住宅用地供应量是广州的 2 倍多、深圳的 8 倍，土地供给对房价的影响可见一斑。

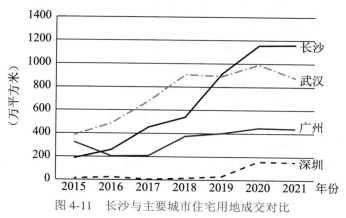

图 4-11　长沙与主要城市住宅用地成交对比

资料来源：国信房地产信息网。

　　这些土地成了平抑房价的关键支撑。在内地，不少城市都将"土地资源紧张"作为房价上涨的合理依据。事实上，几乎所有城市都不存在真正的土地短缺问题，问题是土地有没有供应充分、住宅用地究竟占比有多大、住宅供求失衡有没有人为因素存在。即使以城市面积过小著称的香港、深圳，也不是没有充足的土地资源可以挖掘，如果将更多的土地配置在居住上，房价自然应声而落。

　　三是长沙有意发展多中心，避免了单一中心下房价极化上行的可能。早在 20 世纪 90 年代，长沙就提出了"多中心、分散组团式"城市布局，既有以五一广场为中心的商业中心，也有以梅溪湖、黄兴、星沙、望城等为代表的副中心。在《长沙市国土空间总体规划（2021—2035 年）》中，这一布局被进一步细化为"一核两副十片、一轴一带两廊"的空间格局，"一核"即中心城区，"两副"是浏阳、宁乡两大县级市城区。在中心城区又细化为"一江两岸，一核多心"的布局，梅溪湖、黄兴、星沙、望城、金霞、大托作为六大副中心而存在。

　　显然多中心城市比单核中心城市更能避免房价的极化上涨。多中心或副中心的存在，避免了所有资源都挤在中心区域的窠臼，从而对房价上涨形成了一定的摊薄效应。

■ 反炒房拖累经济上涨？

长沙的强力反炒房，同样引发了一些质疑。

这里有三种颇具代表性的观点：第一种观点是，长沙的强力反炒房固然将房价控制在合理水平，但也带来一系列负面效果。比如限价导致开发商偷工减料，混凝土问题、精装修问题层出不穷。问题在于，即便没了限价，开发商偷工减料的行为还少吗？一些早已突破限价的城市，精装修维权难道不是屡见不鲜？可见问题的关键不在于是否限价，而在于监管是否到位。在利益面前，就是再高的利润率都挡不住某些开发商动手脚。

第二种观点是，长沙的"反炒房之战"，让本地居民错失了房价上涨带来的财富增值机会，与其他城市将拉开巨大差距。这种观点也有问题，反炒房最利好的恰恰是本地刚需，让本地居民无须再为高房价烦扰，至于财富增值机会，受损的恐怕只是个别炒房者。至于说财富差距，短期来看，长沙房地产的总市值固然低于一些二线省会城市，但有些城市的高房价本身就存在巨大泡沫，所谓的财富只是纸面财富，本身就难以持续，一旦出现回调，影响不是一般的严重，这在2021—2022年显得尤为明显。

更重要的是，长期来看，所有城市的房地产市值都要回归到基本面，长沙也不例外。只要经济稳步增长、人口持续流入、房价收入比控制在合理水平，长沙的房价也会温和上行。这种上行，不是短期政策刺激所致，也非政府下场托底所致，而是与经济相伴而生，无疑是健康而持久的。长沙能连续十多年蝉联"中国最具幸福感城市"（见图4-12），"房住不炒"在其中的贡献不应低估。

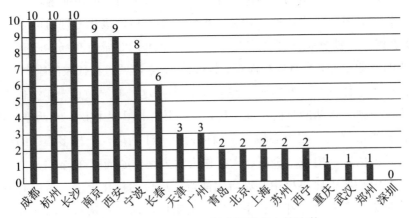

图4-12 2012—2022年幸福城市上榜次数

资料来源：历年"中国最具幸福感城市"调查。

第三种观点是，过度反炒房不仅会给财政收入带来负面影响，还会拖累经济增长，失去了房价上涨带来的财富效应，长沙还会面临人口尤其是人才流失的风险。

显然，这种论断在事实面前不值一驳。过去 10 多年来，长沙不仅是经济增长最快的城市之一，还是人口流入最猛的地方之一。2012—2022 年，长沙 GDP 从 6198 亿元增长到 1.39 万亿元，10 年增长 1.25 倍，增幅高于广州、上海、苏州等地。根据人口普查公报，2010—2020 年，长沙常住人口从 740.4 万人增长到 1004.8 万人，年均增长 30 万人，位居全国前列（见表 4-3）。借助人口大增，长沙于 2020 年第七次全国人口普查之际顺利跻身"千万人口俱乐部"，成为 17 个千万人口大市之一。

表 4-3 湖南省各地级市 10 年人口变迁

序 号	城 市	2020 年（万人）	2010 年（万人）	人口增量（万人）	人口增幅（%）
0	全省	6644.5	6568.3	76.2	1.2
1	长沙	1004.8	704.4	300.4	42.6
2	衡阳	664.5	714.1	−49.6	−6.9
3	邵阳	656.4	707.1	−50.7	−7.2
4	永州	529.0	518.0	11.0	2.1
5	常德	527.9	571.7	−43.8	−7.7
6	岳阳	505.2	547.7	−42.5	−7.8
7	郴州	466.7	458.1	8.6	1.9
8	怀化	458.8	474.1	−15.3	−3.2
9	株洲	390.3	385.5	4.8	1.2
10	益阳	385.2	431.3	−46.1	−10.7
11	娄底	382.7	378.5	4.2	1.1
12	湘潭	272.6	274.8	−2.2	−0.8
13	湘西	248.8	254.7	−5.9	−2.3
14	张家界	151.7	147.6	4.1	2.8

资料来源：第六次、第七次全国人口普查公报。

这背后不无强省会战略的贡献。2021 年，湖南首次提出强省会战略，通过做大长沙来留住湖南劳动力人口，吸引来自全国各地的人才。

事实上，在强省会战略明确之前，长沙就在发挥省会对于省内地级市的人口虹吸效应。如表 4-3 所示，2010—2020 年，湖南全省仅新增 76.2 万人，而长沙一地就多了 300 万人左右，这意味着多数地级市人口不增反降。数据显示，过去 10 年，湖南有一半地级市的常住人口缩减，其中衡阳、岳阳、邵阳、益阳人口缩减规模均超过 40 万人，这些人口一部分流向了省会城市长沙，另一部分则转移到了珠三角地区。

一旦长沙的强省会战略迅速推进，未来湖南流向广东等地的年轻人有望回流，长沙将成为湖南人口最大的护城河。

■ 长沙产业崛起之路

"房价洼地"是超大特大城市的重要优势，但仅有房价优势并不足以成事，决定城市长远发展的终究还是产业。

说起长沙，有两大产业广为人知，一个是以湖南卫视为代表的文化创意及旅游产业。长沙拥有"广电湘军""出版湘军""动漫湘军""演艺湘军"等众多文化资源，2021年全市规模以上文化及相关产业企业实现营业总收入1525.09亿元，主板上市企业8家，占长沙上市企业总量的1/10左右。其中，"广电湘军"已形成千亿级产业链，湖南出版集团成为全球出版业十强企业，浏阳花炮产值为世界第一，出口占全国总量的65%。

比文创产业更具全球影响力的，当属工程机械产业。世界共有三大工程机械产业集聚地，一为美国伊利诺伊州，世界巨头卡特彼勒就诞生于此；二为日本东京，小松、三菱重工等龙头云聚于此；第三即长沙。从产值来看，2021年长沙工程机械产业总产值突破2800亿元，为长沙第一大支柱产业（见图4-13），规模连续10年居全国第一，到2025年总产值有望突破5000亿元，约占中国的33%、全球的8.5%，产品覆盖180个国家和地区。

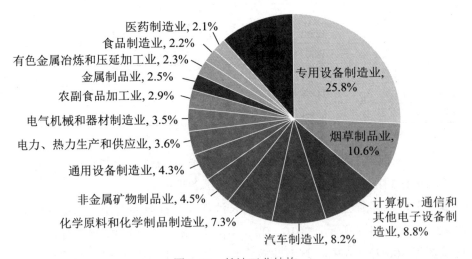

图4-13　长沙工业结构

注：专用设备制造业包括矿山、冶金、建筑专用设备制造，化工、木材、非金属加工专用设备制造，电子和电工机械专用设备制造，农、林、牧、渔专用机械制造等九类。

资料来源：《长沙市统计年鉴》。

正因为举足轻重的地位，在 2021 年工信部先进制造业集群优胜者名单中，长沙以工程机械跻身"国家队"。长沙不仅产业规模庞大，而且龙头企业众多。在 2022 年世界工程机械制造企业 50 强中（见表 4-4），中国共有 10 家企业上榜，而长沙一地就占了 4 家，其中三一重工、中联重科双双跻身前十，铁建重工、山河智能位列前四十。

表 4-4　全球工程机械企业 50 强中国入围企业

国内排名	世界排名	企业名称	所在地
1	3	徐工	徐州
2	4	三一重工	长沙
3	7	中联重科	长沙
4	15	柳工	柳州
5	27	中国龙工	龙岩
6	32	山河智能	长沙
7	33	山推股份	济宁
8	34	铁建重工	长沙
9	40	浙江鼎力	德清
10	42	福田雷沃	潍坊

资料来源：《国际建设》杂志。

长沙工程机械产业的崛起，既不乏历史底蕴，又与大国基建的狂飙式增长的机遇不无关系。1978 年，第一机械工业部建筑机械研究所迁至长沙，该所是中联重科的前身，长沙由此成为国内工程机械科研基地。1989 年三一董事长梁稳根创建的三一集团，2004 年中联与浦沅工程机械厂等企业重组的中联重科以及 1999 年何清华教授创建的山河智能，加上创立于 2007 年的铁建重工，并称为湖南工程机械的"四驾马车"。过去几十年来，借助我国城镇化对基建、房地产的强刺激效应，"四驾马车"齐头并进，带动长沙跻身世界工程机械产业之林。

事实上，除文化创意、工程机械两大传统优势产业之外，近年来，长沙还培育出一系列高新产业。其中，最具代表性的当属新能源汽车产业。在传统燃油车时代，长沙形成了以整车制造和零部件及配件制造为主导的产业体系，且在 10 多年前就已开始布局新能源汽车零部件产业，先后引进了多家锂电企业，形成了数百亿级的先进储能材料产业链，这为长沙竞逐新能源赛道带来了与众不同的优势，新能源汽车有望成为长沙下一个千亿级产业。

"行百里者半九十。"如何让"网红"城市的流量转化为实实在在的消费力，将"让'炒房'客有去无回"的坚持成为常态，通过"房价洼地"吸引更多产业、人才入驻，借助强省会战略稳固湖南的人口基本盘，借助长株潭都市圈扩大自身的影响范围……这一切，决定了长沙未来发展的"天花板"。

南昌：被万亿城市包围，何以摆脱"阿卡林"省会之名

谁是全国最没存在感的省份？江西必有一席之地。

谁是全国最没存在感的省会？南昌也必有一席之地。

江西及南昌存在感之低，让坊间给了"阿卡林省"和"阿卡林省会"的称号。阿卡林，是日本动漫作品《摇曳百合》主角之一的赤座灯里（Akaza Akari）的名字发音，因角色存在感过低而逐渐被淡化。久而久之，阿卡林也就成了存在感不高的代名词。在搜索引擎上搜索阿卡林，多数会与江西联系在一起。

近年来，环江西经济带、环江西高铁网、环江西自贸区带、环江西"985"大学带……这类说法不绝于耳。虽然江西这些年经济增长不算慢，甚至后来居上成了"市市通高铁"的第三省，但依旧无法改变存在感过低的现实。

南昌和江西，靠什么摆脱"阿卡林"的帽子？

■ 江西存在感为何这么低？

江西存在感之低，既有历史因素，也有经济因素。

"豫章故郡，洪都新府"，南昌和江西在历史上也曾"牛"过。一篇《滕王阁序》写尽了江右文风之盛，宋明时期"满朝文武半江西""翰林多吉水，朝士半江西"足以说明江西"势力"之大。在古代，河运催生了江西工商业的繁荣，江西更是中原地区通往岭南的交通、商业要道，明清之际赣商曾与晋商、徽商齐名，商业之发达可见一斑。而南昌起义、井冈山起义，更奠定了江西在革命年代的重要地位。

为什么时至今日，江西和南昌的存在感变得这么低？

从历史来看，长达数十年的太平天国运动，让地处前线的江西备受摧残，太平军与清军在江西反复拉锯，导致大量农田荒废、人口锐减，这带来了江西的第一波衰落。与此同时，鸦片战争之后五口通商的兴起，导致传统的河运贸易衰落，原本扼守赣江、对接岭南的赣州商贸受到冲击，虽然九江作为通商口岸带动了南昌等地的繁荣，但江西的商业优势不复存在。后来铁路的兴起，再一次将以水网密布见长的江西边缘化，在古代曾经借助水路运输日益繁荣的江西，难免在时代的浪潮中失去了影响力。

新中国成立之初，我国确定了以重工业为主的工业发展路线，大量资源倾斜到了东北地区和中部地区，而后来的"三线建设"基本以西部地区为主。江西工业基础较为薄弱，虽然在航天工业上不乏优势，且不乏诞生了新中国第一架飞机、第一架多用途民用飞机、第一批海防导弹等多个"江西制造"的辉煌，但整体工业实力相对较弱。用官方的话说，改革开放之前，江西只能算是一个"基础薄弱、只有零星工业的农业省"，1978 年，江西工业增加值占全省 GDP 的比重为 26%，而全国工业比重高达 44.1%。从各省份来看，当时江西产值在全国仅排在第 20 位，位列中下游。

改革开放后，江西进入飞速发展阶段，迅速从小到大建立起相对完善的工业体系。但在以沿海优先开放为主导的发展背景下，沿海城市突飞猛进，经济重心全面东移，群山环绕的江西自然不占优势。同时，在全国交通网络中，江西一开始是相对边缘的存在，直到 1996 年京九铁路全线开通，赣南地区才告别了没有铁路的历史。在高铁建设的时代浪潮里，直到 2014 年沪昆高铁贯通，江西才告别没有设计时速 350 公里高铁的历史。而邻近的广东、湖南、湖北等地，早在 2010 年前后就已步入高铁时代。

事实上，这些年江西的发展速度并不慢。2008 年之后，随着我国经济从外贸驱动转向投资驱动再转向消费驱动，江西经济开始突飞猛进，GDP 增速连续多年位居前列，经济总量在全国各省份的排位也从 2010 年的第 20 名提高到 2022 年的第 15 名。过去20 年来，江西整体增速高于周边地区，从 2000 年到 2022 年，江西 GDP 增长 15 倍，而邻近的湖北、湖南、安徽分别增长 14.1 倍、12.7 倍、13.4 倍（见图 4-14）。

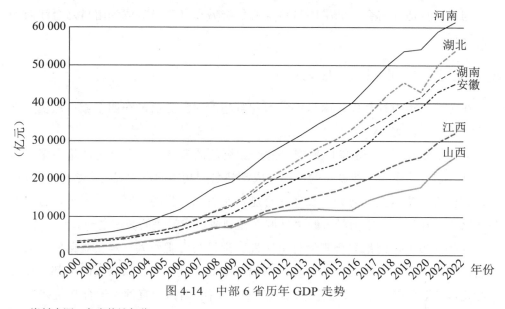

图 4-14　中部 6 省历年 GDP 走势

资料来源：各省统计年鉴。

进步不小，为何江西的存在感仍旧不高？

一个原因是江西周边群雄林立。一边是经济强省竞起的长三角，另一边是经济密度最高的大湾区。江西在产业和人口上都面临来自两大超级城市群的虹吸。第七次全国人口普查数据显示，江西跨省流出人口为 634 万人，占全省的 14%。江西是珠三角外来人口最多的 5 个省份之一，也是浙江外来人口最大的来源地之一。

第二个原因是江西没有具有高知名度的大企业。江西唯一的世界 500 强企业是江西铜业，而入围中国企业 500 强的 8 家企业，多为资源型企业。这与江西矿产资源丰富不无关系，但大型企业尤其是民营企业的缺位是不争的事实。

第三个原因是江西缺少明星城市。无论是省会城市南昌，还是作为副中心城市的赣州、九江，无论是经济实力还是知名度，都与重点一、二线城市存在明显的差距。江西与广东、浙江、福建、湖北、湖南、安徽 6 省交界，相邻 6 省均有万亿 GDP 的城市，且不说广深杭武等龙头城市，就连广东的佛山和东莞、福建的泉州等普通地级市也已晋级万亿 GDP 的城市，说南昌被万亿 GDP 的城市群包围，不算夸张。

安徽在过去存在感也不高，在全国的曝光度比江西高不了多少，但自从跻身长三角城市群，借助"八纵八横"高铁网络打造出"米"字形高铁网，尤其是省会城市合肥借助投资京东方、蔚来等操作，晋级"最牛风投城市"，从合肥到安徽省，在全国的曝光率都是与日俱增。

因此，打造强省会，助推南昌跻身万亿级城市之列，就成为南昌乃至江西的共同选择。

■ 与合肥比，南昌差了什么？

在全国城市对标热中，南昌将学习和赶超的对象先后放在四个城市：杭州、成都、长沙、合肥。

4 个城市里，杭州是借助数字经济产业崛起的典型，上市公司数量之多、市值之高，超过了作为一线城市的广州；成都是名副其实的三大强省会之一，经济、人口首位度均位居全国前列；长沙和合肥都是首屈一指的"网红"城市，合肥又是一路"开挂"，从中国最大的"县城"转型成进步最快的城市之一。

这些城市里，南昌与合肥最有可比性。南昌与合肥曾为"难兄难弟"，双双位居内陆，所在省份毗邻，工业基础都相对薄弱，且在国家铁路版图中都一度被边缘化，与诸多重大国家战略无缘。20 世纪 90 年代，南昌一直领先于合肥，1995 年，南昌 GDP 相当于合肥的 1.4 倍。虽然 2000 年被合肥赶超，但两地差距一直不大。但从 2007 年开始，合肥对南昌的领先优势逐步扩大。2020 年，合肥首次晋级万亿 GDP 城市，而南昌 GDP 仅为 5745 亿元，南昌 GDP 已经不到合肥的六成。

面对这一局面，南昌并非不为所动。早在 2012 年，南昌就提出到 2020 年力争使 GDP 达到 1.14 万亿元，相当于 2011 年的 4 倍，同时占全省的比例超过 30%。然而，8 年过去了，合肥完成了跻身"万亿俱乐部"的目标，而 2020 年南昌 GDP 仅为 6650 亿元，经济首位度为 22.4%，离当年的豪言壮语相差何止几厘。

与合肥、武汉、郑州、长沙等中部城市相比，南昌差了什么？

一是产业。过去十几年来，合肥先后建立起以新型显示、集成电路、新能源汽车、家电为支柱的现代产业体系，一改过去工业孱弱的局面，与沿海发达城市有了一争之力。其中，合肥引入京东方、投资长鑫存储、"抄底"蔚来等投资神话广为人知，这些"风投"也让合肥得以迅速跻身高新产业之列。

与合肥相比，南昌最为人所知的产业当属航空工业。国产大飞机 C919 在此试飞、ARJ21 支线飞机在此交付、"猎鹰" L15 从这里腾空而起……从 20 世纪 50 年代起建立的航空工业，至今仍是南昌重要的支柱产业。不过，航空装备产业虽然相对高精尖，但整体产值没有想象的高。根据规划，2025 年，南昌航空装备产业实现跨越式发展，力争突破 600 亿元。

除航空装备产业之外，南昌还形成了以电子信息、汽车及零部件、生物医药为主的支柱产业体系。其中，电子信息产业是第一大支柱产业，目前汇聚了华勤、欧菲光、美晨通讯、龙旗信息、联创电子等一批龙头骨干企业，涵盖移动智能终端、芯片封装、发光二极管（LED）、虚拟现实（VR）等领域，2025 年整体产值有望突破 5000 亿元。其中，自 2018 年开始，世界 VR 产业大会已经多年在南昌举办，是南昌电子产业最大的亮点之一。

此外，在新能源汽车和生物医药等领域，南昌也已走上正常的发展轨道。整体而言，南昌在高新产业中的布局虽已生根发芽，但仍存在产业层次不高、龙头引领不足、平台支持不强等问题。正如《南昌市新型工业"十四五"发展规划》所自我剖析的，南昌战略性新兴产业增加值占工业的比重只有 19.7%，发展较好的移动智能终端领域也以代工类企业为主；龙头企业不多，引领作用不明显，还没有形成极具有竞争力的"航母级"企业群。创新能力不足，规模以上工业企业内设研发机构不多、研发投入不足、产品附加值低，产学研的合作不够紧密，创新成果产业化的渠道较少。

同时，中部地区多数以电子信息、汽车及零部件、生物医药等为支柱产业，南昌与武汉、合肥形成直接竞争关系。在沿海地区产业转移的大浪潮中，地处长三角与珠三角之间的南昌能否抢得先机，决定了南昌未来的产业规模和层级。

二是人口。中部6省省会中，武汉、郑州、长沙的常住人口已经突破1000万人，武汉城区人口也已突破千万大关，跻身超大城市之列。合肥离千万大关仅有一步之遥。而南昌2022年常住人口仅有653.8万人，人口首位度为14.4%，人口规模相当于合肥的2/3强，不到武汉的一半（见表4-5）。

表4-5 合肥、南昌经济指标对比

指 标	合 肥	南 昌
GDP（亿元）	12 013.1	7203.5
常住人口（万人）	963.4	653.8
人均GDP（万元）	12.46	11.01
面积（平方千米）	11 445	7195
普查人口增量（2010—2020年）	191.2	121.3
一般预算收入（亿元）	909.25	457.68
城镇居民人均可支配收入（元）	56177	52 622
资金总量（亿元）	25 070	16 110
社会消费品零售总额（亿元）	5021.62	3012
进出口总额（亿元）	3610.95	1345.56
境内外上市公司数量（家）	83	39
制造业"单项冠军"企业（户）	16	—
专精特新"小巨人"企业（户）	140	29
中国500强企业（家）	2	5
本科高校数量（所）	19	27
"双一流"大学数量（所）	3	1
国家级重点实验室	12	5
百强医院（家）	2	1
地铁运营里程（公里）	168.8	128.5

资料来源：各地2022年统计公报及公开报道。

近年来，借助强省会战略，南昌的人口增速有所提升，人口首位度从2010年的11.3%提高到2021年的14.4%。但与其他中部省会城市相比，南昌人口汇聚的速度仍然不算理想。以两个普查年度作为基准，2010—2020年，郑州新增近400万人，长沙新增超过300万人，合肥新增191万人，而南昌仅增加121万人，仅高于太原。

与河南、安徽、湖北、湖南等地相比，江西人口规模相对较小，也制约了南昌人口增长的空间。河南常住人口近亿，湖南、安徽人口超过 6000 万人，湖北人口接近 6000 万人，而江西只有 4500 多万人。

三是人才。人才是创新之源，合肥能够迅速崛起，除了"最牛风投"的助力之外，以中国科学技术大学为代表的顶尖名校输送的人才，在其中发挥了关键支撑作用。借助这一优势，合肥拿下了综合性国家科学中心，与上海、北京、大湾区并驾齐驱。目前，合肥是全国大科学装置最集中的城市之一，拥有中国科学技术大学、合肥工业大学、安徽大学 3 所"双一流"高校，61 所高等院校，中国科学院合肥物质科学研究院等 8 家中央驻合肥科研院所，200 多个省部级科研平台。

与之相比，南昌的科教实力有所不及。目前，偌大的江西只有南昌大学一所"双一流"大学，且只有 1 个学科入围。截至 2022 年底，南昌只有 4 家国家级工程技术中心，5 家国家级重点实验室，高新企业 1950 家，与合肥、武汉、长沙等均有较大差距。

与此同时，整个江西还面临长三角和珠三角的双向虹吸。无论是年轻人口还是高学历人才，都呈现外流趋势。

作为江西省唯一的"双一流"大学，2021 年南昌大学毕业生留在江西的比重为 37.39%，而去往广东、浙江、上海的比例分别为 18.11%、8.69%、5.24%。因此，如何虹吸更多省内劳动力人口，同时留住高学历人才，是南昌做大强省会难以绕开的一环。

■ 江西需要一个强省会

为改变这一局面，近年来，江西提出了强省会战略，喊出了"省会强则全省强，省会兴则全省兴"的口号，直言"怎么重视省会城市都不为过，怎么支持省会城市都不为过"，举全省之力推动南昌做大做强，以扭转江西在全国的弱势地位。

一个共识是，强省份需要多中心，而弱省份需要强省会。诸如广东、江苏、浙江这样的经济强省，一城独大既不合理也不现实，"双子星"城乃至群星璀璨才是常态，如广州—深圳、杭州—宁波的"双城记"就传为美谈。然而，对于弱省份来说，如果连一个显眼的大城市都没有，恐怕连参与区域竞争的机会都没有，遑论在重大国家战略中获得一席之地。在中心城市、都市圈、城市群战略日益明显的今天，没有中心城市就没有引领者，无论是在人口竞争还是产业竞争中，都缺乏"领头羊"。

就此而言，南昌打造强省会不无现实的紧迫性。这既是南昌迅速做大晋级万亿 GDP 城市的必然选择，也是江西借助南昌在全国增加存在感的必由之路，更是南昌乃至江西在城市竞争中取得优势的关键之举。尤其是当江西面临周边地区的虹吸压力，没有一个强省会来稳住省内产业、人口的基本盘，很难保障全省的飞速发展。中国工程院院士、湖南大学教授王耀南的说法颇具代表性："目前赣西地区对接长株潭，赣东地区对接江浙，而赣南地区对接海峡两岸和珠三角，全部对接别的省份，忽略了本省核心的建设。"

打造强省会，南昌的目标是什么？

所谓强省会，首要在于经济强。2022 年，江西省印发了两个重磅文件，提出举全省之力支持强省会建设，明确 2025 年南昌经济首位度达到 25%、2030 年达到 28%，2025 年要在全国省会排名提升至 12 位、2030 年进入前十（见图 4-15）。

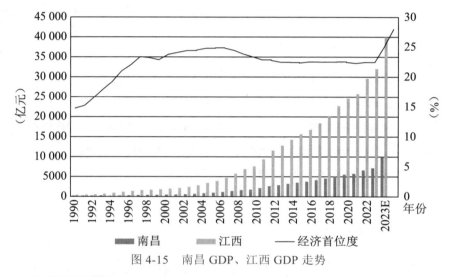

图 4-15　南昌 GDP、江西 GDP 走势

注：2030年为目标数据。

资料来源：《江西统计年鉴》《南昌市"十四五"规划》。

不过，南昌想要晋级，显然还有很长的路要走。2022 年，南昌 GDP 为 7203.5 亿元，在全国排名第 36 位，位居省会城市第 14 位，GDP 占全省比重为 22.5%，处于中下游，远低于武汉、长沙和合肥，仅高于郑州。同年，省会城市经济最强的是广州，GDP 高达 2.88 万亿元，位居第 10 名的是合肥，GDP 达 1.2 万亿元，在南昌之前还有西安、沈阳、昆明等城市。

强省会，还在于人口规模之大。根据 2022 年 10 月发布的《南昌市国土空间总体规划（2021—2035 年）》（公示稿），到 2025 年，南昌常住人口增长至 700 万人；到 2035 年，南昌常住人口增长至 800 万人，实际管理服务人口 1000 万人。这意味着，到 2035 年南昌还有 150 万人的人口增长空间，年均 10 万多人的增量，对于一个志在打造强省会的二线城市来说，或许压力不算大。

然而，强省会从来不只是经济首位度或人口首位度上的强，而是全方位的强。如果只考虑经济占比，只要将全省资源都汇聚于省城，一城独大而兄弟地级市齐弱，就能迅速实现，但这样的强省会只利于省会一城的发展，而不能成为全省的经济引擎。所以，江西特别强调，强省会是全方位的"强"，从经济到产业，从人口吸引力到城市能级，从城市治理到营商环境，都要实现突破。

外有长三角、珠三角的虹吸，武汉、长沙、合肥等兄弟城市的同场竞技，内有全省摆脱"阿卡林省"的迫切需求、产业升级和人口回流的现实需要，南昌必须担起这个责任来。

太原：山西煤炭产量全球第一，为何就是富不起来

每一个大城市都有一个响当当的别称。

羊城广州，蓉城成都，山城重庆，冰城哈尔滨，就连仅有 40 多年建市史的深圳也有一个"鹏城"的称谓，太原也不例外，且更为响亮——龙城。

龙城，代表的是龙兴之地，李唐王朝就是由此发迹。"襟四塞之要冲，控五原之都邑"，在古代，太原是北方举足轻重的军事要冲。明清之际，随着晋商崛起，太原一度扮演了传统时代金融中心的角色。到了计划经济时代，借助煤炭、钢铁、石化等黑色资源，太原成了华北地区重要的工业基地。

然而，近年来，太原的存在感越来越低，"龙城"之名在省外几乎无人知晓。与太原一样，山西给人的感觉除了煤炭仿佛一无所有，在煤炭价格暴涨之际，山西经济水涨船高，煤老板的传说出没江湖；一旦煤炭价格走低，或者环保限产等因素制约，山西经济就会持续放缓，大气污染、地陷等问题成为舆论焦点。

除了煤炭，太原和山西还有什么？告别煤炭黄金时代，太原和山西又靠什么突围？

■ 山西为何落寞了？

过去有多风光，现在就有多落寞。

这句话说的是山西，也是省会城市太原。2012 年至今，山西在全国的经济位次一直排在 20 名之外，而人均 GDP 更是一度位列全国倒数第六，仅高于甘肃、

黑龙江、广西、贵州、河北。与山西一样，省会城市太原的经济总量位列全国 50
名左右，在内地 27 个省会 / 省府中排在第 18 位，位列中下游。不过，2021 年以来，
借助全球通胀形势及俄乌地缘冲突，大宗商品价格一度暴涨，带动了山西经济大
幅反弹，山西的经济位次一度回到 20 名左右（见图 4-16）。但大宗商品价格很
难一直维持在高位，煤炭经济更受到碳中和的长远约束，山西经济增长的可持续
性仍是问题。

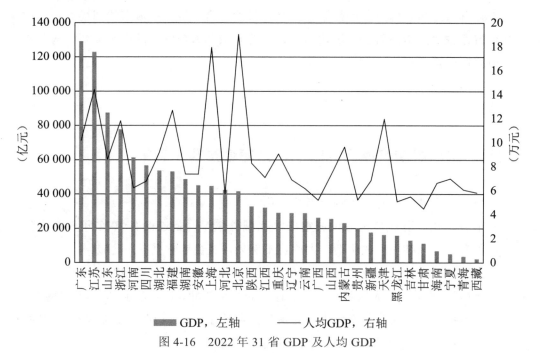

图 4-16　2022 年 31 省 GDP 及人均 GDP

资料来源：各地统计公报。

　　回顾历史，1978 年山西经济总量排在全国第 15 位，直到 2012 年，山西的排
名一直没跌出 20 名。然而，从 2012 年至今，在去产能的制约下，山西关停了大
量私人煤矿，大型煤矿开启了整合之路。短短 10 多年时间，山西省的煤矿数量
由 2800 多座减少到 900 座以下，年产 60 万吨以下的煤矿企业全部退出，"僵尸
企业"全部出清。山西虽有告别"煤老大"的决心，但受到国际煤价波动的影响，
煤炭价格一度跌到 200 元以下，当地工业及经济长期受到拖累，经济增速连续多
年跑输全国。

　　山西如此，太原也难以独善其身。太原虽然不是"一煤独大"的格局，但煤
炭也是太原的支柱产业，其他产业同样存在产业过重、产能过剩的困境。太原曾
是我国北方重要的重工业基地，"一五"计划中苏联援建的 156 项重点工程有 11

项落在了太原。早在 20 世纪 50 年代，太原就已形成以冶金、机械、电力、化工和煤炭为主导的产业体系，这一产业结构一直延续到改革开放之后，"能源重化工基地"的身份始终伴随太原左右。从 1960 年到 2000 年，太原工业占经济比重长期维持在 50% 以上，最高时接近 70%，为不折不扣的重工业城市。

然而，伴随着去产能的历史进程，太原重化工业无一不受到影响。2000 年前后，太原的经济实力位居合肥、南昌之前，位列中部第四位；而到了 2020 年前后，太原的经济总量不及南昌，更远远落后于合肥。虽然 2021 年和 2022 年经济大幅反弹，太原 GDP 一度暴涨，但经济位次仍未回到历史高位。

面对传统产业衰退的现实，太原早在 2006 年就开始致力于经济与产业转型。彼时太原的四大支柱产业为冶金、煤炭、设备制造、石化，四大产业合计占工业总产值的比重高达 76.9%。到了 2020 年，太原第一大支柱产业已经变成计算机、通信和其他电子设备制造业，虽然传统能源重化工产业比重仍然接近 40%，但产业转型终于取得一定成果（见表 4-6）。不过，太原的电子产业多数为依托富士康的加工组装产业，高新产业不多，且缺乏有影响力的大企业。这从太原企业 50 强榜单中就可见一斑，在榜单上，清一色的都是能源化工企业，且多数是国有企业，只有山西云时代技术有限公司一家互联网相关公司上榜。

表 4-6　太原市重点年份前五强工业产业　　　　　　　　　%

2006 年		2010 年		2020 年	
行　业	占比	行　业	占比	行　业	占比
黑色金属冶炼及压延加工业	34.6	黑色金属冶炼及压延加工业	34.6	计算机、通信和电子设备制造业	26.2
煤炭开采和洗选业	12.4	煤炭开采和洗选业	13.6	黑色金属冶炼及压延加工业	23.9
专用设备制造业	11.9	石油加工、炼焦等	10.4	煤炭开采和洗选业	8.3
石油加工、炼焦等	10.2	专用设备制造业	10.2	燃气生产和供应业	6.4
化学原料及化学制品制造业	5.8	交通运输设备制造业	4.9	石油、煤炭及其他燃料加工业	4.9

资料来源：《太原市统计年鉴》

当然，面向未来，太原不乏底气。2022 年，太原提出"百千万亿"工程（一批产值百亿级企业、六条千亿级产业链、万亿级工业产值规模），重点打造特种金属材料、新一代电子信息制造、新型化工材料、高端装备制造、新能源、生物基新材料六条千亿级产业链，借此推动太原经济总量迈向"万亿俱乐部"。

然而，产业转型从来不简单。更何况在产业之外，太原及山西还面临着更为复杂的难题。

■ 煤炭产量全球第一，为何不富？

2021 年 9 月，一场百年一遇的暴雨席卷山西，多个地级市单月降雨量创下历史纪录，内涝、地质灾害、洪水等灾情席卷而来，然而未能获得多少关注。

就在同一时期，山西与 14 个省区市签订煤炭保供合同的新闻不胫而走。当时，由于煤炭价格大涨，加上能耗双控等因素影响，部分省区市采取拉闸限电措施对工业生产和居民生活造成了显而易见的影响。这种背景下，作为煤炭大省的山西，毅然承担起保供重任，向天津、福建、河北、广东、辽宁、广西、江苏、吉林、安徽、上海、浙江等 14 个省区市保量供应。

一边是自然灾害之下的"无人问晋"，另一边是拉闸限电之下的保供合同，如此截然对立的场景刺痛了无数山西人，一句"十四省的火炉，烧的是山西故土"的感慨迅速传遍网络。

在以煤电为主要能源支撑的中国，煤炭的地位有多重要自不待言，但如此重要的能源，在日常中经常被人遗忘。早些年，山西还能靠"煤老板"刷了一波又一波的存在感，在能源转型的今天，煤炭经济被视为落后产能，在一场又一场的环保限能和能耗管控之下，山西逐渐失去了发展优势。

时至今日，山西仍旧是中国煤炭第一大省。2022 年，山西原煤产量高达 13.07 亿吨，而全国产量共计 45 亿吨，山西一省就占了近 30%（见图 4-17）。煤炭资源优势的存在，让山西成了"北煤南运"的主力。从 1949 年至今，山西累计生产煤炭超过 210 亿吨，外调煤炭总量超过 140 亿吨，占全国省际净外调量的 3/4，"曾点亮过全国一半的灯"，为中国的电力需求、工业发展立下了汗马功劳。

与东北多地面临煤炭资源枯竭的尴尬不同，山西煤炭资源储量丰富，按照现在的开发速度，至少还能开采数十年乃至上百年，并无枯竭之忧。目前，山西已累计查明的煤炭资源储量约为 2970 亿吨，保有查明资源储量为 2709 亿吨，占全国总量的 17.3%，居全国第三位，仅次于新疆和内蒙古。这一口径相对宽泛，如果按照更为严格的可信储量与证实储量之和来测算，目前全国煤炭资源储量为 1622.88 亿吨，山西储量达 507.25 亿吨，占全国储量的 31.26%，居全国之首。

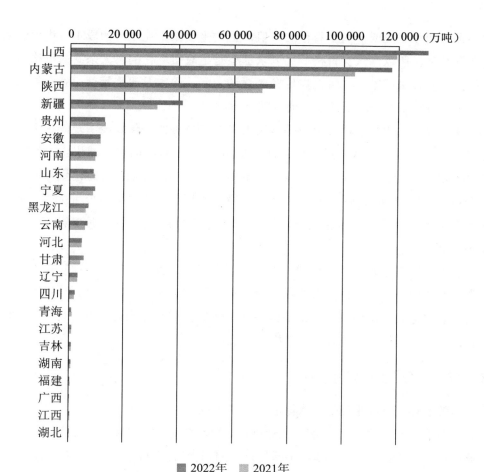

图 4-17 主要省区市（港澳台除外）煤炭产量

注：全国共有产煤省份23个，其中山西等15省份的煤炭产量合计占比超过90%。

资料来源：国家统计局。

"家里有矿"，山西却不发达。丰富的煤炭资源虽然一度带动山西经济产业的崛起，造就了无数煤老板，但真正给山西的回馈并不多。且不说在"双碳"时代，煤炭产业的产能过剩、能耗高企、污染严重等问题愈发受到重视，"一煤独大"的产业格局也拖累了山西的长远发展，即使在全球"大放水"、疫情、俄乌冲突接连出现之下的 2021—2022 年，全球煤炭价格大涨，除了产能扩张之外，山西也未能从中获得多少超额回报。

究其根本，煤炭是大国能源之所系，虽然埋在山西的红土下，但要服务于全国的发展大局。目前，在新能源转型的背景下，我国对煤炭的依赖度不断降低，但煤炭占总体能源消费的比重仍然高达 50% ～ 60%。所以，煤炭价格波动关乎的不是一两家企业或一两个省份的产值，更关乎全国工业生产的成本，进而影响到全国经济。所以，煤炭价格一直以来都不是绝对市场化的，大宗商品价格更不会像国际一样毫无限制；每当煤价蠢蠢欲动之际，国家发改委等部门就会果断出手，将煤价控制在经济所能承受的合理范围内。

煤炭限价，相当于牺牲山西等煤炭大省的部分利益而保障经济及民生大局，这在历史上发生过多次。最具代表性的是 2022 年 5 月，面对全球煤价上涨，国家发改委的《关于进一步完善煤炭市场价格形成机制的通知》正式落地实施，山西 5500 千卡煤炭出矿环节中长期交易价格合理区间为 370 ～ 570 元 / 吨，秦皇岛下水煤（5500 千卡）价格合理区间为 570 ～ 770 元 / 吨，而彼时煤炭市场价在 1000 元以上。

所以，站在能源安全的角度，山西可谓掌握了最重要的资源。而站在经济社会大局的角度，这些自然资源难以转化为自身的最大化利益。当然，立足于区域均衡发展的考虑，山西在向东部地区不断贡献低价煤炭的同时，也接受了来自沿海省份的转移支付，这是大国一盘棋的体现。

■ 被"瓜分"的兄弟市

山西的存在感越来越低，太原靠什么"出位"？

2021 年，山西省第十二次党代会指出，举全省之力支持太原打造创新高地、产业高地、人才高地、开放高地，不断提升太原在全省的首位度和在全国的影响力。这是山西首次提及强省会战略，而武汉、成都、西安等地早在 10 年前就已成为名副其实的强省会，南京、济南、沈阳等地早在 2017 年就开始打造强省会。

太原打造强省会的危机感，并非来自兄弟地级市的竞争，而是邻省省会的步步紧逼。山西与河南、陕西、河北等地接壤，三省省会里，除了石家庄的综合实力相对较弱之外，郑州、西安都是国家中心城市、万亿 GDP 城市、千万人口城市，且分别坐拥中原城市群、关中平原城市群，辐射力遍布省内外，两大城市群均将触角伸到了山西境内，与太原展开了直接竞争。山西的晋城、长治、运城被划入中原城市群，运城、临汾被划入关中平原城市群，留给以太原为中心的山西中部城市群的，只剩下晋中、忻州、阳泉、吕梁等为数不多的几个地级市。

除国家规划之外，河南、陕西更是主动出击，扩大辐射范围。"十四五"时期，河南提出了"郑洛西高质量发展合作带"的设想，借助郑州、西安、洛阳三大经济强市，通过郑州都市圈、洛阳都市圈、西安都市圈、黄河金三角四地联动，打造全国区域协调发展和高品质合作示范区和引领区。这一合作带，将山西晋城、运城、临汾、长治等纳入其中。虽然晋陕豫三省未必真能密切融合，但这一设想的横空出世，足以展现河南将山西部分地级市纳入自身发展腹地的进取之心。

在多省虹吸下，山西人口呈现外流之势。2010—2020 年，山西常住人口减少79.6 万人，规模仅次于东北三省，系我国少数几个人口减少的省份之一（见表 4-7）。要知道，这一数字还没扣除自然增长人口的贡献。单看人口流出情况，根据《中国人口普查年鉴 2020》，山西共有 198.5 万的户籍人口外流，其中流往北京一地就多达 43.3 万人，流往内蒙古、陕西、河北、上海、天津、山东等地均超过 10 万人。

表 4-7　2010—2020 年各省区市人口增量

省　　份	2020 年（万人）	2010 年（万人）	增量（万人）	增幅（%）
广东	12 601.3	10 430.3	2170.9	20.8
山东	10 152.7	9579.3	573.4	6.0
河南	9936.6	9402.4	534.2	5.7
江苏	8474.8	7866.0	608.8	7.7
四川	8367.5	8041.8	325.7	4.0
河北	7461.0	7185.4	275.6	3.8
湖南	6644.5	6568.4	76.1	1.2
浙江	6456.8	5442.7	1014.1	18.6
安徽	6102.7	5950.1	152.7	2.6
湖北	5775.3	5723.8	51.5	0.9
广西	5012.7	4602.7	410.0	8.9
云南	4720.9	4596.6	124.3	2.7
江西	4518.9	4456.7	62.1	1.4
辽宁	4259.1	4374.6	−115.5	−2.6
福建	4154.0	3689.4	464.6	12.6
陕西	3952.9	3732.7	220.2	5.9
贵州	3856.2	3474.6	381.6	11.0
山西	3491.6	3571.2	−79.6	−2.2
重庆	3205.4	2884.6	320.8	11.1
黑龙江	3185.0	3831.2	−646.2	−16.9
新疆	2585.2	2181.3	403.9	18.5
甘肃	2502.0	2557.5	−55.5	−2.2
上海	2487.1	2301.9	185.2	8.0
吉林	2407.3	2746.2	−338.9	−12.3
内蒙古	2404.9	2470.6	−65.7	−2.7

续表

省　份	2020年（万人）	2010年（万人）	增量（万人）	增幅（%）
北京	2189.3	1961.2	228.1	11.6
天津	1386.6	1293.8	92.8	7.2
海南	1008.1	867.2	141.0	16.3
宁夏	720.3	630.1	90.1	14.3
青海	592.4	562.7	29.7	5.3
西藏	364.8	300.2	64.6	21.5

资料来源：第六次、第七次全国人口普查公报。

事实上，即使在省内，太原也并非高枕无忧。虽然太原在山西省内一城独大，但放在全国，太原经济总量仅位居50名左右，与河南洛阳、陕西榆林相当，远低于东部地区的嘉兴、绍兴、盐城等地级市，而周边又有北京、郑州、西安等经济强市环绕，即使是被称为"最尴尬省会"石家庄的经济体量也远远超过太原，这些城市对山西形成了一定的虹吸效应。

虽然山西提出了强省会发展战略，但其发展仍是多中心模式。《山西省国土空间规划（2020—2035年）》构建了"一主三副六市域中心"的空间格局，大同、长治、临汾被定位为省域副中心。毕竟偌大的湖北也只有襄阳、宜昌两个副中心，经济体量远远低于湖北的山西却构建了三个副中心，这也客观上加剧了山西构建强省会的难度。

基于这些现实背景，太原的强省会有着与众不同的深远意义。太原变大变强，不仅有助于稳固山西的人口基本盘，遏制人口外流的势头，还有助于在三晋大地形成一个强中心，从而带动相关产业、资源的集聚。

第五章 —————— 西部大开发，重塑"胡焕庸线"

成都：一市独大，必然还是偶然

"一座让人来了就不想走的城市"，成都正在将这句口号变成自己的代名词。

没有哪座城市比成都更善于"营销"自己：从历史悠久的"天府之国"到独树一帜的公园城市，从独一无二的强省会到声名大噪的"新一线城市"，从"巴适"的休闲之都到"最具幸福感"城市，从"功夫熊猫"之城到"抖音之城"，从老工业基地到新经济标杆城市……几乎每一个重要传播节点，每一次产业变革，每一波城市转型浪潮，都少不了成都的身影。

自成都之后，城市营销作为一门"显学"为各大城市所追逐。然而，不是每一个城市都有成为"网红"城市的潜质，也不是每一个城市都能自始至终守住"人设"。唯有经济飞速发展、产业持续升级、人口不断涌入、新业态层出不穷的地方，才能发挥城市营销的积极效应。

在城市营销的背后，成都面临着一系列争议：强省会的形成，是不是"吸血"全省的结果？新一线城市的含金量有多高？成都能不能真正引领西部发展？

■ 四川"市"成都"省"？

成都是典型的强省会，坊间甚至有"四川市成都省"的调侃。

衡量是否一城独大，主要看省会的经济首位度和人口首位度，即 GDP 和人口规模在全省的占比。从经济首位度来看，成都占全省经济比重高达37%，仅次于长春、银川和西宁，位列万亿省会之首（见"济南篇"表6-1）。从人口首位度来看，成都常住人口超过 2000 万人，仅次于重庆、上海和北京，占全省比重达25.2%，虽与西安、西宁、银川、长春等地还有一定差距，但明显高于东部地区。整体来看，成都以占四川全省2.95%的面积，涵养了25.25%的人口，创造了37%的经济总量、30% 左右的工业总产值、1/3 左右的财政收入，以及接近九成的外贸总额。

事实上，成都的强，并非始自今日，千年以降，成都一直是四川第一城，"强省会"可谓贯穿了古今。不过，改革开放以来，成都在全省中的经济比重、人口比重仍在不断提升。1980 年前后，成都经济首位度为20% 左右，1992 年首次突破 30%，2021 年创下 37% 的历史新高（见图5-1）。这背后，成都经济增速高于全省是主要原因，但也不乏合并周边县市带来的贡献。

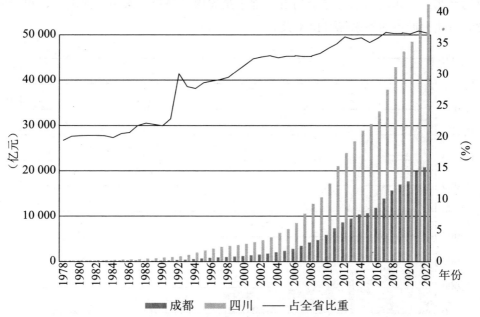

图 5-1　历年成都占四川全省经济比重

资料来源：《四川统计年鉴》《成都统计年鉴》。

　　成都的第一次扩容是在 1983 年，温江地区被撤销，下辖的温江、郫县、灌县、新都县等被划入成都。不过，有增有减，就在同一年，原成都市下辖的广汉县、什邡县划归德阳市。第二次扩容是在 2016 年，出于成都第二机场建设的需要，原资阳地级市代管的简阳县级市，被划入成都市。此间，成都多个县市完成了撤县设区，同时成立高新区、天府新区、东部新区等经济功能区，形成如今 12 个区、5 个县级市、3 个县的庞大行政区划，开启了从大城市向超大城市的扩张之路。

　　与成都相比，四川其他地级市的存在感都很低。四川地域广阔，面积高达 48.6 万平方公里，下辖 21 个市州，但谁是第二城一直争议不断。近年来，四川以"一干多支、五区协同"为发展战略，规划了以成都都市圈为主干，川南、川东北、川西北、攀西协调发展的新格局，且提出打造绵阳、德阳、乐山、宜宾、泸州、南充、达州 7 个区域中心城市，鼓励和支持有条件的区域中心城市争创全省经济副中心。但究竟谁是省域副中心，谁能在省会之外独当一面，谁能真正引领区域发展，一直没有共识。

　　究其原因，成都之外的 20 个地级市的经济实力都不算强。偌大的四川，加上成都仅有 3 个百强市，位列第二名的绵阳市的经济总量仅有成都的 1/6（见图 5-2）。与同为强省会的武汉、西安对比，湖北第二城襄阳、陕西第二城榆林的 GDP 分别占到了省会的三成和五成。如果与东部沿海省会相比，这一悬殊就更为夸张，广东、山东、辽宁的省会都不是省内经济第一大市，而浙江、福建的省会对次大城市的领先优势也不大。

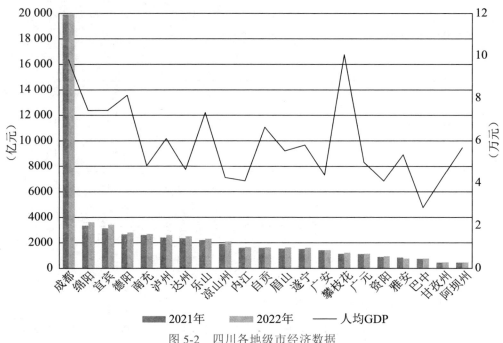

图 5-2   四川各地级市经济数据

资料来源：各地统计公报。

近年来，随着我国城市发展战略的转移，都市圈和城市群成为新型城镇化的主体形态。过去借助强省会战略就已登峰造极的省会，借助都市圈和城市群战略进一步扩大了自己的"势力范围"。

从城市群层面来看，成渝地区双城经济圈是仅次于京津冀、长三角和粤港澳大湾区的中国城市群"第四极"。成渝能位列第四极，除了经济实力强劲、发展速度迅猛之外，更重要的原因在于，肩负着缩小东西差距、引领西部发展的重任。用知名经济学者陆铭的话来说，中国区域经济的格局，需要在西部拥有一个"第四极"来平衡整个国土的空间格局。

既然要作为"第四极"，国家战略的倾斜是必然的，但经济实力仍是第一位的。如图 5-3 所示，2022 年成渝双圈经济总量合计高达 7.75 万亿元，占全国的 6.4%，占整个西部大开发所涉省份（12 个）的 30% 以上，堪称重要支柱。从都市圈层面来看，成都都市圈覆盖成都、德阳、眉山、资阳等地级市，2022 年 GDP 超过 2.6 万亿元，占四川全省的比重高达 46.2%，占成渝地区双城经济圈的 33.8%，且这一比重还在不断提升。根据各地党代会报告的发展目标，2027 年前后，四川经济总量有望突破 8 万亿元，成都冲刺 3 万亿元，重庆 4 万亿元，届时成渝地区双城都市圈将是一个 10 万亿级的超级城市群，与东部三大城市群呈掎角之势。

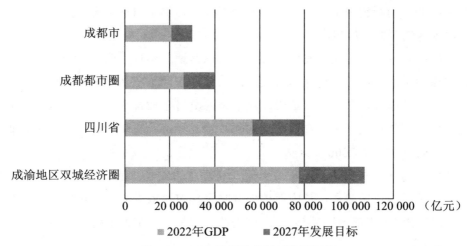

图 5-3　2027 年川渝各区域发展目标

资料来源：各地2022年统计公报及公开报道。

可见，无论是强省会还是强都市圈，抑或大城市群，成都在四川乃至整个西部都有相对突出的位置。即便成都作为强省会充满争议，但成都都市圈作为四川发展的主干、成渝地区双城经济圈作为第四大城市群的地位得到了公认。

■　一市独大，是不是必然？

成都能有今天强省会的地位，并非偶然，更不是简单的政策助推的结果，而是涉及历史、地理、行政区划调整及区域经济竞争等一系列因素。

四川被誉为"天府之国"，却又是地震最为频发的地带。据统计，从公元前 26 年至 2021 年底，四川省共发生 5 级以上地震 309 次（含汶川地震余震），其中 6.0 ～ 6.9 级地震 60 次，7.0 ～ 7.9 级地震 21 次，8.0 ～ 8.9 级地震 1 次。从最近几年来看，2016—2022 年，3 级以上地震发生了近 50 次，而从 2008 年到 2022 年 6 级地震发生了 10 次。

地震如此频繁，为何四川又有"天府之国"之名？

虽然外界都把整个四川视为"天府之国"，但严格来说，"天府之国"指的是四川盆地，更进一步，特指成都平原。四川是我国地形最为复杂的省份，横跨第一、第二阶梯，从川西到川东落差近 7000 米。川西北属于青藏高原的范畴，平均海拔 3000 ～ 5000 米，川西南则属于横断山脉，山高谷深，山河相间。四川下辖 21 个市州，但位于川西北和川西南的阿坝州、甘孜州和凉山州三地面积就占了全省近 2/3，看似地域辽阔的四川，只有 1/3 左右的四川盆地可供开发。同时，四川所有 7 级以上地震与大多数 6 级、5 级地震发生在川西高原（属青藏高原东部）及其边缘的活动断裂带上。如此复杂的地形条件，加上自然灾害风险的存在，导致川西地区的开发难度极高。

长期以来，整个四川的发展都集中在四川盆地。不过，四川盆地又不同于其他以平原为主的盆地，而是充斥着大量的山地和丘陵，所谓盆地只是相对于周边的高原、山脉而言。在四川盆地中，最富裕的莫过于成都平原。自古以来，成都都是西南地区的重镇，是巴蜀地区重要的政治、经济、文化中心，其发达并非始于今天，而是盛行了 2000 年之久。

即使在当下，成都并非一开始就是一城独大。在重庆尚未成为直辖市之时，四川一直是成渝双城鼎立，是中西部地区唯一拥有"双中心"城市的省份。在相当长的时间里，重庆都力压成都一头，作为四川省第一经济大市而存在（见图 5-4）。

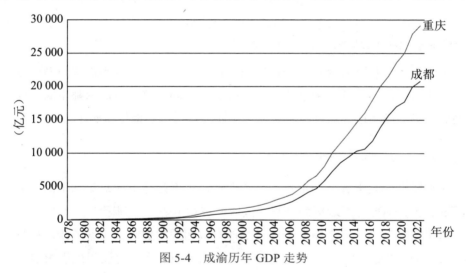

图 5-4 成渝历年 GDP 走势

资料来源：各市统计年鉴。

如果说成都平原是成都长期繁荣的关键，那么重庆崛起的背后最大的功臣当属长江这一黄金水道。20 世纪 60 年代的"三线建设"，又让重庆相比成都获得了更大的工业发展优势。当时，大量来自东北及沿海地区的机械、电子、冶金、化工厂迁到重庆，到 20 世纪 70 年代"三线建设"末期，重庆已经形成了冶金、化工、机械、纺织、食品五大支柱产业，从而让重庆成了四川省最大的工业生产基地。相比而言，成都作为省会，以商贸业为主，虽然借助"三线建设"也形成了颇具规模的工业矩阵，但由于重庆的存在，成都在原四川省远远没有一城独大的可能。

直到重庆直辖之后，成都在四川省才显得如此"高不可攀"。但如果放到成渝地区双城经济圈的角度来看，并不存在成都"一市独大"，仍旧是成都、重庆上演"双城记"的局面。

我们常说东部沿海省份普遍形成了"双子星城"的格局，但要看到东部沿海的区位优势所在，除省会之外，要么有一个特殊的计划单列市，要么拥有天然的港口优势，或者集两者于一体。如山东的济南与青岛，福建的福州与厦门，辽宁的沈阳和大连，浙江的杭州与宁波，广东的广州和深圳，都是由一个省会、一个计划单列市（或港口城市）构成。对比来看，重庆直辖之后的四川，并没有一个地级市拥有如此得天独厚的政策优势和区位优势，发展不及省会成都也就不难理解了。

所以，成都的一城独大，既是地理环境作用的结果，也是重庆直辖导致的变局。

■　**四川为何需要强省会？**

重庆脱离四川而直辖，成都就成了唯一的中心城市。

出于三峡工程建设的需要，同时考虑到四川体量过大需要分拆的因素，1997年，重庆成为直辖市，"带"走了大量工业企业，四川失去了其中的一核，尤其是失去了一个重要的工业支柱。这一背景下，让以商贸为主的成都担起做大制造业的重任，也是当时历史环境下的理性选择。

四川深居西南内陆，远离海洋，最近的出海口在西部陆海新通道的广西北部湾港，距离也有 1700 公里之遥。在大基建时代进入高峰之前，整个四川与外界缺乏大运力的外运通道，公路、铁路建设一度落后于沿海地区，同时省内航道等级相对较低。这种背景下，以传统的经济中心成都为中心，四川打造覆盖整个西南地区的交通枢纽，改变不利的区位格局，同时以强中心城市来吸引外来人口及留住省内人口，就成了从上到下的共识。

如今，随着四川工业的崛起，交通劣势地位得到扭转，一改当初川渝"分家"带来的不利局面。那么，强省会是否还有必要？

仍有必要。一方面，作为全国第五大人口大省，四川劳动力资源充足。但由于本省产业不够发达，大量年轻人加入"孔雀东南飞"的阵营，人口流出幅度之大，仅次于中部的河南、安徽等地。根据 2020 年第七次全国人口普查年鉴（见表 5-1），四川户籍人口流出 1035.8 万人，相当于全省常住人口总量的 1/8，总量位居全国第三，这些人口主要流向了广东和浙江，其中在广东的就有262.31万人。所以，打造一个强省会，有助于逆转四川人口持续流失的局面，通过产业将更多的年轻人留在本省，进而进一步促进相关产业的发展，形成良性循环。

表5-1 四川人口主要流向地　　　　　　　　　　单位：万人

序　号	2010 年		2020 年	
	地　区	流出人口	地　区	流出人口
0	合计	890	合计	1035.8
1	广东	260.2	广东	262.3
2	浙江	124.1	浙江	135.8
3	福建	82.2	重庆	112.9
4	江苏	65.1	福建	65.7
5	上海	62.4	江苏	62.3

资料来源：第六次、第七次全国人口普查年鉴。

另一方面，拥有一个位居全国前列的强省会，使四川在一些重大国家战略乃至东部沿海地区产业转移的竞夺战上，能获得更大的优势。成渝地区双城经济圈，能与京津冀、长三角和大湾区并驾齐驱，且作为国家综合交通枢纽的第四极轴，正是得益于成都、重庆两大强中心城市的支持。而成都代表四川乃至西南地区拿下的国家中心城市、国际综合交通枢纽、国际门户枢纽城市，以及全国重要的经济中心、科技中心、金融中心、文创中心、对外交往中心，所惠及的也不只是成都一地，而是整个四川省。

所以，与其说牺牲一个省养活一座城，不如说做大一座城盘活一个省。

■　西部电子信息产业第一重镇

任何强省会如果只靠行政力量，而无产业支撑与市场合力，终究不会长久。经过多年培育，成都的强省会早已有了强产业的支撑。

中国城市的崛起史上，一些关键性产业发挥着扛鼎之力。合肥的崛起离不开新型显示产业、个人计算机（PC）制造业、新能源汽车产业，郑州的发展离不开电子信息制造业，长沙的崛起则得益于世界一流的工程机械行业。与这些省会一样，成都的崛起伴随着电子信息、装备制造两大万亿级产业的腾飞。

自信息革命以来，电子信息产业就成了各大城市布局的关键。以深圳、苏州、东莞为代表的沿海城市，借助加工制造业一步步做大做强。成都虽然并不靠海，但在改革开放之前，就成了电子产业的重镇。

成都是我国最早的三大电子基地之一。早在"一五"时期，在156项重点工程中，涉及电子工业建设项目的有9项，其中4项集中布点在成都市区东郊，奠定了成都电子信息产业的基础。生产了我国第一只批量生产的黑白显像管和彩色显像管的成都红光电子管厂，高峰时期电子元件产量占全国的1/4，立下了"北有北钢，南有红光"的赫赫声名。

不仅如此，电子产业基地的形成还带动众多科研院所的落户。西南通讯研究所、中国科学院光电技术研究所、西南电子设备研究所以及大名鼎鼎的成都电子科技大学纷纷设立或落户于此，前后几十年成都为全国的电子产业培育了众多人才。

然而，近年来，随着以信息技术为主的第三次科技革命，尤其是互联网的出现，电子信息产业迎来全新洗牌。20世纪90年代，在东部沿海地区信息产业蓬勃发展之际，成都引以为傲的电子产业，在市场竞争的洪流中一度陷入沉寂。

成都电子产业的第二次崛起是在2000年之后，而真正的转折点是在2008年前后，这背后最大的推动力正是产业西移。1998年的东亚金融危机促成了电子产业从日本、韩国以及中国台湾地区向内地沿海地区的转移，2008年的全球经济危机推动了以广东为代表的沿海发达省份率先进行"腾笼换鸟"，从而带动劳动力密集型产业的西移，而拥有人口规模优势的四川就成了主要的承接者。

早在21世纪初，四川省就看到了这一机遇，颇有远见地将电子信息产业列为"一号工程"。2008年，四川省进一步将电子信息产业定位为支撑西部经济发展高地的重要角色。以2003年英特尔落户为起点，成都电子信息产业发展步入新阶段；2008年前后，富士康、戴尔、仁宝、纬创、德州仪器、联想等大批知名企业落户成都，电子信息产业驶入"跨越发展的快车道"，逐步形成了完整的上下游产业链条。近年来，借助产业链协同效应，一系列上下游企业纷纷在成都落户，华为、京东方、中电熊猫、天马微电子、精电国际纷至沓来。一时间成都巨头云集，电子信息产业得以从传统的加工制造逐步向集成电路、新型显示、人工智能等前沿领域迈进，形成集"芯—屏—端—软—智—网"的全产业链体系。成都不仅在全国有了一争之力，也从传统的沿海产业转移的承接者变成了向省内兄弟地级市转移供应链的角色，发挥出强省会的产业溢出效应。

如今，全球70%的平板电脑和近20%的笔记本电脑产自成都，四川省的笔记本电脑、手机、集成电路产量分别位居全国第二、第三和第七，各自排在西部第二位、第一位和第二位（见"重庆篇"表5-2）。2008年，成都电子产业总产值突破1000亿元，2020年首次突破1万亿元大关，到2025年有望突破2万亿元，为名副其实的第一大支柱产业。

以成都、重庆为中心，西部正在成为电子信息产业的重镇，崛起成为新的"IT（信息技术）工厂"，而成渝地区电子信息先进制造业集群也顺势入围先进制造业"国家队"名单，为西部地区除能源、装备产业之外，补上了新一代信息技术产业的关键一环。

■ 大国重器的成都力量

作为我国重要的装备制造产业基地，成都已构建了航空航天、轨道交通、能源环保和智能装备、汽车制造等重点优势产业集群。

近年来，我国最受瞩目的大国重器，当属国产大飞机 C919。据报道，C919客舱核心控制系统、信息系统、机载娱乐系统等都是"成都造"。

这背后，成都与西安、沈阳等共同作为我国重要的航空航天装备制造产业基地而受到全国关注。一如西安经常"堵飞机"而上热搜，成都战斗机的破空声也时常刷爆网络。

与西安一样，成都的航空航天产业发端于军工产业。近年来，在军民融合的时代背景下，成都的航空工业得到了飞速发展，目前成都航空航天制造业总规模已突破 800 亿元，"航空经济之都"成效初显。

与国产大飞机还处于自主探索阶段不同，轨道交通制造早已成为成都拥有核心科技的优势产业。我国的轨道交通产业素有"南看株洲广州，北看青岛，西看成都"的说法。目前，成都拥有 400 多家轨道交通企业，轨道交通装备产业集群已纳入全国首批战略性新兴产业集群发展工程，已形成集科技研发、勘察设计、工程建设、装备制造、运维服务等于一体的全产业链发展优势。

成都轨道交通产业之强，不仅在于先后研制出世界首台高温超导高速磁浮工程化样车、全国首列新一代全自动市域 A 型列车等，还是相关标准的制定者，曾多次参与轨道交通核心关键技术的研发攻关及国家技术标准规范的制定工作，是国内技术标准的领跑者和制定者之一。

目前，成都已具备地铁、有轨电车、悬挂式单轨等整车制造能力，以及中低速磁悬浮、动车组等轨道交通产品研制生产条件。到 2025 年，成都轨道交通产业链营业收入达到 2200 亿元。

大国重器的存在，让成都在全国工业矩阵中获得了极其重要的地位。这些产业的蓬勃发展将助力成都迈向更高更远的未来。

2022 年，成都提出"制造强市"战略，以此呼应"制造强国"和"把经济发展的着力点放在实体经济上"的宏观定位，并以制造业作为新一轮城市竞争的重要抓手，实现城市能级的提升。

为此，成都构建了电子信息、装备制造两大2万亿级产业，集成电路、汽车制造、轨道交通、航空航天、生物医药、能源环保装备等10个以上千亿级产业集群。一旦这些产业积木成林，成都的未来空间将无限广阔。

重庆：经济总量直逼广深，为何成不了一线城市

近年来，一线城市之争呈现焦灼之态。

面对"北上广深"牢不可破的一线格局，过去10多年来，天津、苏州、杭州先后发起了挑战，最终第一个在经济总量触及一线城市门槛的是重庆。

经济总量直逼广州、深圳，乃至形成赶超，为何几乎没有人认为重庆是一线城市？面向未来，重庆能不能赶超广州、深圳，创造"京沪渝"齐名的时代？

■ 省还是市：大重庆的争议

自1997年成为直辖市以来，重庆就始终面临着"省还是市"的争议。

在形形色色的城市排行榜中，重庆往往以"市"的身份，与广州、深圳乃至郑州、西安等同场竞技。得益于庞大的地域面积及人口规模，重庆往往在总量榜单上脱颖而出，经济总量甚至直逼广州、深圳，力压成都、武汉、杭州。一旦论及人均指标，就显示出重庆与一、二线城市之间的真正差距。显然直辖市的身份模糊了重庆的发展水平，让人难以真正了解其综合实力。

虽说都是"市"，但不同的市所代表的城市内涵大相径庭。众所周知，中国的城市更多是广义的行政区概念，既有以城区为代表的城市主体部分，也有广袤的镇区及农村区域，重庆最远的郊县巫溪县距离主城超过400公里，相当于武汉到长沙的距离。此外，近年来，随着城市扩张成为主流，一些强中心城市通过撤县设区、合并周边市县，不断做大自身体量，导致其行政区划不仅囊括了大量市辖区和县，还代管了众多县级市，这就更加剧了行政区划的复杂性，也造成了不同城市众多经济指标的不可比性。

相比而言，西方话语上的城市往往局限于城区，欧美诸多国家发达城市人口超过500万人的都极为少见，而我国常住人口破千万的城市就有17个之多，超过500万人的城市更是接近50个，重庆更是多达3200万人，超过了大多数国家

的人口规模。

就此而言，在我国日常话语中的城市，并不是纯粹的"城"的范畴，而是广义的"市"的概念。基于此，在衡量重庆在全国城市的经济位次时，理应在全域的市的概念之外，将主城区或主城都市区作为与其他城市对标的基准。

根据规划，重庆原本以渝中、大渡口、江北、沙坪坝、九龙坡、南岸、北碚、渝北、巴南 9 区为中心城区，2020 年进一步将渝西地区的涪陵、长寿、江津、合川等 12 区纳入其中，形成了包括 21 个区县、2.87 万平方公里、2000 多万人口的主城都市区，以 35% 的土地集聚了全市 65% 的常住人口、74% 的城镇人口、78% 的 GDP 和全市 90% 的外来人口（见图 5-5），属于重庆"城市"发展的主战场。

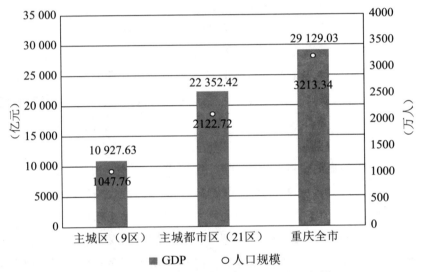

图 5-5　2022 年重庆各区域 GDP 及人口规模

资料来源：重庆市统计局。

一个佐证是，2022 年获批的《重庆都市圈发展规划》将四川广安市纳入其中，但并未将重庆所有区县都囊括在内。重庆都市圈只包括主城都市区 21 区，近半的区县被排除在都市圈之外，这些区县基本位于渝东北三峡库区、渝东南武陵山区等地。都市圈是以"1 小时交通圈"为基本标志，一般是围绕着中心城市 100 公里的范围形成了高度一体化的都市圈。而从重庆中心城区到渝东北的巫山、奉节等地，距离超过 400 公里，高铁需要 2 小时、高速则要 3 ～ 4 小时，超过了许多省份从省会到偏远地级市的距离，也超出了都市圈的极限。如果连都市圈都不是，何谈一个真正意义上的城市？

所以，将主城都市区作为重庆的城市主体部分，更为客观，也更具横向的可比性。以主城都市区来看，2022 年重庆主城都市区 21 区经济总量达 2.23 万亿元（见图 5-5），与成都经济体量基本相当，但明显低于广州、深圳、苏州等市。在主城都市区的范畴下，重庆人均 GDP 由全市的 8.68 万元提高到 10 万元以上，从排名垫底到与成都、郑州、东莞等地相当。无论从总量指标还是人均指标来看，重庆主城都市区都可视为不折不扣的二线城市。

值得一提的是，重庆虽然地域广阔，无论市域面积还是人口规模都超过了台湾省，相当于一个中等省份的体量，但重庆被群山包围，地貌以丘陵、山地为主，其中山地占 76%，故有"山城"之称，整个城市被崇山峻岭分隔成一个又一个片区，大城市、大农村、大山区、大库区并存，发展不平衡不充分问题较为突出。偌大的城市，除了 2 万多平方公里的主城都市区之外，渝东北三峡库区城镇群、渝东南武陵山区城镇群都以山地为主，无论是农业还是工业条件都不算好。

这种背景下，做大做强重庆主城都市区，于重庆而言，是扩大城市规模、优化城市布局、提升城市能级的需要，也是以主城带动周边区域均衡发展的必然之举，更是在成渝地区双城经济圈建设中发挥核心带动功能、承载起国家中心城市职能的需要。

■ 天量固定投资：重庆发展为何这么快？

过去十年，重庆是全国发展最快的城市之一。

数据显示，"十二五"时期和"十三五"时期，重庆 GDP 年均增长分别高达 12.6% 和 7.2%，不仅远超全国的平均水平（7.8% 和 5.6%），也超过广州（10.0% 和 6%）、深圳（10.3% 和 7.1%），得以不断拉近与广州、深圳之间的差距。

关于重庆经济的崛起已有诸多讨论。这背后有三点共识：一是天量固定资产投资，托起了重庆经济增长的底盘；二是汽车、电子两大支柱产业从小到大的完善，奠定重庆的现代工业体系；三是持续的政策倾斜，让重庆成为仅次于北京、上海、深圳的政策高地。

改革开放以来，我国经济历经外贸驱动、投资驱动、消费驱动，尤其是内需驱动的发展历程。自 2000 年尤其是 2009 年以来，投资驱动一直是经济拉动经济增长的主动力之一。1978—2018 年，投资对全国经济的贡献率平均值为 38.3%，2000 年以后投资贡献率达到 51.91%，如今已经降到 40% 以下，而同一时期发达国家的投资贡献率不足 10%。这背后，不无后发国家城镇化突飞猛进的贡献，也与以 4 万亿元为代表的大投资政策带来的刺激有明显关系。

由于发展阶段不同，东部沿海城市早已完成了必要的基础设施建设，投资依赖并不明显。而中西部地区由于补短板的需要，加上来自中央财政转移支付的支持，以及城投公司融资模式的诞生，让诸多城市找到了通过大项目、大投资拉动经济的可能，重庆正是其中的佼佼者。

重庆的投资依赖度位居各大城市前列。据图 5-6 可知，从 2009 年到 2017 年，重庆固定资产投资额合计近 10 万亿元，而同期的广州、深圳分别为 3.9 万亿元、2.5 万亿元。从 2000 年至今，重庆的投资依赖度（固定资产投资 / GDP）一路飙升，高峰时期接近 100%，而广州一直维持在 30% 的水平，深圳更是低到 20% 左右。换言之，仅投资一项对重庆经济增长的贡献就超过了广州和深圳的总和。2018 年以后，国家不再统一公布各地的固定资产投资额，而是以增速代替。2018—2022 年，重庆固定资产投资累计增长 25%，虽然与过去每年动辄 20% 乃至 30% 以上的增速难以相提并论，但固定资产投资仍在重庆经济中发挥着关键作用。

任何投资都要考虑经济效益，更要考虑"钱从哪里来"的问题。对于一个国内总税收不到 3000 亿元、地方税收不到 2000 亿元的中西部省份来说，靠什么支撑起每年一两万的天量固定投资？

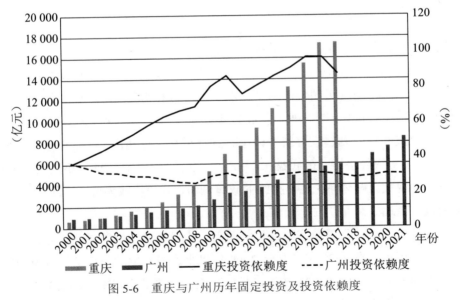

图 5-6 重庆与广州历年固定投资及投资依赖度

注：2017年后，重庆只公布固定投资增速，不再发布具体数值。

资料来源：重庆市统计局，广州市统计局。

一个来源是中央财政的转移支付。直辖之初，由于重庆承载了三峡库区的上百万移民，财政支出压力空前高企，从而获得了免予上缴中央财政的优惠政策，且获得了中央投资项目的支持，这一政策持续了近十年时间。即使后来这一优惠不复存在，但每年重庆还是从中央获得了上千亿元的税收返还及转移支付收入，考虑扣除其上缴部分，重庆每年获得的净财力转移也超过 500 亿元，高峰时期超过 1000 亿元，这无疑增加了重庆的可支配财力，不仅为天量固定投资提供了资源来源，也让重庆有足够多的资金用于公共建设、招商引资、税收补贴等。

另一个来源则是一度颇为流行的城投融资模式。面对投资资金来源匮乏的局面，重庆从 20 世纪 90 年代开始，先后成立了重庆交投、重庆高速、重庆城投、重庆地产、重庆能投、重庆水利、重庆水务和重庆旅投等城市投资平台，这就是赫赫有名的"八大投"。这些城投平台的成立，开启了以土地作为抵押物进行基础设施建设融资的全新发展模式，从而绕开了国家层面对于地方政府发债及政府负债率的限制，让地方建设获得持续的资金支持，从而迅速在全国风靡开来。高峰时期全国拥有各类城市投资平台超过 1 万家。

然而，债务终究是债务，即使划到城投平台这些所谓的企业名下，最终仍是由政府提供担保，与地方债并无实质性区别。随着投资回报率不断下降，加上房地产趋于见顶，土地财政难以为继，以土地作为金融媒介的城投平台债务问题开始凸显。

2014 年以来，随着地方政府获权发债融资及引入政府和社会资本合作（PPP）模式，城投平台被要求逐步剥离融资功能。2020 年以来，财政部要求严禁新设融资平台公司，要求稳妥化解隐性债务存量。自此城投融资模式彻底退潮，地方政府要想继续做大投资，无疑要寻找新的资金来源。

正如厦门大学经济学院教授赵燕菁所说，城市发展有两种模式，一种是资本型增长，敢借钱，敢花钱，固定资产的投资时间越短越好，土地金融正是其典型代表；一种是运营型增长，拼的是现金流能否覆盖债务，能否产生持续的现金流，即高质量发展，其支撑在于实体经济。

重庆同样面临着从固定投资支撑的高速增长到产业支撑的高质量增长的压力，能否迈过这一关，决定了重庆未来发展的高度。

■　**押宝笔记本电脑**

固定投资只是一时的，投资不可能成为经济增长的永动机，真正具有决定性的还是产业。

重庆原本就是老工业城市，工业发轫于抗日战争时期，且得到"一五""二五"

时期国家重点项目的倾斜，在"三线建设"时期又拿下了来自东部及东北地区的工厂、技术人员，从而在改革开放之初就打下了强劲的工业基础，形成了以机床工具、仪器仪表、汽车配件等为主体的制造业体系。凭借这些工业底蕴，重庆在改革开放后迅速做大了汽车、摩托车等制造业，成为我国重要的汽车摩托车生产基地。如今重庆已是全国七大汽车生产基地之一，高峰时期每八辆汽车就有一辆产自重庆。

如果说汽车产业是优势产业自然升级的结果，那么电子信息产业则是从无到有、从小到大、从弱到强的跨越（见图5-7）。

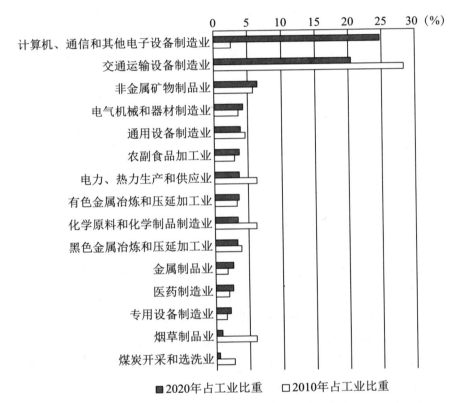

图 5-7　重庆重点年份主要工业行业变迁

注：交通运输设备制造业，包括汽车制造业及铁路、船舶、航空航天和其他运输设备制造业。

资料来源：《重庆市统计年鉴》。

长期以来，笔记本电脑生产基地基本布局在以上海、深圳、苏州为代表的沿海发达地区，这些地方不仅拥有完善的上下游产业链条，吸引了来自全国各地的年轻劳动力人口，而且靠近港口，有着内陆地区所不具备的物流成本优势。所以，当重庆毅然押宝以笔记本电脑为代表的电子信息产业时，曾引发不少质疑。

这其中，关键的当属国际龙头厂商对于零部件物流成本的担忧。对此，重庆市时任有关负责人表示："在重庆把一个整机所需要的零部件 80% 本地化，使得零部件运输几乎没有物流成本，剩下 20% 极少的战略物资在世界范围内配置，如果三年后，重庆未兑现承诺，由此引发的全部物流成本，由我们补贴。"靠着这一方案，重庆在 2008 年迅速拿下了惠普和富士康。龙头企业落地，带动了 100 多家零部件企业的到来。

零部件本地化固然解决了一定的物流成本，但笔记本电脑等产品的主要消费市场在海外，沿海拥有靠近国际市场的港口优势。深居内陆的重庆，该如何与沿海地区竞争？

别忘了，重庆是国际性交通枢纽城市，虽然地处大西南，却是不折不扣的铁路、水运、航空三大交通枢纽。重庆的货轮可通过长江一路直达上海的出海港，货运专列则能借助中欧班列直达欧洲，更不用说毫无阻碍的空港。2011 年，重庆就开通了直达德国的内陆直通式通关模式，从重庆到德国杜伊斯堡，1 万多公里的路程，单程运输时间只要 12 ～ 18 天，比传统海运节省 10 多天的时间，由此拉开了内陆城市对外开放的大幕。截至 2022 年，中欧班列（重庆）开行突破 1 万列，而全国的中欧班列已通达欧洲 24 个国家的 190 多个城市，形成一张贯通亚欧的物流网。

随着产业集聚效应的形成，笔记本电脑领域几乎所有的"选手"都瞄准了重庆。如今重庆云集了惠普、宏碁、华硕等品牌商，富士康、广达、英业达、仁宝、纬创、和硕等主机生产商企业以及包括戴尔、东芝、索尼、苹果、小米、联想等众多笔记本电脑品牌。

目前，全球不到 3 台笔记本电脑，就有 1 台产自重庆。2021 年，全球电脑出货量为 3.41 亿台，其中笔记本电脑出货量达 2.68 亿台，来自中国的出口就有 2.2 亿台。在我国，重庆、广东、四川、江苏、安徽、上海为主要笔记本电脑生产基地。其中，重庆是中国乃至世界最大的笔记本电脑生产基地（如表 5-2 所示），2021 年重庆的笔记本电脑产量超过 1 亿台，连续 8 年位居全球之首，占到四成左右的市场份额。值得一提的是，笔记本电脑也是重庆最重要的出口支柱，整体出口量占比超过 70%，2021 年出口值超过 2000 亿元，连续三年居全国第一位。如今重庆笔记本电脑产业总产值突破 4000 亿元，未来几年有望迈过万亿级大关。

表 5-2 2021 年各省区市笔记本电脑、手机、集成电路产量

地　区	笔记本电脑（万台）	手机（万台）	集成电路（亿块）
重庆	10 730.36	11 158.33	54.78
四川	9751.37	13 137.21	142.53
广东	5935.41	66 965.36	539.39
江苏	5472.18	4045.45	1186.14
安徽	3694.76	96.56	12.64
上海	3093.27	2892.24	364.95
湖北	2057.11	5622.28	0.01
江西	1807.12	12 322.66	1.61
福建	1369.67	2275.52	27.89
云南	1305.04	1483.86	5.93
北京	647.31	11 624.5	207.75
湖南	300.95	2352	29.49
广西	224.27	2337.94	6
浙江	190.69	3214.45	229.74
辽宁	72.12	15.92	10.56
山西	22.09	2732.88	25.1
贵州	10.36	2123.04	0.59
河南	5.78	15 944.65	—
山东	1.9	531.62	37.99
天津	0.21	4.6	29.84
内蒙古	0.02	—	—
新疆	—	234.46	—
海南	—	—	—
吉林	—	—	—
青海	—	—	—
西藏	—	—	—
甘肃	—	—	643.04
陕西	—	4917.23	59.48
黑龙江	—	—	3.66
河北	—	118.79	0.33
宁夏	—	—	0.02

资料来源：国家统计局。

重庆开创的这套生产模式，被称为"垂直整合一体化"，由此打破了过去电子产业水平分工为主的格局。

受此启发，多个内陆城市开始布局电子信息产业，成都、合肥、郑州先后入场，成为中国电子信息产业的"搅局者"，也一改中西部地区缺乏高新产业的局面，许多既不沿江也不靠海的内陆城市，借助电子产业、空港经济和中欧班列，成为瞩目的对外开放新高地。

■ 西部最大的政策高地

自设立直辖市以来，重庆就一直得政策红利，说是西部地区最大的政策高地并不为过。

首先是升格为直辖市，带来的或直接或间接的政策优势。升格为直辖市之前，重庆属于四川省辖的计划单列市，在行政级别上位列副省级，虽然不乏财政单列的优势，但与省会且同为副省级城市的成都之间，必然存在着各种各样的直接竞争。升格为直辖市之后，重庆成为与北京、上海、天津同等的省级城市，无论是行政级别、资源调配能力还是在全国区域版图中的位置，都得到显而易见的提升。

同时，由于重庆升格为直辖市时接纳了103万的三峡库区移民、300万的贫困人口以及多个贫困市县，重庆人均 GDP 回落到全国平均线以下，为此，重庆获得了免予上缴中央财政的特殊照顾，原本这一政策只是持续 5 年，后来由于财税体制改革，一直维持到 2009 年。与此同时，三峡工程建设之际，重庆还得到大量中央项目的投资，从 1998 年到 2006 年，重庆固定投资中来自中央项目的投资占比超过 10%，最高年份接近 20%。

除了升格为直辖市而带来的直接利好之外，在一系列重大国家战略和布局中重庆都有一席之地。从最早的西部大开发到"一带一路"，从国家中心城市到西部陆海新通道再到国家综合交通四大极轴，从长江经济带到成渝地区双城经济圈，重庆都是高光般的存在。

西部大开发惠及的是整个西部，重庆也不例外。除了基建、产业转移等方面的实质性利好之外，最重要的是鼓励类产业减按 15% 征收企业所得税，这一政策从 2000 年一直延续到 2030 年。而东部和中部地区除了个别自贸区享受这一政策之外，绝大多数企业要按照 25% 的税率缴纳。10 个点的税率之差，无疑给了西部地区尤其是龙头城市招商引资的优势。

近年来，重庆在全国城镇体系及交通骨架网络中的位置不断抬升。重庆既是九大国家中心城市之一，也是西部陆海新通道的中心城市，更位列国家综合交通骨架网四大极轴之一的"成渝极轴"，从而成为与京津冀、长三角、大湾区同等的存在。与此同时，陆海新通道、中欧班列、"渝满俄"班列在此交汇，重庆还成功入选交通强国建设首批试点地区，成为全国唯一兼有陆港型、港口型国家物流枢纽城市，位列 20 个国际性综合交通枢纽之列。

近年来，"一带一路"、长江经济带、成渝地区双城经济圈成为新时期国家的重要布局。重庆恰好处于几大布局的交汇点上，立足于此，重庆的城市能级得到全面抬升。

所以，重庆崛起的背后，既有时代的馈赠，也不乏自身的努力。总量的赶超只是第一步，需要认清的现实是，重庆与一线城市乃至东部沿海的强二线城市之间还存在较大差距，这正是重庆努力的方向所在。

西安：大西北，为何只有一座国家中心城市

不到西北，不知道中国有多大。

从陕西省会西安到新疆边陲喀什，直线距离大约 3000 公里，相当于最北部省会哈尔滨到最南端省会海口之间的距离。西北地区横跨陕、甘、宁、青、新 5 个省区及内蒙古部分地区，地域辽阔，资源丰富，生态多样，总面积超过 300 万平方公里，占全国国土面积的 1/3 左右。正因为这一点，西北又有"大西北"之称。

然而，偌大的西北，为何只有一座国家中心城市？西安能否带动整个区域的发展？

■ 大西北唯一的国家中心城市

作为中国城镇层级的塔尖城市，国家中心城市居于国家战略要地，肩负国家使命，引领区域发展、参与国际竞争、代表国家形象，被无数城市追逐。

2018 年，西安成为第 9 个国家中心城市，且是大西北唯一的国家中心城市。除西安之外，西北的乌鲁木齐、兰州均不乏竞逐国家中心城市的想法，但多年以来国家中心城市未再进行大幅扩容，西安作为西北地区龙头城市的地位由此奠定。

西安靠什么脱颖而出？

西北虽大，但由于多为资源型省区，加上荒漠、戈壁、雪山、草原等多样的生态环境，无论是经济规模还是人口规模，与其区域面积均不相匹配。如果不计横跨了西北、华北、东北三大区域的内蒙古，大西北 5 省区以 1/3 左右的国土面积，仅聚集了不到 6% 的经济总量、7% 左右的人口，人均 GDP 多数位居中下游。

在大西北，无论是经济总量、人口规模还是人均 GDP、工业实力，陕西都居第一位。2022 年，陕西地区 GDP 达 3.27 万亿元，常住人口超过 3900 万人，经济规模超过甘肃、宁夏、青海、新疆总和的八成左右，常住人口占了西北 5 个省区的四成左右（见表 5-3）。

表 5-3　2022 年西北五省区经济数据对比

省　　份	地区 GDP（亿元）	常住人口（万人）	人均 GDP（万元）
陕西	32 772.7	3954	8.29
新疆	17 741.3	2587	6.86
甘肃	11 201.6	2492	4.50
宁夏	5069.6	728	6.96
青海	3610.1	595	6.07

资料来源：各省统计公报

大西北经济总量最高的城市是西安，第二高的城市为榆林，都位居陕西。西北 5 个省区，共有 51 个地市州，排名位居前十的，陕西一省就占了 6 个，而西安的经济实力在一众地级市中更是遥遥领先。如果置于全国，西安的经济实力或许跻身不了第一梯队，但在大西北，却是独一无二的存在。

2022 年，西安 GDP 为 1.15 万亿元，常住人口超过 1300 万人，经济总量接近其他 4 个省会或首府的总和，相当于西北第二大省会乌鲁木齐的 3 倍左右（见图 5-8）。从各自城市的发展来看，在未来 5～10 年时间，西安都将是大西北地区唯一的"'双万'俱乐部"成员。

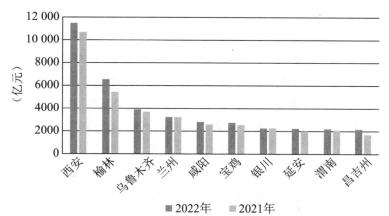

图 5-8　西北 GDP 十强（2022 年）

资料来源：各地统计公报。

不过，国家中心城市并非以经济实力论高下，经济只是其中一环，并非核心决定因素。所谓国家中心城市，一般是连通国内与国际的门户枢纽，具有全国范围的中心性和一定区域的国际性，也是区域经济产业的引领者，不能仅作为一家独大的强省会而存在，更要拥有强大的空间辐射能力，同时还是国家战略的承载者，在国家重大区域战略和国际开放战略中处于主导地位。

就此而言，西安的优势仍是独一无二的。西安区位优势一流，地处中国陆地区域中心，汉、唐等13个朝代纷纷在此建都，就足以说明西安是战略要地之所在。虽然近代以来全球经济地理格局发生了翻天覆地的变化，但西安一直是大西北的门户枢纽，既是我国少有的几个"米"字形高铁枢纽，也是西北地区连通国际的重要通道。西安不仅是20个国际性综合交通枢纽之一，还是大西北唯一集陆港型、空港型国际物流枢纽于一体的城市。借助航空港和中欧班列，地处内陆腹地的西安正在变身开放前沿，从2011年到2022年，西安进出口总额从不到1000亿元增长到4000亿元以上，规模跻身全国前二十、西部第三、西北第一。

除区位之外，西安还以国家级城市群——关中平原城市群为依托，辐射范围覆盖陕西、甘肃、山西三省，且正处于我国城市群第二层级的"发展壮大"阶段，而西北地区呼包鄂榆、兰州—西宁、宁夏沿黄、天山北坡等其他城市群还处于第三层级的"培育发展"阶段，尚未对中心城市形成支撑效应。

至于国家战略，作为"西三角"之一的西安，在西部大开发、国内国际大循环等国家战略中均发挥着主导作用。

所以，西安能在大西北脱颖而出并非偶然。

■ 大飞机第二总部？

随着国产大飞机C919正式领证，中国的"大飞机梦"成为现实。

大飞机被誉为工业明珠，技术难度之大、科技含金量之高、尖端科技之复杂，堪称现代工业之最，没有举国之力难以毕其功。数据显示，国产大飞机C919的研制由国内22个省份、200多家企业、36所高校等通力合作完成，国产化程度已经达到60%，西安企业在其中发挥着关键作用。在中国商飞供应商名录里，来自陕西的Ⅰ类供应商有5家，Ⅱ类供应商有1家，Ⅲ类供应商有2家（见表5-4）。其中，中航西安飞机工业集团股份有限公司是主供应商，承担了机体结构中设计最为复杂、制造难度最大的部件——机翼、中机身（含中央翼）等6个工作包的研制任务，任务量约占整个机体结构的50%。

表 5-4　国产大飞机陕西供应商

类　别	企业名称	主要业务或负责任务
I 类供应商	中航西飞	主供应商，承担 C919 飞机外翼翼盒、中机身（含中央翼）、襟翼、副翼、缝翼等部件的研制生产任务
	陕西航空电气	C919 飞机航空电源系统的主要供应商
	中航西安航空计算技术研究所	飞机通信信息处理系统
	中航西安飞行自动控制研究所	我国航空工业导航、制导与控制技术研发中心
	西安鸿翔飞控	主要参与研发和生产飞机的飞行控制系统
II 类供应商	西北橡胶塑料研究设计院	从事橡胶密封制品、特种橡胶制品、橡胶专用材料的研发与生产
	陕西宏远	提供各类航空锻件
III 类供应商	宝鸡钛业	国产大飞机主要钛材料供应商

资料来源：中国商飞官网，各企业官网，上市公司公告等。

可以毫不夸张地说，国产大飞机的成功研制，来自西安的国防军工企业发挥了关键作用。正因为这一点，不少人呼吁将中国商飞总部从上海迁回西安，或将国产大飞机第二总装基地落户西安，从中可见西安在航空工业中的关键地位。

别的城市都以高峰期堵车上热搜，西安却常常以路上"堵飞机"而备受瞩目。在航天领域，西安云集了众多航天"国家队"成员；在航空领域，西安聚集起1300 多家航空相关企事业单位，形成了集飞机研究设计、生产制造、试飞鉴定于一体的产业集群。2020 年，西安航空航天产业集群总产值首次突破千亿元大关，迈出新步伐。

中国不乏军工大市，从东北的哈尔滨到西南的成都再到中部的南昌，军工关乎大国国防安全，丝毫疏忽不得。不过，作为国防工业，基于保密性的需要，许多产业并不计入地方的 GDP，这也导致西安的 GDP 被低估。表面上看，直到2020 年，西安才首次迈入"万亿俱乐部"，但如果考虑到军工产业，西安早就是不折不扣的"万亿俱乐部"成员了。

不过，这种局面已经得到改观。随着军民融合不断深入，早在 2017 年，西安就开启了军民融合统计体系创新改革，着力打破军地壁垒和行政级别约束，在全国率先探索解决军工单位统计数据安全问题。在此探索下，一些军工企业的产值陆续被计入地方 GDP 中，但仍有一些国防科研机构、尖端项目的产值未纳入地方核算。

事实上，相比于统计口径问题，核心的在于军民融合的力度。军工产业往往是高精尖技术的代表，航空航天产业覆盖机械、电子、材料、化工等几乎所有工业门类，涉及空气动力学、人机工程学及系统工程学等众多学科，本身产值或规模或许不大，但技术含量之高、知识密集度之大，往往领先于诸多民营产业。在保障国防安全和满足保密性的前提下，推动军民融合，大力发展与军工相关的电子信息、装备制造、民用航空等产业，是做大工业的不二选择。这方面，西安已经取得不少有效探索。

国防军工产业是西安不可多得的优势，也是西安在新一轮城市竞争中旗开得胜的重要抓手。

■ 最大的短板竟然是……

虽然国防军工产业一骑绝尘，但与许多人印象中不同的是，西安工业不仅不发达，还成了经济发展的最大短板。

在过去，西安是与沈阳、天津等地齐名的重工业城市。然而，改革开放以来，西安的工业占比不断走低，从历史巅峰时期的50%左右一路直降到2020年的18.2%，2021年以来，借助新能源汽车产业狂飙突进，西安工业增速一度领跑主要城市，工业比重重返20%以上，但与主要城市仍有距离。且不说作为龙头的上海、深圳的工业增加值已经迈过万亿元大关，即使与同能级省会济南、郑州、合肥相比，西安也存在明显的差距（见图5-9）。

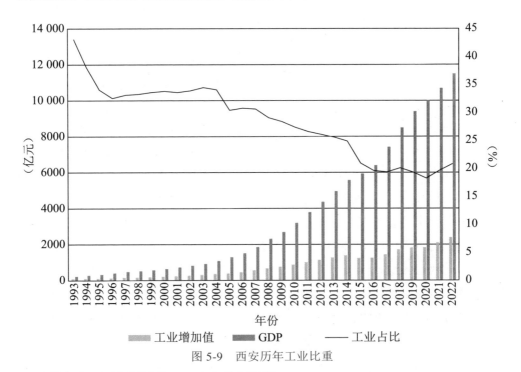

图 5-9　西安历年工业比重

资料来源：《西安统计年鉴（2022）》及公开报道。

历史上，西安是不折不扣的工业重镇，更是"一五"计划和"三线建设"的最大受益者之一。"一五"时期，苏联援建的 156 项重点工程，24 个给了陕西，17 个落在了西安，位居全国之首，而拿下 10 个以上项目的城市只有 3 个，另外两个分别是太原、哈尔滨。这些重点工程以航空、电力工业为主，由此奠定了西安的工业基础，形成了西郊电工城、东郊军工城、纺织城、阎良航空城等功能分区，这是西安工业的第一次飞跃。

20 世纪 60 年代，"三线建设"时期，一众工厂从东北、东部地区迁到西部内陆，众多高精尖的机械工业、国防工业以及先进的科学研究单位外迁。陕西省在"三线建设"中新建、迁建国防工业项目 109 个，其中航空工业 33 个、航天工业 24 个、兵器工业 11 个、电子工业 28 个、核工业 12 个、船舶工业 1 个，这些项目绝大多数落在了西安，由此奠定了西安在国防军工中的突出地位。

可以说，没有 156 项重点工程和"三线建设"，就没有西安后来强大的工业实力。然而，20 世纪 90 年代，西安在全国率先开启了"去工业化"。1999 年，《西安市城市总体规划（1995 年至 2010 年）》获批。在这版规划中，西安被定位为"中西部重要的中心城市，全国重要的科研、教育基地，旅游胜地"，已经不见工业的字眼。这版规划虽然确立了西安作为世界历史文化名城的地位，开启了全面向第三产业进攻的号角，但在同一时期，珠三角正开启从"三来一补"的加工产业向高新制造业的转型，以重庆、成都、合肥为代表的二线城市，利用沿海地区产业转移的机会，加速建立起电子信息、家电制造、智能制造等产业体系，而西安错失了这一机遇。

西安为何过早放弃了工业？

一个直接原因是水资源不足。20 世纪 60—90 年代，每年夏季西安几乎都要出现水荒，不仅居民用水一度成了困难，大雁塔一度因为地下水位降低出现了倾斜下沉的险情，工业发展更是受制于水资源约束而无法扩张，加之西安以航空航天、装备制造等重工业为主，工业用水需求更大，进一步凸显了水资源不足的矛盾。1994 年，时任全国政协副主席的原水利部部长钱正英到西安视察，甚至发出了"解决水荒，抢救西安"的呼吁。

不过，西安周边并不缺水，缺少的只是如何将水引到城里，这就凸显了引水工程的重要性。"八水绕长安"奠定了西安作为千年古都的基础，秦岭山脉更被誉为"中央水塔"。近年来，随着黑河引水工程、引乾济石、引湑济黑、引红济石、引汉济渭等调水工程先后启动，西安的水荒问题得到缓解，重回工业强市的最大障碍也就不复存在。

与水资源相比，西安的工业结构或许是最大症结。关于西安工业有一个形象的比喻："顶天立地"的多，"铺天盖地"的少。且不说西安整体产业以重工业为主，在重工业中与军事相关的产业又占了相当大的比例。如今人们耳熟能详的企业几乎都是大型国有企业，以 2022 年中国 500 强企业为例，陕西共有 10 家企业上榜，其中西安占了 9 家，但除了隆基绿能、陕西汽车之外，其他要么是能源企业，如陕煤集团、陕西有色金属集团，要么是地产企业。同年，陕西只有 5 家企业入围中国民营企业 500 强榜单，仍旧只有隆基股份 1 家先进制造业企业。

同时，西安工业体系的建立更多依赖的是国家战略倾斜，无论是 156 项重点工程还是"三线建设"。这些产业虽然为西安现代化工业建设打下良好的基础，却无法支撑西安在全国乃至世界舞台上的竞争力。以重工业、国有企业、国防工业为主的产业结构，难以经受住市场的洗礼，亟待转型。

西安显然也意识到了这一点。早在 2017 年，西安就发出了著名的"西安十问"，其中关于工业的这句可谓直指问题症结："为什么我们工业门类齐全、基础较好，但多年来，工业不大不强，工业这块短板就是补不上？"在这方面，官方文件也是直言不讳：西安产业规模较小，工业不大不强，支撑带动作用发挥不够。西安龙头企业少，规模以上企业不多，规模以上工业增加值总量仅为副省级城市平均规模的 1/2 左右。

基于此，2019 年西安提出"先进制造业强市"的口号。在"十四五"规划中，西安进一步提出到 2025 年规模以上先进制造业总产值超过 1 万亿元，形成电子信息、汽车、航空航天、高端装备制造、新材料新能源、食品和生物医药 6 个千亿级产业集群（见图 5-10）。其中，新能源汽车产业已经率先突围。2022 年，西安新能源汽车产量首超上海，问鼎全国第一城，产量一年翻了近 3 倍，成了我国首个产量破百万辆的城市；汽车产业增加值同比增长 55.2%，成为稳增长的最大助力者。这背后，传统汽车产业并不强劲的西安，选择"换道超车"，早在十多年前就已默默布局了新能源汽车产业，并最终迎来了大爆发。不过，虽然产量一度力压上海、广州等地，但西安汽车龙头企业并不多，无论是汽车产业集群还是研发实力，都与上海、广州等地存在明显差距。同时，作为战略性新兴产业主赛道，随着渗透率超预期提升，新能源汽车产业洗牌之战越发白热化，市场从"蓝海"步入"红海"，数十家"新势力"厂商谁能笑到最后，一切都悬而未决。

所以，对于西安来说，从新能源汽车第一大城到第一强城，重回工业大市乃至打造成为制造业强市，都有很长的路要走。

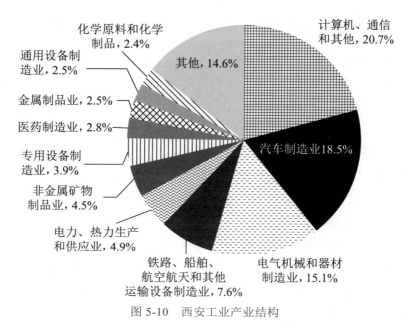

图 5-10 西安工业产业结构

资料来源：《西安统计年鉴（2022）》。

昆明："泛亚铁路"横空出世，大西南终于有了超级枢纽

时隔 80 年，昆明重回国际中心舞台。

80 多年前，为支援抗战，昆明敞开大门接纳来自沦陷区的学校、机关、工厂和平民，以一隅而荷天下之重任，成为抗战的大后方。同时，为突破封锁，中国在云南先后开辟了滇越铁路、滇缅公路、"驼峰航线"三条抗战生命线，昆明成为接受国际包括华侨援华物资的集散地和"大动脉"，也成为亚洲战场不可忽视的中坚力量。

时光斗转，和平与发展已成为新的时代主题。随着"一带一路"的推出，区域全面经济伙伴关系协定（RCEP）的落地，作为泛亚铁路支线之一中老昆万铁路的开通，云南从深居西南内陆的大后方变成了面对南亚、东南亚开放的新前沿，昆明也一跃成为中国面向东盟的桥头堡。

有人说，昆明有望成为直面东南亚意义上的"一线城市"。虽然以昆明的经济体量和工业实力，还承受不起如此之高的评价，但在"一带一路"的大布局中，在泛亚铁路的宏大规划里，面向东南亚的综合交通、国际物流枢纽，则非昆明莫属。

这是昆明前所未有的历史机遇，也是中国以更加开放的姿态拥抱世界的见证。

■　中老昆万铁路意义几何？

2021 年 12 月，中老昆万铁路全线正式通车，标志着泛亚铁路从纸面走向现实。

这条北起中国云南昆明、南至老挝首都万象的铁路，全长 1035 公里，是第一条采用中国标准、中老合作建设运营，并与中国铁路网直接连通的境外铁路。其中，境内段昆明到磨憨全长 613 公里，境外段磨丁至万象全长 422 公里。开通运营后，从昆明至万象最快 10 小时左右可达。

中老昆万铁路是泛亚铁路中线的一部分，不仅是身为内陆国的老挝的第一条现代化铁路，打破了老挝只有万象—泰国廊开 3.5 公里铁路的历史，也使老挝从"陆锁国"变成"陆联国"，同时作为泛亚铁路第一条全线贯通的支线线路，等到中泰铁路贯通之后，从昆明经万象可直达泰国首都曼谷。随着泛亚铁路的持续推进，昆明借此从全国铁路系统的"末梢"变成国际铁路的"前端"，为中国突破可能存在的南海国际封锁、打破"修昔底德陷阱"提供了无限空间。

借助中老昆万铁路，老挝的铜、木材、农产品等输入中国，而中国的汽车、摩托车、纺织品、钢材、电线电缆、通信设备、电器电子产品等抵达老挝万象，再转其他运输方式，最终到达泰国、缅甸、马来西亚等东南亚国家。

随着中老昆万铁路的开通，昆明作为泛亚铁路起点的定位终于名副其实。不仅如此，昆明还将触角伸到了中老边境的口岸城市，省会的辐射力全面提升。2022 年 5 月，昆明托管西双版纳州磨憨镇共同建设国际口岸城市，这是云南省首创的区域协同发展新模式，一如深圳"合并"深汕特别合作区，并将之作为第"10+1"区而存在，中老边境的磨憨镇也将成为昆明在云南的"飞地"。昆明有产业但没有陆路口岸，西双版纳有陆路口岸，且有磨憨—磨丁这一跨境经济合作区，但除了旅游业外其他产业都相对孱弱。因此，昆明托管西双版纳的口岸镇，推进全方位合作发展，无疑是双赢之举。

虽然政治、经济、社会价值巨大，但这条路建设起来并不容易。且不说国际地缘局势有多复杂，就是地理环境就给建设带来了前所未有的难度。云南位于青藏高原南延地带，西部为横断山脉及其他山脉，东部属云贵高原，地势西北高、东南低，形成明显的阶梯，铁路建设成本较东部地区更为高昂。与云南相比，老挝地理条件更为复杂，其面积与广西相当，广西的十万大山无人不知，而老挝更进一步，素有"中南半岛屋脊"之称，山地和高原占国土面积的 80%。这些客观地理环境的存在，导致中老昆万铁路路面铺设比例不到 30%，绝大多数路段是靠桥梁、隧道挖出来、架出来的。

短短 1000 多公里的铁路，新建隧道 167 座，新建桥梁 301 座，被称为"穿行于桥隧之间"的铁路。正因为技术难度之大，这条铁路创下了一系列纪录：飞跨"V"形红河高山峡谷的元江特大桥，主跨长度和桥墩高度均位居同类桥梁世界第一；长达 17.5 公里、穿越 20 条断层和 2 个向斜构造的安定隧道，建设难度在国内铁路隧道施工中极为罕见……这些因素的存在，让中老昆万铁路总投资额超过了 500 亿元，总长仅 400 多公里的老挝段建设周期长达 5 年之久。

从短期来看，中老昆万铁路的经济价值或许不及政治价值和社会价值。这背后的原因不难理解，老挝是亚洲最贫穷的国家之一，GDP 约为 200 亿美元，人均 GDP 不到 3000 美元（见表 5-5），经济体量仅与云南保山市相当，约为昆明的 1/6，人均 GDP 不到昆明的 1/5。从产业结构来看，老挝以农业为主，工业基础极其薄弱，能用于出口的要么是农产品，要么是铜矿和金矿石。虽然中国已是老挝的第一大投资国、第二大贸易国，但中老 2022 年贸易总额为 56.8 亿美元，不到中国与东盟贸易的 0.6%。

表 5-5　东南亚各国经济数据

排　　名	国　　家	GDP（亿美元）	人口（万人）	人均 GDP（美元）
1	印度尼西亚	12 474	27 485.9	4538
2	泰国	5856	7007.8	8356
3	越南	4155	9922.3	4187
4	马来西亚	4153	3378.2	12 295
5	菲律宾	4061	11 048.9	3676
6	新加坡	3970	574.3	69 129
7	缅甸	631	5388.6	1170
8	柬埔寨	280	1599.3	1749
9	老挝	206	748.1	2757
10	文莱	163	46.3	33 097

资料来源：国际货币基金组织 2022 年数据。

当然，这只是就短期而言，且不乏特殊因素的影响，更未计入中老昆万铁路释放出的增长效应。要知道，过去 20 年中老贸易从 4100 万美元增长至 56.8 亿美元，增加了 100 多倍，未来几年双边贸易有望攀升到 100 亿美元乃至更高。

重要的是，中老昆万铁路是泛亚铁路的一部分，是泛亚铁路中线连通泰国乃至新加坡绕不开的存在。一旦中泰铁路开通，昆明直达曼谷，中老、中泰贸易都将蒸蒸日上，这条铁路所带来的利好就不只是几亿或几十亿美元的量级。中老昆万铁路的开通，标志着"一带一路"倡议走深走实，其带来的经贸、旅游、文化交流等利好效应，将给"一带一路"沿线国家和地区带来显而易见的示范效应，这是其深远意义所在。

■ 泛亚铁路全面成形还要多久？

无论是中老昆万铁路还是中泰铁路，都只是深入东南亚腹地的泛亚铁路的一部分。

泛亚铁路的概念，最早可以追溯到 1960 年左右，旨在打造覆盖东亚、东南亚地区并进一步延伸到欧亚大陆的铁路网，但后来因种种原因一度搁浅，但其经济价值和社会价值得到全世界公认。20 世纪 90 年代，随着国际局势的变化，泛亚铁路再次进入各大国家议程，经过多年磋商，直到 2010 年 4 月亚洲 18 个国家才正式签署《亚洲铁路网政府间协定》，筹划了近 50 年的泛亚铁路网计划最终有了落地的可能。

广义的泛亚铁路，囊括了欧亚大陆，分为北部通道、南部通道和东盟通道。三大通道都以中国为中心，北部通道覆盖中国、韩国、俄罗斯、蒙古、哈萨克斯坦等国家，南部通道和东盟通道则覆盖中国、东盟 10 国以及印度、伊朗、土耳其等地区。如果这一设想得以落地，广大的欧亚大陆将通过铁路网连成一体。然而，由于涉及多个国家和地区，制度不同，地缘关系复杂多变，各方利益诉求不一，加上经济发展水平、地理环境受限带来高昂的经济成本问题，一些国家无力负担大规模的铁路建设，想要完全落地并不现实。

正因为这一点，近年来泛亚铁路的重点落在了中国南部及东盟地区，连通中国与东南亚多个国家，构成了狭义上的泛亚铁路，也是我们从媒体到日常生活中所提及的概念。根据规划，狭义上的泛亚铁路分为东、中、西三条线路，始发点都是昆明。如表 5-6 所示，东线从昆明出发经蒙自、河内、胡志明市、金边到曼谷；中线从昆明出发经景洪、磨憨、老挝首都万象，到达泰国首都曼谷；西线从昆明出发经大理、瑞丽、缅甸仰光至曼谷。东、中、西三线最终在曼谷汇合，随后南向经过吉隆坡最终到达新加坡。

表 5-6　泛亚铁路各路线进度

	路　　线	进　　度
东线	昆明—蒙自—河内—胡志明市—金边—曼谷—吉隆坡	境内段已于 2014 年贯通
中线	昆明—景洪—磨憨—万象—曼谷—吉隆坡—新加坡	中老昆万铁路已于 2021 年开通，中泰铁路将于 2027 年通车

续表

	路　　线	进　　度
西线	昆明—大理—瑞丽—仰光—曼谷—吉隆坡—新加坡	昆明到保山段已通车，保山至瑞丽段将于2024年开通，缅甸段处于可行性研究阶段

资料来源：据公开报道整理，为示意路线，具体有待规划明确。

　　在三条线路中，进展最快的当属中线。目前，从中国昆明到老挝首都万象的中老昆万铁路已于2021年底全面开通运营。中泰铁路一期（曼谷—呵叻段）已于2017年正式动工，原本预计2021年通车，但后来因种种因素进展缓慢，直到2021年才全面进入施工阶段，预计2026年竣工开通；中泰铁路二期（呵叻—廊开段）正在加速推进，有望于2028年开通。廊开离老挝首都万象只有数十公里之遥，届时中泰铁路将与中老昆万铁路贯通，如果南连泰马新铁路取得突破，泛亚铁路中线全线贯通就不再只是想象。退一步讲，即使不能直通新加坡，至少在2030年之前，昆明可通过铁路直达曼谷，中国、泰国、老挝三个国家通过铁路可实现客流、货流的直接畅通。

　　相比而言，穿越越南的泛亚铁路东线、连接缅甸的泛亚铁路西线则进展缓慢。这两条线路的国内铁路架设均如火如荼，东线国内段（昆玉河铁路）早在2014年就已贯通运营，从昆明到中越边境的河口只要3小时左右，西线国内段大理到保山段已于2022年开通运营，保山至瑞丽段建设正在有序推进，预计于2024年之前建成。等到这两条线路国内段全面建成之时，昆明可分别通过西双版纳的磨憨、红河的河口、德宏的瑞丽等口岸，与东南亚国家直接连通。

　　泛亚铁路东西两线的国内段建设不存在任何压力，需要的只是时间，但国际段受到地缘等种种因素的影响。先看东线，这条线路从昆明经河口直达越南河内，首要的问题是两国铁轨标准不同，中国统一使用的是1435毫米标准轨，而越南是1000毫米米轨、1435毫米标准轨、混合轨共存，标准轨占比不到1/10，这就导致中越之间的铁路货运，要么靠之前流量极其受限的跨境米轨直通，要么借助准米轨换装联运，效率低下，亟待升级。好消息是，2022年底中越双方签订联合声明，其中提出"开展基础设施建设与互联互通合作，尽快完成老街—河内—海防标准轨铁路规划评审"，被视作两国铁路并轨的先声。

　　不过，越南作为后发国家，随着近年来外贸和制造业的崛起，在区域上一直谋求相对独立的话语权，不断寻求对东盟的影响力，再加上一些其他因素的影响，跨境铁路进展缓慢，这仍然是不容忽视的问题。

　　再看西线，这条线路从昆明经瑞丽到缅甸仰光，缅甸段分为曼德勒—皎漂、木姐—曼德勒两段，木姐是与瑞丽毗邻的缅甸边境口岸。中缅铁路运作已久，早在2006年就传闻开工建设，但由于缅甸近年来政局动荡，铁路建设进展相对缓慢，且一度陷入停滞状态。2018年之后，中缅铁路先后迎来多个突破性进展，先是中缅签署木姐—曼德勒铁路项目可行性研究备忘录，接着皎漂深水港项目特许协议正式签约，随后中缅双方签署曼德勒—皎漂铁路项目可行性研究谅解备忘录……可以说，中缅铁路势在必行，唯一需要的也是时间。

等到泛亚铁路中线、东线、西线全面贯通后，昆明作为泛亚铁路起点和中心枢纽的地位将更加突出。背靠西南，拥抱东盟，昆明不只是对外开放的桥头堡，更有望成为东南亚与中国西南的新中心。

■ 打破"马六甲海峡"依赖

泛亚铁路究竟有多重要？

了解国际政治、区域及经济格局的人都知道，近年来美国在亚太地区先后构建了军事上的"第一岛链"和经济上的"印太框架"（IPEF），从而形成对中国的全面"包围"之势。其中，"第一岛链"由来已久，而"印太框架"则于2022年正式启动，成员国囊括美国、印度、日本、韩国、澳大利亚、新加坡等印太地区主要国家，涵盖约25亿人口，框架包括贸易、供应链、清洁能源和基础设施、税收和反腐败"四大支柱"，形成地缘战略竞争新平台。

虽然在和平与发展、全球化等时代主题下，无论是"第一岛链"还是"印太框架"，都尚未对我国国防、军事安全带来直接挑战，但未雨绸缪永不过时。为避免最坏的情况发生，我国早在2013年就已启动"一带一路"倡议，同时推进泛亚铁路建设，打破对马六甲海峡这一"海上生命线"的依赖。众所周知，马六甲海峡是整个东亚海洋贸易的咽喉要道，每年都有10多万艘巨轮穿梭于此，而中国就占了六成左右，其中我国的石油进口超过80%都经由这一通道。一旦马六甲海峡因地缘争端而陷入冲突，"海上生命线"难免备受冲击。

因此，泛亚铁路之于中国，不仅在于构建西南地区与东盟的铁路货运新通道，更深层的用意在于借助泰国、越南、缅甸等地的港口，为中国寻找新的出海通道。越南有胡志明港，泰国有曼谷港，缅甸有仰光港，这些港口均可通过泛亚铁路与中国连通。这意味着，一旦泛亚铁路全线贯通，中国相当于在国际上多了三个举足轻重的出海通道。

从经济价值来看，长期以来中国在广袤的西部只有广西的北部湾港一个出海口，昆明的货物想要出海，只能绕行，成本相对高昂。一旦泛亚铁路全线贯通，昆明可通过东、西、中三线直抵越南胡志明港、缅甸仰光港、泰国曼谷港，出海距离可节省 1600 公里到 4000 公里不等。

在东盟国家的众多港口中，最具战略意义的当属地处马六甲海峡西侧的缅甸港口。毕竟胡志明港和曼谷港由于地理位置的原因，仍然绕不开马六甲海峡。缅甸港口众多，其中最具代表性的为仰光港和皎漂港。仰光港虽然是缅甸目前最大的港口，但航道拥挤，只能停靠万吨级货船，空间相对有限，而皎漂港作为天然深水良港可停靠 30 万吨级货船，对于大国海洋贸易的作用更加突出。

因此，无论是泛亚铁路还是中缅合作，都将皎漂港作为关键的一环。泛亚铁路西线从昆明直达仰光，而仰光到皎漂港有支线连接，届时中国进口的重要战略物资可在皎漂港通过泛亚铁路直接运达昆明。2016 年中国企业中标皎漂大型深水港工业区项目，系中缅油气管道起点，2018 年中缅签署皎漂港开发框架协议，2022 年中缅签署曼德勒—皎漂铁路项目可行性研究谅解备忘录。

中缅油气管道的重要性不弱于泛亚铁路。中缅油气管道已于 2017 年正式投产，从缅甸西海岸皎漂港的马德岛一直延伸至中国云南省的瑞丽。这一管道的开通，让几乎不产油的云南改变了"缺油少气"的局面，也让中国多了一条绕行马六甲海峡的原油战略要道。

基于区位优势，昆明在《国家综合立体交通网规划纲要》中被列为 20 个国际性综合交通枢纽之一。昆明已是面向中国西南和东南亚的航空枢纽，旅客吞吐量位居全国前十，货邮吞吐量位居西部地区前列，未来加上泛亚铁路的助力，昆明有望成为西南乃至整个西部最大的客运枢纽和物流枢纽，昆明的城市能级和综合实力必然会随之不断跃升。

南宁：时隔千年再造运河，"逆天改命"的机会来了

说起广西，许多人只知是西部省份，却很少有人了解广西居然也是沿海省份，而且是西部唯一集沿边、沿海双重身份于一体的大省。

广西有 1628.6 公里的大陆海岸线，位居全国第 7 位，超过了江苏与河北的总和。这些海岸线造就了以防城港、钦州港、北海港为代表的北部湾港口群，这是我国离马六甲海峡最近的海港，也是西南地区唯一的出海门户。同时，广西与越南海陆相接，是中国面向最大贸易伙伴东盟的桥头堡。

论区位优势，广西在西部地区可谓独一无二。然而，广西的存在感为何如此之低？广西又靠什么来"逆天改命"？

人工运河，正是答案之一。

■ 时隔千年，为何要再造运河？

时隔千年，中国再造大运河，贯通南北水脉。

"十四五"时期，我国在长江以南规划了三大运河：赣粤运河、湘桂运河、平陆运河。三大运河将沟通长江、珠江两大水系，再造陆海新通道，重塑区域经济格局。如表 5-7 所示，湘桂运河与赣粤运河，一条连通汉湘桂大通道，一条贯通浙赣粤大通道，将长江、珠江两大水系连成一体，覆盖广东、浙江、广西、湖南、江西等省份。这两条运河一旦贯通，将为长三角、珠三角开拓更大的经济腹地，也为广西、江西等欠发达省份重现历史荣光提供了可能。平陆运河则是西部陆海新通道的一部分，连通西江"黄金水道"和北部湾港口，为南宁、贵港、崇左、百色、来宾等城市提供新的出海通道，被赋予通江达海的重任。

表 5-7 三大超级运河工程

名　　称	全　　长	连通区域	航道等级	估算总投资
平陆运河	135 公里	连通西江航运干线与北部湾海域	内河 I 级，可通航 5000 吨级船舶	727 亿元
赣粤运河	1228 公里	连通长三角、粤港澳大湾区两大区域	III 级航道标准	1500 亿元
湘桂运河	1280 公里	连通长江、珠江两大水系	III 级航道标准，可通航 1000 吨级船舶	千亿元左右

资料来源：《西部陆海新通道总体规划》《"十四五"现代综合交通运输体系发展规划》《江西省〈关于推进交通强省建设的意见〉的通知》及公开报道。

一千多年前京杭大运河的贯通将中国南北两大中心彻底连在一起。如今再造大运河有什么深远考虑？

中国是世界上河流最多的国家之一，其中流域面积超过 1000 平方千米的河流就有 1500 多条，长江、珠江是最重要的黄金水道。近代以来，随着铁路、公路、机场、沿海港口的陆续崛起，作为传统运输主流的内陆河运逐步被边缘化，成为综合交通运输的短板。

近年来，随着国内国际大循环战略的横空出世，加上基建补短板、稳经济的需求，内河航运被提到前所未有的高度。众所周知，在全球贸易时代，谁靠近港口谁就能把握先行优势，这正是长三角、珠三角率先崛起的关键所在。同样，依靠大江大河，许多内陆省会拉近了与海洋之间的距离。随着南京以下 12.5 米深水航道、武安 6 米水深航道先后贯通，5 万吨巨轮在下游可畅行无阻，万吨巨轮可常年直达武汉，5000 吨巨轮可直达重庆，这为长江沿岸中心城市的发展平添了更大动力。

然而，在长江、珠江之间还有广阔的内陆腹地，尤其是位居大江大河支线的众多城市，由于内陆河运的萎缩，一众城市不得不从繁华转向落寞。因此，打通长江、珠江两大水系，通过运河贯通南北、直达海洋，不仅能有效补充内陆河运的短板，更不乏区域均衡发展的深层用意。

如今三大运河专项研究已经全面展开。其中，平陆运河先行一步，于 2022 年正式获批进行开工建设。

■ "逆天改命"，运河对广西有多重要？

广西盼平陆运河久矣。

平陆运河的设想，最早可追溯到孙中山先生的《建国方略》，到改革开放后这一设想被广西多次提及，但由于技术、资金、政策等问题，一直处于搁浅状态。直到 2020 年前后，随着西部陆海新通道的横空出世，加上东盟成为中国第一大贸易伙伴，广西在全国的战略定位得到提升。平陆运河先后现身于国家"十四五"规划纲要、《国家综合立体交通网规划纲要》《北部湾城市群建设"十四五"实施方案》等顶层设计中，最终进入全面推进阶段。

在当地看来，"平陆运河是全区各族人民期盼多年的重大战略工程，是西部陆海新通道建设的关键枢纽工程"。由此可见广西对于"逆天改命"的深切期待，更可见广西对于自己日益被边缘化的焦虑感。

平陆运河对广西有多重要？

平陆运河始于南宁横州市西津库区平塘江口，经钦州灵山县陆屋镇沿钦江进入北部湾，全长 135 公里。按内河 I 级航道标准建设，可通航 5000 吨级船舶，项目估算总投资 727 亿元。运河建成后，广西内河将新增一个出海通道，3000 吨级江海船可从沿海港口直达南宁等城市，南宁经平陆运河由北部湾出海仅有 291 公里，较由珠三角出海缩短 560 公里。

令人困惑的是，广西有全国十强之一的北部湾港，且水系发达，坐拥航运量仅次于长江的西江这一"黄金水道"，为何首府南宁等地的货物还要从珠三角的广州港出海？

这与地理环境有关。广西处于云贵高原的边缘，地势西高东低，由西北向东南倾斜，加上大山多数是东西走向，导致广西境内多条河流都奔向地势更低的珠三角，作为最大河流的西江也不例外。换言之，西江没有流向本省北部湾的出海口，而是一路向东，穿过广东，直达珠三角，由此带来"广西货物不走广西港口"的尴尬。

虽然可通过铁路货运或水铁联运缓解这一问题，但水运才是成本最低、效率最高的运输方式。据测算，水运的成本是铁路运输成本的 1/2、公路运输成本的1/5、航空运输成本的 1/20。在水运优势下，与大海直线距离仅有 100 多公里的广西首府南宁，不得不沿西江绕转 800 多公里，从广州港出海。再加上珠三角制造业带来的吸引力，整个广西全面向广东靠拢，成为被虹吸力度最大的省份之一。

平陆运河的开通，将有助于解决这一问题。届时南宁到出海口的距离从原来的 800 多公里减少到 200 多公里，出海港口也从外省的广州港变成本省的北部湾港，将财富和产值都留在了本地，北部湾港的综合实力得以蒸蒸日上。

借助平陆运河，南宁与北部湾三城——北海、钦州、防城港真正连为一体，南宁作为北部湾中心城市的地位，至少在省内得以稳固。再加上西部陆海新通道等战略的推进，南宁作为西南地区面向东盟的第一门户的地位也有望得到强化，这正是平陆运河的深远意义所在。

■ 广西何以提升存在感

作为西部地区唯一集沿边、沿海于一体的省份，广西的区位优势并不差，但为何在全国一直缺少存在感？

显然，经济实力太弱、核心城市缺失、制造业过于孱弱是主要原因。如今说起广西，人们除了有桂林山水、五菱"神车"、桂林米粉、柳州螺蛳粉、水果大省等为数不多的几个印象之外，其他可谓一无所知。

从经济来看，广西 GDP 不到广东的零头，不及广州一个城市。2022 年，广东 GDP 达到 12.9 万亿元，而广西仅为 2.63 万亿元，约为广东的 1/5。论人均GDP，广西在全国倒数，位列第 25 位，仅高于黑龙江、甘肃等省份，几乎没有人意识到广西是沿海省份，也就不难理解。

从领头羊城市来看，广西首府南宁 2022 年 GDP 为 5218 亿元，止步于 50 强之外，仅相当于广东惠州市的水平，不到广州的 1/5。

这背后，缺乏经济腹地和产业集群，才是核心原因所在。广西与广东毗邻，这是广西最大的地缘优势之一，也是广西发展面临的最大制约。广东对广西的虹吸效应，堪称全国之最。根据第七次全国人口普查数据（如表 5-8 所示），广西本地户籍人口共流出 810.9 万人，其中 693 万人去了广东，占比高达 85% 以上。这一数字，超过了广西常住人口总规模的 1/8。正如安徽是江浙沪"包邮区"最大的人口腹地，广西则是中国经济第一大省广东最大的人口腹地之一。

表 5-8　广西人口外流目的地

人口流向地	规模（万人）	占比（%）
广东	693.0	85.5
浙江	18.7	2.3
福建	12.4	1.5
海南	10.1	1.3
湖南	9.0	1.1
上海	8.5	1.0
江苏	7.3	0.9
湖北	6.5	0.8
云南	6.5	0.8
四川	5.0	0.6
其他	34.0	4.2

资料来源：《中国人口普查统计年鉴-2020》。

不仅如此，除了汽车等为数不多的产业之外，广西缺乏成规模的制造业，大量年轻劳动力只能到珠三角打工，广西空守着几个出海港口，却没有足够多的货物可以提供。值得一提的是，就连北部湾港本身也不属于广西。自明朝以来，广西沿海的北海、钦州、防城港等地，均在广东管辖之下，直到 1952 年，三地才纳入广西代管，1965 年才正式划给广西。

不管怎么样，有了港口，有了西部陆路新通道，广西所欠缺的是如何打通"任督二脉"，将整个广西真正连成一片。平陆运河，就有了举足轻重的作用。

■　南宁，离强首府有多远？

做大南宁强首府，已成为整个广西的重要发展战略。

广西是自治区，省会通常称为"首府"，但南宁成为首府的时间并不长，论知名度不及桂林，论工业实力不及柳州，论经济实力与桂林、柳州的差距不算大（见图 5-11），打造强省会，面临着比其他省份更复杂的局面。

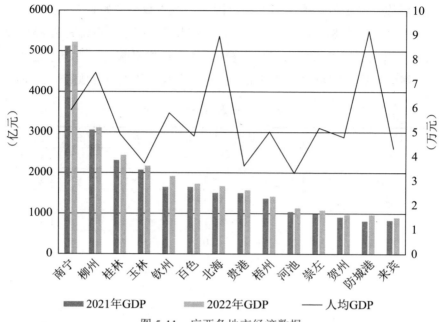

图 5-11　广西各地市经济数据

资料来源：广西各地统计公报。

　　要知道，在漫长的历史中，广西的行政、经济、文化中心多数时候都在桂林。在古代，水运是最便捷的出行方式。从中原地区到岭南，要么一路顺赣江而下，从江西大余县翻越南岭直趋广州，要么从湖南湘江渡灵渠，经西江、北江，过三水，最终来到番禺城。而桂林正是贯通南北的重镇，这是除旅游胜地之外，桂林最重要的历史文化脉络所在。

　　柳州则是广西最大的工业城市，2021 年柳州的工业总产值超过 4000 亿元，而南宁还不到 3000 亿元。柳州以汽车、冶金、机械为支柱产业，汽车总产量位居全国前五，是与上海、广州、长春等齐名的七大汽车工业城市之一，五菱"神车"开遍大江南北，无人不知无人不晓。

　　事实上，抛开各自优点不谈，单论经济实力，南宁在广西也不占多大优势。2022 年，南宁 GDP 为 5218 亿元，不及昆明、太原等省会，占全省比重为 20.7%，经济首位度在 27 个省会中排名倒数第 5，仅高于石家庄、呼和浩特、南京、济南。而与南宁形成抗衡之势的柳州、桂林，GDP 分别为 3109 亿元、2430 亿元，虽然与南宁存在一定差距，但南宁并没有太大的领先优势。

　　因此，面对这一局面，广西大力实施强首府战略，将南宁建设成为面向东盟开放合作的区域性国际大都市、"一带一路"有机衔接的重要门户枢纽城市。

南宁，为何加入强省会的大合唱？根据《中国城市大趋势》一书分析，强省会早已成为各省的主导战略。除了广州等个别省会城市之外，几乎所有省份都将做大省会作为未来主要的发展战略。做大南宁，显然有助于提高广西在全国的存在感，但与南宁形成分庭抗礼之势的柳州、桂林，只能作为省域副中心城市而存在，地位明显降低。

此外，与内陆强省会不同的是，一个强大的南宁，有助于广西成为中国面向东盟的第一门户。目前，东盟已经取代欧盟，成为中国的第一大贸易伙伴。随着区域全面经济伙伴关系协定（RECP）陆续生效，背靠全球最大自贸区，中国—东盟贸易还会突飞猛进。

不过，南宁能否成为面向东南亚的第一门户，最大的对手在邻省——昆明。虽然广西与东盟的贸易额远高于云南，但泛亚铁路带来的地利优势、昆明经济实力的大幅领先，都将是南宁不得不直面的挑战。

西部陆海新通道、平陆运河的先后落地，只是让广西获得逆天改命的可能，最终能否真正一飞冲天，还要回到经济和产业的竞争上来。面对珠三角强大的虹吸效应，南宁更肩负着振兴广西的重任。面对越南外贸崛起的现实，与越南经济体量相当的广西如何保持领先优势，南宁可谓至关重要。

贵阳：10年前进50多位，经济增长为何这么猛

如果说过去40多年经济发展最快的城市，非深圳莫属。那么过去10多年经济位次提升最快的，当属贵阳。

长期以来，贵阳经济总量都排在全国百名之外。直到2012年这一形势首次发生逆转，贵阳历史性跻身全国百强之列，随后一年一个台阶，2015年晋级80强，2016年跻身70强，2018年晋级60强，2020年逼近50强大关……短短10多年间，贵阳的经济位次提升了50多名。

作为一向有"天无三日晴、地无三里平、人无三分银"之称的贵州省省会，贵阳如何摆脱地理及区位上的劣势，从存在感可有可无的弱省会，一跃成为增长明星的？

■ 贵州的"逆天改命"之路

欲说贵阳，先看贵州。

贵州堪称我国区位条件最差的西部内陆省份之一。浙江的"七山二水一分田"、福建的"八山一水一分田"为许多人津津乐道，贵州更进一步，全省山地和丘陵面积占比 92.5%，其中千沟万壑的喀斯特地貌占了六成以上，仅有不到 10% 的平原可以开发。浙闽虽然山地众多，但至少还有大河与大港，且背靠长三角城市群，在外向型经济中可谓得地利之便，而被群山包围的贵州，既不靠近主要经济腹地，也远离重要交通枢纽，更远离内陆大河港口。可以说，贵州是全国唯一的不沿海、不沿边又远离长江、珠江等"黄金航道"的地区。

正因为这一点，在传统的"汉地十八省"中，贵州开发最晚。由于贵州贫瘠且远离中原富裕地区的特点，在贵州出现了"夜郎自大""黔驴技穷"等负面取向的成语。一直到明朝永乐年间，为经略云南的需要，贵州方才设立承宣布政使，首次建省。但直到清朝雍正年间，贵州才全面完成改土归流，废除土司，由朝廷派遣官员行管理之事，而这仍未改变贵州发展相对弱势的局面。

地理环境天然受限，区位优势又不突出，在小农经济时代乃至工业化初期，想要"逆天改命"完全不可能。计划经济时代，从"一五"计划、"二五"计划到"三线建设"时期，对贵州的投资不算少；改革开放之后，西部大开发也让贵州获得了不少政策利好，但地缘上的劣势一时难以改变，直到脱贫攻坚战打响之前，贵州的贫困人口数量仍旧位居全国之首。这一切唯有等到工业化、城镇化的洪流席卷而过，借助"基建狂魔"的威力，才能扭转贵州地缘上的不利局面。

要想富，先修路。这句话贵州人体会尤其深刻。贵州能这么快完成全面脱贫任务，与其交通设施的迅速完善不无关系。2008 年，贵州全省高速里程只有 933 公里，排在全国第 24 位；而到了 2015 年，贵州高速里程达到 5100 公里，位居全国第十，且是西部地区第一个完成"县县通高速"的省份。要知道广东也是这一年才完成目标。此后，贵州交通建设并未就此停步，2020 年，贵州高速通车里程达到 7600 公里（见图 5-12），2021 年，贵州高速通车里程进一步跃升到 8000 公里以上，跻身全国前五，仅次于广东、云南、四川、河北。

从群山阻挡的闭塞之地到"县县通高速"的领跑者，贵州完成了大国基建最受瞩目的跨越。由于地理环境所限，贵州高速建设成本远比平原地区要高昂，桥梁、隧道占比也高。贵州是世界上特大峡谷桥最密集、数量最多的地区。据统计，目前贵州全省已建成公路桥梁 2.1 万座，在建桥梁 5000 多座，其中高速公路桥梁加

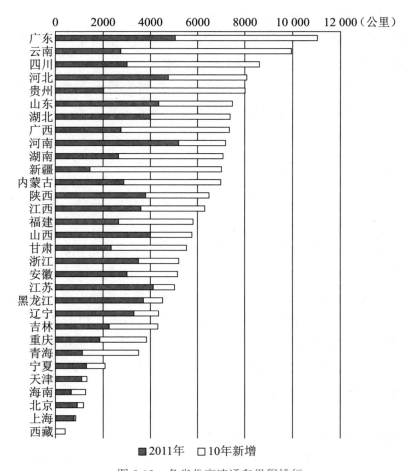

图 5-12　各省份高速通车里程排行

资料来源：国家统计局。

起来超过 1 万座。据不完全统计，世界排名前 100 座的桥梁，贵州就占了 40 多座；
而世界最高的 10 座桥梁，贵州占了一半，包括北盘江第一大桥、鸭池河特大桥等。
正是这些桥梁、隧道的存在，让贵州交通得以跨越天堑，贵州整个省份通过交通
彻底连成一体，完成了数代人难以完成的任务。

　　高速之后是高铁。"普铁"时代，贵州虽然在全国铁路网络中有一席之地，
但枢纽地位并不突出。随着"八纵八横"高铁规划的提出，贵阳脱颖而出，成为
高铁时代西南地区不容低估的新枢纽。先是 2014 年贵广高铁通车，贵州打通了
通往中国经济第一大省的快速通道。随后，沪昆高铁、渝贵铁路、贵南高铁、成
贵铁路等先后开通，贵阳成为东达上海、武汉，南接广州、南宁，西连重庆、
成都，北接襄阳的"米"字形高铁枢纽。等到 2025 年前后，兴义至盘州的高铁

建成通车，贵州将成为"市市通高铁"的大省。

狂飙突进式的基建建设，彻底改变了贵州相对弱势的区位局面，带动了固定资产投资的猛烈增长，从而成为拉动经济的利器。

数据显示，2010—2020年，贵州省全社会固定资产投资年均增长高达21.9%，远高于GDP增速，更高于全国平均固定资产投资增速，从而带动贵州全省经济的飞速增长。

■ 负债率全国第二，影响有多大？

然而，任何投资都是有成本的。虽然来自国家层面的补贴一直不断，但由于财政相对孱弱，贵州债务率屡创新高。

贵州的债务问题早已引发全国关注。2020年，一段"贵州省独山县烧掉400亿元"的视频在网上热传，一个财政收入仅10亿元的小县城，却斥资2亿元打造所谓"天下第一水司楼"，一系列基建工程及形象工程的上马，导致债务规模高达400亿元。对此，当地回应称，截至2020年6月末，独山县政府债务余额为135.68亿元，三都县政府债务余额为97.47亿元，其余为企业债务等。同时，两地融资吸纳的资金中绝大多数用于基础设施、脱贫攻坚、民生工程等项目建设。至于"形象工程""政绩工程"等问题，进行全面排查整改，举一反三，开展自查自纠等。

不管是不是400亿元，无论是否全部用在了基建投资等民生领域，贵州的债务问题由此揭开了冰山一角。在投资拉动经济、大基建带动区域交通格局跃升的背后，债务问题不能忽视。

目前，贵州省负债率位居全国第二，超过60%的国际警戒线，下辖的88个区县里负债率超过警戒线的有13个。截至2022年底，贵州省地方政府债务余额为1.25万亿元，负债率达61.8%，在全国31个省区市（港澳台除外）中仅次于青海省，位居第二（见表5-9）。这还只是狭义的地方政府负债，以"地方政府债务余额/GDP"进行衡量。但真实的政府债务不止纸面上的，城投平台的不少债务同样是政府作为担保，可视为广义的隐性债务。加上城投债务，贵州的广义债务规模超过2.7万亿元，相当于GDP的1.37倍。从债务可负担的角度来看，通常用"广义债务/地方总财力"作为广义债务率的衡量标准，贵州的广义债务率超过390%，位居全国前列。值得一提的是，这背后还不无中央财政转移支付的支撑。如果扣除转移支付，各地债务率只会更加夸张。

表 5-9　各省区市负债率及债务率排行

省份	地方政府债务余额（亿元）	城投有息债务规模（亿元）	GDP（亿元）	一般公共预算收入（亿元）	负债率（%）	广义债务率（%）
青海	3044	327	3610.1	329.1	84.3	204.4
贵州	12470	15248	20164.58	1886.36	61.8	390.6
吉林	7168	5153	13070.24	851	54.8	333.5
甘肃	6088	6824	11201.6	907.6	54.3	345.1
天津	8646	13336	16311.34	1846.6	53.0	744.0
海南	3487	1194	6818.22	832.42	51.1	184.2
黑龙江	7291	2265	15901	1290.6	45.9	187.8
新疆	7853	5907	17741.34	1889.17	44.3	243.1
云南	12098	16155	28954.2	1949.32	41.8	454.0
内蒙古	9340	2735	23159	2824.4	40.3	181.1
宁夏	1996	1004	5069.57	460.14	39.4	185.1
辽宁	10980	2804	28975.1	2524.3	37.9	235.5
河北	15749	10168	42370.4	4084	37.2	270.7
广西	9714	12795	26300.87	1687.72	36.9	399.1
重庆	10071	19682	29129.03	2103.4	34.6	489.0
江西	10860	21242	32074.7	2948.3	33.9	366.6
湖南	15405	25200	48670.37	3101.8	31.7	372.0
四川	17705	47546	56749.8	4882.2	31.2	368.1
陕西	9782	16765	32772.68	3311.58	29.8	331.0
安徽	13304	17911	45045	3589.1	29.5	304.0
山东	23588	45703	87435	7104	27.0	362.5
西藏	561	538	2132.64	179.63	26.3	47.7
浙江	20169	62106	77715	8039	26.0	397.8
湖北	13900	25416	53734.92	3280.73	25.9	384.0
北京	10565	11885	41610.9	5714.4	25.4	255.5
河南	15104	22385	61345.05	4261.64	24.6	316.6
山西	6286	2676	25642.59	3453.9	24.5	152.8
福建	11902	15571	53109.85	3339.06	22.4	348.5
广东	25082	24491	129118.6	13300	19.4	222.4
上海	8539	9435	44652.8	7608.19	19.1	120.8
江苏	20694	88809	122875.6	9258.9	16.8	443.5

注：本表为截至2022年底数据，城投有息债务为预估数据；负债率= 地方政府债务余额/GDP，广义债务率=（地方政府债务余额+城投有息债务）/（地方一般公共预算收入+政府性基金收入+中央财政转移支付）。

资料来源：财政部、Wind、国金证券、华创证券等。

作为省会，贵阳的广义债务率同样居高不下。截至 2022 年底，贵阳市债务规模高达 2604 亿元，占贵州全省的 21%。再加上城投融资平台等隐性债务，贵阳市广义债务规模超过 6000 亿元，而当年贵阳市 GDP 为 5000 亿元左右，而地方一般预算收入不到 500 亿元，这意味着贵阳的广义债务率超过 200%，位居各大省会城市前列。

贵州债务率为何这么高？

除了大基建带来的债务扩张之外，更重要的是自身的财政"造血"能力不足，严重依赖中央财政的转移支付。2022 年，贵州省地方一般预算收入仅为 1886 亿元，而其预算支出高达 5851 亿元，财政自给率仅为 32.3%，低于全国平均水平，排在第 22 位。这意味着，贵州正常的财政运转，需要大量来自中央的转移支付。2022 年，中央对贵州一般转移支付和专项转移支付总额达 3351 亿元，是一般预算收入的 1.77 倍。

贵州财政收入较低，与制造业相对较弱、大型企业匮乏不无关系。贵州以大数据、酱香白酒、特色新材料、现代中药民族药、精细磷煤化工为支柱产业，而酒、烟、煤、电是支柱中的支柱，也是主要的创税来源。在 2021 年中国制造企业 500 强榜单中，贵州仅有贵州茅台、贵州磷化、中伟新材 3 家企业上榜，在 31 个省区市（港澳台除外）中排在下游。这一局面导致贵州制造业税收占比仅为 27.7%，低于全国平均水平，而制造业税收中又有近八成来自烟、酒等产业，缺乏多元化的税收来源。

面对高债务率问题，2022 年初，多部委先后印发相关文件，表示"支持贵州防范化解政府债务风险"。根据文件，贵州要严格政府投资项目管理，依法从严遏制新增隐性债务，加大财政资源统筹力度，积极盘活各类资金资产，稳妥化解存量隐性债务。同时，允许融资平台公司在与金融机构协商的基础上采取适当展期、债务重组等方式维持资金周转，降低债务利息成本。

大投资大建设，可以集中上马。但债务问题的化解要耗费 5 年甚至 10 年之功。等到债务隐忧消退之后，贵州的区域经济跃升之路才算真正圆满收官。

■ 大数据产业：贵阳崛起的秘密

贵阳的崛起，除大基建之外，还有大数据产业的贡献。

2022 年初，国家发改委联合多部门印发文件，同意在京津冀、长三角、粤港澳大湾区、成渝、内蒙古、贵州、甘肃、宁夏启动国家算力枢纽节点建设，同时规划设立 10 个国家数据中心集群（见表 5-10）。这标志着继西气东输、西电东送、南水北调三大超级工程之后，第 4 个跨区域资源调配的超级工程正式落地。东数西算，"数"指的是数据，"算"代表的是算力。一如水利之于农业时代，电力之于工业时代，算力是数字经济时代的核心"底座"之一。

在传统时代除了茅台之外可谓默默无闻的贵州，在信息时代凭借大数据扳回一局，成为数字经济时代不容忽视的参与者。大数据产业也成了贵州在投资拉动经济之后，获得的又一大增长点。

表 5-10　东数西算八大枢纽、十大集群

算力枢纽	下设数据中心集群
京津冀枢纽	张家口数据中心集群
粤港澳大湾区枢纽	韶关数据中心集群
长三角枢纽	长三角生态绿色一体化发展示范区数据中心集群、芜湖数据中心集群
成渝枢纽	天府数据中心集群、重庆数据中心集群
贵州枢纽	贵安数据中心集群
甘肃枢纽	庆阳数据中心集群
内蒙古枢纽	和林格尔数据中心集群
宁夏枢纽	中卫数据中心集群

资料来源：《全国一体化大数据中心协同创新体系算力枢纽实施方案》。

贵州的大数据产业主要积聚在省会贵阳及周边地区。发展传统工业企业，贵阳没有多少平整的土地可以利用，交通成本比东部沿海地区或中部沿江城市要高出很多。大数据产业不同，虽然不依赖交通及劳动力，但由于能耗过高、对气候环境要求较高、占地范围较大等，往往需要选择气候适宜、地质条件稳定、电价便宜的地方，贵阳的优势就显得十分突出。

贵州虽然山地、丘陵居多，但地质构造相对稳定，尤其是贵阳周边地区，地层发育齐全、岩浆活动微弱、薄皮构造典型、地壳相对稳定，发生破坏性地震的可能性极低。相比地质条件，贵阳的气候优势更为突出，贵阳为亚热带湿润温和型气候，冬无严寒，夏无酷热，阳光充足，雨水充沛，年平均气温在 15.3 摄氏度左右，这无疑有利于数据中心的建设和运营。

除此之外，贵州是"西电东送"的主力省份之一，相对低廉的电价也成了吸引数据中心的筹码。过去，借助煤炭资源丰富、水力资源突出的优势，贵州形成了以煤电、水电为主的电力供应格局。近年来，随着"风光水火储一体化"建设加速，贵州在新能源发展上走在全国前列。贵州虽然整体上多雨少风，但西部地区光能、风能资源相对丰富，不乏因地制宜发展清洁能源的基础。

截至 2022 年，贵州全省电力总装机达 7573 万千瓦，火电、水电、新能源装

机分别占比 47%、30% 和 23%，电源结构比较合理，多能互补优势明显。在贵州，每年都有数百亿千万时的发电通过"西电东送"南部通道，输送到广东等经济发达地区。数据显示，自 2000 年以来，"黔电送粤"累计外送电量已达 6451.64 亿千瓦时，这些电足够满足广州市 6 ～ 8 年的用电需求。

借助地质、气候及电价等优势，贵阳在大数据产业上抢得先机。2012 年，贵阳开始谋划布局大数据产业；2015 年，贵阳举办全球首个以大数据为主题的博览会"数博会"，建成全国首个大数据交易所；2016 年，贵阳获批全国首个国家大数据工程实验室——提升政府治理能力大数据应用技术国家工程实验室；2017 年，贵阳成为首个国家大数据及网络安全示范试点城市；2018 年，贵阳颁布我国大数据安全保护层面首部地方性法规《贵阳市大数据安全管理条例》，贵阳市信息技术服务产业集群纳入国家首批战略性新兴产业集群；2020 年，贵阳获批国家信息消费示范城市；2022 年，贵州成为"东数西算"八大枢纽之一……按当地官方媒体的说法，选择大数据产业不仅是贵阳破除"富饶的贫困"这一悖论的关键一招，也是贵阳后发赶超的"惊险一跃"。

可见，发展大数据，贵阳不仅抢得先机，而且已经颇成规模，形成领先优势。数据显示，2021 年，贵州数字经济增加值超 6500 亿元，占 GDP 比重达 34%，增速连续七年位居全国第一。到 2025 年，这一数字有望提升到 50% 以上，数字经济将成为贵阳乃至贵州的第一大驱动力。

可见，在数字经济这一全新赛道上，贵阳走在前列，且数字经济排名远远领先于 GDP 排名。根据中国电子信息产业发展研究院发布的报告，贵阳与西安、福州、厦门等共同跻身数字经济二线城市，位列 TOP30。不过，数据中心仅是庞大的数字经济产业中的一环。如果只是简单的机房建设和数据维护，对地方的拉动效应往往只是一次性的。如何借助数据中心建设的机遇，进一步打造电子信息制造业、软件业、互联网等核心产业，才是关键的。

■ "茅台化债"背后的第二城

在贵州化解地方债务的过程中，有一家企业及其背后的城市引发全网关注。

2020 年 12 月，贵州茅台发布公告，通过无偿划转方式将持有的上市公司 5024 万股股份（占贵州茅台总股本 4%）划转至贵州省国有资本运营有限责任公司。以当日收盘价算，这部分股权价值 925 亿元。这是继 2019 年茅台集团无偿划转 4% 股份至贵州国资之后的又一举动。这些股份在划转之后的一年内，就被全部变现用于偿还其他债务。

　　这一举动被媒体称为"茅台化债"。一家企业，犹如一只会下金蛋的母鸡，成了地方政府持续的财源，也让所在城市——遵义获得了与省会比肩的力量。

　　在中西部地区，省会往往一城独大，副中心难以望其项背。但有两个省份是例外，一个是内蒙古，鄂尔多斯凭着"家里有矿"力压省会呼和浩特；另一个是贵州，遵义直逼省会贵阳（见图5-13），靠的是"特产"——以贵州茅台为代表的白酒产业。

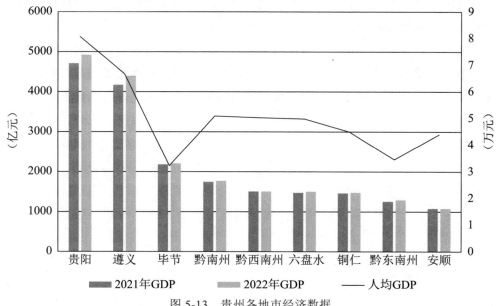

图 5-13　贵州各地市经济数据

资料来源：贵州各地统计部门。

　　一个茅台足以带动一座城。贵州茅台是中国市值最高的五大企业之一，与腾讯、阿里巴巴等巨头同场竞技。在高峰时期，茅台市值一度突破 3 万亿元，而其所在的贵州省经济总量仅为 2 万亿元，遵义市经济总量才刚迈过 4000 亿元大关。虽说市值代表的是"存量"，经济总量代表的是"流量"，但以茅台为代表的白酒产业在遵义及贵州产业中的支柱地位可想而知，而白酒也成了遵义赶超省会贵阳的关键。

　　白酒，既是遵义的第一大产业也是贵州省的第一大产业。"十三五"期间，贵州省白酒产业年均增速达到 12.7%。当前，白酒产业贡献的工业增加值占贵州全省工业的比重达到 30% 以上，烟、酒两大产业产生的利税更是占了六成以上，位居各大产业之首。其中，遵义白酒产量超过 30 万升，占贵州全省的近九成，约为全国总产量的 1/20，创造的产值占到遵义工业总产值的 69.3%，比作为第二大产业的烟草业的贡献值高出 10 倍，可谓支柱产业中的支柱产业。

根据规划，到 2026 年遵义白酒产值突破 3000 亿元，建成世界酱香白酒产业集聚区。届时，遵义经济能否赶超贵阳，值得关注。

面对兄弟城市的你追我赶以及与主要省会差距的不断拉大，贵州在 2020 年前后加入强省会的大合唱。作为中西部地区发展相对落后的省份，贵州虽然借助大基建和大数据完成了"逆天改命"，但离东部和中部的发达省份还有较长的距离，不仅省域知名度不高，对各大产业的吸引力也不够。如果能打造出一个具有"网红"气质和综合竞争力的强省会，不失为一条可行之路。

当然，强省会的关键在于省会自身经济实力要强，具备引领全省发展的潜力和底气。如果只是借助行政力量将所有资源聚于一身，那么强省会最终利好的只是省会本身，而非全域。只有经济强和省会引领作用突出，才能称得上名副其实的强省会。

第六章 ———— 璀璨的"双子星"城

济南：不甘沦为"弱省会"，这个城市"醒"来了

青岛：南北差距拉大，北方需要一个"深圳"

福州：用了 22 年，终于重回福建第一市

厦门：三线经济，一线房价，凭什么

海口、三亚：自由贸易港横空出世，第二个香港呼之欲出？

济南：不甘沦为"弱省会"，这个城市"醒"来了

"加速向国家中心城市迈进，奋力开创强省会新局面。"

在2022年召开的济南市第十二次党代会报告中，"强省会"出现了17次，"国家中心城市"也多次被提及。"强省会＋国家中心城市"联袂而至，济南毫不掩饰自己的雄心壮志。

的确，一向存在感不高的济南，突然高调了起来。

自2018年被中央巡视组点名"副省级城市功能作用发挥不够"之后，济南旋即提出了强省会战略，并将之作为贯穿始终的目标。同年，济南合并莱芜，城市体量迅速拉大；2019年，济南城区人口突破500万人，晋级特大城市之列；2020年，济南与西安、合肥、福州一道跻身"万亿俱乐部"；2021年，位于济南的山东新旧动能转换综合试验区，与深圳社会主义先行示范区、上海浦东现代化建设示范区、浙江共同富裕示范区一道被列入国家"十四五"规划，济南新旧动能转换起步区还被写入黄河流域相关顶层规划中……

一时之间，曾被调侃为"山东济南"的"弱省会"，突然迸发出前所未有的奋进动力。站在崛起的十字路口，济南距离强省会和国家中心城市还有多远？

■ 济南首位度有多低？

山东是中国经济第三大省，济南却是经济首位度最低的省会，能与之相匹比的，只有南京这个"难兄难弟"。

城市首位度，原本指的是第一大城市与第二大城市的经济规模之比。如今在新媒体时代这一学术术语有了更为丰富的内涵，我们一般将省会城市经济、人口占全省的比重，视为通俗意义上的经济首位度、人口首位度，以此作为"强省会"的衡量基准。注意，这里的"强"，主要代指的并非省会经济之强，而是省会在全省的经济、人口规模占比之高。

以此来看，在内地27个省会（首府）中，济南以13.8%的经济首位度垫底，位居榜首的长春超过50%，与济南同能级的成都、武汉、西安等副省级城市均高于35%（见表6-1）。显然，省会的经济规模不到全省的1/7，背后要么是这个省

份拥有力压省会的经济强市,要么是"散装大省",各地城市发展相对均衡,没有特别悬殊的城市。

表 6-1 2022 年各省省会(首府)经济首位度排行

序号	城 市	GDP(亿元)	省 份	GDP(亿元)	经济首位度(2022)(%)
1	长春	6744.6	吉林	13 070.24	51.6
2	银川	2535.6	宁夏	5069.57	50.0
3	西宁	1644.3	青海	3610.1	45.5
4	成都	20 817.5	四川	56 749.8	36.7
5	拉萨	750	西藏	2132.64	35.2
6	武汉	18 866.43	湖北	53 734.92	35.1
7	西安	11 486.51	陕西	32 772.68	35.0
8	哈尔滨	5490.1	黑龙江	15 901	34.5
9	海口	2134.8	海南	6818.22	31.3
10	兰州	3343.5	甘肃	11201.6	29.8
11	长沙	13 996.1	湖南	48 670.37	28.8
12	合肥	12 013	安徽	45 045	26.7
13	沈阳	7695.8	辽宁	28 975.1	26.6
14	昆明	7541.37	云南	28 954.2	26.0
15	贵阳	4921.17	贵州	20 164.58	24.4
16	杭州	18 753	浙江	77 715	24.1
17	福州	12 308.23	福建	53 109.85	23.2
18	南昌	7203.5	江西	32 074.7	22.5
19	广州	28 839	广东	129 118.6	22.3
20	乌鲁木齐	3893	新疆	17 741.34	21.9
21	太原	5571.17	山西	25 642.59	21.7
22	郑州	12 934.69	河南	61 345.05	21.1
23	南宁	5218.34	广西	26 300.87	19.8
24	石家庄	7100.6	河北	42 370.4	16.8
25	呼和浩特	3329.1	内蒙古	23 159	14.4
26	南京	16 907.85	江苏	122 875.6	13.8
27	济南	12 027.5	山东	87 435	13.8

注:省会经济首位度=省会GDP/全省GDP。

资料来源:各省市统计公报。

济南恰恰是两者兼而有之。山东的区域经济格局与其说是省会不强,不如说是群龙无首。作为山东经济第一大市的青岛，2022 年 GDP 达 1.49 万亿元，直追天津，对济南的领先优势为 20% 左右，与中西部地区动辄 50% 以上的差距难以相提并论。换言之，青岛与济南只是相对强弱，而非绝对强弱。

出现这一局面的原因，在于山东区域经济发展相对均衡。2022 年，在山东 16 个设区市中，共有 11 市跻身全国百强，仅次于江苏的 13 市，超过广东的 10 市。其中，有 6 个城市 GDP 超过 5000 亿元（见图 6-1），无论是青岛还是济南，占全省的比重都不及其他省份的中心城市。出于区域均衡的考虑，山东在省内规划了三大经济圈，除省会经济圈和胶东都市圈之外，还有一个囊括了临沂、济宁、菏泽、枣庄的鲁南经济圈。省会的影响力局限于周边几个地级市，第一经济大市青岛的影响力也局限在胶东，而鲁南是"散装"中的"散装"。

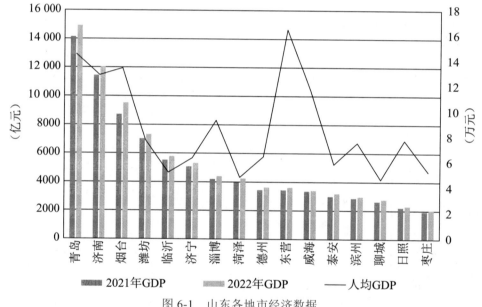

图 6-1　山东各地市经济数据

资料来源：各地统计公报。

众所周知，江苏素来有"散装大省"之称，在于各地级市经济实力突出、各自拥有颇具规模的主导产业。事实上，山东也是如此，青岛的智能家电品牌知名度响彻世界；烟台富士康是山东最大的外贸出口企业；潍坊的动力装备产业占山东全省的 2/3，且拥有全国最大的蔬菜生产基地，堪称北方的"菜篮子"；临沂更是荣膺首批商贸服务型国家物流枢纽，每年都有十多亿件快递由此发往全国；更不用说东营、淄博、邹平、日照等地的重化工业、钢铁产业闻名全国，东营的人均 GDP 更是一度超过了青岛、济南，淄博、潍坊等地的制造业"单项冠军"总量超过省会……

当然，作为省会，济南同样有自己的"拳头"产业。近年来，济南布局了大数据和新一代信息技术、智能装备制造、钢铁和生物医药四大主导支柱产业，产业总规模超过 1.3 万亿元，其中信息产业占了四成左右。在这些产业中，济南最受瞩目的当属软件业。作为软件名城，2022 年济南软件业收入达 4382 亿元，连续 18 年位居山东省首位，在全国排名第八，仅次于北京、深圳、上海、广州、成都等地（见图 6-2）。借助发达的软件业及蓬勃发展的电子信息制造业，济南得以跻身国家数字经济新一线城市前列。2022 年，济南数字经济占 GDP 的比重达到 47%，数字经济核心产业占 GDP 的 17%，是全国平均水平的 2 倍，高于全省平均水平 10 个百分点，发展水平居山东省第一位。不过，除了数字经济相关产业发展势头强劲之外，其他产业在全省尚未形成较大的领先优势，难以对周边地区形成明显的产业溢出效应。

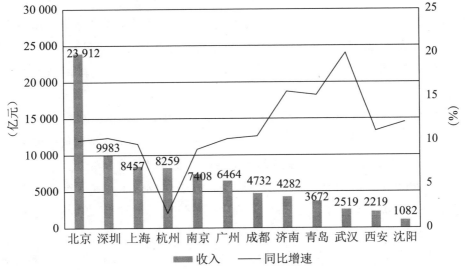

图 6-2　2022 年主要城市软件业收入排行

资料来源：工信部。

　　面对青岛的领先压力，以及"散装大省"的基本格局，加上各地级市均有核心主导产业的基本面，在山东形成了"大省份小省会"的局面并不令人奇怪，要想打造"强省会"，显然也比本来就不乏"一城独大"历史路径依赖的中西部省会，难度更高。

■ 合并出一个强省会？

　　济南打造"强省会"的第一颗棋子，下在了合并兄弟地级市莱芜上。

这是关键的一招，也是相对容易的一步。众所周知，省会想要做大做强，向外扩张是最简单明了的方式。省会的扩张，包括了内涵式扩张和外延式扩张。所谓内涵式扩张，指的是在不改变整体行政面积的基础上，通过撤县（市）设区，做大城区人口规模，迅速提高城市能级；所谓外延式扩张，指的是直接合并周边地级市，做大城市体量，济南就是如此。

2019年初，济南与莱芜市正式合为一体。合并之后，济南城市面积从7998平方公里扩大到1.02万平方公里，区域人口从732万人增加到870万人，新济南GDP超过烟台，位居山东省第二。不过，济南在合并莱芜之后，仍旧是经济首位度最低的省会。

济南合并莱芜，不只是简单的做大规模，还改变了济南一直以来东西发展的走向。打开地图可以发现，济南南倚泰山，北跨黄河，背山面水，南北挤压之下，整体城市框架犹如一个带状结构，严重束缚了发展空间，也让交通拥堵在这里成了家常便饭。把莱芜纳入济南的发展版图，意味着济南向东南迈出一步，城市框架被拉伸。此外，随着2021年《黄河流域生态保护和高质量发展规划纲要》正式发布，济南启动了"黄河战略"，跳出泉城，直面黄河，城市框架再次被拉大。

重要的是，莱芜并非名不见经传的地级市，而是山东著名的"钢城"。高峰时期，莱芜钢铁产能超过两千万吨，产值占比达到七成，第一大企业莱钢集团曾名列全国钢铁十强企业、中国制造业百强企业。钢铁产业同样是济南的四大支柱产业之一，早在2009年，济南钢铁就与莱芜钢铁合并组建成山东钢铁，这被视为两地合并的前兆。2019年合并之后，济南彻底得到了一个规模高达2000多亿元的钢铁产业，更多了山东钢铁这个世界500强企业。

值得一提的是，济南合并莱芜恰得其时。从2010年到2022年，全国共有5个省会通过合并周边地级市完成了扩张（见"合肥篇"表1-10），分别是合肥与芜湖、马鞍山三分巢湖，成都代管简阳，西安代管西咸新区，济南合并莱芜，长春代管公主岭。这些成功的先例，在网络上引发一场盛大的城市合并讨论浪潮，从深圳合并东莞、惠州，到西安进一步合并咸阳，武汉合并鄂州，再到宁波、舟山合并，汕头、揭阳、潮汕合并，城市扩张的浪潮似乎要席卷而来。

然而，2021年以来人们对大城市的治理难度有了越来越多的认识，以及都市圈模式的横空出世，使得城市扩张的浪潮戛然而止。先是国家发改委等部门表态"严控撤县建市设区"，接着政府工作报告提出"严控省会城市规模"，继而《"十四五"新型城镇化实施方案》要求"推动超大特大城市瘦身健体，科学确定城市规模和开发强度，合理控制人口密度"。对此一锤定音的是，2022 年中央全面深化改革委员会第二十六次会议通过的《关于加强和改进行政区划工作的意见》，明确要求"确保行政区划设置和调整同国家发展战略、经济社会发展、国防建设需要相适应"，"坚持行政区划保持总体稳定，做到非必要的不调、拿不准的不动、时机条件不成熟的不改"。

这意味着在济南、长春之后的城市，恐怕难以通过合并周边地级市来迅速实现强省会。强都市圈在某种程度上取代了城市合并扩张，成为省会做大做强的支撑。

■ 国家中心城市，志在必得？

济南与青岛，曾为谁能代表山东竞逐国家中心城市展开激烈竞争，最终省级层面一锤定音，两地错位发展，国家中心城市的竞逐资格给了济南。

虽然自 2018 年以来国家层面再未批复新的国家中心城市，但济南对此似乎志在必得。近年来，济南几乎在所有的重要文件里都将国家中心城市写在纸面上，如济南于 2020 年就发布了《济南建设国家中心城市三年行动计划（2020—2022年）》，在 2022 年的规划中进一步给出了时间表和路线图：到 2035 年，国家中心城市地位基本确立。

济南为何对国家中心城市如此热衷？为何对获批如此笃定？

一个原因是，作为中国经济第三大省和人口第二大省，山东需要一个国家中心城市作为引领者。山东半岛城市群是我国 19 个国家级城市群之一，在国家中心城市的布局方面还存在空白。尤其是当中部的武汉、郑州，西部的重庆、成都、西安等同能级城市全部获批国家中心城市时，山东的紧迫感就更为强烈。

另一个原因是，黄河流域需要一个龙头城市。黄河流域生态保护和高质量发展，是与长江经济带并列的重要国家战略。黄河是仅次于长江的中国第二长河，也是源远流长的母亲河，发源于青藏高原巴颜喀拉山北麓，呈"几"字形流经青海、四川、甘肃、宁夏、内蒙古、山西、陕西、河南、山东 9 省区，全长 5464 公里。这 9 个省区，经济发展相对悬殊，山东一省占了 30% 左右的比重，是当之无愧的第一重镇（见图 6-3）。此外，黄河流域覆盖了济南、郑州、西安、太原、呼和浩特、兰州、西宁、银川等多个省会城市，其中经济实力最为强劲的济南、郑州、西安被委以重任，而郑州、西安早已是国家中心城市，唯有济南成了例外。

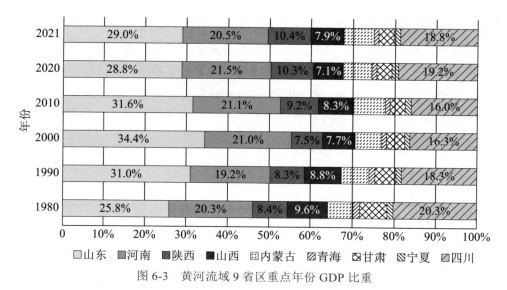

图 6-3 黄河流域 9 省区重点年份 GDP 比重

资料来源：各地统计年鉴。

根据黄河流域相关规划，支持西安、郑州、济南等沿黄河城市，强化国际交往功能，建设黄河流域对外开放门户；发挥山东半岛城市群的龙头作用，推动沿黄河地区中心城市及城市群高质量发展。有了黄河流域国家战略的加持，济南竞逐国家中心城市无疑又多一张底牌。

重要的是，能否成为国家中心城市，决定了济南向强省会的关键一跃。许多人对国家中心城市拥有的高定位羡慕不已，但对国家中心城市所能带来的政策利好又不屑一顾，以至于有人认为国家中心城市只是锦上添花，没有太多实际意义。显然，这种论断不仅忽视了国家中心城市在国家城镇体系中的重要地位，而且不理解其背后存在的巨大影响力。

晋级国家中心城市，首先意味着城市能级的巨大跨越，在诸多重大国家战略中都能获得一席之地，城市在产业竞争中也能获得更多筹码。同时，成为国家中心城市，意味着获得对全省乃至周边资源的调配能力，在整个区域发展中处于主导地位。打造强省会，未必需要以国家中心城市为前提，但晋级国家中心城市，无疑能提升打造强省会的筹码，这对于存在"双子星"争锋的省份尤其如此。典型的莫过于济南与青岛，沈阳与大连，福州与厦门，三个省会对阵三个副省级的计划单列市，且省会在经济上并无明显的碾压优势，能否成为国家中心城市，可谓至关重要。

这也是济南、沈阳等省会对国家中心城市念兹在兹的主要原因所在。

青岛：南北差距拉大，北方需要一个"深圳"

山东济南，中国青岛。

没有什么比这八个字更能形象说明济南、青岛在山东及全国的定位。同为副省级城市和万亿 GDP 城市，济南与青岛选择了不同的发展方向：一个面向全省，以打造"强省会"和竞夺"国家中心城市"为己任；一个面向全国，以全球海洋城市、国际化创新型城市为追求。

放眼全国，青岛一直把深圳作为对标对象。从 2019 年开始，青岛提出"学深圳，赶深圳"的口号，先后派遣近千名实训干部到深圳考察学习，立志在产业发展、创新驱动、营商环境等方面成为北方版"深圳"。

置于中国区域均衡发展的大背景下，偌大的北方，除了北京一个龙头城市之外，再也没有能独当一面且能引领区域发展的城市出现。近年来，南北差距呈现扩大之势，北方经济在全国的比重从 1978 年的 46.3% 下降到 2022 年的 35.4%，南北差距从最初的 7.5 个百分点扩大到 29 个百分点。

北方亟须一个新的经济龙头。青岛离深圳有多远，能否成为下一个深圳？

■ 青岛为何对标深圳？

城市对标热，堪称中国区域经济的特色现象。

作为山东经济第一大市，青岛的对标城市屡经变迁。早在 1995 年，青岛提出了"学上海，赶大连"，当时上海是经济第一强市，大连则是北方冉冉升起的新星。20 多年过去了，大连早已不复当初的荣光，深圳则从小渔村变身为国际大都市，成为光芒四射的一线城市，于是成了许多城市对标学习乃至追赶的对象，青岛也不例外。

为什么是深圳？

青岛与深圳有诸多相似之处。两城都是计划单列市和副省级城市，都是所在省份的经济第一大市，在省内均是"双子星"的一员，与所在省会共同唱响"双城记"；两城在南方和北方分别作为第二大城市和第三大城市而存在，在城市群中有着相当重要的地位。同时，两地都是工业城市，均以创新型城市、国际航运中心、全球海洋城市为主要定位，且都承担了相应的国家重任：深圳被赋予建设社会主义先行示范区的重任，青岛则要建设中国—上海合作组织地方经贸合作示范区。

然而，青岛与深圳又存在巨大差距。总的来看，深圳以不到青岛 1/6 的面积，创造了 2.1 倍于青岛的 GDP、2.6 倍的工业增加值、3.1 倍的地方一般公共预算收入、4.2 倍的进出口总额、5 倍的资金总量。从人均数据来看，2022 年深圳人均 GDP 为 18 万元，位居全国第五，相当于青岛的 1.26 倍；城镇居民人均可支配收入方面，深圳、青岛分别超过 7 万元、6 万元，深圳是青岛的 1.16 倍（见表 6-2）。

表 6-2　青岛、深圳主要经济指标对比

指　　标	青　　岛	深　　圳
GDP（亿元）	14 920.75	32 387.68
人均 GDP（万元）	14.5	18.3
第二产业增加值（亿元）	5197	12 405
第三产业增加值（亿元）	9245	19 956
进出口总额（亿元）	9117.2	36 737.52
地方一般公共预算收入（亿元）	1273.2	4012.3
城镇居民人均可支配收入（元）	62 584	72 718
社会消费品零售总额（亿元）	5891.8	9708.28
本外币存款总额（亿元）	24 900	105 322
港口集装箱吞吐量（万标准箱）	2567	3003.62
港口货物吞吐量（万吨）	65 800	27 242.72
高新技术企业（家）	约 7000	20 000 以上
制造业"单项冠军"企业（户）	31	67
专精特新"小巨人"企业（户）	151	445
中国 500 强企业（家）	5	29
境内外上市企业（家）	80	535
本科高校（所）	13	5
"双一流"大学（所）	2	1

资料来源：各地 2022 年统计公报及公开报道。

从龙头企业来看，青岛与深圳的差距更为巨大。虽说青岛的海尔、海信、青岛啤酒等企业的知名度颇高，但深圳的华为、腾讯、平安、招行、大疆、中兴等代表企业，可谓响彻海内外。抛开龙头企业，从顶尖企业状况来看，在 2022 年财富世界 500 强企业中，深圳共有 10 家企业入围，青岛仅有海尔 1 家。在同年的中国企业 500 强榜单中，深圳共有 29 家企业入围，青岛只有 5 家。在 2022 年民营企业 500 强榜单中，深圳、青岛各自有 25 家、5 家企业上榜。从更具代表性的高新技术企业来看，深圳已经突破 2 万家，而青岛只有 6000 多家。

青岛和深圳都是工业大市，工业比重相差无几。但作为中国工业前三城市，2022 年深圳工业总产值已经突破 4.5 万亿元，工业增加值也破了万亿元大关，而青岛仅为 4000 多亿元，差距巨大。深圳工业最大的支撑在于电子信息制造业，占全市规模以上工业增加值近六成，产业规模约占全国五分之一，凸显了深圳作为全国最大电子产业基地的地位（见表 6-3）；在战略性新兴产业中，深圳的新能源汽车、生物医药、新型显示、集成电路等多面开花，多数已颇具规模。青岛工业的最大支撑在于智能家电、汽车制造业和装备制造业，新兴赛道以新能源汽车、轨道交通装备为主，仍处于发展培育阶段。

表 6-3　青岛、深圳主要工业产业　　　　　　　　　%

青 岛		深 圳	
行　业	占工业比重	行　业	占工业比重
汽车制造业	10.7	计算机、通信和其他电子设备制造业	59.2
电气机械和器材制造业	10.3	电气机械和器材制造业	7.4
农副食品加工业	8.2	专用设备制造业	5.6
铁路、船舶、航空航天和其他运输设备制造业	6.9	电力、热力生产和制造业	3.1
计算机、通信和其他电子设备制造业	6.9	通用设备制造业	3.0

资料来源：各地统计年鉴

由以上可以看出，深圳已经处于后工业化时期、城镇化成熟期和国际化中高阶段，创新驱动成为主流，高新产业正在崛起，法治政府、营商环境建设走在全国前列；而青岛还处于工业化后期、城镇化发展期和国际化初期，正面临新旧动能转换的压力。对标深圳，寻差距、找不足，青岛以更高的标准来要求自己，从而迅速补上短板，为打造北方版"深圳"奠定基础。

青岛虽然与深圳差距巨大，但离传统的北方第二城天津越来越近，且在多项核心指标上完成了超越。未来青岛跻身北方第二城或许没有太大悬念，但北方第二城如何达到南方第二城同等的含金量，并且成为区域经济的引领者，则是青岛需要努力的方向。

■ 一个很不"山东"的城市

与大连缺少"东北"特色一样，青岛也是一个不那么"山东"的城市。

深圳从小渔村蜕变成国际大都市的逆袭之路，让无数人津津乐道。事实上，更早完成这一逆袭的是青岛。青岛开发的时间并不久，建城只有100多年的时间，在漫长的历史中长期都是无人问津的小渔村。直到晚清时期，随着国际政治、军事、经济形势的变化，胶州湾成为列强的追逐地，青岛开启了大开发之路，并迅速成长为新的工商业中心。这一发展基础，决定了青岛并非原色原味的齐鲁文化，而是融合了齐鲁文化、移民文化、海派文化等特色，兼容并包之下，形成了今天很不"山东"的地域文化形象。

在定位上，青岛与山东其他地级市也有明显的差别。20世纪50年代，青岛被定为具有国防、工业、对外贸易和疗养功能于一体的多功能城市，这是青岛制造业、外贸及旅游业的发端。20世纪80年代，青岛进一步升级为轻纺工业、外贸港口、海洋科研和风景旅游城市，这背后是沿海城市对外开放的潮流，青岛的港口城市地位日益凸显。2000年之后，青岛获得中国东部沿海重要的中心城市、国家历史文化名城、国际港口城市、滨海旅游度假城市等定位。在2035年总体规划中，青岛再次升格为全球海洋城市、国际性综合交通枢纽、国际消费中心城市和滨海旅游度假目的地、国家重要的科技创新和先进制造业中心、国家历史文化名城等。可见，无论是哪个历史时期，制造业、旅游业和外贸港口都是青岛的安身立命之本。

近年来，随着第一批沿海开放城市、计划单列市、上合示范区等众多利好的确立，青岛经济持续领跑山东全省，且一直力压省会济南。长期拥有山东经济第一大市的身份，导致青岛与济南在诸多国家战略的竞夺中形成了直接竞争关系。前些年，青岛与济南同时提出建设国家中心城市，然而国家中心城市即便花落山东，最多也只会有一个席位。同时，两城还在山东半岛城市群龙头城市、国际消费中心城市等多个领域展开直接竞争，近年济南提出的强省会战略也与青岛的核心利益产生冲突。正因为这些因素的存在，近年来山东从省级层面进行协调，将国家中心城市的竞夺资格赋予省会济南，而青岛拿下了全球海洋中心城市的建设资格。同时，青岛与济南，作为"双核"而存在，一个引领胶东都市圈，一个引领省会都市圈……两地的过度竞争自此有所缓解。

不仅如此，青岛的产业结构也与山东全省有一定的差异。众所周知，山东是我国工业第三大省，也是我国唯一拥有41个全部工业门类的省份，但山东以重化工业为主，石化、钢铁、有色金属冶炼三大支柱产业合计占工业比重的近四成。青岛是一个第三产业为主的城市，金融业、旅游业、物流业、信息产业相对突出（见

图6-4)，在制造业则以智能家电、轨道交通、汽车制造、食品饮料加工制造业为主，对重化工业的依赖度远低于省内其他地级市。

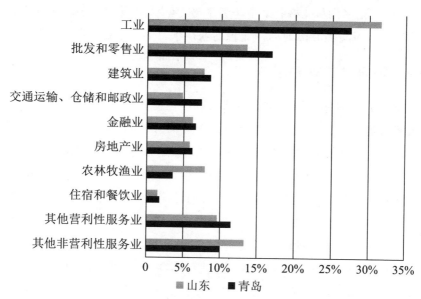

图 6-4　青岛市与山东省产业结构对比

资料来源：各地统计年鉴。

　　事实上，自开埠以来，青岛就走上了一条和整个山东与众不同的工业发展之路。民国初期，青岛一度与上海、天津并立，并称为"上青天"，将它们联系在一起的正是轻纺工业。青岛纺织业发端于 1902 年，是青岛市的"母亲"工业，而从民国初期一直到 20 世纪七八十年代，青岛纺织工业一直保持领跑优势，长期位列我国三大纺织工业基地之列，承载了半个多世纪的工业骄傲。高峰时期，青岛共布局了九大国棉厂，拥有十几万名纺织工人，纺织女工也是计划经济时代最令人艳羡的职业之一。然而，改革开放后，随着青岛先后获批全国首批沿海开放城市、计划单列市，青岛工业开始从劳动力密集型产业向资金密集型、技术密集型产业转移，纺织工业不可避免地走上衰退之路。

　　纺织工业的衰落，并未影响青岛在"中国制造"中的地位，这得益于 20 世纪 80 年代青岛在全国率先提出的"名牌带动、品牌兴市"战略。1985 年，时任青岛电冰箱总厂厂长张瑞敏，面对数十台存在质量问题的冰箱，在全体员工现场会上，挥起手中的锤子全部砸掉，而在当时，冰箱还是奢侈品。这成为中国企业史上最为经典的一幕，也成了青岛"品牌立市"最佳的见证。

　　随后，以海尔、海信、青岛啤酒、双星、澳柯玛为代表的五家制造企业横空出世，青岛"五朵金花"声名鹊起，直到今天这些企业仍旧是青岛最负盛名的品牌。截至 2022 年，青岛已有世界名牌产品 2 个、中国名牌产品 68 个、山东省名牌产品 700 个；中国驰名商标 123 件、中华老字号 19 个、国家地理标志保护产品 6 个，品牌总量位居全国同类城市前列，让青岛获得了"品牌之都"的美誉。

■ 中国高铁的"半壁江山"

2022 年 8 月，采用中国标准、为雅万高铁量身定制的高速动车组和综合检测列车在山东青岛正式亮相，这是我国首次出口国外的高速动车组，也是我国高铁首次全系统、全要素、全产业链在海外落地，标志着中国高铁出海进入新阶段。

这不是青岛首次拿下高铁领域的"第一"。事实上，中国首列 200 公里高速动车组、首列时速 300 公里高速动车组、首列时速 380 公里高速动车组、首列"复兴号"动车组和首列城际动车组、全球首列时速 600 公里的高速磁悬浮交通系统均诞生于此……在中国高铁的成长史上，青岛有着重要的一席之地。

根据工信部发布的先进制造业集群优胜者名单（这被视为我国先进制造业的"国家队"），青岛以轨道交通装备集群位列其中，成为榜单中仅有的两个轨道交通产业集群之一，另一个为湖南株洲。湖南株洲是中国电力机车的摇篮，但不以整车为主业，青岛更进一步，是中国最大的高速列车生产基地之一，也是唯一集高铁地铁、整车生产、核心系统研发制造、国家创新平台于一体的产业集聚区，拥有中车四方股份、中车四方有限、四方庞巴迪三大主机企业，以及国创中心、高速列车系统集成国家工程实验室等 13 个国字号技术研发中心。

得益于强大的产业矩阵，几乎在全国各地的高铁、地铁线路都能看到青岛的身影。数据显示，青岛累计生产的高速动车组占全国在营高速动车组的 55%，城轨地铁车辆占 20%。早在 2019 年，青岛轨道交通装备产业链产值就首次突破 1000 亿元；2025 年有望突破 1500 亿元；2035 年有望突破 2500 亿元，带动全产业集群产值突破 5000 亿元。

青岛雄心壮志的背后，既是中国迈向高铁第一强国的雄心，也是中国标准走向国际的信心。从 2004 年引进高铁技术，到 2013 年高铁运营里程突破 1 万公里大关，2022 年进一步跃升到 4 万公里以上，已通达 93% 的 50 万人口以上城市，中国不仅连续多年位居世界第一，且占整个世界高铁里程的七成左右。根据规划，到 2035 年，我国高铁运营里程有望突破 7 万公里，届时"市市通高铁"将成为常态。短短十多年间，我国从铁路大国走向高铁大国，再到迈向高铁强国，不仅促进了大江南北经济的深度融合，为统一大市场的建成奠定交通基础，还带动了万亿级轨道交通产业的崛起，为青岛、株洲、广州、成都、长春等地培育出新的增长动力。

高铁出海，空间更为巨大。目前，从中国到东盟、南亚、中亚等地区，一条横跨亚欧大陆的泛亚铁路网正在逐步形成。其中，泛亚铁路中线的中老万象铁路已于 2021 年底建成通车，印度尼西亚雅万铁路预计 2023 年通车，中泰铁路一期工程将于 2027 年开通，中缅铁路已签署可行性研究谅解备忘录，跨越喜马拉雅山的中尼铁路获双方鼎力支持，中巴铁路纳入研究……未来增长空间极为可观。

此外，随着中国高铁标准在世界范围的树立，高铁出海将是大势所趋。未来，除了亚洲之外，在欧洲、拉美、非洲，都能看到国产动车组的身影。这无疑将为青岛等城市轨道交通的发展带来持续增长助力。

■ 中日韩自由贸易区何时落地？

与大连一样，面向未来，青岛还有一个潜在的超级利好：中日韩自由贸易区。

中国、日本、韩国分别是世界第二、第三和第十一大经济体，三国经济总量、对外贸易总额占全球 1/5 以上，整体体量已经超过欧盟且接近北美自贸区。因此，打造中日韩自由贸易区，建立一个横跨东亚主要国家的自由贸易体系，对于三国乃至亚洲地区都十分重要。

早在 2002 年，中日韩自由贸易区就已形成构想，虽然三方意愿都很充分，无论是官方还是民间都乐见其成，但迄今先后进行了十多轮谈判，仍未能落地。熟悉国际局势的人都知道，每一次在即将签约之际，总会发生一些国际争端，让这一协议被迫暂停。

虽然中日韩自由贸易区推进遥遥无期，但覆盖整个东亚、东南亚地区 15 个国家的《区域全面经济伙伴关系协定》（RCEP）于 2020 年底正式签订。而这距离 2012 年正式启动谈判，已达 8 年之久。RCEP 涵盖了 22 亿人口、成员国 GDP 合计 25.6 万亿美元，无论是经济总量还是贸易额都几乎占到了全球 1/3 以上，堪称全球最大自贸区。在亚太自贸区的框架下，RCEP 的签订，标志着中日韩自由贸易区取得了关键性的进展。但 RCEP 远远替代不了中日韩自由贸易区，毕竟 RCEP 涉及多达 15 个国家，有中国这样的人口大国也有文莱这样的小国，有日本这样的发达国家也有柬埔寨这样的不发达国家，必然存在各种妥协和让步，在服务贸易、知识产权保护等方面的进展不及预期。

中日韩自由贸易区则不同，大国之间的自由贸易区更具现实意义。中国是日本和韩国最大的贸易国，日韩分别是中国的第二大、第三大贸易伙伴，也是第一大和第二大投资来源国，三国贸易往来密切。同时，日本拥有相对丰厚的资本和尖端科技，韩国是新兴工业化国家，在半导体领域占有优势，而中国是制造大国，三国经济产业存在互补空间，产业链高度融合，打造自贸区可以实现多方共赢。

同时，中日韩三国均为经济大国，GDP 总量合计超过 21 万亿美元，占世界 20% 以上；三国也是贸易大国，进出口总额全部跻身全球前十，合计接近 10 万亿美元，占全球贸易额的 20% 以上（见图 6-5）；三国也都是制造大国，制造业增加值合计占到全球的 39%。一旦形成中日韩自由贸易区，就多了与世界其他大国谈判博弈的资本，其意义无可估量。退一步讲，即使这些宏大的目标不能迅速实现，至少在短期将助力中国的区域平衡发展。中日韩自由贸易区一旦签订，山东、辽宁等地将是最大的受益者，这对经济陷入增长困境的北方地区可谓一剂强心针。

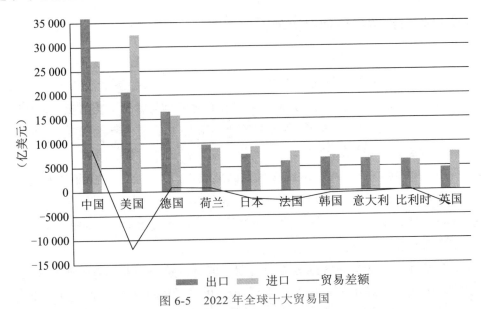

图 6-5　2022 年全球十大贸易国

资料来源：世界贸易组织及公开报道。

作为各自区域的龙头城市，青岛、大连是中日韩自由贸易区的主要受益者。与大连相比，青岛经济体量更大、制造业更为发达、城市综合能级更高，与日韩两国的贸易规模更为庞大，且青岛背后还有山东这一中国经济第三大省的支撑，能从中得到的利好也会更为明显。

根据 2021 年外贸数据，日本已成青岛第二大贸易伙伴、第三大外资来源地；韩国则是青岛的第三大贸易伙伴、第二大外资来源地。除了经贸往来，青岛与日韩的日常交往也日益频繁。日本、韩国不仅双双将总领事馆设在青岛，在 2020年之前，每周都有数百个航班往返青岛与日本、韩国主要城市，来自日韩两国的游客占青岛境外游客的一半以上。

这正是青岛对外开放的优势所在。面向"一带一路"沿线国家和地区，青岛拿下了中国—上海合作组织地方经贸合作示范区，承载的是"一带一路"新亚欧大陆桥经济走廊和海上合作的功能；面向中日韩自由贸易区，青岛是中日韩地方经贸合作先行区。"双区"驱动，既是国家赋予青岛的使命，也是青岛剑指北方第二城、打造北方版"深圳"的底气所在。

福州：用了 22 年，终于重回福建第一市

2022 年 8 月，"京台高铁"线路图突然亮相各大地图平台，"坐上动车去台湾"，一时引发无数人畅想。

这一场景，并非部分网友的心血来潮，而是早已有国家规划"背书"。2016 年出台的国家《中长期铁路网规划》中，京港（台）通道就作为"八纵八横"的一纵而存在。2021 年发布的《国家综合立体交通网规划纲要》，进一步明确"福州到台北支线"的规划。2022 年公布的《国家公路网规划》中，亦有"京台高速"线路。

无论是京台高速还是京台高铁，都是从北京到福州，再从福州跨越台湾海峡到台北。随着 2020 年福州到平潭铁路的贯通，北京经京沪高铁京蚌段、合蚌高铁、合福高铁及福平铁路可直达福州平潭县，从北京到台北仅剩下最后一段跨海通道。

京港（台）通道的设立，意味着福州取代厦门，成为福建直达台湾省的交通门户，福州也将从铁路末梢一跃成为重要的交通枢纽，未来发展势必激发出更大的能量。

这一刻，福州等了太久了。

■ 台海通道，为何花落福州？

福建与台湾隔海相望，如何打通台海通道就成了两岸人民的共同心愿。

早在几十年前我国就已形成了北线、中线、南线等多套台海通道方案。"北线方案"从福建长乐经平潭岛跨台湾海峡到达台湾新竹，线路两端分别靠近福州和台北；"中线方案"包括从福建莆田经南日岛跨台湾海峡到达台湾苗栗；"南线方案"从厦门经金门、澎湖列岛直至台湾嘉义。

相较而言，北线连通福州和台北，南线连通厦门和嘉义，且靠近高雄，均为各自区域的中心城市，因此更受认可。在南北两线之间，南线的优势在于将厦门、金门、澎湖、高雄等地连接起来，经济价值更高，但缺点也相当明显，南线全长

将近 240 公里，而北线仅为 140 公里，其中跨海宽度为 125 公里，南线接近北线的 2 倍，投资成本更高。此外，从地质层面来看，南线需穿越澎湖列岛及澎湖盆地，而澎湖列岛东南侧有一系列的活断层存在，且常常有地震发生，存在引发海啸的危险性，北线的地质结构相对稳定，未发现断裂带。

然而，长期以来，由于福州经济优势不算突出：论经济总量，比不过厦漳泉都市圈的泉州；比人均指标和城市能级，又与厦门相距甚远，所以台海通道南北两线之争一直悬念重重。不过，近年来，随着福州经济逐步崛起，尤其是时隔 22 年反超泉州重回福建第一大市，再加上平潭综合试验区的突出地位，台海通道的天平逐渐向综合优势更为突出的北线转移，而福州也得以成了大陆直通台湾的门户。

当然，福州要想成为真正的门户，必然要等到台海通道开工建成之际。那么，台海通道建设难度有多大，建设周期又有多久？

如果放在提议之初的 20 多年前，台海通道的确是世纪级的高难度工程。然而，近年来，随着中国"基建狂魔"的崛起，一座接一座跨海大桥或海底隧道涌现，从杭州湾大桥、胶州湾大桥再到港珠澳大桥，从泛亚铁路到川藏铁路再到中尼铁路，中国不乏世界级超级工程的建设经验。可以说，无论是建桥和开挖隧道，技术层面的问题都能得到克服。

如果技术不是问题，那么唯一的问题就在于成本。台海通道总长度有望创下我国跨海通道之最，投入成本或达 3000 亿～4000 亿元。这笔投资看起来相当巨大，但与其带来的经济收益、政治价值及战略意义相比，显然是存在性价比的。毕竟千亿级的基建工程早已遍地即是，港珠澳大桥总投资超过 1000 亿元，而纳入规划的沪甬通道、沪舟甬通道投资也都超过 1000 亿元，至于川藏铁路总投资更是高达 3000 亿元之巨。这些超级工程最终能够上马，正是在经济账之外，考虑到其背后的政治及战略价值。

当然，相比于技术与资金，更大的问题还在于政治层面。祖国完全统一的历史任务一定会完成，台海通道对于我们或许并不是太遥远的未来。

■ 从"东南洼地"到勇挑大梁

福州能成为高光城市，与福建省近年的飞速发展不无关系。

2022 年 7 月，高层领导在福建召开东南沿海省份主要负责人座谈会时指出，东南沿海五省市经济体量占全国 1/3 以上，财政收入占近四成，在地方对中央财政净上缴中贡献近八成，有力支撑了国家财力和中央财政对中西部地区的转移支付。五省要继续挑起国家发展、稳经济的大梁，发挥保障国家财力的主力作用。

这是高层首次将福建与广东、江苏、浙江、上海并列为东南五省。自此，福建的综合经济实力终于为外界所熟知。

然而，福建并非一开始就是能挑大梁的经济大省。几年前，新华网在概括福建70年发展历程时，用了这样两个表述：从海防前线到发展高地，从"东部洼地"到东部领跑者。

一句话，道出了福建波澜壮阔的发展史。改革开放前，由于地处海防前线，福建一度被视为偏僻和落后的代表。福建的经济发展严重滞后于其他地区，来自国家的重点投资项目少之又少，不仅与重工业项目无缘，连铁路等交通设施都相对落后，偌大的福建省只有一条出省铁路。1978年，福建省GDP位居内地第24位，不及陕西、云南、广西等西部省份；经济总量不到上海的1/4、江苏的1/3、浙江的1/2。在当时，东部、东北甚至中部的多个省份都已开始向工业化转型，而福建仍是落后的农业省份，第一产业占比高达36%，比全国平均水平高了7.8个百分点。

然而，"八山一水一分田"的地理格局导致福建平原较少，农业用地仅占总土地面积的10%左右，福建并不适合发展农业。相比而言，依山滨海，与台湾省一水相连，且地处"海上丝绸之路"的"黄金海道"，加上劳动力资源丰富，福建天然适合发展制造业和对外贸易。这一局面要等到改革开放之后才得以彻底扭转。

改革开放以来，福建抓住了侨、台、海三大优势，借助沿海地区对外开放的政策，发挥闽南人"爱拼才会赢"的精神，一跃成为排名前十的经济大省。福建也是改革开放以来增长最猛的省份。从经济总量来看（见表6-4），1978—2022年，福建省经济总量增长了799倍，超过广东（693倍）、浙江（627倍）、江苏（492倍），位居全国之首。

表6-4 1978—2022年各省区市GDP增长排行

地 区	1978年（亿元）	2022年（亿元）	增幅（倍）
福建	66.37	53 109.85	799.2
广东	185.85	129 118.58	693.7
浙江	123.72	77 715	627.2
江苏	249.24	122 875.6	492.0
新疆	39.07	17 741.34	453.1
贵州	46.62	20 200	432.3
云南	69.05	28 954.2	418.3
海南	16.4	6818.22	414.7
重庆	71.7	29 129.03	405.3
陕西	81.07	32 772.68	403.3

续表

地　区	1978 年（亿元）	2022 年（亿元）	增幅（倍）
内蒙古	58.04	23 159	398.0
安徽	113.96	45 045	394.3
宁夏	13	5069.57	389.0
山东	225.45	87 435	386.8
北京	108.84	41 610.9	381.3
河南	162.92	61 345.05	375.5
江西	87	32 074.7	367.7
湖北	151	53 734.92	354.9
广西	75.85	26 300.87	345.7
湖南	146.99	48 670.37	330.1
西藏	6.65	2132.64	319.7
四川	184.61	56 749.8	306.4
山西	87.99	25 642.59	290.4
青海	15.54	3610.1	231.3
河北	183.06	42 370.4	230.5
天津	82.65	16 311.34	196.4
甘肃	64.73	11 201.6	172.1
上海	272.81	44 652.8	162.7
吉林	81.98	13 070.24	158.4
辽宁	229.2	28 975.1	125.4
黑龙江	169.19	15 901	93.0

资料来源：各地统计年鉴。

　　福建的崛起与国家政策的鼎力支持不无关系，也不乏自身的拼搏努力。先看政策，1980 年，厦门成为首批经济特区之一；1984 年，福州成为首批 14 个沿海开放城市之一……2004 年，海峡西岸城市发展规划获批；2009 年，福州（平潭）综合试验区开发开放正式上升为国家战略；2014 年，福建与广东、天津一道获批建设自贸区，成为继上海之后的第二批自贸区；2015 年，福州新区获批，成为全国 19 个国家级新区之一；2018 年，福建成为全国首个"市市通高铁"的省份；2020 年，福州都市圈规划获批，成为全国第二个获批的都市圈规划……

　　政策虽然是关键因素，但并不能决定一切，政策只有用在对的地方，才能发挥事半功倍的效果。改革开放之初，借助地缘优势，福建吸引了港澳台地区的纺织、服装、玩具等加工制造产业，直到今天福建还是全国乃至世界最大的服装、鞋业生产基地之一。随着经济实力进一步增强、基础设施全面改善，福建又布局了电子信息、机械装备、石化、冶金建材等重点产业，从一个工业基础极其薄弱的省份变成东部首屈一指的工业大省。

同时，借助侨乡优势，福建吸引了来自世界各地的资金涌入，外来投资位居全国前列，这些资金不仅解决了福建在发展初期的燃眉之急，还助力福建迅速建立起现代产业体系。数据显示，改革开放以来，福建累计利用侨资1000多亿美元，占实际利用外资的80%左右，引进侨资项目企业36 000多家。闽籍华侨为家乡故土累计捐赠300多亿元，为福建发展做出巨大贡献。

这种背景下，福建下辖的一众地级市也从实力孱弱的普通地级市，一跃成为首屈一指的明星城市。泉州、福州GDP先后破万亿元，福建也成了全国为数不多拥有双料万亿城市的大省之一，厦门借助国际化的优势屡屡成为"金砖会议"等高端国际论坛的主舞台。

■ "最尴尬省会"的逆袭

福建的逆袭与省会福州的崛起同样不容忽视。

2021年，福州GDP超过泉州，问鼎全省第一（见图6-6）。这是1999年被泉州赶超之后，时隔22年，福州终于拾回省会的"尊严"。在国内，除了几个拥有计划单列市的省份之外，省会经济被普通地级市"打败"的只有南京、呼和浩特、石家庄、福州等为数不多的几个地方。

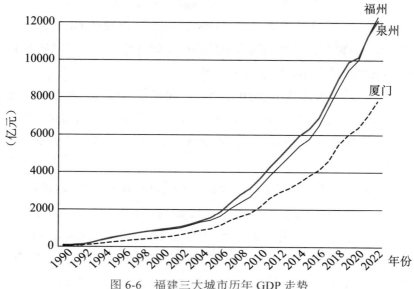

图6-6　福建三大城市历年GDP走势

资料来源：福建统计年鉴。

不过，20 多年前，福州不仅在经济上被普通地级市压了一头，城市能级和知名度也被另一个城市——厦门碾压。我国共有 5 个计划单列市，副省级城市的超高行政地位以及财政单列的特殊性，让这些城市成为区域经济中最为独特的存在，厦门就是其中之一。一般来说，在存在计划单列市的省份，为表示省会的重要性及出于均衡发展的需要，省会一般会被赋予副省级城市的称号，然而，福州成了唯一的例外。没错，福州是华东地区沿海省会中唯一没有被确定为副省级，也是 5 个非省会计划单列市所在省没有被确定为副省级的省会。

可以说，从一开始，福州的起点就比一般省会要低，面临的竞争也远比一般省份要激烈。无论是广州—深圳、杭州—宁波还是济南—青岛、沈阳—大连，"双城记"都是主流，而福建省流行的是福州、泉州、厦门的"三国杀"。一个省拥有三个中心，等于没有中心。作为省会的福州，自然难以如同中西部的成都、武汉、西安一样聚全省资源为己用，福州错失了做大省会的终南捷径。

既然如此，福州是如何一步步逆袭的？

20 世纪 90 年代，福州完成了第一次大跨越。1992 年初，福州制定了《福州市 20 年经济社会发展战略设想》，谋划了福州 3 年、8 年、20 年经济社会发展的战略目标，这一文件因此被称为"3820 战略"。与一般城市规划不同的是，这份文件充满了战略高度，提出了建设"闽江口金三角经济圈""海上福州""现代化国际城市"等战略举措，强调要跳出福州看福州，跳出福州看全省、看周边先进地区、看世界，从而为福州未来的发展奠定了总体基调。

路子对了，发展自然如虎添翼。1991—1995 年，福州 GDP 年均增速高达 23.6%；1996—2020 年，虽然面对台海关系的不确定性，福州依旧创下了 15% 的年均增速，GDP 连续多年力压泉州，位居全省第一。

福州的第二次大跨越是在 2010 年之后。2012—2022 年，福州经济总量增长了 1.84 倍，超过厦门（1.67 倍）、泉州（1.51 倍），在主要城市里仅次于贵阳、合肥（见"合肥篇"图 1-13），一改在 2000—2010 年经济增幅大幅跑输厦门、泉州的局面。

福州发展如此之快，得益于一系列政策的倾斜，形成了"多区叠加"的优势，这些定位多数是"3820 战略"的延续。先是福建省平潭综合实验区获批，着眼于海峡经济交流；接着在同一年，21 世纪"海上丝绸之路"核心区、福建自贸区福州片区、福州新区集体横空出世；随后，福厦泉国家自主创新示范区、国家生态文明试验区先后获批……六区叠加，给福州带来了前所未有的政策红利。

这其中，最突出的当属平潭试验区。平潭是大陆离台湾岛最近的地区，而平潭试验区本身就是因台而设、为台而兴，目标是建设成为"两岸同胞合作建设、先行先试、科学发展的共同家园"。如今这一目标已经渐行渐近。2020年底，福州至平潭的铁路正式开通运营，打通了京台高铁在大陆的最后一环，平潭离台湾只剩下一条跨海通道。

这些新区给福州带来了庞大的新兴产业，也带来了不菲的固定资产投资。据统计，自成立以来，福州新区累计完成投资超过1万亿元，平潭试验区累计投资近4000亿元，其中基础交通设施投资超过1000亿元。这些投资不仅彻底改变了福州的城市面貌，而且跨海通道、港口、机场、地铁等交通设施的完善，为产业的发展奠定了良好的基础。

福州的第三次大跨越，得益于近期的强省会战略。面对"三城鼎立"的局面，强省会对于福州殊为不易，如果没有来自全省层面的鼎力支持，恐怕很难得以推动。一个例证是，福州和厦门均提出了竞夺国家中心城市的设想，但最终这一资格落到了福州身上，背后就不无强省会政策的倾斜。第二个例证是，福州都市圈是继南京之后第二个获国家层面批复的都市圈规划。论都市圈的成熟程度，福州与南京相距甚远，与发展最早的广州、深圳、上海等都市圈更是差距巨大。然而，福州都市圈能够先行一步，也不乏做大强省会的考虑。

强省会意味着什么？这从2021年福建省发布的《关于支持福州实施强省会战略的若干意见》就可看出端倪，文件不仅明确支持福州创建国家中心城市，而且直言不讳强调"大力支持福州做大做强，增强省会城市辐射带动力"，同时还给予一系列政策支持，比如强省会所需省级审批权限原则上下放给福州市，每年从省耕地占补平衡调剂库中安排适当指标专项支持福州建设，省财政对福州发展金融业给予专项政策支持，省级财政支持福州国际门户枢纽建设，争取中央专项建设基金、投资基金优先向福州倾斜……

所以，在战略优势、政策优势以及强省会的直接助推下，福州能够重返乃至未来长期保持福建经济第一大市之位，就不令人奇怪了。

■ 三城鼎立：福州还差了什么？

面向未来，随着海峡两岸大概率走向统一大市场，作为交通门户和贸易桥头堡的福州的城市能级势必再度提升。不过，福州能够担当起强省会之位，从经济总量、人口规模，以及区位优势、政策优势的赶超，转向成为产业、科技等方面的引领者，值得关注。

事实上，与厦门和泉州比，许多人只知福州之大而不知其主导产业。究其根本，在于福州产业结构相对传统，在战略性新兴产业的主赛道里缺乏具有区域影响力的产业，全国乃至世界知名的大企业更为少见。如今说起厦门，厦门建发、厦门国贸、厦门象屿"三巨头"可谓众所周知，而美图、"4399"、吉比特等也在互联网领域为厦门占上了一席之地。说起泉州，安踏、特步、鸿星尔克、361°、七匹狼等耳熟能详的品牌，"占领"了全国的大街小巷。而福州，除了兴业银行、福耀玻璃等广为人知之外，其他企业的知名度均不算高。

在制造业领域，福州与厦门、泉州的第一大支柱产业大相径庭（如表6-5所示）。厦门的第一大支柱产业是电子信息制造业，涵盖了笔记本、手机、集成电路等；泉州的第一大支柱产业是纺织服装及鞋业，已经形成了千亿级产业集群；福州的第一大支柱产业则是纺织化纤，虽然总产值高达3000亿元，但没有产值超500亿元以上的超大型制造业龙头企业，大多处于价值链"微笑曲线"中端，中低端的中间产品居多，终端产品较少，关键环节缺失，容易受上游原材料产品价格变动及终端服帽市场销售等因素的影响。

表6-5　福州、厦门、泉州主要工业产业对比　　　　　　　　　　%

福　　　州		厦　　　门		泉　　　州	
行　　　业	占工业比重	行　　　业	占工业比重	行　　　业	占工业比重
纺织业	11.5	计算机、通信和其他电子设备制造业	37.0	皮革、毛皮、羽毛及其制品和制鞋业	13.9
化学纤维制造业	9.9	电气机械和器材制造业	8.1	非金属矿物制品业	13.9
计算机、通信和其他电子设备制造业	9.0	金属制品业	5.5	纺织服装、服饰业	11.8
农副食品加工业	7.9	橡胶和塑料制品业	5.1	石油、煤炭及其他燃料加工业	7.6
黑色金属冶炼和压延加工业	7.7	医药制造业	4.3	纺织业	6.5

资料来源：各地统计年鉴。

在纺织化纤之后，福州的其他主导产业分别为轻工食品、机械制造、电子信息、冶金建材、石油化工、生物医药、能源电力等。不难看出，福州以传统产业为主，高新产业与同能级城市存在明显差距。2021年，福州规模以上高技术制造业增值仅占工业比重的12.4%，而厦门是42.6%，深圳更是高达67.6%。

虽然制造业结构相对传统，但在数字经济方面，福州走在了全国前列。2021

年,福州数字经济规模达 5400 亿元,占 GDP 比重超过 50%,正成为经济高质量发展的重要引擎。福州的优势在于数字产业化与产业数字化的双向驱动,不过作为数字经济核心产业的电子信息制造业、软件和信息技术服务业等,仍与同能级城市有一定差距。2021 年,厦门软件和信息技术服务业总收入高达 1732 亿元,占福建省总收入的半壁江山,而福州 2022 年刚达到 1200 亿元;在电子制造业方面,福州与厦门的差距更大,作为厦门第一大支柱产业电子制造业整体产值已经超过 3000 亿元,而福州仅为千亿级产业。

不管怎样,福州已经迈出了摆脱最尴尬省会的关键一步。正如著名"3820 战略"所提出的,跳出福州看世界。福州的视野不应局限于省内,更应超前布局海峡两岸更广阔、也更灿烂的未来。

厦门:三线经济,一线房价,凭什么

谁是房价意义上的一线城市?

以综合竞争力来衡量,北京、上海、广州、深圳是毫无疑义的四大一线城市。若将指标换成房价,广州出局,而经济人口体量仅与三线城市相当的厦门脱颖而出,跻身房价意义上的一线城市。

在厦门,向来有"一线房价,二线工资,三线经济"的说法。厦门经济总量仅有 7000 多亿元,常住人口 500 多万人,在体量上与弱二线省会基本相当。厦门房价为何能向一线城市看齐?

■ 厦门房价有多高?

厦门是内地房价第四城。

2022 年,厦门房价突破每平方米 5 万元,仅次于上海、深圳和北京,力压广州、杭州,更远超同省的福州、泉州两大万亿级城市(见图 6-7)。10 多年来,厦门房价涨幅位居全国前列,2011 年厦门均价仅为每平方米 1.2 万元,到 2022 年整体涨幅超过 300%,在主要城市中仅次于深圳。

这还是厦门全市均价,叠加了远郊区的均摊效应。众所周知,厦门市由厦门岛二区和岛外四区构成,由于土地、人口及资源分布不均等,岛内房价远高于岛外。岛内的思明、湖里二手房均价接近每平方米 7 万元,而岛外普遍在每平方米 4 万元以下，同安、翔安等区均价不到每平方米 3 万元。

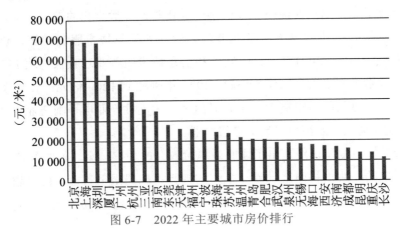

图 6-7 2022 年主要城市房价排行

资料来源：中国房价行情平台

当然，不同的城市发展水平不一、收入存在差异，单纯以房价来论高下并不客观。相比而言，房价收入比、租金回报率，可以衡量一个城市房地产的发展是否良性。所谓房价收入比，指的是房价与收入之比，一般以住房总价与家庭年收入之比来计算，衡量的是普通居民家庭购房的难度——不吃不喝多少年才能够买得起一套房。而租金回报率，一般以住房租金与整体房价之比来测算，衡量的是房屋单纯的租赁回报价值。

2022 年，厦门房价收入比超过 30，仅次于深圳，位居内地第二。这意味着在厦门一个普通家庭不吃不喝 30 多年，方能买得起一套均价住宅。同年，厦门租金回报率仅为 1.2%，远低于福州，甚至低于以高房价著称的深圳（见表 6-6）。这说明，如果仅靠出租收益，厦门一套房子回本至少要用 70 多年时间。

表 6-6 2022 年主要城市租金回报率 %

城 市	租金回报率	城 市	租金回报率	城 市	租金回报率
长沙	3.05	杭州	1.89	南京	1.70
成都	2.79	天津	1.85	宁波	1.70
武汉	2.45	温州	1.84	青岛	1.67
重庆	2.42	无锡	1.84	泉州	1.60
昆明	2.28	福州	1.82	深圳	1.54
海口	2.16	珠海	1.81	广州	1.50
西安	2.07	合肥	1.78	三亚	1.43
北京	1.97	上海	1.78	东莞	1.21
济南	1.96	苏州	1.77	厦门	1.17

资料来源：中国房价行情平台。

房价收入比越高，购房负担越重；租金回报率越低，房地产市场泡沫程度就越高。当然，这并不能一概而论。房价收入比，衡量的是普通家庭的购房负担。而房价天花板到底有多高，是由高收入者决定的。所以，对于一、二线城市来说，房价收入比过高，并不一定意味着泡沫风险。但对于三、四线城市来说，房价收入比过高，甚至超过二线城市，则必然存在着泡沫风险。

同理，在房价上升周期中，房价涨幅过快，而租金受到收入的约束，租金回报率显得异常之低，这是正常的。然而，一旦楼市进入下半场，房价上涨预期不复存在，那么租金回报率就成为衡量一个城市房价泡沫程度的重要标志，这是值得注意的。

显然，如果将房子只是看作投资品，绝大多数城市在正常的住房设计寿命周期都很难单纯通过租赁来收回成本，更多依赖的是房价上涨带来的收益。同样不能忽视的一点是，买房不仅包括本金及贷款利息成本，还包括物业费、房地产税在内的持有成本，一旦房价下跌乃至只是横盘，都会带来无穷无尽的问题，这正是"房价不涨就亏钱"说法的由来，也是"房价能涨不能跌"的最大注脚。

■ 厦门房价为何这么高？

厦门正是剖析我国高房价的典型样本。

熟悉房地产经济学的人都知道，房价高低，在宏观上与经济增长、货币供应、人口流动以及土地供给等因素息息相关，在微观上受市场情绪、炒房效应的影响，到具体城市方面则与城市面积、主导产业、资源分布等因素相关联。

厦门的特殊性在于，既是宜居的滨海旅游城市，令无数投资者纷至沓来，又是全国面积最小的副省级城市，人多地少的矛盾极其突出。再加上作为闽南地区经济文化中心，厦门吸引了全福建的资金，自然容易带动房价持续走高。

从国际房价分布来看，旅游城市房价一般高于普通城市，尤其是自然环境一流、生态宜居、基础配套完善的旅游城市，房价更是极为冒尖。原因在于，旅游城市不仅要面对本地人的自住需求，还要承接来自省内及全国各地的旅居需求。三亚如此，厦门也是如此。

厦门的旅游总人次和收入在全国位居前列。2021年，厦门市共接待国内外游客8940万人次，旅游总收入达1301亿元，分别占福建全省的22%和26.7%。另据中国科学院宜居城市研究团队发布的《中国宜居城市研究报告》，厦门位居全国第二，为福建省唯一且连续多年上榜的城市。

相比旅游城市的身份，厦门本身的城市结构是关键的影响因素。

厦门最突出的特点是人多地少。说起人多地少，人们容易联想到深圳，不到2000平方公里的面积承载了1700多万的常住人口，住房资源高度紧张就不难理解。与深圳相比，厦门的城市面积更小，只有1700平方公里，在15个副省级城市里处于垫底位置，在福建省9个地级市里也排在末位，人均土地面积仅高于深圳，人口密度更是位居全国前列（见表6-7）。

表6-7 各大城市人口密度排行

城　　市	常住人口（万人）	面积（平方公里）	人口密度（人/平方公里）
澳门	68.32	32.9	20 766
深圳	1768	2465	7173
香港	741.3	1113	6656
东莞	1053.7	2474	4259
上海	2489.43	6340.5	3926
厦门	528	1700	3105
佛山	961.26	3797	2531
广州	1881.06	7434.4	2530
中山	446.69	1783	2504
汕头	553.04	2245	2463
郑州	1274.2	7567	1684
无锡	747.95	4650	1608
武汉	1364.89	8569	1593
苏州	1284.78	8657	1484
成都	2119.2	14 335	1478
南京	942.34	6587	1431
珠海	246.67	1725	1430
嘉兴	551.6	3915	1409
北京	2188.6	16 410	1334
西安	1316.3	10 108	1302
常州	534	4372	1224
天津	1373	11 966	1147

注：本表为粗略统计，常住人口为2021年数据。严格来说，人口密度应以"$\dfrac{城市（市）区人口}{建成区面积}$"进行衡量。

资料来源：各地统计年鉴及公开报道。

厦门与深圳最大的不同在于，厦门的优质资源都集中在寸土寸金的厦门岛上，而深圳以多中心发展模式见长。行政中心在罗湖，金融等服务业中心在福田，科技中心在南山，制造中心在宝安、龙岗、光明，所以深圳整体房价虽高，但不至于某一区域畸高不下。

与之对比，厦门一半的常住人口都挤在157.98平方公里的厦门岛上。换言之，厦门岛以不到全市10%的面积承载了一半的人口。这一局面早在20多年前就已存在，当时官方就已表示"岛内人口基本饱和"。然而，"宁要岛内一张床，不要岛外一间房"更是加剧了岛内资源紧张的状况。

这一局面的形成，与厦门经济特区的发展历程不无关系。厦门是我国五大经济特区之一，但一开始并非整个厦门市都被囊括其中。1980年，厦门获批的经济特区，面积只有2.5平方公里，位于岛内的湖里。1985年，厦门经济特区扩容到厦门岛和鼓浪屿全岛，岛外长期不在经济特区的范畴内。直到2010年，厦门经济特区才扩容到全市，而彼时经济早已从沿海向内陆全面开放，经济开发区、高新区、保税区遍地即是，经济特区已经失去了最初的红利。

然而，这种发展模式带来了一个意想不到的后果——整个厦门的基础设施、教育资源、医疗资源、支柱产业等都集中在岛内。厦门岛内只有思明、湖里两个区，但经济总量在全市的占比超过了一半，人口规模高峰时期也超过了一半。近年来，随着厦门岛内人口高度饱和，新增人口开始向岛外转移。2010—2020年，厦门岛外新增人口138.36万人，而岛内仅增长24.9万人。即使如此，2020年厦门岛外4个区的经济总量仍没赶上岛内2个区。

跳出"小岛"思维，跨岛发展，正成为厦门经济产业的发力方向。但要改变岛内房价畸高、岛内岛外不均衡发展的格局，仍需要较长时间。

■ 人口增长有多猛？

房地产，短期看政策，中期看土地，长期看人口。

人口是房地产的长期之锚。于经济体而言，只要人口还在不断增长，人口进城的速度没有大幅放缓，房地产始终都有上涨的动力。于城市而言，只要外来人口不断涌入，房价自然也会得到相对强劲的支撑。所以，我们看到凡是房价持续上涨的城市，无一不是人口净流入地。而人口持续减少的收缩型城市，房子跌回"白菜价"并非传说。

厦门是人口流入最猛的城市之一。根据第六次全国人口普查和第七次全国人口普查数据，2010—2020年，厦门常住人口增长163.3万人，增量在福建省位居第一。由于厦门人口基数较小，更凸显了其增长势头之猛，这10年间，厦门常住人口增幅达46.2%（见表6-8），仅次于深圳、西安、广州等城市，在全国位居前列，而同省的福州、泉州人口增幅分别仅为16%、8%。

表 6-8　2010—2020 年主要城市人口增幅排行

城　市	2020 年人口(万人)	2010 年人口(万人)	10 年增量（万人）	10 年增幅（％）
深圳	1756	1042.4	713.6	68.5
西安	1295.29	846.7	448.59	53.0
广州	1867.6	1270	597.6	47.1
厦门	516.4	353.1	163.3	46.2
郑州	1260	862.6	397.4	46.1
银川	285.9	199.3	86.6	43.5
长沙	1004.7	704.4	300.3	42.6
海口	287.3	204.6	82.7	40.4
成都	2093.8	1511.8	582	38.5
贵阳	598.7	432.4	166.3	38.5
杭州	1193.6	870	323.6	37.2
佛山	949.8	719.4	230.4	32.0
昆明	846	643.2	202.8	31.5
南宁	874.1	666.1	208	31.2
东莞	1046.6	822	224.6	27.3
太原	530.4	420.1	110.3	26.3
武汉	1232.65	978.5	254.15	26.0
合肥	936.9	745.7	191.2	25.6
南昌	625.5	504.2	121.3	24.1
宁波	940.4	760.5	179.9	23.7
苏州	1274.8	1046.5	228.3	21.8
兰州	435.9	361.6	74.3	20.5
呼和浩特	344.6	286.6	58	20.2
无锡	746.2	637.2	109	17.1
福州	829.1	711.5	117.6	16.5
南京	931.4	800.4	131	16.4
青岛	1007.1	871.5	135.6	15.6
济南	920.2	811.3	108.9	13.4
北京	2189.31	1961.2	228.1	11.6
石家庄	1064	954.71	109.29	11.4
沈阳	902.7	810.6	92.1	11.4
大连	745	669	76	11.4
重庆	3205.4	2884.6	320.8	11.1

城　市	2020年人口(万人)	2010年人口(万人)	10年增量(万人)	10年增幅(%)
泉州	878.2	812.8	65.4	8.0
上海	2487.09	2301.9	185.1	8.0
天津	1386.6	1293.8	92.8	7.2
南通	772.6	728.8	43.8	6.0
长春	906.7	877	29.7	3.4
哈尔滨	1000.9	1063.6	-62.7	-5.9

资料来源：第六次、第七次全国人口普查公报。

不仅如此，厦门还是福建省人才吸引力最强劲的地区。2021年，厦门市人才资源总量突破139万人，每10万人中大专及以上学历人数就达到2.69万人，远超全省平均水平（1.4万人）以及福州（1.85万人）、泉州（1.05万人），在全国大中城市中处于领先位置，接近广州、深圳水平。

楼市成交数据也说明了这一点。贝壳研究院根据2020年上半年32城二手房交易中非本地客源比例，经标准化处理得出"移民"指数（指数越高，说明外来购房客户占比越高），用以比较不同城市新定居居民的特点，深圳、东莞、厦门移民指数分别居一线、新一线、二线城市首位。

虽然就人口总规模来看，厦门与福州、泉州均存在较大差距，但在城市规模层级上，厦门高上一头。根据各地统计公报，2022年，厦门常住人口仅为530.8万人，而福州、泉州分别高达845万人、888万人，厦门人口体量不到泉州的六成。不过，众所周知，我国的城市是广义上的城市概念，属于行政区划下的城市，而国际上的城市多数指的是城区。在这方面，我国同样以城区人口规模来衡量城市层级。根据《中国城市统计年鉴》提供的数据，2020年，厦门城区人口达368万人，超过了省会福州和万亿级城市厦门，位居Ⅰ型大城市之列。而从含金量更高的城镇化率来看，2022年，厦门的城镇化率超过90%，位居国内第一梯队，而福州仅为73.27%。

人口吸引力如此之强，高学历人才比例如此之高，城区人口规模如此之大，城镇化率如此之高，自然为厦门的房价提供了持续的支撑。

■ 只知厦门，不知省会？

说起福建省，最容易闪现在脑海的城市要么是厦门，要么是泉州下辖的晋江等闻名世界的"鞋都"，作为省会的福州存在感反而不高。

福建的区域格局很有意思。福州虽然是省会，但经济总量长期低于泉州；泉州虽然 GDP 遥遥领先，但在身份上只是普通的地级市；厦门虽然经济总量排不上号，但城市能级、城市规模层级是最高的。厦门的头上，闪耀着无数令无数城市艳羡不已的头衔：计划单列市、副省级城市、经济特区……

在城市定位上，厦门与深圳有诸多相似之处，都是财政单列的计划单列市，都是比普通地级市高上半级的副省级城市，也都属于我国最早规划的五大经济特区。与之对比，与深圳构成"双子星"的广州也是副省级城市，福州却是不折不扣的地级市，也是 5 个非省会计划单列市所在省中唯一没有被确定为副省级的省会。

所以，厦门只是看起来"小"，无论是行政级别、城区人口规模抑或城镇化率，都力压省会福州一头；而厦门的建城区面积，也与福州不相上下。如果从人均指标来看，福州的人均 GDP、亩产 GDP 等指标，更是遥遥领先。

同样不容忽视的一点是，作为闽南地区的经济文化中心，厦门的知名度、吸引力和影响力遍及整个福建及海峡对岸，因此厦门成了福建人在省内及台湾人在大陆置业的首选地。

福建是我国东部沿海的经济大省，也是为数不多的几个地方财政净贡献的省份。福建经济实力之强，在于民营经济发达，晋江模式曾与苏南模式、珠江模式并列，如今各项民营经济指标仍位居全国前列。数据显示，2021 年福建省民营经济增加值为 3.38 万亿元，占全省 GDP 的 69.3%，对经济增长的贡献率达 82%。从近年数据来看，福建全省近 70% 的税收、70% 的科技成果、80% 的就业岗位、90% 以上的企业数都是由民营企业贡献的。

发达的民营经济不仅带动了经济活力的显著提升，而且奠定了"藏富于民"的财富基础。在安土重迁的传统观念影响下，这些先富起来的一批人往往选择在省内置业，作为传统经济文化中心且环境宜居的厦门，就成了首选地。

可见，厦门房价力压广州、杭州，是一系列因素共同作用的结果。虽然高房价背后不乏经济、产业及人口基本面的支撑，但房价收入比、租金回报率双双"超标"的背后，也蕴藏了巨大的泡沫风险。至于高房价对于产业、人才的挤出效应，无疑需要引起更多的重视。

海口、三亚：自由贸易港横空出世，第二个香港呼之欲出？

香港迎来了最大的挑战对手？

2018 年 4 月，时值海南建省 30 周年，国家层面宣布海南将分阶段建设自由贸易区及自由贸易港。2020 年 6 月，《海南自由贸易港建设总体方案》正式印发，根据时间表，2023 年海南自贸港具备封关运作的硬件条件，2024 年完成封关各项准备，2025 年前适时启动全岛封关，2035 年前全面实现贸易、投资、跨境资金、人员进出、运输来往、数据"六大自由"，推进建设高水平自由贸易港。

那么，海南自由贸易港是否有望取代香港？其深层意义是什么？对于海口、三亚等中心城市的发展，又会带来多大的刺激？

■ **海南的三次飞跃**

自 1988 年建省以来，海南先后获得了三轮国家战略的加持，完成了史无前例的三次巨大跨越。

1988 年，海南脱离广东管辖独自建省，同时设立经济特区，这是我国继深圳、汕头、珠海、厦门之后的第 5 个经济特区。海南由此完成了第一次跨越。在此之前，海南由于常年孤悬海外、交通不便，加上处于国防前线，长期作为广东省辖地区而存在。建省，标志着海南从此有了独当一面的能力，在中国的地理版图中开始寻找到属于自己的位置。

海南的第二次跨越是在 2009 年。这一年，海南正式获批国际旅游岛，自此旅游业成为海南的重要支柱产业。地处热带北缘，横跨北纬 18 度这一世界公认的旅游度假"黄金纬度"带，海南拥有其他省份所不具备的一流海景资源及热带风情，因此成为全国旅游、度假乃至养老的首选地，发展旅游业可谓具有先天优势。

2021 年，海南接待国内外游客 8100.43 万人次，旅游总收入 1384.34 亿元，旅游业增加值占 GDP 比重接近 10%，堪称名副其实的第一大支柱产业。不过，与迪拜、夏威夷、巴厘岛、马尔代夫等世界旅游胜地相比，海南在国际上的知名度不高，吸引的境外游客数量远低于世界同类地区，且多以天然旅游业态为主，以国际赛事、大型主题乐园、体育文化等为代表的多元旅游生态还不够成熟。

第三次跨越，给了海南赶超世界同能级城市的希望。2018 年以来，推进海南全面深化改革开放，与京津冀协同发展、长三角一体化、粤港澳大湾区建设、长江经济带、黄河流域高质量发展和生态保护等一道被列为重要国家战略（如表 6-9 所示）。在中国的区域版图中，海南首次获得了与三大世界级城市群同样重要的地位，且拿下了关键的一颗棋子：自由贸易港。

表 6-9　海南发展的重要节点

时　　点	事　　件	主　要　内　容
1980 年	加速建设海南岛	鉴于海南的特殊地位，中央和广东省决定对海南岛的经济建设给予大力支持，各有关部门要切实办好这件事
1988 年	建省，设立经济特区	撤销广东省海南行政区，设立海南省和海南经济特区
2009 年	获批国际旅游岛	建设海南国际旅游岛，打造有国际竞争力的旅游胜地
2018 年	建设自由贸易区和自由贸易港	海南被定位为全面深化改革开放的试验区、国家生态文明建设示范区、国际旅游消费中心、国家重大战略服务保障区
2020 年	自由贸易港建设进入全面实施阶段	《海南自由贸易港建设总体方案》发布，确定海南自由贸易港的实施范围为全岛
2025 年	全岛封关	争取在 2025 年底前适时启动海南全岛封关运作
2035 年	全面推进自贸港政策落地见效	实现贸易自由便利、投资自由便利、跨境资金流动自由便利、人员进出自由便利、运输来往自由便利和数据安全有序流动
21 世纪中叶	建成自贸港	全面建成具有较强国际影响力的高水平自由贸易港

资料来源：海南省政府官网及公开报道。

海南自由贸易港的核心特征可以概括为几个关键词：零关税，封关运作，"六个自由"，"三税"原则。

"三税"原则，指的是零关税、低关税和简税制。零关税是自由贸易港的核心政策，既包括离岛免税，也包括大多数货物的免征进口关税。同时，海南还享受了相当大幅度的税收优惠政策，对于负面清单之外的企业，减按 15% 征收企业所得税；对于高端人才及紧缺人才，个税超过 15% 的部分，予以免征。而全岛封关运作后，增值税、消费税等税费将进行兼并，形成与内地具有差异且更为优惠的税收制度安排，无疑有助于吸引高技术产业及高学历人才落地。

封关运作，采取的是"一线放开，二线管住"的管理模式，在海南与境外其他地区设立"一线"，负面清单之外的货物可零关税自由进出；在海南与内地之间设立"二线"，海南成为相对独立的关税区，享受诸多政策便利。

至于"六个自由"，指向的是更进一步的对外开放。在贸易自由、投资自由、跨境资金流动自由、人员进出自由、运输来往自由、数据安全流动的大原则下，更多产业将向外资开放，外汇管制适度松绑，外国人居留许可放宽，入境旅游将推行免签政策，跨境融资制度大幅放宽，且有望探索放开国际互联网、试点开放第七航权、打造离岸金融等前沿制度。

■　**第二个香港？**

海南自由贸易港，是否对标香港，有没有取代香港的可能？

对此，国家发改委有关负责人曾表示，海南自由贸易港与香港定位不同，重点发展产业也不同，互补大于竞争，不会对香港造成冲击。

确实，海南与香港定位不同、发展阶段不同、经济底蕴不同，不会也难以完全取代香港。海南不以转口贸易和加工制造为重点，而以旅游业、现代服务业、高科技产业为支柱，这与香港的金融、贸易、航运中心等定位形成了差异。

香港拥有国际金融、贸易、航运中心和航空枢纽的定位，又是世界主要旅游目的地和"购物天堂"。在人民币尚未完全国际化之前，香港还是中国内地与世界的超级联系人，其地位之独特，短期难有其他城市可以取代。

首先，海南缺乏成为国际金融中心的基础。一个城市能否成为金融中心，既离不开世界级的证券交易所、庞大的衍生品交易市场、大型金融机构总部，也离不开一流的法治环境、资本账户对外开放，以及高端人才和资金实力的支持。目前，我国以香港、北京、上海、深圳为金融中心，广州等地为区域金融中心，海南缺乏这些高端要素，短期或许能在金融对外开放、跨境资金自由流动、国际能源产权股权交易等方面做出前沿探索，但离形成金融中心还有较长的距离。

其次，海南航运将有所突破，但并非发展的主流。目前，我国具有成为国际航运中心潜力的城市包括香港、上海、广州、深圳等，这些城市无一不有国际大港及产业腹地作为支撑，如上海背后的长三角，广州背后的珠三角。相比而言，由于相对脆弱的生态环境，海南不适宜大规模发展加工贸易，加上偏离国际主航线，自身没有足够的发展腹地，制造业也不够发达，缺乏打造国际航运中心的基础。反观香港，虽然在产业中心化的影响下制造业几乎不复存在，但偌大的珠三角"世界工厂"都可视作香港的产业腹地，结合其作为独立关税区的特殊身份，航运贸易得以蒸蒸日上。

不过，与香港相比，海南有望在贸易、购物中心和高科技建设中获得独特的发展优势。

海南作为贸易中心的着眼点，在于新型离岸国际贸易，而非加工转口贸易。所谓离岸贸易，指的是公司注册在离岸法区，投资人不用亲临注册地，而业务遍布全球的一种贸易模式，单据流、资金流和货物流"三流"分离。举例来说，一批货物从香港销售至新加坡，订单和资金往来在海南远程进行。在自由贸易港就能运作全球生意，必将促进资金、人才和跨国公司的涌入。

　　再次，在购物天堂方面，海南的竞争力更为突出。香港能成为"购物天堂"，除了商业高度发达之外，更重要的是除了个别商品之外，全部都是零关税，价格优势是第一位的。海南本来就是国际旅游岛，是名副其实的旅游目的地，旅游资源相当丰富，在零关税和离岛免税政策等自由贸易港政策的加持下，海南获得了与香港相当的税费优势。既是"度假天堂"，又是"购物天堂"，这是海南发展前景确定性预期的最强之处。

　　最后，海南还将成为实体经济的重镇。一般而言，国际上的自由贸易港多数房地产都是支柱产业，资金、人才的聚集很容易推动房价不断上涨。但海南早已明确"去房地产化"，同时将实体经济作为重要的发展方向。海南自由贸易港以旅游业、现代服务业、高新技术产业为三大主导产业，旅游业是传统优势产业，现代服务业的落脚点也在于服务实体经济，高科技产业则是高质量发展的必然要求，海南将重点发展信息产业、生态环保、生物医药、新能源汽车等产业。

　　同时，与香港相比，海南除自由贸易港建设之外，还旗帜鲜明地表达了"去房地产化"的决心。世界所有旅游岛和自由贸易港，房地产业繁荣、房价高企都是常态。作为全国房地产投资依赖度、房地产税收依赖度最高的省份，海南高峰时期房地产投资占 GDP 比重、房地产税收占总体税收比重一度双双超过 40%，从 2018 年开始双双下滑，到 2022 年下降到 20% 以下（见表 6-10），取得了明显成效。

表 6-10　各省区市房地产投资依赖度排行　　　　　　　　%

地区	2022 年	2021 年	2020 年	2019 年	2018 年	2017 年	2016 年
海南	17.0	21.3	24.1	25.1	34.9	45.6	43.7
浙江	16.6	16.9	17.6	17.1	17.1	15.7	15.8
安徽	15.1	16.9	18.5	18.1	17.6	18.9	17.5
甘肃	13.2	14.9	15.1	14.4	13.8	12.9	12.3
四川	13.2	14.5	15.1	14.2	13.3	13.6	15.9
天津	13.0	17.6	18.6	19.4	18.1	17.9	20.0
陕西	13.0	14.9	16.9	15.1	14.8	14.4	14.4
贵州	11.9	17.3	19.1	17.8	15.3	16.2	18.2
重庆	11.9	15.6	17.4	18.8	19.7	19.8	20.7
河北	11.8	12.4	12.8	12.4	13.8	15.7	16.5
广东	11.6	14.0	15.6	14.7	14.4	13.2	12.5
湖北	11.5	12.2	11.4	11.3	11.2	12.3	12.9

续表

地区	2022 年	2021 年	2020 年	2019 年	2018 年	2017 年	2016 年
上海	11.2	11.7	12.1	11.1	11.2	11.7	12.4
河南	11.1	13.4	14.3	13.9	14.0	15.8	15.4
云南	10.9	15.9	18.3	17.9	15.6	15.1	16.4
湖南	10.6	11.8	11.7	11.1	10.9	10.1	9.6
山东	10.6	11.8	13.0	12.2	11.3	10.5	10.8
福建	10.4	12.7	13.8	13.4	12.8	14.2	15.5
江苏	10.1	11.6	12.8	12.2	11.8	11.2	11.6
北京	10.0	10.3	11.0	10.8	11.7	12.4	14.8
广西	8.8	15.1	17.4	18.0	15.3	15.1	14.9
宁夏	8.3	10.3	11.0	10.8	12.8	20.4	26.2
青海	8.2	13.2	14.0	13.8	12.8	16.6	17.6
辽宁	8.2	10.5	11.9	11.4	11.1	10.6	10.3
吉林	7.8	11.6	11.9	11.2	10.4	8.3	9.8
江西	6.9	8.5	9.2	9.1	9.6	10.0	9.6
山西	6.9	8.6	10.3	9.8	8.6	8.1	13.4
新疆	6.5	9.4	9.1	7.9	8.1	9.3	9.6
内蒙古	4.2	6.0	6.8	6.1	5.5	6.0	8.2
黑龙江	4.0	6.3	7.2	7.1	7.4	6.6	7.3
西藏	2.8	6.8	8.7	7.6	6.0	3.0	4.1

注：房地产投资依赖度＝房地产开发投资/GDP。由于市场变化，2022年出现较大变动。

资料来源：国家统计局。

这背后是海南历史上有过多次房地产泡沫化的教训，因此海南对于过度依赖房地产的危害体会尤为明显。正如海南省有关部门多次强调的，经济发展靠房地产是不可持续的……如果不调控房地产，那今天的GDP、财政收入可以好看很多，但带来的后果非常严重。

1988年，海南建省并成为经济特区。一时之间，这个南方大岛成了资本竞逐的高地。"要挣钱，到海南；要发财，炒楼花"，海南吸引着来自全国各地的淘金者。鼎盛时期，这个只有600多万人口的小岛上，云集了2万多家房地产公司，平均每300人就对应一家房地产公司。当时，海南房价一日千里。短短一年多时间，海南的土地价格从1991年的几十万元/亩，攀升到1993年的最高600多万元/亩。从1988年到1993年，海口、三亚等热门地区的商品房价格从1000多元/米² 攀升到5000元/米² 以上。要知道，当时海南的人均年可支配收入只有2000多元，三年的纯收入才买得起一平方米的房子，这样的房价早已脱离基本面。

1993 年 6 月，面对楼市过热，中央出台宏观调控政策，限期收回违章拆借资金、削减基建投资、清理所有在建项目，招招对准房地产市场。与此同时，相关方面还宣布终止房地产公司上市、全面控制银行资金进入房地产业。釜底抽薪，一夜寒冬。海南房地产市场应声而落。这些企业在海南留下了 600 多栋烂尾楼、18 834 公顷闲置土地和 800 亿元积压资金。部分烂尾楼长期得不到盘活，一度变为养猪场。

20 多年前房地产炒作的历史教训，让海南意识到任何政策利好都不能为房地产化所攫取，壮士断腕在所难免。高房价带来的问题可谓众所周知，面向自由贸易港发展的未来，"去房地产化"，将发展着力点放在实体经济上，才是真正的突围之道。

当然，与香港相比，海南在经济基础、国际化营商环境、金融自由化水平、人才聚集等方面还存在不少短板，有待取长补短，与粤港澳大湾区形成良性互动，共同进步。

■ 海口、三亚，谁为中心？

与"山东济南，中国青岛"不谋而合的是，在海南也流传着同样的说法："海南的海口，中国的三亚。"

海口是海南省会，也是海南省经济最强的城市，但论知名度和影响力，远远不及三亚。三亚声名虽然传播于海内外，但旅游经济特征过于突出，经济实力在全国乃至海南都排不上号。与其他省份的"双子星"城在经济、产业、人口上的全方位交锋不同，海口坐拥省会之名而难承经济之重，三亚携旅游胜地之名而无强中心之实。

事实上，无论是海口还是三亚，都难言大市、强市。由于地理环境、发展水平等限制，海南拥有我国最特殊的行政区划。一般省份采取的是省管市模式，只有个别县会纳入省管序列。但海南几乎所有市县都是省管模式，这就造成海南行政区划众多、难以形成经济实力强劲的中心城市。根据最新行政区划，海南设有 4 个地级市、5 个县级市、4 个县、6 个民族自治县。在众多县市中，海口、三亚为省域中心城市，儋州、琼海为区域中心城市。

为此，海南布局了三大增长极。一极为"海澄文定"综合经济圈，以省会海口为中心，既有港口又临近广东，可谓得地理之便，适合发展临港经济、航天产业、新能源等高技术产业，其经济总量占海南全省的四成以上（见图 6-8）。第二极为大三亚旅游经济圈，由三亚及周边的陵水、乐东、保亭等地构成，GDP 比重仅为 20% 左右，但自然资源丰富，旅游业自然而然成为主导产业。在自由贸易港政策下，大三亚旅游经济圈也不乏打造高新产业的可能。除旅游业之外，互联网、健康、深海科技等产业发展如火如荼。第三极为儋洋经济圈，以儋州和洋浦港为中心，以旅游经济和航运为主要产业。

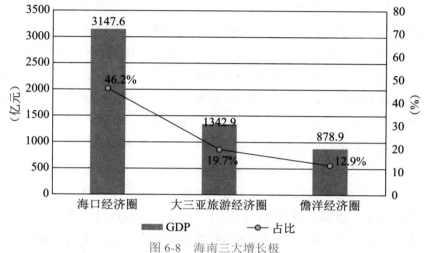

图 6-8　海南三大增长极

资料来源：海南统计局，《海南省国土空间规划（2020—2035）》。

在自由贸易港时代，海南布局了以旅游业、现代服务业、高新技术产业和热带特色高效农业为代表的支柱产业体系。

大三亚旅游经济圈毫无疑问是旅游业的支柱。仅三亚游客接待量就占全省的 1/4，而旅游总收入超过了一半。数据显示，2021 年，海南接待国内外游客 8100.43 万人次，旅游总收入 1384.34 亿元。其中，三亚接待过夜游客 2162 万人次，旅游总收入高达 747 亿元。要知道，整个海南岛只有 1000 多万的常住人口，三亚更是只有约 100 万人。每月的旅客接待量超过了 100 万人次，高峰时期超过 200 万人次，旅游业之发达可见一斑。

海口经济圈则要承担起打造现代服务业、高新技术产业的重任。海口是集海空于一体的门户枢纽，地缘优势突出，靠近经济发达的广东，且在北部湾城市群的辐射范围之内，得到多重区域战略优势的叠加。虽然琼州海峡仍无跨海通道连接，但海口仍是集空海于一体的门户枢纽。海口空港经济发达，美兰机场承担着近四成的进出岛客流，2021 年旅客吞吐量达 1751 万人次，货邮吞吐量为 14.83 万吨，2025 年这两项指标有望分别突破 3500 万人次、40 万吨，跻身全国前列。

而海口港 2021 年货物吞吐量为 1.2 亿吨、集装箱吞吐量为 201 万标准箱，虽然与内地的沿海港口存在巨大差距，但在北部湾城市群仍有一争之力。地缘优势加上省会身份，决定了海口更适合打造总部经济、临港经济、数字经济、高技术产业等。

儋洋经济圈的抓手在于洋浦港。洋浦是海南工业和外贸的双枢纽，2021 年洋浦港外贸货物吞吐量占全省的 76%，洋浦开发区工业总产值占全省的 1/3 左右。与海口港等其他海南港口相比，洋浦港是不可多得的天然深水良港，被定位为国际集装箱枢纽港，为西部陆海新通道的重要出海港，且是海南自由贸易港国际船舶登记的主港口。从关联产业来看，洋浦港重点发展加工制造、石化、航运服务等产业，海口港聚焦石化产业，且轮渡运输、邮轮母港的特色较为鲜明。显然，洋浦港的定位更高，综合实力更强，发展空间更大。

当然，海南整体经济总量相对较弱，产业结构仍不完善，即使作为支柱的旅游业，与迪拜等世界知名旅游目的地还有较大的差距。同时，自由贸易港是前所未有的政策探索，对于海南也是史无前例的政策"王牌"，其所带来的政策利好足以惠及海南所有市县。相比海口、三亚及儋洋之间的区域竞争，谁能把握好自由贸易港的红利，提升海南在全国区域版图中的地位，百尺竿头更进一步，才是最重要的。

■ 东北第四省？

长期以来，"东北人包围了海南"之类的说法广为流传。

然而，最新发布的人口普查年鉴给出了另一个答案：海南，真不是东北人最多的地方；海南的外地人中，东北人也不是最多的。

根据《中国人口普查年鉴-2020》，在海南 1000 万的常住人口中，户籍在外地的常住人口约为 109 万，占比为 10.9%。在这 100 多万的外来人口中，来源地最多的 5 个省份分别是：广东、四川、广西、河南、湖南，东北三省无一入围。如果将口径放大 10 个省份，东北也只有黑龙江一省入围，而东北三省加起来在海南也只有 10 万人左右，占海南外来人口的 9.1%，不及广东或广西一省。同样，东北三省户籍人口流向外地的（如图 6-9 所示），排除自身，最多的省份分别是山东、北京、河北，海南排在第 10 名左右。

当然，这里的外省人口，只统计了户籍在外地的海南常住人口，已经落户海南的并未纳入统计。

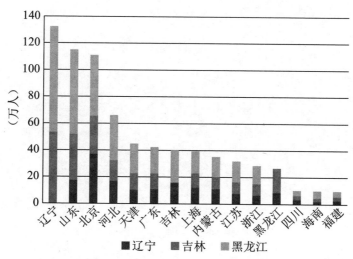

图 6-9 东北三省主要人口流向地

注：辽宁、吉林、黑龙江三省的外地东北人只包括其他两省。
资料来源：《中国人口普查年鉴-2020》。

　　既然东北人远远不是海南最多的外地人，为何大家普遍认为东北人遍布海南了？

　　一个原因是，在海南的东北人确实越来越多。2000 年，在海南的东北三省户籍人口仅有 1 万人，到 2010 年增加到 3.5 万人，占当时海南外来人口的 6% 左右。2020 年，在海南的东北人从 3.5 万人增加到 10 万多人，占比从 6% 增加到 9.1%。如果考虑到在海南落户的群体，这一比例恐怕比想象中的还大。

　　另一个简单的原因是，东北口音太容易辨认了。如此明显的地域文化特征，凸显了东北人在全国的存在感，易识别性的存在，让许多人误以为东北人遍布全国。同时，东北人在外地容易抱团，这又进一步增加了其可识别性。在海南，有大量以东北地名命名的小区，如万宁的长春城；也有一些东北人聚居区，甚至设立了"哈尔滨公安局驻三亚警务站"。此外，外界喜欢将东北三省混为一谈，忽视了不同省份之间的差异，这也强化了东北人遍布全国的印象。

　　虽然海南及东北人都不接受海南作为东北"第四省"的调侃，但大量外来人口涌入海南，正说明其独特的吸引力所在。

　　未来，随着海南自由贸易港正式封关运作，一个以"购物天堂"、国际旅游岛和自由贸易港为特色的"大海南"呼之欲出，1000 万的常住人口规模显然不相匹配。正如当年的"孔雀东南飞"一样，外来人口看到海南的长远发展利好，海南也需要外来人口增强自身的基本面，这是双赢之举。

第七章 ———— 失落的东北，何以振兴

沈阳：东北，需要一个国家中心城市

大连：北方明珠，为何失去了存在感

长春：一城独大！除了汽车，还有什么

哈尔滨：人口减少，东北再无千万人口大市

鹤岗：1507个区县人口流失，中小城市在"鹤岗化"

沈阳：东北，需要一个国家中心城市

国家中心城市，已成必争之名。

自从 2010 年全国城镇体系规划首次明确北京、上海、广州、天津、重庆五大国家中心城市之后，历经三次扩容，成都、武汉、郑州、西安先后跻身其中，国家中心城市已经覆盖华北、华南、华东、华中、西南、西北等地。截至 2023 年，中国七大地理分区中，只有东北还没有国家中心城市。

东北有沈阳、大连、长春、哈尔滨四大中心城市，坊间给了"东北 F4"的戏称。除了哈尔滨之外，沈阳、大连、长春均不乏竞逐国家中心城市的想法，沈阳更是存了志在必得之心。四城都是副省级城市，大连更有计划单列市的特殊身份，除了哈尔滨的经济实力相对较弱之外，其他三城的实力在伯仲之间，且均有优势产业。然而，国家中心城市并非单纯以经济实力而论，更不是以城市行政级别一较高低，而是基于中心区位、区域辐射力、城市群腹地、教科文卫及交通等综合实力因素而来。

无论从哪一个层面来看，沈阳都是东北城市中争夺国家中心城市最有力的竞争者。

■ 谁是东北"老大哥"？

东北作为"共和国长子"的身份毋庸置疑，那么谁才是东北的"老大哥"？

答案毫无疑问是辽宁。如今辽宁仍旧是东北经济第一大省，GDP 接近黑龙江、吉林两省总和（见图 7-1），全省工业有 39 个大类、197 个中类、500 多个小类，以装备制造、汽车、石化、冶金等为支柱产业，是全国工业行业最全的省份之一。同时，辽宁区位优势突出，南临黄海、渤海，东与朝鲜一江之隔，与日本、韩国隔海相望，是东北地区唯一的既沿海又沿边的省份，也是东北及内蒙古自治区东部地区对外开放的门户。无论经济总量、产业实力还是区位优势，辽宁在东北都是首屈一指的。

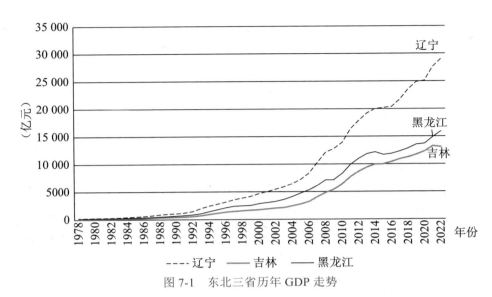

图 7-1 东北三省历年 GDP 走势

资料来源：各省统计年鉴。

当然，"辽老大"早已不复当初荣光。2021 年，重庆以 300 亿元左右的微弱优势赶超辽宁，首次完成了对东北三省的全面超越，标志着西南地区对东北地区的新一轮赶超。同年，位于西南的云南省也拉近了与辽宁之间的差距，辽宁的领先优势仅剩不到 5%，而巅峰时期辽宁的 GDP 相当于重庆、云南的 2 ～ 3 倍。

然而，在计划经济时代，辽宁是名副其实的"共和国长子"，曾多年跻身全国重工业第一大省之位，经济总量在新中国成立初期的 20 多年时间里始终位居全国前三，在改革开放之初位居全国第四，至少 2000 年仍然跻身全国前十（见表 7-1）。在东南沿海省份崛起之前，辽宁是全国最大的财政、工业、人才、技术转移大省。不仅东北内部黑龙江工业的崛起不乏辽宁"南厂北迁"的贡献，就连赶超辽宁的大西南地区工业体系的建设也得益于东北在"三线建设"时期的定点支援。以上种种因素的存在，让辽宁获得了"辽老大"的称号。

表 7-1　主要年份 GDP 十强省份

排　名	1980 年	1990 年	2000 年	2010 年	2020 年	2022 年
1	江苏	广东	广东	广东	广东	广东
2	上海	山东	江苏	江苏	江苏	江苏
3	山东	江苏	山东	山东	山东	山东
4	辽宁	辽宁	浙江	浙江	浙江	浙江
5	广东	河南	河南	河南	河南	河南

续表

排　名	1980 年	1990 年	2000 年	2010 年	2020 年	2022 年
6	四川	浙江	上海	河北	四川	四川
7	河南	河北	**辽宁**	上海	福建	湖北
8	河北	四川	河北	四川	湖北	福建
9	**黑龙江**	湖北	四川	湖北	湖南	湖南
10	湖北	上海	福建	湖南	上海	安徽

资料来源：各地统计年鉴。

黑龙江能成为东北的重要工业基地，背后不无"辽老大"的贡献。20 世纪 50 年代初，朝鲜战争爆发，基于战时疏散及工业安全的考虑，辽宁先后将 20 多家工厂、数千名职工和数千台机器设备迁至黑龙江省各个地区，涵盖军工、机械、造纸、纺织、橡胶等行业，这些企业和设备基本都留在了当地，从而为黑龙江的工业化奠定了强劲的基础，这被称为"南厂北迁"，堪称黑龙江工业的奠基之作，改变了东北工业南强北弱的局面。

这远不是辽宁企业外迁的终点。四川、云南、贵州、陕西、山西、内蒙古、甘肃、宁夏、江西等地的工业体系里，均不乏辽宁企业和东北人的身影。20 世纪 60 年代，基于备战导向及改变工业布局不合理的局面，我国开启了声势浩大的"三线建设"，大量东北重点企业及技术人员外迁到西南、西北等地，为西部地区的工业建设奠定了基础，也带动了西部众多中心城市的崛起，更让东北乡音撒遍全国各地。2021 年爆红的电影《你好，李焕英》故事发生在湖北襄阳胜利化工厂，但电影里的工人一嘴的东北口音，究其原因，电影里的工厂原型东方化工厂就是由辽宁庆阳化工厂援建的。

为了支援"三线建设"，辽宁不仅将大量优质工业企业或产线外迁，如沈阳轮船厂、沈阳油漆厂、沈阳油脂化学厂、大连油漆厂、大连化工厂、锦西化机厂等，还包建、援建了各地的重点军工、钢铁、化工项目，如贵州和陕西的航空工业基地、四川攀枝花钢铁厂、贵州水城钢铁厂等，且有数万名职工、技术人员随之外迁，为中西部地区提供了大量的技术设备和产业工人支持，直接带动这些区域从农业时代向工业时代的迅速跨越（见表 7-2）。据不完全统计，至 1965 年，东北地区迁往内地和正在迁往内地的企业及技术支援项目共 140 个。1964—1970 年，辽宁省陆续迁往大三线的职工多达 99 800 人，随迁家属 156 600 人。

表 7-2 "三线建设"时期部分辽宁支援企业

援建企业	支援对象	援建地区	援建内容
鞍山钢铁	攀枝花钢铁	四川攀枝花	以老基地带新基地、老厂矿带新厂矿、老工人带新工人的"三老带三新"原则,由鞍山钢铁对攀枝花钢铁进行"对口帮建",从筹建施工到建成投产,一包到底
沈阳黎明机械厂(410厂)	011基地/012基地	贵州贵阳/陕西汉中	从1958年到1976年,410厂先后支援内地大、小三线厂各类人员8880人,机床设备118台,工模具12 598套(件)
沈阳第一机床厂	天水星火机床厂	甘肃天水	1967年,沈阳第一机床厂将大型卧式车床生产线整体迁移至甘肃天水的深山峡谷,出人、出技术、出设备,包建了天水星火机床厂
大连钢厂	贵阳钢厂/西安五二厂	贵州贵阳/陕西西安	1964年,成建制地内迁5吨电炉2座、人员172名,支援贵阳钢厂;1965年,大连钢厂钢丝车间一分为二,与部分七五二车间合建五二厂
大连机车车辆厂	广元柴油机配件厂	四川广元	制造柴油机配件车间和生产罐车车间员工3000人分别迁往四川广元和青海西宁,建成了广元柴油机配件厂,使青海西宁能年产罐车2000台
锦西化工公司机械厂	四川天然气化工厂	四川泸州	锦西化工公司机械厂的中压阀门车间,与北京化工试验厂的高压阀门车间,以及天津化工机械厂生产压缩机配件车间共1129人,一并迁往四川泸州天然气化工厂
抚顺铝厂	河口铁合金厂/都匀纯贵厂	甘肃兰州/贵州都匀	抚顺铝厂的3台矽铁电炉及员工500人和纯硅车间的员工80人分别迁往甘肃兰州和贵州都匀,建成了兰州河口铁合金厂和贵州纯硅厂

资料来源:黄巍.突破与回归:辽宁三线建设述论[J].开放时代,2018(2)。

四川攀枝花就是一座于"三线建设"时期在山谷里建设而成的新城,钢铁是其主导产业。事实上,整个攀枝花钢铁工业基地正是由辽宁省和鞍钢公司包建而来,鞍钢公司先后调往四川攀枝花钢铁公司的领导干部及技术骨干达6799人,历经十多年,终于在深山里崛起了现代工业。20世纪80年代中期,攀枝花钢铁厂成为仅次于宝钢、武钢、鞍钢之后的又一大钢铁企业。

不仅如此,辽宁还是全国财政转移支付的最大贡献者。1953—1988年,辽宁的工业企业为国家提供的利润和税金,相当于同期国家投资的4倍多,为国家经济建设提供了资金支持。如今说起财政转移支付,许多人只会想到广东、上海、江苏、浙江、福建等东南5省以及北京、山东北方两省。这些省份往往被认为是最大的现金"奶牛",属于名副其实的净贡献大省。但在计划经济时代,最大的"奶牛"是辽宁，辽宁不仅助力东北建成中国最早的重工业基地，也为西部地区的"三线建设"立下汗马功劳。

东北经济虽然没了过去的风光，东北也从过去的转移支付净贡献省份转为净受益省份，但不能忘记东北对于全国工业建设和转移支付的莫大贡献，不能忘记"共和国长子"在计划经济时代发挥的关键作用。

■　离国家中心城市有多远？

不能忽视辽宁及东北为全国曾经做出的巨大贡献，也不能不看到振兴东北的关键突破口之一：国家中心城市。

东北需要一个国家中心城市，"东北F4"中谁能担起这一重任？

用国家文件的话来说，国家中心城市"居于国家战略要津、肩负国家使命、引领区域发展、参与国际竞争、代表国家形象的现代化大都市"。目前，"以中心城市促进城市群发展"正成为城镇化的指导原则，能否跻身国家中心城市，决定了城市能级能否得到跨越式提升。正因为这一点，第10个国家中心城市的竞争越发激烈。

从已落地的国家中心城市及相关规划可以看出，作为国家中心城市，至少应满足三个层面的要求：一是中心区位。所在城市必须是区域中心城市、交通枢纽和科教文卫中心，中心性是第一位的，这正是广州成为华南地区唯一的国家中心城市的原因所在。二是经济优势。城市经济实力要强，区域辐射力要广，人口吸引力要强，否则难以起到引领作用。三是城市群优势。一个强大的城市群是中心城市存在和发展的重要前提。没有城市群作为依托，中心城市的实际辐射作用并不强。广州背后是粤港澳大湾区，成都、重庆背后是成渝城市群，郑州背后是中原城市群，武汉背后是长江中游城市群，西安则有关中平原城市群作为依托。

就此而言，沈阳在东北有着无可比拟的优势。且不说沈阳一直是东北的大区中心，也是十大拥有三位数区号的中心城市之一，还是为数不多的国际性综合交通枢纽。沈阳地处国家综合交通立体网主骨架"8通道"之一的京哈通道的咽喉之位，且拥有全国区域枢纽机场沈阳桃仙国际机场，以及东北最大的集装箱货运铁路编组站苏家屯站，堪称东北的门户所在。

单就区位而言，沈阳处于东北亚经济圈和环渤海经济圈的中心，对内能够协调引领东北三省的发展，对外可参与国际交流与竞争。所以，过去几十年来，东北众多党、政、军事以及外事机构都设于此。中国五大战区之一的北部战区指挥机关就坐落于沈阳，沈阳铁路局更是辐射到辽宁、吉林两省全境以及内蒙古、黑龙江部分地区，美国、俄罗斯、日本、韩国等 8 国在沈阳开设了领事馆，数量仅次于上海、广州、成都、重庆等地，在沈阳还坐落了一系列区域中心机构，包括全国六大区域中心之一的中国民用航空东北管理局、中国气象局东北区域气象中心、中国地质调查局沈阳地质调查中心、生态环境保护部东北督察局、国家税务总局沈阳特派办、国家审计署沈阳特派办、国家电网东北分部等，管辖范围均覆盖东北三省全境……可以毫不夸张地说，但凡区域管理中心，东北分区的驻地总会首选沈阳，这正是沈阳区位优势和城市地位的体现。

与区位优势相比，沈阳的经济产业优势并不算独一无二。从经济总量来看，几十年前，"东北 F4"全部跻身全国 20 强，沈阳、大连更是一度双双位居前十；如今，东北 30 多个地级市中，仅有大连位居全国 30 强之列，"东北 F4"先后被青岛、郑州、济南、西安等地超越。虽然东北整体发展缓慢是不争的事实，但沈阳的经济产业实力在东北乃至北方地区仍有一争之力（见图 7-2）。从人口来看，沈阳正在成为东北人口的蓄水池。过去 10 多年，东北整体减少 1000 多万人，30 多个地级市面临持续的人口流失，只有沈阳成了例外。2010—2022 年，沈阳常住人口增加了 100 多万人，如果扣除自然人口负增长带来的拖累，人口流入规模更为可观。而根据第七次人口普查数据，沈阳的外来人口多数都来自东北。

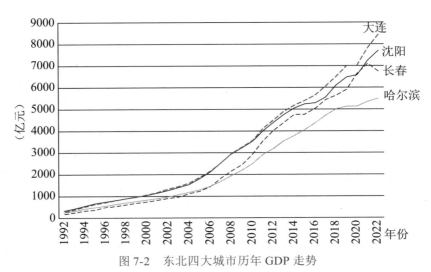

图 7-2　东北四大城市历年 GDP 走势

资料来源：各地统计年鉴。

从产业来看，沈阳是东北地区工业门类最为齐全、先进制造业相对发达的城市，在 41 个工业大类中，沈阳共有 39 个，而大连、长春、哈尔滨分别有 34 个、37 个、38 个。在支柱产业上，大连以石化为支柱，长春汽车产业一家独大，哈尔滨食品加工业优势突出，沈阳则是多条腿走路，在汽车制造、高端装备、医药、航空航天、石化、冶金等领域均有一席之地，拥有华晨宝马、东北制药等大型企业，聚集了沈飞、沈鼓、三一重装、特变沈变等"国之重器"，整体工业实力位居东北首位，也是东北地区最有望打造国家先进制造中心、综合性国家科学中心的城市。

每一个国家中心城市都少不了一个成熟的城市群作为腹地。在"十四五"规划中，我国共布局了 19 个国家级城市群，在东北地区，辽中南城市群、哈长城市群位列其中，但均属"培育发展"之列，离发展壮大、优化提升等有相当长的距离。虽然发展还不成熟、城市群融合有待增强，但辽中南城市群的存在及其与哈长城市群的互动，足以为沈阳晋级国家中心城市提供良好的发展腹地。2023 年初，沈阳都市圈规划获批，成为东北首个国家级都市圈。该都市圈在辽宁相关规划中被定位为"打造东北全面振兴全方位振兴引领区"，足见其地位之重要。

就此而言，沈阳成为国家中心城市，无疑将为振兴东北老工业基地找到了一个核心支点，不仅关乎沈阳的再次崛起，也关乎整个东北的长远振兴。对此，沈阳可谓志在必得。2022 年，沈阳正式印发《沈阳建设国家中心城市行动纲要》，文件指出，建设国家中心城市是沈阳筑牢安全底线、服务国家发展大局的战略要求，是沈阳引领东北地区更好融入新发展格局的战略选择，是推动辽宁省形成优势互补高质量发展区域经济布局的战略举措，是沈阳实现全面振兴全方位振兴取得新突破的战略行动。在文件中赋予沈阳至高地位。

■ 大国重器：共和国的总装备部

大国重器，这是沈阳在振兴东北中的最大依仗之一。

2012 年 11 月 23 日，中国第一艘航空母舰 001 型航母正式交付，命名为"中国人民解放军海军辽宁舰"。当日，一架黄色涂装、编号 552 的歼 -15 舰载战斗机在辽宁号航空母舰上成功着舰，并于当天顺利完成舰上滑跃起飞。2022 年，中国第三艘航空母舰福建舰在中国船舶集团有限公司江南造船厂下水。从辽宁舰到山东舰再到福建舰，我国航空母舰从零起步，从参考借鉴先进经验到完全自主设计，一次又一次取得历史性突破。这三艘航空母舰搭载舰载机都是歼 -15，而其制造商正是来自沈阳制造"军团"的中航沈阳飞机工业集团（简称"沈飞"）。

沈飞与西飞、成飞、哈飞共同作为中国航空制造业的领头羊。而事实上，沈飞之于沈阳，不只是一家实力雄厚的军工企业，更带动了整个民用航空制造业的蓬勃发展。在国产大飞机 C919 生产制造的全产业链中，沈飞民机承担了多个大部件的研制任务，为后机身前段、发动机吊挂的唯一供应商。作为世界巨头的欧洲空客，A320 及 A220 项目系列机型的机身、舱门和尾锥工作包等结构部件的生产基地也落户在沈阳。早在 2020 年，辽宁省航空装备产业总产值就已突破 500 亿元，而沈阳是主力中的主力。

大国重器，不止于飞机，沈阳在输变电装备、机器人及智能装备、新能源汽车等领域均有一席之地。目前沈阳装备制造业占工业比重超过七成，属于名副其实的第一大支柱产业。其中，汽车制造业，铁路、船舶、航空航天和其他运输设备制造业，电气机械和器材制造业，通用设备制造业为主要优势产业（见表 7-3）。

表 7-3 东北主要城市主要工业产业 %

沈 阳		大 连		长 春	
行 业	占工业比重	行 业	占工业比重	行业	占工业比重
汽车制造业	43.8	石油、煤炭及其他燃料加工业	24.9	汽车制造业	73.1
铁路、船舶、航空航天和其他运输设备制造业	8.8	化学原料和化学制品制造业	14.0	电力、热力的生产和供应业	7.0
电气机械和器材制造业	5.0	铁路、船舶、航空航天和其他设备制造业	7.4	铁路、船舶、航空航天和其他设备制造业	5.0
农副食品加工业	4.8	通用设备制造业	7.3	农副食品加工业	4.8
通用设备制造业	4.7	汽车制造业	6.2	医药制造业	1.9
医药制造业	3.0	计算机、通信和其他电子设备制造业	6.1	非金属矿物制造业	1.2

注：装备制造业包括金属制品业，通用设备制造业，专用设备制造业，汽车制造业，铁路、船舶、航空航天和其他运输设备制造业，电气机械和器材制造业，计算机、通信和其他电子设备制造业，仪器仪表制造业8个子类。

资料来源：各地统计年鉴。

不过，虽然装备制造业优势仍旧突出，汽车产业势头强劲，但沈阳的工业实力早已不复当初。2021 年，沈阳工业总产值仍未突破万亿元大关，而工业增加值仅为 2000 多亿元，未能跻身全国 20 强，不及济南、郑州、合肥等省会城市。从工业结构来看，沈阳装备制造业一枝独秀，占工业总产值比重接近 2/3，其他产业规模都相对较小。在战略性新兴产业中，沈阳的优势在于新能源汽车、工业机器人，而新一代信息技术、生物医药、新材料等不够发达，这也限制了沈阳工业规模的扩张。

值得担忧的是，近年来，沈阳规模以上工业企业（年主营业收入 ≥ 2000 万元）数量不增反降。早在 2011 年，沈阳规模以上工业企业总量达 4161 个，然而到了 2015 年减少到 3284 个，到 2020 年进一步缩减到 1604 个，短短 10 年时间，规模以上工业企业减少了 2/3。与之相对应的是，沈阳制造业从业人员不断萎缩，早在 20 世纪 90 年代，沈阳产业工人总规模超过 200 万人，而到了 2013 年，制造业从业人数下降到 100.9 万人，到 2018 年，大幅缩减到 48.87 万人。从工业企业数量和从业人数规模，足以看出沈阳工业萎缩的发展趋势，这与东北老工业基地的衰落不无关系，也不乏沈阳固守于传统优势产业，多年来未能建立起新的高新支柱产业的因素。

就此而言，沈阳晋级为国家中心城市并不难，但如何发挥国家中心城市功能，在强大自身的同时带动整个东北老工业基地的振兴，是沈阳面临的艰难而巨大的考验。

大连：北方明珠，为何失去了存在感

每一个城市，都有一个学习乃至赶超的对象。

青岛对标深圳，济南对标上海和广州，西安对标成都，武汉更是喊出了"社会治理对标北京，营商环境对标上海，科技创新对标深圳，智慧城市对标杭州"的口号……在众多城市里，只有大连选择对标香港。

早在 20 世纪 90 年代，大连就提出"北方香港"的设想，这是全国首个以香港为直接对标对象的城市，由此开启了大连从工业城市向现代化大都市的全面转型。经过 30 年的全面开发和建设，大连城市面貌焕然一新，国际化程度不断提升，然而经济上与香港越行越远，甚至被昔日小兄弟城市郑州、济南、西安陆续赶超。

"北方明珠"为何发展放缓？又靠什么重新振兴？

■ 10 年停滞？

过去 10 年来，大连的经济发展似乎停滞了。

早在 2012 年，大连就首次官宣 GDP 突破 7000 亿元，位列全国第 15 位，远高于长沙、郑州，与青岛在伯仲之间。当时，大连、青岛竞逐北方第三城的声音不绝于耳。然而，10 年过去了，大连经济总量仍然在 7000 亿元量级徘徊，直到

2022 年才完成向 8000 亿元的突破，在全国的经济位次已经滑落到 30 名左右。作为追赶者的长沙、郑州纷纷向"1.5 万亿俱乐部"进军，济南、西安也双双挺进"万亿俱乐部"，2022 年青岛经济总量已是大连的 1.8 倍，大连 GDP 位居北方第 9 位，北方第三城的竞逐阵营里再也没了大连的身影。

其实，大连 GDP 一直在 7000 亿元徘徊是"挤水分"所致。2018 年，我国进行了第四次经济普查，近半省份、数十个城市 GDP 被调减，多数为北方城市。2018 年辽宁省 GDP 调减 1804 亿元，调降 7.13%，其中大连下调 1168 亿元，降幅为 15.2%。根据经济普查修正之后的数据，2018 年大连 GDP 从 7669 亿元调减到 6501 亿元，以此类推，2012 年大连 GDP 调整为 4504.9 亿元，与当初官方公布的数据对比，少了 1/3。当然，如果就此认为大连地区 GDP 负增长并不客观，"挤水分"并不意味着经济原地踏步。不过，即使按照修正之后的数据来看，大连过去 10 年的经济增速也在主要城市中垫底。2012—2022 年，大连 GDP 仅增长 87.1%，而同期合肥增长 182%，同处北方的西安、郑州、济南、青岛分别增长 163%、133%、150%、117%。

大连曾经是名副其实的北方第三城。20 世纪 90 年代初，大连经济总量一度跻身全国前十，与深圳、苏州"直接交锋"。即使到 2000 年之后，大连与青岛、沈阳的经济实力仍然不分伯仲，成为北方经济不容忽视的力量之一。不过，最近 10 多年来，大连等东北城市陷入发展困境，不仅传统支柱产业面临洗牌，而且在互联网、通信制造、新能源、生物医药等新赛道上也未能获得优势。

长期以来，大连经常与青岛进行对标。1998 年之前，大连 GDP 一直力压青岛，位列北方第三城（如图 7-3 所示）。然而，随着东北老工业基地经济增长普遍放缓，大连难免受到冲击，大连 GDP 被青岛一路赶超进而不断拉大差距，2010 年大连 GDP 只有青岛的 2/3，到 2022 年约为青岛的 56% 左右，被青岛拉开了一个哈尔滨市的差距。

事实上，青岛也不是北方发展最快的城市，但借助智能家电、轨道交通等产业，在新旧动能转换的时代大潮中稳定下来，并获得了进一步突破的可能。城市竞争，不进则退，即使大连经济重回高增长轨道，但重新赶超青岛、跻身北方第三城的难度也不小。

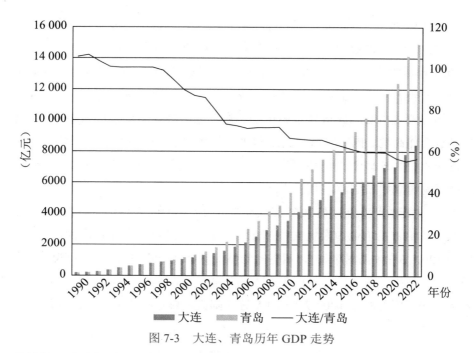

图 7-3 大连、青岛历年 GDP 走势

资料来源：各地统计年鉴（数据经普查调整）。

■ **定位摇摆**

大连，到底怎么了？

在东北，大连的区位优势相当突出。这是东北唯一拥有港口的大城市，也是唯一的计划单列市，且是"一带一路"中对接日韩的桥头堡。正因为这些优势的存在，大连获得了超高定位：东北亚国际航运中心、国际物流中心、国际贸易中心和区域性金融中心。

这一区位也带动了大连在 20 世纪八九十年代的繁荣。改革开放之初，大连以"立足港口，背靠东北，港贸兴市"为发展方针，吸引大量外资涌入，借助港口优势，大连一跃成为东北最大的外贸城市。20 世纪 90 年代初，大连以"北方香港"为追求目标，重点发展金融等高端服务业，将城市从工业转向服务业为主的发展路线，大批重工业项目随之迁出市区。然而，这一理念过于超前，当时内地工业化方兴未艾，一众沿海城市借助制造业不断崛起，即使强大如上海，也仍以工业为主，大连的赶超计划自然无疾而终。

2003 年，在振兴东北的时代大旗下，大连提出"大大连"发展思路，重回"重工业"发展路线，重点发展石化、船舶、机械制造等产业。2009 年，辽宁沿海经济带开发开放正式上升为国家战略，大连被赋予"三个中心、一个聚集区"（东北亚国际航运中心、东北亚国际物流中心、区域性金融中心和现代产业聚集区）的重要定位。这标志着大连从第二产业向第三产业的再次转向。

2021 年，大连在《大连市国土空间总体规划（2021—2035 年）》中，将城市定位进一步升级为"五中心两基地一城市"：东北亚国际航运中心、国际物流中心、国际贸易中心和区域性金融中心、东北亚科技创新创业创投中心，高水平对外开放合作高地、国际旅游目的地和服务基地，独具魅力的全球海洋中心城市。

这一次，大连似乎"全都要"，从工业到高端服务业、旅游业，从航运物流到金融贸易再到科技创新，几乎无所不包。

然而，大连的产业结构与 20 年前差异并不明显。如今，大连仍以石化、船舶制造、装备制造、消费品工业为四大支柱产业，其中石化是第一大支柱产业，占工业总产值的 40% 左右（见图 7-4），目前已形成石油炼制、石油化工、基础化工材料、化肥农药、轮胎、精细化工等门类齐全的产业体系，其中 5000 万吨炼油、150 万吨乙烯、590 万吨 PX、1700 万吨 PTA 等基础原材料生产能力居全国首位。

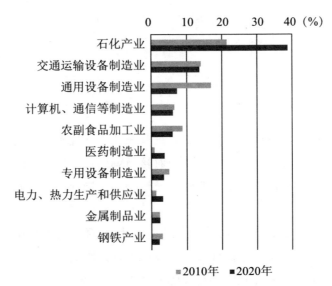

图 7-4　大连工业结构十年变迁

资料来源：大连统计年鉴。

这些年大连并非没有发展高新产业。早在 2010 年，大连就借助软件产业脱颖而出，当时曾表示 10 年之后软件要取代石化成为第一支柱产业。然而，10 年过去了，大连软件产业虽然仍有一定优势，但不仅未能成为主要支柱产业，且产值跌到了 10 名之外。大连软件业不仅与北京、深圳、杭州、广州之间的差距不断拉大，甚至还被济南、武汉、厦门等地赶超。2012 年，大连软件业务收入逼近 1000 亿元，在四大直辖市及 15 个副省级城市中位列第十，而作为领头羊的北京、深圳分别高达 3612 亿、2621 亿元。到了 2017 年，大连软件业务收入微弱增长到 1053 亿元，在主要城市中位列第十五，而北京、深圳分别攀升到 7836 亿元、5555 亿元。2021 年，大连软件业务收入不足千亿元，排在第十七，而北京、深圳继续大幅增长到 1.8 万亿元、9000 亿元，而杭州、南京、广州也都突破 5000 亿元。究其原因，大连软件业以外包服务为主，创新能力不足，且缺乏本土知名的大企业，再加上东北面临持续的人才流失等难题，大连软件业逐渐被超越也就不难理解了。

大连还曾是新能源汽车的先行试点城市之一。2009 年，大连与北京、上海、广州、武汉等共同入选新能源汽车"十城千辆"示范工程，大连新能源汽车产业从此步入快车道。2014 年，大连宣布汽车产业发展步入快车道，次年有望形成千亿级产业规模。然而到了 2021 年，大连整车制造几乎可以忽略不计，仅剩汽车零部件产业链，其产值仅为 500 多亿元，不到石化产业的 1/6。大连几家整车制造企业，如东风日产、奇瑞、一汽客车等，由于市场竞争因素或减产或停产，汽车产量早已不足千辆，哪怕历史高峰期也未超过 10 万辆，新能源汽车更是不见踪影。

高新产业的缺失，优势主导产业的单一，导致大连在世界 500 强企业、中国 500 强企业、中国民营企业 500 强、中国上市公司市值 500 强企业上的缺位。2022 年，辽宁只有鞍钢集团一家世界 500 强企业，而这家企业既不在沈阳也不在大连。在 2022 年中国企业 500 强、中国民营企业 500 强、中国市值 500 强企业中，大连合计只有个位数企业上榜，整体企业竞争力不及中西部二线省会。

■ "很不东北"的大连

东北衰落，对大连的冲击在所难免。虽然地处东北，大连却是一个"很不东北"的城市。

"你瞅啥"作为典型的东北地域语言，蔓延整个东北地区，在大连却很少听到。大连人说的话，充斥着浓浓的"海蛎子味"，跟几乎所有东北地级市都不太一样，反倒与一海之隔的山东烟台有点相似，在方言上可归类为"胶东话"，而其文化也接近齐鲁文化，与东北可谓格格不入。

这要从大连的历史说起。大连所在的辽东半岛与山东半岛隔海相望，最近处仅有上百海里，历来就是辽东与山东经济文化交流的重要通道。虽然畅想已久的大连—烟台海底隧道一直停留在纸面，但大连与山东早已水乳相融。在明代，将辽东半岛纳入山东布政使司管辖，大连也在山东管辖之列。到了晚清，随着"闯关东"成为风潮，大量山东人涌入东北，而抵达大连的群体多来自海对面的烟台、威海、青岛等地，这些人将自身的语言文化、饮食习惯都带到了大连，来自山东的齐鲁文化尤其是胶东文化也平植到了大连。换言之，在文化上，大连拥抱的是山东半岛而非东北大地。

不仅语言文化，连整个城市风貌，大连都显得"很不东北"。这里没有到处冒烟的大烟囱，也不像其他地级市一样深居内陆，大连是东北最大的出海口，也是唯一拥有 2000 公里海岸线的城市。基于沿海城市的特性，大连与东北其他地级市在产业结构上存在明显差异，以沈阳、长春、哈尔滨为代表的东北城市多数是资源型城市、重工业城市，均是计划经济时代最大的受益者，而大连更多承担起发展外贸和工商业的重任。

因此，20 世纪 90 年代初，当大多数东北地级市迷茫于重工业何去何从之际，大连就率先提出"北方香港"的超高定位，将自身打造成"北方明珠"，虽然理念过于超前，但也凸显了大连与东北的格格不入。

正因为区位优势的存在，大连获得了一系列政策倾斜：1984 年，大连成为首批 14 个沿海开放城市之一，也是当时东北唯一的沿海开放城市；1993 年，大连与深圳、青岛、宁波、厦门一道并列为计划单列市，与广州、成都、沈阳等同为副省级城市，但在财政上单列，获得比省会更大的财政自主权；从 20 世纪 80 年代末到 21 世纪初，大连先后获批国家经济技术开发区、保税区、自由贸易区等，几乎每一个重大战略里都少不了大连的身影。

近年来，大连一直在努力摆脱"东北"这个标签。正如山东有"山东济南，中国青岛"的说法，在辽宁也有"辽宁沈阳，中国大连"的调侃。但与山东作为蒸蒸日上的中国经济第三大省不同的是，辽宁经济早已跌到了 10 名开外，而整个东北经济体量加起来不如一个山东，大连急于摆脱"投资不过山海关"的污名化标签也就不难理解了。

然而，即使大连与烟台之间的跨海通道建成，大连在行政、地理上仍然属于东北，且与振兴东北老工业基地等国家战略捆绑在一起，可谓一荣俱荣。对于大连来说，如何在东北振兴中发挥龙头作用，才是最需要考虑的。

■ 中日韩自由贸易区：大连的超级机遇

失去了沿海优先开放的独占优势之后，大连未来最大的增长点在哪里？

中日韩自由贸易区必有一席之地。正如我们在"青岛篇"所分析的，中日韩三国经济体量、外贸总额均占世界的 1/5 以上，占 RCEP 的 80% 以上。三个大国之间一旦自由贸易区落地，将给东亚乃至整个亚洲都带来巨大的增长动力。

于中国而言，中日韩自由贸易区的主要受益者，一个是山东的青岛，另一个是辽宁的大连。大连与日韩毗邻，有着频繁的贸易往来和投资互动。日本是大连最大的贸易伙伴，韩国是大连第三大贸易伙伴，其中大连与日本双边累计进出口贸易额达到2200亿美元，占大连全市对外贸易总额的24%。同时，中国香港、日本、韩国、新加坡是大连最重要的外资来源地，占大连利用外资总额的71%，且日本和韩国的投资大多集中在制造业。

未来，一旦90%以上的商品实现零关税，能带动多大的进出口增长空间可以想象，而资本流动、人员流动等方面阻碍的减少也会进一步刺激服务贸易的繁荣，大连有望再次成为引进日韩外资的重要桥头堡，对于大连打造东北亚国际航运中心、国际物流中心、国际贸易中心将产生积极而深远的影响。

事实上，在中日韩自由贸易区尘埃落定之前，大连就已积极做出探索。2017年，辽宁自由贸易试验区获批，包括大连、沈阳、营口三大片区。其中，对接日韩，在中日韩自由贸易区建设中发挥先行先试作用，是大连片区的重任之一。随后，大连先后成立中日韩经贸合作园区、RCEP（大连）国际商务区，谋划申请设立以中国（辽宁）自由贸易试验区为核心的"中日韩自贸协定示范区"，等等。

这是大连崛起的机遇，也是振兴东北的重要抓手。抓住这一机遇，大连仍有望重回中国城市第一梯队。

长春：一城独大！除了汽车，还有什么

"美丽的长春，坐落于吉林大学之中。"这句调侃常用来形容吉林大学面积之大、校区之多。

如今，这句话又有了两个新的演绎。一个是"美丽的吉林省，坐落于长春市当中"，直言长春之大；另一个是"美丽的长春，坐落于汽车制造厂中"，直指汽车制造业一业独大的现象。

然而，任何一个城市不可能只靠一个产业制胜，任何一个产业也很难永葆青春，除了汽车，长春还有什么底牌？而除了长春，吉林省还有什么底牌？

■ 大长春，小吉林

一个长春，半个吉林。

说起强省会，广为人知的当属成都、武汉、西安。然而，无论经济首位度还是人口首位度，长春才是全国名副其实的第一"强"省会。2021年，长春GDP占全省比重高达53.7%，占据半壁江山，位居全国之首，相比20世纪90年代提升26个百分点，相比2010年提高8个百分点（见图7-5）。另据第七次全国人口普查数据，长春的人口首位度达37.66%，仅次于西部地区的西宁、银川，位居第三位，远高于成都、武汉、西安。

换言之，长春一城占了吉林省一半以上的GDP、超过1/3的常住人口。此外，无论是工业、服务业，还是财政、消费等，长春均是独一无二的存在。2020年，长春工业增加值占吉林全省的66.5%，第三产业增加值占52%，财政收入占44%，社会零售品消费总额占52.4%。

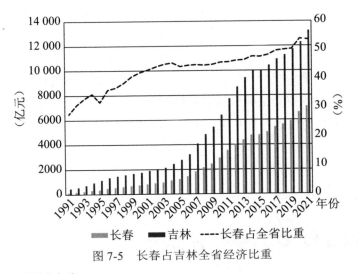

图7-5　长春占吉林全省经济比重

资料来源：吉林统计年鉴。

偌大的吉林，有且只有长春一个百强城市。除了长春之外，在吉林再也找不到一个具有较大存在感的城市。吉林省的第二大城市是与省份同名的吉林市，但其经济总量不到长春的1/4，其他地级市的GDP仍未突破千亿元大关，在全国地级市中处于较后位置。

吉林区域经济格局为何会出现这样的局面？

长春崛起既有历史因素，也不乏国家规划层面的重视。抗日战争时期，长春一度沦为"伪满洲国"的"首都"，在进行奴化教育的同时，日伪政权将之打造成东北地区的经济中心，客观上为长春的城建、经济、工业发展奠定了一定基础。到新中国成立后，长春先后作为中央直辖市、吉林省会、副省级城市而存在，蜕变成名副其实的重工业基地。在被誉为"新中国工业奠基之作"的 156 项重点工程中，长春拿下了集现代工业之大成者的汽车产业，这里诞生了新中国第一家汽车厂、第一辆拥有自主技术的汽车，借助汽车产业，长春在东北地区得以长期保持经济领先优势。

对比来看，吉林省内其他地级市要么是资源枯竭型城市，如辽源、白山，一度是重要的煤炭重镇，但因资源枯竭而面临产业转型压力；要么为农业市，如四平、松原、白城，第一产业比重均在 30% 左右（见图 7-6），堪称粮仓中的粮仓，维系了吉林作为五大粮食大省之一的地位。这些地级市，无论是经济、产业、人口规模还是城镇化率，都与长春存在巨大差距。

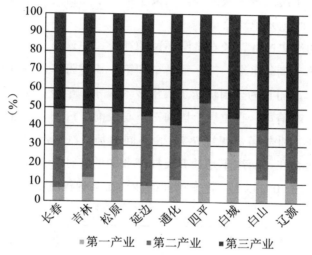

图 7-6 2021 年吉林省各市州三次产业结构

资料来源：《吉林统计年鉴》。

同时，近年来，长春城市规模仍在扩张。2020 年 6 月，长春将原由四平市代管的公主岭市"收"入旗下，成为继合肥、成都、西安、济南之后第五大完成外延式扩张的省会城市。合并公主岭后，长春的经济总量、城市面积、人口规模得到大幅提升。新长春总面积近 2.5 万平方公里，反超沈阳，位居省会城市第三，仅次于哈尔滨、拉萨，这一面积相当于北京的 1.5 倍、深圳的 10 倍多。而借助合并公主岭，长春常住人口突破 900 万人，城区人口逼近 500 万人，触及特大城市的门槛。

本来就一城独大，为何还要扩张？

对于合并动机，《吉林日报》曾在头版发表评论员文章称，推动长春现代化都市圈建设，最具备条件、最能释放潜力的，就是把公主岭划入长春，从而提升长春发展能级，辐射吉林、四平、辽源、松原等周边城市加快发展……建设一个"大长春"将进一步凸显长春在东北地区中心的区位优势，有利于在区域合作中把握先机、增强核心竞争力。

经济、产业过度集中于长春，固然为长春打造强省会、稳住省内人口基本盘、竞夺国家中心城市、参与重大国家战略创造了无数空间，但缺乏强大的副中心城市，"大长春，小吉林"的格局，让吉林全省少了抗风险能力，一旦长春经济产业面临"黑天鹅"事件或转型压力，吉林全省经济同样会受到影响。

■ 第一家汽车厂，为何落户长春？

1956年7月13日，长春孟家屯车站西侧，鼓乐齐奏，鞭炮齐鸣，全场欢声雷动，第一辆解放牌汽车缓缓驶下装配线，结束了中国不能自主制造汽车的历史，新中国的汽车工业从此掀开了新篇章。

说起中国的汽车产业，长春是绕不过的存在。在这里，不仅诞生了新中国第一家汽车厂、第一辆载重车、第一辆轿车和第一辆越野车，巅峰时期供应了全国80%以上的汽车，而且为全国输送了大量技术人才，至今仍是全国重要的汽车工业基地，汽车年产销量一直位居全国前三，与上海、广州，一北一中一南，构成全国重要的汽车产业矩阵（见图7-7）。不同的是，汽车产业作为上海、广州的支柱产业之一而存在，而汽车是长春支柱产业中的支柱产业，汽车工业总产值占长春工业总产值的70%以上，汽车产业的波动在某种程度上决定了长春的兴衰。

图 7-7　三大城市历年汽车产量

资料来源：各地统计年鉴及公开报道。

中华人民共和国成立之初，为何将第一家汽车厂放在了长春，而不是北京或其他地区？

我国最早的工业化建设参考了苏联经验。据北京卫视《档案》栏目介绍，苏联的汽车制造厂位于首都莫斯科附近，当时苏联专家一度建议将第一家汽车制造厂放在北京或其周边地区。但不同国家国情不同，苏联专家同时表示，一家现代化的大型汽车制造厂涉及诸多环节，要考虑电力供应、钢材供应、铁路运输、地质及水源等条件，是否靠近能源、钢铁产业带、铁路枢纽等成了关键。

资料显示，在一开始，石家庄、太原、西安、宝鸡、湘潭、株洲等城市都曾作为备选城市，但最终考虑到各方面因素，东北地区脱颖而出。在当时，东北不仅是全国重要的能源基地，还是首屈一指的重工业基地，铁路建设走在全国前列。专家考察之后，认为长春市孟家屯车站铁路以西一带具备建厂条件，于是长春与汽车工业有了不解之缘。

一汽建设，不仅得到了苏联专家的帮助，也得到了全国资金、技术、设备乃至人才的助力。当时，我国从华东地区抽调了大批干部、建设工人到长春，在院校撤并潮中，又将交通大学（西安交通大学、上海交通大学前身）、华中工学院（现华中科技大学）、山东工学院等高校的汽车相关专业师资、设备移至长春，组建长春拖拉机学院，后更名为吉林工业大学。借助一汽的工业技术底蕴，以及来自全国各地汽车技术专家、师资等方面的优势，长春顺势成为中国汽车第一城，汽车产业作为长春的第一大支柱产业延续至今。

长春汽车产业的崛起，凝结了全国人民的心血和汗水。在我国汽车工业发展过程中，长春又为全国各地输送了大量汽车专业人才。尤其是在 20 世纪 60 年代的"三线建设"中，我国在湖北十堰开建第二汽车厂，长春一汽的上万名管理干部、技术工人跨越数千里来到鄂西北山区，将十堰从一个名不见经传的小镇建设成首屈一指的汽车城。60 年后的今天，在湖北许多汽车工厂里仍然能听到熟悉的东北口音。

如今汽车产业仍旧是长春的经济命脉。在 2022 年长春百强企业中，汽车产业共有 25 家企业上榜，在前十强企业中，有 3 家是汽车企业。而作为龙头企业的中国一汽，营业收入占比超过六成，一家企业超过了剩下 99 家企业总和。除一汽之外，长春暂时没有一家企业收入破千亿元，而营收规模超百亿元的企业也不到 10 家。这固然说明长春汽车产业实力之强，但也足以表明其他产业规模之弱。

在可预见的未来，汽车仍将是长春的第一支柱产业。根据规划，到 2025 年，长春建设成为万亿级世界级汽车产业基地，汽车产量达到 400 万辆。汽车产业如果能够保持高速增长态势，2025 年长春 GDP 破万亿元未必没有可能。

■ 除了汽车，长春还有什么？

然而，长春的汽车产业优势是否能继续保持，存在着很大的不确定性。

一方面，中国早已成为全球第一汽车生产大国，全国汽车保有量超过 3 亿辆，虽然人均汽车保有量远低于世界水平，但受制于经济增速放缓、消费变化等因素影响，加上共享经济的兴起，汽车产业总规模趋于见顶，增速逐渐放缓。

2016 年以来，全国汽车产量一直在 2500 万～2800 万辆之间波动，一改过去两位数高增长的局面。就连长春的汽车产量也回到了 10 年前的水平，部分年份更是遭遇了负增长的冲击。从高速增长到低速乃至负增长，意味着汽车市场将从增量博弈转向存量博弈，市场竞争只会愈发激烈，缺乏核心竞争力和市场吸引力的企业或将面临被洗牌的风险。

同时，长春虽然在整车制造上拥有较大优势，集聚了一汽红旗、一汽轿车、一汽解放、一汽大众、一汽丰越、一汽马自达、一汽客车 7 家整车企业，但在上下游产业链方面与上海、广州还存在一定差距。数据显示，2020 年一汽集团整体供应链总采购量为 3493.5 亿元，其中省内 967 亿元，仅占 27.7%。国际上汽车产业的上下游产能比是 1：1.73，而长春市汽车行业的上下游产能比是 1：0.5。正如民建长春市委员会在《关于大力发展汽车供应链经济的建议》中所提及的，长春大型、独立、专业化的汽车零部件生产商较少，新能源、智能网联汽车等新产生的供应链配套需求没有建立。

另一方面，全球汽车产业面临着新能源车横空出世带来的大洗牌，传统燃油车独大的市场格局正在被一步步打破。尤其是 2020 年以来，由于疫情冲击、地缘冲突不断、包括石油在内的大宗商品价格持续上涨，以及碳中和碳达峰战略的带动效应，新能源汽车呈现狂飙突进之势，提前几年就完成了 20% 渗透率的目标（见图 7-8）。根据预测，2025 年全国新能源车渗透率将达 30%～40%，而到 2030 年，部分省份或将禁止销售燃油车。面对这一时代之变，新能源产业布局成了关键。目前，上海拿下了特斯拉，深圳坐拥比亚迪，广州有广汽埃安和小鹏汽车，合肥拿下了蔚来，连福建宁德也靠"锂电之王"宁德时代博出身位，长春如何在一汽、奥迪、大众的基础上，向新能源车开疆拓土，值得关注。

因此，过度依赖汽车产业难免会给经济带来很大的不确定性，无论对于行业周期变化，或者"黑天鹅"事件，都缺乏一定的抗压能力。显然，在保持汽车产业既有优势的基础上，长春还需探索更多新兴产业。

如果说汽车工业的崛起更多是计划经济时代造就的产业格局，那么新兴产业的崛起则需要技术、人才基础，以及超前的战略眼光。近年来，长春除汽车产业之外，还打造了以轨道装备、生物医药、光电信息为代表的新兴支柱产业。根据规划，到2025年，汽车产业总产值将破万亿元，而其他三大新兴产业会晋级千亿级。

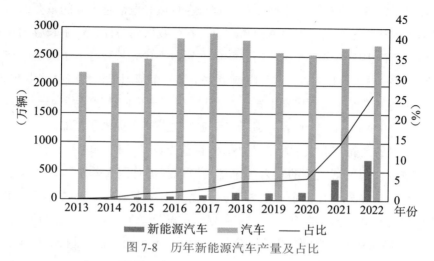

图7-8 历年新能源汽车产量及占比

资料来源：国家统计局、工信部。

目前，在三大领域，长春已涌现出以中车长客、长春高新、长光卫星为代表的龙头企业。截至2022年，长春共有近30家企业入围"专精特新""小巨人"企业名单，在东北地区排在前列，这些企业多数集中于这几个领域。

长春为何将这些产业作为主导方向？

长春不乏科教优势、人才优势和产业积淀，这是长春之于其他东北地级市的优势所在。如表7-4所示，长春共有吉林大学、东北师范大学2所"双一流"大学、41所普通高校、83家科研机构，其中包括5个国家级工程技术研究中心、12家国家重点实验室。在《自然》杂志推出的"自然指数—科研城市2022"排名中，长春位居全球第35位，较2018年上升7位。

表7-4 东北主要城市高等教育概览

城 市	长 春	沈 阳	大 连	哈 尔 滨
普通高校（所）	41	45	31	49
本科高校（所）	27	26	21	27
"双一流"大学（所）	2	2	2	4
在校大学生（万人）	55.3	52.7	39.5	79.8
代表高校	吉林大学、东北师范大学	东北大学、辽宁大学	大连理工大学、东北财经大学	哈工大、哈尔滨工程大学

注：高校各项数据均为2022年，在校大学生一项为2021年数据。

资料来源：教育部，各市统计公报等。

值得一提的是，中国科学院在全国共有 12 个分院，长春分院就是其中之一，而长春分院又下设 4 个院所，如中国科学院长春光学精密机械与物理研究所，这是新中国在光学领域建立的第一个研究所，是长春打造光电信息产业的重要助力，备受瞩目的"吉林一号"商业卫星就出自这里。在生物医药方面，位于长春的长春生物制品研究所、中国科学院长春应用化学研究所，不仅为长春打下了关键的产业基础，还为长春提供了科技支撑，这些院所诞生了第一个基因工程疫苗中试生产基地、国家第一个基因工程产品干扰素中试生产基地、多个基因工程产品和第一个具有自主知识产权的生物制品，为长春打造千亿级生物医药产业提供了可能。

虽然长春的高新产业发展势头不小，但目前无论是规模体量还是全国竞争力，都还相对较弱，而民营经济的实力与东部沿海地区仍有巨大差距。在各大全国性榜单中，整个长春只有几家企业能够崭露头角，出场率最高的当属一汽集团。整个东北只有两家世界 500 强企业，一家是辽宁的鞍钢，另一家是长春的一汽集团。在 2022 年中国企业 500 强榜单中，长春有且只有一家企业上榜，且排名居第 27 位，这家企业依旧是一汽集团。在 2022 年中国上市公司市值 500 强榜单中，长春高新得以脱颖而出，成为长春乃至吉林省唯一上榜的企业，但整个长春 30 家上市企业的总市值仅为 4000 亿元左右。

长春面临的另一个问题是，虽然重点高校、科研院所众多，科技人才在全国位居前列，但如何留住人才、留住科研成果成了问题。要知道，吉林大学本硕博毕业生中，留在省内就业的仅为 1/4，大量毕业生去了广东、北京、江苏、上海等发达省市，如何留住这些大学毕业生就成了长春乃至整个东北面临的共同难题。同时，由于地方财力限制，长春对高校科研的投入不足，R&D（研发强度）与发达地区存在明显差距，加之本地产业规模较小，长春众多科研院所的研究成果的产业转化很多流向了外地。正因为这一点，发展光电信息、生物医药等优势产业，不乏留住人才、留住科研成果的考虑。

然而，即使如此，在整个东北众多老工业基地中，长春仍是转型最快的一个。许多人对东北产业的印象可以用"傻大黑粗"来形容，要么是资源能源，要么是重化工业，而新能源汽车、标准动车组、遥感卫星、生物疫苗等产业在长春的发展壮大，让东北多了一点"高精尖新"的味道，打破了许多人对东北的固有认知，这是长春之于东北的重要性，也是长春晋级万亿级城市、逐鹿东北第一城的关键底牌。

哈尔滨：人口减少，东北再无千万人口大市

万亿元 GDP、千万人口，是中国城市能级的核心指标。

当"万亿俱乐部"不断扩容之际，千万人口城市矩阵却罕见出现了收缩。2021年，哈尔滨常住人口为 988.5 万人，跌破千万大关，相比前一年的 1000.1 万人减少了 11.6 万人（见表 7-5）。这是近年来首个跌出"千万人口俱乐部"的省会城市。

哈尔滨的退出，意味着东北地区短期再无千万人口大市，无论是沈阳还是长春的突破，都需要相当长的时间。

表 7-5 全国人口大市排行   单位：万人

序号	城市	2022 年	2010 年	增量	序号	城市	2022 年	2010 年	增量
1	重庆	3213.3	2884.6	328.7	18	哈尔滨*	988.5	1063.6	-75.1
2	上海	2475.9	2301.9	174.0	19	温州	967.9	912.2	55.7
3	北京	2184.3	1961.2	223.1	20	合肥	963.4	745.7	217.7
4	成都	2126.8	1511.8	615.0	21	宁波	961.8	760.57	201.2
5	广州	1873.4	1270.9	602.5	22	南阳	961.5	1026.4	-64.9
6	深圳	1766.2	1035.8	730.4	23	佛山	955.2	719.7	235.5
7	武汉	1373.9	978.5	395.4	24	南京	949.1	800.34	148.8
8	天津	1363	1293.8	69.2	25	潍坊	941.8	908.62	33.2
9	西安	1299.6	846.8	452.8	26	济南	941.5	811.3	130.2
10	苏州	1291.1	1046	245.1	27	邯郸*	941.4	917.47	23.9
11	郑州	1282.8	862.7	420.1	28	保定	924.2	894.6	29.6
12	杭州	1237.6	870	367.6	29	沈阳	914.7	810.6	104.1
13	石家庄	1122.3	1016.4	106.0	30	长春*	908.7	877	31.7
14	临沂	1099.3	1004	95.3	31	徐州	901.8	857.7	44.2
15	东莞	1043.7	822	221.7	32	赣州	898.8	836.8	62.0
16	长沙	1042.1	704.1	338.0	33	泉州	887.9	812.8	75.1
17	青岛	1034.2	871.5	162.7	34	周口	881.2	895.4	-14.2

注：2010 年为第六次全国人口普查数据，带"*"城市为 2021 年常住人口。

资料来源：各市统计公报，中国人口普查年鉴 2020。

哈尔滨曾经是我国重要的机电工业基地，也是 15 个副省级城市之一，哈尔滨 GDP 一度跻身全国十强之列，无论是产业、城镇化还是教育水平，都走在全国前列。然而，现在哈尔滨的经济总量不仅在 27 个省会/首府中排中下游，而且

在副省级城市中垫底，人均 GDP 更是位居各大省会之尾，不及全国平均水平。同时，哈尔滨所在的黑龙江的经济体量不到深圳市的一半。

虽然经济增长放缓、人口持续减少，但作为中国最大的粮食生产基地，作为国防工业不可忽视的力量，哈尔滨和黑龙江仍然不容小觑。

■ 哈尔滨的人口膨胀史

现在哈尔滨虽然饱受非议，但历史上也曾"牛"过，也曾作为人口净流入地而备受瞩目。

晚清时期，哈尔滨是一个仅有几万人的普通村镇，在民国时期成长为名闻遐迩的远东国际大都市，再到后来成为全国首屈一指的机电工业基地。随着城市发展蒸蒸日上，哈尔滨的人口规模不断膨胀。

20世纪50年代，哈尔滨迎来第一次人口"大井喷"，借助"南厂北迁"和"一五"计划时期156项重点项目等倾斜，哈尔滨迅速成长为现代工业城市。这其中，"南厂北迁"的大背景是抗美援朝。为了保障工业安全，从1950年到1953年，先后有25家较大规模的军工、机械、造纸、纺织、橡胶等企业从辽宁省迁到黑龙江省，其中包括哈尔滨电机厂、哈尔滨第一机器制造厂在内的16家企业落户省会哈尔滨，同时带动了十多万名产业工人、数千件大型设备北上，从而奠定了哈尔滨的工业基础，改变了其产业结构。北迁工厂抵达哈尔滨后，哈尔滨工业总产值从1950年至1951年一年间增长64.4%。

如果是"南厂北迁"奠定了哈尔滨的工业基础，那么156项重点工程则助推哈尔滨成为重要工业基地。"一五"计划时期，苏联援建中国的156项重点工程中，22项落在了黑龙江，其中10项放在了哈尔滨（见表7-6）。借助重点工程建设，哈尔滨迅速建立起电机厂、锅炉厂、汽轮机厂、轴承厂、机械厂……中国第一架直升机、第一台1万千瓦大型水轮机和水轮发电机、第一台35吨中压锅炉、第一台55马力联合收割机、第一台专用快速电子计算机、第一架轻型喷气轰炸机、第一架大型水上反潜轰炸机等，均诞生于此，这也奠定了哈尔滨在全国机电产业、军工产业中的重要地位。

表 7-6　156 项重点工程分布

省区市	项目数	城市及项目数
辽宁	24 个	沈阳 7 个，抚顺 8 个，阜新 4 个，鞍山 1 个，本溪 1 个，大连 1 个，杨家杖子 1 个，葫芦岛 1 个
陕西	24 个	西安 14 个，兴平 4 个，宝鸡 2 个，户县 2 个，铜川 1 个，渭南 1 个

续表

省区市	项目数	城市及项目数
黑龙江	22 个	哈尔滨 10 个，鹤岗 4 个，富拉尔基 3 个，佳木斯 2 个，鸡西 2 个，双鸭山 1 个
山西	15 个	太原 11 个，大同 2 个，侯马 1 个，潞安 1 个
吉林	10 个	吉林 6 个，长春 1 个，丰满 1 个，辽源 1 个，通化 1 个
河南	10 个	洛阳 6 个，郑州 1 个，三门峡 1 个，平顶山 1 个，焦作 1 个
甘肃	8 个	兰州 6 个，白银 1 个，郝家川 1 个
四川	6 个	成都 5 个，重庆 1 个
河北	5 个	石家庄 2 个，峰峰 2 个，热河 1 个
内蒙古	5 个	包头 5 个
北京	4 个	北京 4 个
云南	4 个	个旧 2 个，东川 1 个，会泽 1 个
江西	4 个	南昌 1 个，大庾 1 个，虔南 1 个，定南 1 个
湖南	4 个	株洲 3 个，湘潭 1 个

资料来源：董志凯，吴江. 新中国工业的奠基石——156项重点建设研究（1950—2000）[M]. 广州：广东经济出版社，2004。

工业的蓬勃发展，吸引了大量产业工人迁入。1950—1960 年，哈尔滨共迁入人口 233.5 万人，平均迁入率高达 163.41‰。同一时期，为了控制人口，哈尔滨主动动员城市剩余劳动力参加农业生产，向省内迁出了 100 多万人。即使如此，哈尔滨净增加人口仍然高达 124.2 万人，年均增加 11.3 万人，年均增速高达 9%，成为全国人口增长最快的地区之一。借助人口流入叠加与自然增长，1960 年哈尔滨总人口突破 200 万人，位居全国前列。

哈尔滨第二次人口大膨胀来自与松花江地区的合并。城市合并，历来都是城市扩张的终南捷径，合肥、成都、西安、济南、长春都是众所周知的强省会扩张的典型，哈尔滨则是先行者。1983 年和 1990 年，松花江地区的呼兰、阿城、方正、宾县先后划归哈尔滨；1996 年，哈尔滨市与松花江地区合并，松花江地区所有区县全部划归哈尔滨。合并之后，哈尔滨面积扩至 5.31 万平方公里，成为全国面积最大的省会城市，城市总面积仅次于作为直辖市的重庆，相当于广州的 7 倍、成都的 3.7 倍。这几次合并为哈尔滨带来了数百万的人口增量，也将哈尔滨常住人口送到了"千万人口俱乐部"的大门口。

然而，自 20 世纪 70 年代以来，受制于计划生育等政策，哈尔滨的人口出生率不断走低，人口自然增长率由正转负。2000 年前后，随着东北老工业基地不复过去的风光，加上哈尔滨经济增速放缓，大量人口尤其是年轻劳动力人口开始外流，至此哈尔滨人口跌破千万大关。

■ 人口流失之困

哈尔滨所在的黑龙江省，是全国人口流失最严重的省份。

东北人口流失，几乎已经成为人们的共识。许多人往往把东北三省混为一谈，将东北三省作为一个整体进行讨论，而忽视了东北三省之间存在的巨大差异。黑龙江是中国粮食第一大省，吉林是汽车制造大省，辽宁是名副其实的沿海省份。基于区位、经济、产业、资源禀赋的不同，东北三省人口形势可谓大相径庭。

2020年第七次全国人口普查数据显示，从2010年到2020年，东北三省总人口跌破1亿人，减少1100万人，占全国人口比重从8.18%降到6.98%。其中，辽宁省减少115万人，吉林省减少338万人，黑龙江省减少了646万人（见图7-9）。黑龙江人口减少幅度位居全国之首，这一数字，超过了青海全省的人口规模，相当于少了7个多鹤岗市的体量，或者1.1个南昌、1.6个兰州市的体量。

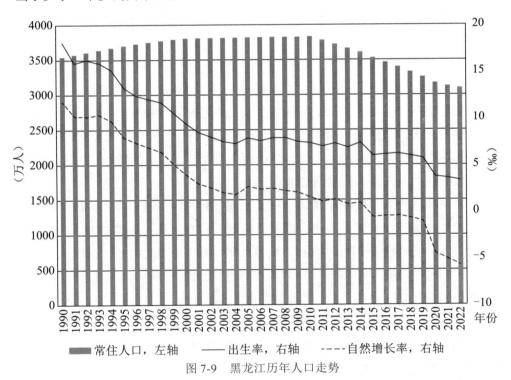

图 7-9 黑龙江历年人口走势

资料来源：黑龙江统计年鉴及统计公报。

东北人口减少是自然人口增长由正转负以及人口流失双重叠加的结果。就自然人口而言，东北三省的人口出生率已经低于以人口危机著称的日本。如表7-7

所示，辽宁、吉林、黑龙江人口出生率全部跌破 5‰，最低的黑龙江 2022 年出生率下滑到 3.43‰，而全国平均水平为 6.77‰，而日本出生率为 6‰左右。

同时，考虑到东北还是全国老龄化最严重的区域之一，三省每年正常的死亡率超过 8‰，出生率不断走低，而死亡率维持在高位，这就导致自然人口连年负增长，从而成为人口减少的最大拖累。数据显示，2022 年，黑龙江、吉林、辽宁的自然人口增长率分别为−5.75‰、−4.07‰、−4.96‰。根据常住人口规模进行测算，三省的常住人口将分别自然减少 17.9 万人、9.6 万人、20.9 万人，东北三省合计自然减少近 50 万人。所以，即使不存在大范围的人口流动，即使东北人口不外流到其他地区，由于自然人口负增长的存在，东北的人口整体也在不断缩减。

表 7-7 各省区市人口出生率排行

省份	出生率（‰）	死亡率（‰）	自然增长率（‰）	老龄化率（%）	常住人口（万人）
西藏	14.24	5.48	8.76	5.67	364
贵州	11.03	7.32	3.71	11.56	3856
宁夏	10.6	6.19	4.41	9.62	728
青海	10.6	7.23	3.37	8.68	595
海南	8.6	6.16	2.44	10.43	1027.02
广西	8.51	7.08	1.43	12.2	5047
甘肃	8.47	8.51	−0.04	12.58	2492
广东	8.3	4.97	3.33	8.58	12656.8
云南	8.14	8.21	−0.07	10.75	4693
河南	7.42	7.5	−0.08	13.49	9872
陕西	7.36	7.64	−0.28	13.32	3956
江西	7.19	6.94	0.25	11.89	4527.98
安徽	7.16	8.09	−0.93	15.01	6127
福建	7.07	6.52	0.55	11.1	4188
山西	6.75	7.73	−0.98	12.9	3481.35
山东	6.71	7.64	−0.93	15.13	10162.79
新疆	6.53	5.76	0.77	7.76	2587
四川	6.39	9.04	−2.65	16.93	8374
浙江	6.28	6.24	0.04	13.27	6577
湖南	6.23	8.54	−2.31	14.81	6604
河北	6.09	7.8	−1.71	13.92	7420
湖北	6.08	8.09	−2.01	14.59	5844
重庆	5.98	8.09	−2.11	17.08	3213.3
北京	5.67	5.72	−0.05	13.3	2184.3

续表

省份	出生率（‰）	死亡率（‰）	自然增长率（‰）	老龄化率（%）	常住人口（万人）
内蒙古	5.58	7.83	-2.25	13.05	2401.17
天津	5.3	6.23	-0.93	14.75	1363
江苏	5.23	7.04	-1.81	16.2	8515
上海	4.35	5.96	-1.61	16.28	2475.89
吉林	4.33	8.4	-4.07	15.61	2347.69
辽宁	4.08	9.04	-4.96	17.42	4197
黑龙江	3.34	9.09	-5.75	15.61	3099

注：老龄化率为七普数据，天津生育数据为2021年数据，其他均为2022年数据。

资料来源：各省统计公报。

显然，除自然人口因素之外，人口流失的影响也不容忽视。但东北三省并非每一个省都在流失人口。根据《中国人口普查年鉴-2020》提供的数据，以户籍人口是否常住在省外来进行衡量，东北三省人口共流出821万人，其中辽宁流出187万人、吉林241万人、黑龙江393万人。考虑到每个省都有一定的外省户籍人口流入，以外来人口减去流出人口来衡量，东北三省净流出人口为354万人，其中辽宁、吉林、黑龙江三省净流入人口数量分别为97万人、-141万人、-310万人。可见，辽宁人口仍然呈现净流入态势，但辽宁外来人口的最大来源，并非东北之外的省份，恰恰是黑龙江、吉林两省。数据显示，在辽宁288万人的外来人口中，黑龙江占了93万人，吉林占了53.3万人。如果将地理上属于东北的部分内蒙古囊括在内，辽宁在大东北地区吸引了160多万人，占了所有外来人口的近六成。如果考虑到已落户到外省或在外地暂住的东北人，东北人口流失形势只会更加严峻。

不仅如此，黑龙江等地流失的不只是年轻劳动力人口，还不乏高学历人群。东北三省共有11所"双一流"大学，其中哈尔滨工业大学的综合实力位居全国工科院校前列。由于近几年就业报告尚未对外发布，以2019届本硕博毕业生为例，仅有17.49%的毕业生留在了东北地区，去往广东地区的毕业生比例高达29.6%，去往华北地区和华南地区的毕业生比例也分别高达21.3%、18.8%。单看本科生和硕士毕业生，留在黑龙江就业的毕业生比例仅为11.9%，远低于广东（19.5%）和北京（17.1%）。

无论从哪一组数据来看，黑龙江都是全国人口形势最严峻的地区——人口增速全国垫底，出生率全国最低，自然增长率全国最低，人口流失全国最严重。全省形势如此，作为省会的哈尔滨自然难以独善其身。

■ **大国粮仓"压舱石"**

近年来，随着疫情形势波折不断、极端天气频发、国际局势动荡、地缘冲突不断、粮食贸易保护主义盛行，全球粮食价格大幅波动，一些粮食出口大国开始收紧粮食出口，粮食安全成为包括中国在内的全世界必须直面的重要课题。虽然目前我国粮食产量连年丰收，足以满足"吃得饱"的基本需求，但对外粮食依存度仍然居高不下。三大主粮水稻、小麦、玉米的进口量比例占国内消费量小，仅为 1%～2.5%，但大豆对外依存度超过 80%，是全球第一大大豆消费国和进口国。

因此，粮食安全，国之大事。作为全国黑土地最为丰富的地区和全国玉米、水稻、大豆产量第一的省份，黑龙江的经济体量虽然在东北乃至全国经济版图中都可忽略不计，相关重工业也失去了竞争力，但在粮食安全面前，谁都无法轻视黑龙江。

黑龙江是全国产粮第一省，哈尔滨则是全国产粮第一市。2022 年，黑龙江粮食产量高达 7763 万吨，占全国总产量的 11.3%，连续 13 年位居全国第一（见图 7-10），其中哈尔滨市的粮食产量占了 1/6。2021 年，哈尔滨粮食产量超过 1200 万吨，超过了浙江、福建等省份的全省粮食产量。可以说，中国人每 9 碗米饭就有 1 碗来自黑龙江，黑龙江是名副其实的"中华大粮仓"。

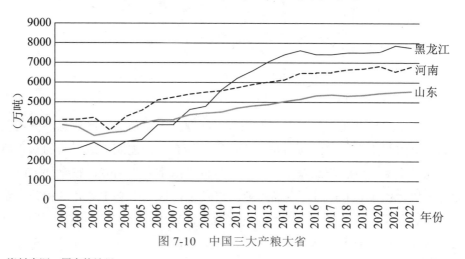

图 7-10 中国三大产粮大省

资料来源：国家统计局。

同时，黑龙江还是全国粮食净调出量最高的省份，也是全国仅有的几个粮食净贡献省份，对于粮食安全的贡献不容低估。在古代，南方一直是我国粮食的主产区，南方粮食借助运河抵达京城等北方地区。"苏湖熟，天下足""湖广熟，

天下足"的说法广为人知。然而，近年来，局面全面逆转，"北粮南运"取代了
"南粮北调"。北方农业大省渐次崛起，南方多个"鱼米之乡"从农业转向工业
生产，粮食无法自给。根据《瞭望》杂志的报道，近年来全国粮食产区出现萎缩、
粮食调出省持续减少，2003 年全国有 13 个粮食调出省，2008 年减少到 8 个，目
前仅剩黑龙江、河南、内蒙古、吉林、安徽 5 个省区，其中黑龙江一省的粮食调
出量就占了全国的 1/3。

这种局面造就了黑龙江强大的农业及食品加工业。根据《农民日报》发布的
2021 年中国农业企业 500 强榜单（如图 7-11 所示），黑龙江共有 55 家企业上榜，
总量仅次于山东，位居全国第二。

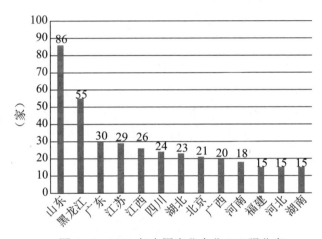

图 7-11　2021 年中国农业企业 500 强分布

资料来源：2021（第五届）中国农业企业500强榜单。

不过，黑龙江农业面临"大而不强"的问题。无论是第一产业总产值还是农
业企业上市的数量，黑龙江与山东、河南等地均有一定差距。这背后的核心原因
是，黑龙江虽然优质农产品众多，但多数是以"原字号"出省，粮食加工产值与
农业总产值之比仅为 0.6∶1，食品工业不够发达，这也限制了黑龙江相关产业的
竞争力。这方面，可与另一个农业大省河南进行对比，河南虽然粮食产量只有黑
龙江的八成左右，但无论是第一产业总产值、农产品加工业收入还是大型加工企
业数量，都远超黑龙江。单纯看第一产业增加值，2022 年河南为 5817 亿元，黑
龙江为 3610 亿元，黑龙江仅为河南省的六成左右。而农产品加工业已经成长为
河南两个万亿级产业之一，2021 年河南规模以上农产品加工企业达 6344 家，营
业收入超过 1.21 万亿元。相比而言，黑龙江规模以上农产品加工企业只有 1750 家，
营业收入刚突破 3000 亿元，仅为河南的 1/4，仍有较大提升空间。

显然，受制于农业生产效率，单纯依靠原粮等基础农产品所创造的产值、税收和财富相对有限，能否在农产品基础上发展出带动效应更强的农产品加工业、食品制造业，是决定黑龙江未来发展的关键支撑。

在"十四五"规划中，黑龙江提出加快"粮头食尾""农头工尾"全产业链发展，将食品和农副产品精深加工业打造成为第一支柱产业。黑龙江省会哈尔滨同样将绿色农产品深加工产业作为四大支柱产业之一。这是国内少有的将农业及农产品加工业作为重点支柱产业的省市，也是未来黑龙江与哈尔滨的与众不同之处。

■　不应忽视的国防工业重镇

作为副省级城市，哈尔滨还有哪些拿得出手的产业？

除农业之外，说起哈尔滨，最容易让人想起的是"冰城"二字，冰雪经济带动旅游业蓬勃发展，是哈尔滨经济发展的重要抓手。不过，作为老工业基地，哈尔滨在制造业上还有哪些值得一提之处？

一个是大名鼎鼎的国防科技工业。历史上哈尔滨有一所高校曾与清华大学、北京大学齐名，即"哈军工"，全名是中国人民解放军军事工程学院。哈军工成立于 1952 年，由陈赓大将担任首任校长，最初定位是培养我军国防科技人才的最高学府，堪称新时代的"黄埔军校"。后来，出于战备需要，哈军工被拆分、转制、内迁。虽然只存在短短的 10 多年时间，但这里培育出 200 位将军、50 名省部级干部，后来的国防科技大学、哈尔滨工程大学、南京理工大学、装甲兵工程学院等均脱胎于此。

当时，与哈军工同步崛起的，还有以哈尔滨东安机械厂、伟健机械厂、第一机器制造厂为代表的十大军工企业，这些企业后来发展演变成今天的中航工业哈尔滨东安发动机（集团）、哈飞集团、哈尔滨北方特种车辆制造有限公司等国防科工企业。其中，哈飞集团是我国第一架直升机直 -5、第一架轻型喷气轰炸机轰 -5、第一架大型水上反潜轰炸机水轰 -5 的发明者，在新时代哈飞集团还承担了运 -20、C919 飞机大部件研制生产任务。在 2019 年国庆阅兵式上首次公开亮相的直 -20 中型多用途直升机，同样来自哈飞集团。

国防科技工业看起来与地方交集不大，但对于国防安全的意义不容低估。更重要的是，随着军民融合日益深入，一些军工单位正在加快混合所有制改革，部分军工企业选择军民品结构相似、技术相通、工艺相近的产业，大力发展民用产品，形成核心民品产业，从而助力地方产业转型升级。如果有更多来自国防科工的高精尖技术能应用于民间产品，那么哈尔滨的制造业实力将迈上更高台阶。

另一个是装备制造业。哈尔滨是我国最早的机械和电力工业基地，良好的产业基础、深厚的技术底蕴，让今天的哈尔滨仍能在装备制造上保持相当大的优势。装备制造乃国之大器，涵盖了航空航天、清洁能源及环保装备、新能源汽车、机器人等诸多领域。目前，哈尔滨装备制造业的规模以上工业营业收入比重由 2016 年的 17.1% 提高到 2020 年的 25.6%，其中通用设备制造业、电气机械和器材制造业、汽车制造业分别占比达 32.8%、12.9%、10.4%。其中，锅炉、汽轮机、水轮机等通用设备，电气机械，以及汽车、工业机器人、飞机制造等是哈尔滨装备制造业的强项。

不过，与同能级城市相比，哈尔滨装备制造业的规模和地位早已不复当年。且不说哈尔滨的装备制造业以传统国有企业为主，研发投入和创新动力相对不足，竞争力不强，哈尔滨还面临着中高端人才持续流失等问题。经济基本面走低导致人口外流，进而对高新产业发展形成拖累，这大抵是东北城市面临的共同困境。

可以说，哈尔滨在粮食安全、国防安全中的地位举足轻重，又不乏副省级城市、特大城市等城市能级优势，加上地处中俄商业贸易的最前沿，如果哈尔滨能抓住新一轮产业转型升级的机会，未来未必不能扭转人口持续流失的局面。但这注定是一个长期过程。

鹤岗：1507 个区县人口流失，中小城市在"鹤岗化"

"鹤岗化"已经成了城市收缩的代名词。

鹤岗，位于黑龙江的地级市，曾经作为"煤都"而风光无限，但又因煤炭资源枯竭而陷入困境，经济增长放缓、支柱产业衰退又带动人口持续流失、财政收入入不敷出，房子最终跌回"白菜价"。

过去几年来，鹤岗曾因"房子跌回'白菜价'""3 万元就能全款买套房""3 万元买的房子最终 2.2 万元卖了""停招政府机构基层工作人员"等多次刷屏。在全国，有多少像鹤岗一样的城市？中小城市如何避免"鹤岗化"的命运？

■ 房子跌回"白菜价"

房价高企，是全民的不能再全民的共识。然而，鹤岗成了例外。

谁是全国房价最高的城市？毫无疑问是北京、上海、深圳；谁是全国房价最低的城市？鹤岗必有一席之地。2022 年，北京、上海、深圳住房均价全部超过 6万元 / 米²，全国商品房均价也接近 1 万元 / 米²，而鹤岗房价仅有 2000 元 / 米²左右（见图 7-12），中心城区部分地段较好的新房能卖到三四千元，而一些地段较偏、结构较差、没有电梯的老房子最低每套只要两三万元，折合每平方米几百元。换言之，深圳房价至少相当于鹤岗的 30 倍，深圳一套 100 平方米的普通住房在鹤岗最多能换到一栋楼。

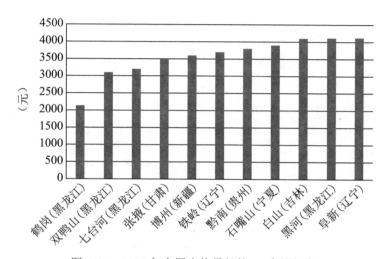

图 7-12　2022 年全国房价最低的 10 个地级市

资料来源：中国房价行情平台。

如此"白菜价"的房子，让无数人蠢蠢欲动。当许多人在大城市为了一套房奋斗几十年，在鹤岗几个月的工资就能全款买上一套房时，这带来了一个意想不到的结果：受热搜影响，许多职业相对自由的年轻人奔走相告，到鹤岗去买房，广东、江苏等地的炒房团也闻风而动，鹤岗房价甚至一度出现小幅上涨，鹤岗甚至获得了"精神上的北上广""年轻人的'躺平天堂'"等称号，乃至取代有着"宇宙尽头"之名的铁岭，成了东北第一"网红"城市。

然而，几年过去，一切又回归常态。2020 年，一篇《一个年轻人去鹤岗买了3 万元房子，几个月后 2.2 万元卖了》的文章刷屏，将鹤岗再次推上热搜。在鹤岗买房或许不难，但找到一份像样的工作并不容易，而要将原本就"白菜价"的房子加价出手更是难事。毕竟，任何房子，贵有贵的道理，便宜也有便宜的问题，"白菜价"背后的症结才是问题所在。

鹤岗房子为何跌回了"白菜价"？

鹤岗是典型的资源型城市。早年煤矿经济相当发达，煤矿资源助推鹤岗从镇

升级到县再升级到地级市。十多年前，无论是 GDP 增速，还是居民福利，鹤岗
都遥遥领先大多数西部县城。鹤岗因资源而生，同样因资源枯竭而衰退。2011 年，
鹤岗被列入全国第三批资源枯竭型城市名单（见表 7-8）。自此，鹤岗经济一蹶不振，
人口持续外流，城市陷入收缩循环。

表 7-8　65 座资源枯竭型城市（区、县）

省 区 市	首批 12 座	第二批 32 座	第三批 25 座
河北		下花园区	井陉矿区
		鹰手营子矿区	
山西		孝义市	霍州市
内蒙古		阿尔山市	乌海市
			石拐区
辽宁	阜新市	抚顺市	
	盘锦市	北票市	
		弓长岭区	
		杨家杖子	
		南票区	
吉林	辽源市	舒兰市	二道江区
	白山市	九台市	汪清县
		敦化市	
黑龙江	伊春市	七台河市	鹤岗市
	大兴安岭地区	五大连池市	双鸭山市
江苏			贾汪区
安徽		淮北市	
		铜陵市	
江西	萍乡市	景德镇市	新余市
			大余县
山东		枣庄市	新泰市
			淄川区
河南	焦作市	灵宝市	濮阳市
湖北	大冶市	黄石市	松滋市
		潜江市	
		钟祥市	
湖南		资兴市	涟源市
		冷水江市	常宁市
		耒阳市	

续表

省 区 市	首批 12 座	第二批 32 座	第三批 25 座
广东			韶关市
广西		合山市	平桂区
海南			昌江县
重庆		万盛区	南川区
四川		华蓥市	泸州市
贵州		万山特区	
云南	个旧市	东川区	易门县
陕西		铜川市	潼关县
甘肃	白银市	玉门市	红古区
宁夏	石嘴山市		

资料来源：国家发改委等。

2000—2010 年，鹤岗经济一度高速发展，GDP 从 63.3 亿元增长到 251 亿元，连续多年保持两位数增长。2012 年，鹤岗市 GDP 进一步达到 358.24 亿元的顶峰后就一路下滑，到 2017 年 GDP 收缩为 282.9 亿元，2022 年首次突破 400 亿元，才超过多年前的高位。不仅如此，鹤岗人均指标也大幅跑输黑龙江及全国平均水平。2020 年鹤岗人均 GDP 为 3.8 万元，而黑龙江全省为 4.3 万元，全国为 7.25 万元，最高的北京、苏州等城市超过 16 万元；2021 年，鹤岗城镇居民人均可支配收入为 2.6 万元，不仅低于全国平均水平（4.74 万元），更是不到京沪的 1/3。

比经济增长停滞更严峻的是人口形势。第七次全国人口普查数据显示，鹤岗常住人口从 2010 年的 105.8 万人下降到 2020 年的 89.1 万人，减少 16.7 万人。这其中，部分原因是自然人口负增长，由于出生率大幅下滑，出生人口低于死亡人口；部分原因是人口流失，这些外流人口又以年轻劳动力为主。这一局面，导致当地老龄化率不断攀升，第七次全国人口普查数据显示，2020 年，鹤岗 65 岁以上人口占比达 16.45%，比 2010 年上升 6.24 个百分点；60 岁以上人口占比高达 24.32%，比 2010 年提高 9.75 个百分点。

这还只是宏观人口数据，从小学生在校人数更能看出当地的人口走势。早在 20 年前，鹤岗在校小学生人数多达 10 万人，到 2010 年减少到 5 万人，2021 年进一步缩减到 2 万多人。2010—2020 年，10 年时间，鹤岗小学在校生人数减少了一半多，远远超过常住人口减少比例。究其原因，人口出生率下滑，加上年轻人口外流，导致小学生人数比常住人口下降得更快。

经济衰退，产业收缩，人口减少，老龄化人口增多，加上收入低迷，房价自然难以得到维持。

■ "财政重整"第一市

全国第一个"财政重整"的地级市，在东北。

2021 年底，黑龙江鹤岗市发布了一则通知："因鹤岗市政府实施财政重整计划，财力情况发生重大变化，决定取消公开招聘政府基层工作人员计划，敬请理解。"因财力情况而取消基层招聘，这是鹤岗继房子跌回"白菜价"之后又一新纪录。

"财政重整"，不等于政府破产，但足以说明债务扩张到了尽头。事实上，鹤岗不是第一个遭遇财政重整的地区。早在 2018 年，四川资阳市的雁江区和安岳县就率先实施过"财政重整"，不过这两个都是县级单位，而鹤岗是首个地级市。

所谓"财政重整"，指的是在债务高风险地区，在保障基础民生支出的基础上，通过开源、节流、处置政府资产等方式重新实现财政平衡。暂停政府基层工作人员招聘，正是财政重整的标准流程之一。如果情况更为严重，或许还要压缩办公经费，乃至核减机构编制、人员。

当然，鹤岗还没走到这一步。值得注意的是，"财政重整"只是阶段性应急措施，只要债务风险得到缓解，"财政重整"状态即可得到撤销，资阳的两个县区在 2019 年就已"摘帽"。

那么，什么样的城市必须启动"财政重整"？根据 2016 年发布的国办函 88 号文，如果一般 / 专项债务付息支出超过当年一般公共 / 政府性基金预算支出 10%，必须启动"财政重整"。换句话说，如果地方债务每年的利息支出超过了财政收入的 10%，就必须实施"财政重整"。

数据显示，2021 年鹤岗全市公共财政收入为 28.3 亿元，其中税收收入为 15.2 亿元，仅占财政收入的 54%，而一般城市在 80% 左右。不过与动辄上百亿元的财政支出相比，鹤岗的财政缺口显得极其庞大。2021 年，鹤岗财政支出超过 140 亿元，是财政收入的 5 倍左右，是税收收入的 9 倍多，可见地方财力早就不足以支撑正常支出。这部分缺口，要么依靠卖地收入，要么依靠来自上级的转移支付，要么依靠发债。

显然，转移支付是鹤岗财力支出的主要来源，发债也是解决财政缺口的无奈选择。据《南方周末》报道，2022 年鹤岗市地方债务余额为 257 亿元，系统内债务是 110.9 亿元，隐性债务是 146.1 亿元，通过发行再融资债券、展期、置换、使用化债周转金等措施，解决债务还本支出 13.2 亿元，债务付息支出 9.3 亿元。

可以看到，仅债务付息支出便超过了每年税收收入的一半。如果债务继续膨胀，而财政收入持续降低，那么就会触及"债务重整"的门槛。

近年来，受宏观经济增速放缓、区域经济分化、国际局势扰乱、房地产市场横盘、疫情冲击等因素影响，大城市财政收入增速明显放缓，部分中小城市面临负增长的困境。一旦卖地收入不及预期，个别城市的财政就难以为继，届时还会有城市陆续走上"财政重整"之路。

■ 1507 个区县人口在流失

事实上，像鹤岗一样的收缩型城市还不少。

根据清华大学龙瀛团队对第六次全国人口普查数据和第七次全国人口普查数据的研究，2010—2020 年，全国共有 266 个收缩型城市，与前十年相比，增加了 86 个，总数占全国城市的四成左右。以区县来看，全国共有 1507 个收缩型区县，占比超过一半，总面积为 440 万平方公里，覆盖了中国近 46% 的领土，相比 2000—2010 年之间增加了 461 个。

这其中，最严峻的当属东北地区。第七次全国人口普查数据显示，在东北 40 多个地级市中，2010—2020 年，仅有沈阳、大连、长春三城人口正增长，其他城市全部负增长。如表 7-9 所示，黑龙江 13 个地级市人口全部负增长，辽宁、吉林各自有 12 个、8 个地级市的人口减少。

表 7-9　2010—2020 年人口减少的地级市分布

省区市	增加的市（个）	减少的市（个）	人口下降的地市州盟
黑龙江	0	13	哈尔滨、齐齐哈尔、鸡西、鹤岗、双鸭山、大庆、伊春、佳木斯、七台河、牡丹江、黑河、绥化、大兴安岭地区
四川	8	13	自贡、攀枝花、德阳、广元、遂宁、内江、乐山、南充、达州、雅安、巴中、阿坝、资阳
辽宁	2	12	鞍山、抚顺、本溪、丹东、锦州、营口、阜新、辽阳、盘锦、铁岭、朝阳、葫芦岛
云南	5	11	曲靖、玉溪、保山、昭通、普洱、临沧、楚雄、红河、文山、大理、迪庆
安徽	6	10	淮北、宿州、淮南、六安、马鞍山、宣城、铜陵、池州、安庆、黄山
甘肃	4	10	金昌、白银、天水、武威、平凉、酒泉、庆阳、定西、陇南、张掖
山西	2	9	大同、阳泉、长治、晋城、朔州、运城、忻州、临汾、吕梁

续表

省区市	增加的市（个）	减少的市（个）	人口下降的地市州盟
湖南	6	8	湘潭、衡阳、邵阳、岳阳、常德、益阳、怀化、湘西
湖北	5	8	十堰、宜昌、襄阳、荆门、孝感、荆州、黄冈、随州
吉林	1	8	吉林、四平、辽源、通化、白山、松原、白城、延边
陕西	3	7	铜川、宝鸡、咸阳、渭南、汉中、安康、商洛
广东	15	6	梅州、揭阳、汕尾、河源、湛江、潮州
江西	5	6	萍乡、九江、吉安、宜春、抚州、上饶
河南	11	6	南阳、驻马店、三门峡、漯河、焦作、鹤壁
内蒙古	6	6	兴安、通辽、赤峰、乌兰察布、巴彦淖尔、呼伦贝尔
江苏	10	3	泰州、淮安、盐城
河北	8	3	张家口、承德、衡水
青海	5	3	海东、海北、海西
广西	12	2	梧州、来宾
宁夏	3	2	固原、中卫
福建	8	1	三明
山东	15	1	泰安
新疆	13	1	塔城
浙江	11	0	
贵州	9	0	
西藏	7	0	
海南	4	0	

资料来源：第六次、第七次全国人口普查年鉴，第一财经等。

这些城市多数是收缩型城市。收缩型城市可以分为四类，收缩的原因不尽相同，未来发展的空间也相对迥异。

第一类是资源枯竭性城市。因资源而生，同样因资源枯竭而衰退。2008年、2009年和2012年，国务院分三批确定了我国69个资源枯竭型城市（县、区），其中40座位于北方，一半又在东北。这些资源枯竭型城市（县、区）只有少部分转型成功，大多数陷入了城市收缩的困局，黑龙江鹤岗、鸡西、双鸭山等均为典型代表。

第二类是产业变迁导致的收缩。一些重工业城市由于产业结构过于单一，加上技术创新能力不足，无法适应产业转型升级的需求，不得不面临产业衰退和人口外流的双重危机。

辽宁本溪市和黑龙江齐齐哈尔市是典型代表。本溪曾经是以钢铁、化工为支柱产业的老工业基地，先后面临资源枯竭和产业衰退的困境，经济增长缓慢，人口大量流失，从 2010 年的 170.9 万人减少到 2020 年的 132.6 万人，下降幅度为22.4%。齐齐哈尔市曾经一度作为国内重要的老工业基地、商品粮基地而存在，以机械、冶金、化工、建材等产业为主导，重工业比重较高，而高新产业不足，在整个东北都面临产业转型的关头，齐齐哈尔自然难以置身事外。数据显示，从2010 年到 2020 年，齐齐哈尔的常住人口从 536.7 万人减少到 406.7 万人，缩减了130 万人，下降幅度高达 23%。

第三类是偏远城市的收缩。这里说的偏远，不只是地理意义上的偏远，更多是相距中心城市、都市圈、城市群意义上的偏远。不靠近中心城市，不在大都市圈之列，也未能纳入主要的城市群，本身又缺乏资源支撑，在城镇化的时代浪潮中人口最容易流出。比如甘肃定西、内蒙古呼伦贝尔、广西河池等城市。

第四类是大城市周边的收缩。由于大城市虹吸效应的存在，周边城市人口不断向核心城市涌入，从而导致人口、产业出现阶段性空心化的现象，比如北京周边的三河、高碑店，成都周边的南充、资阳，东莞的部分镇街等。

不过，第四类收缩并非一成不变。只要位于大城市群内部，城市收缩就不用太过担心。随着中心城市、都市圈和城市群战略的明确，大城市面临虹吸效应与外溢效应的双重约束。随着区域融合发展成为趋势，大城市的人口、产业有望向周边三、四线城市溢出，这又会带来收缩之后的新一轮扩张。

■ 收缩型城市的未来

收缩型城市，未来怎么办？

对此，国家层面已有明确定调，核心政策有三：一是收缩型中小城市要"瘦身强体"，转变惯性的增量规划思维，严控增量、盘活存量，引导人口和公共资源向城区集中；二是稳妥调减收缩型城市辖区，审慎研究调整收缩型县（市）；三是分类引导县城发展方向，加快发展大城市周边县城，积极培育专业功能县城，引导人口流失县城转型发展，促进人口和公共服务资源适度集中，有序引导人口向邻近的经济发展优势区域转移。

可以看出，作为收缩型城市，未来必然要改变传统的扩张思维，不能再借助铺大摊子、大建新城的方式肆意扩张，而是要让规划与经济、产业、人口的基本面相吻合，该控制的控制，该集中的集中，该撤并的撤并。

过去，无论大小城市，普遍钟情于"摊大饼式"建设。如果收缩成为事实，那么土地指标、公共建设指标必然要随之收缩。发改委明确指出，未来要深化"人地钱挂钩"等政策。人口流失，土地指标和财政补贴必然要随之减少，收缩城市想要再玩大建新区和土地财政的游戏，恐怕行不通了。

一些人口持续收缩的县城可能面临合并。2020年，有全国政协委员建议优化县级行政区划，对人口规模低于10万人的小县进行合并试点，减少行政资源浪费。"建议"提及了一个案例：某县2019年常住人口为3.02万人，地方财政收入3661万元，一般公共预算支出8.65亿元，行政事业和社会组织120余个，财政供养人员6000余人。这个县正是陕西佛坪县。佛坪位于秦岭腹地，属于名副其实的袖珍县，常住人口规模与财政负担严重不匹配，若非借助持续的转移支付，恐怕正常运转都难以维系。不仅如此，即使只有3万多人，本身还面临人口持续流失的困境。数据显示，佛坪县20世纪90年代还有3.5万人，2010年减少到3.3万人，到2022年进一步减少到2.6万人。

面对这一局面，目前，山西已有多地探索"人口小县"机构改革，有人口不足10万人的小县，其党政机构最高精简了1/3，事业编制被大幅压缩，以解决人口规模与财政供养人员失衡的问题。在东北，出现了"逆城市化"现象，黑龙江有部分市辖区被改为县，部分街道被撤销，重设为镇。从作为城市架构的市辖区、街道变成县、镇，媒体将之称为"撤区设县""撤街设镇"，与前些年盛行的"撤县设区""撤镇设街"等扩张趋势形成鲜明对比。这都是城市从扩张时代转向收缩时代的体现，精兵简政、强身健体之后，反而还能轻装上阵。

人口流失，城市收缩，许多事情都不会再像过去一样了。毕竟收缩型城市难以支撑起大规模的公共设施建设。无论是公共设施建设，还是地铁建设，都需要庞大的人口规模为前提。人口越多越聚集，规模效应就越突出，地铁建设的人均成本就越低。如果城市不断收缩，这些公共设施显然无法随便上马。

城市收缩，房价等资产价格同样无法维持。房地产的根本支撑在于经济和人口，经济衰退，产业衰退，人口外流，那么原来的房地产价格自然难以维持。美国底特律一度是美国房价最高的城市之一，后来由于经济危机，汽车产业全面衰退，市区大量房子被空置，房价自然一落千丈，这一现象普遍存在于美国各大"铁锈地带"。在不远的未来，恐怕国内有不少收缩型城市的房价会复制底特律的走势，房子跌回"白菜价"恰恰是价值回归。

当然，收缩型城市并非没有发展转机。

对于在大城市群、都市圈辐射范围内的收缩，只是阶段性现象，只要迅速融入都市圈，在不远的未来就能获得来自中心城市的溢出效应，无论是城市发展还是房价都会有不错的表现。目前，都市圈、城市群已成为热门战略，几乎各大中心城市都推出了都市圈规划，我国城市竞争也从"单打独斗"变成了"抱团成圈"，能不能抱住中心城市的"大腿"，是这些城市摆脱收缩的不二选择。

对于偏远地区的收缩型城市，应当认清自己的比较优势。有旅游生态优势的可大力发展旅游康养业，有水、光、风等资源的可大力发展新能源产业，与周边国家地缘相接的可借助"一带一路"发展特色产业和进出口贸易……通过特殊优势，对冲区位劣势带来的影响。

至于资源枯竭型城市，首先要接受资源不再、重工业支柱产业难以为继的现实，转变过去长期以来的增量扩张思维，在进行减量发展的同时，进一步寻求产业转型升级之道。一般而言，这些城市过去都"牛"过，基础设施相对完善，城镇化率较高，条件都不差，所欠缺的是如何利用这些基本面来建立新的支柱产业。而类似鹤岗这类具有"网红"气质且获得舆论广泛关注的城市，利用流量效应吸引更多人的关注，未尝不是一种变相突围之路。

道路虽然艰难，但并非没有可能。

参考文献

[1] 阿瑟·格蒂斯，朱迪丝·格蒂斯，杰尔姆·D. 费尔曼. 地理学与生活 [M]. 黄润华，韩慕康，孙颖，译. 北京：北京联合出版公司，2017.

[2] 巴里·诺顿. 中国经济：适应与增长 [M]. 安佳，译. 上海：上海人民出版社，2019.

[3] 陈友华，吕程. 香港房地产神话 [M]. 北京：中国发展出版社，2014.

[4] 董志凯，吴江. 新中国工业的奠基石——156 项重点建设研究（1950—2000）[M]. 广州：广东经济出版社，2004.

[5] 樊纲，郑宇劼，曹钟雄. 双循环：构建"十四五"新发展格局 [M]. 北京：中信出版集团，2021.

[6] 傅高义. 共产主义下的广州：一个省会的规划与政治（1949—1968）[M]. 高申鹏，译. 广州：广东人民出版社，2008.

[7] 傅高义. 先行一步：改革中的广东 [M]. 凌可丰，丁安华，译. 广州：广东人民出版社，2013.

[8] 河北省国家档案馆编. 1952—1968 河北省省会变迁始末 [M]. 石家庄：河北人民出版社，2012.

[9] 黄奇帆. 战略与路径 [M]. 上海：上海人民出版社，2022.

[10] 凯风. 中国城市大趋势：未来 10 年的超级新格局 [M]. 北京：清华大学出版社，2022.

[11] 兰小欢. 置身事内：中国政府与经济发展 [M]. 上海：上海人民出版社，2021.

[12] 李奇霖. 宏观经济数据分析手册 [M]. 上海：上海财经大学出版社，2021.

[13] 李晓. 双重冲击：大国博弈的未来与未来的世界经济 [M]. 北京：机械工业出版社，2022.

[14] 林树森. 广州城记 [M]. 广州：广东人民出版社，2013.

[15] 陆铭. 大国大城：当代中国的统一、发展与平衡 [M]. 上海：上海人民出版社，2016.

[16] 陆铭. 向心城市：迈向未来的活力、宜居与和谐 [M]. 上海：上海人民出版社，2022.

[17] 吕冰洋. 央地关系：寓活力于秩序 [M]. 北京：商务印书馆，2022.

[18] 景跃进，陈明明，肖滨 . 当代中国政府与政治 [M]. 北京：中国人民大学出版社，2016.

[19] 七人普办公室 . 中国人口普查分县资料 2020[M]. 北京：中国统计出版社，2022.

[20] 秦朔 . 大国之城：中国城市经济与治理现代化 [M]. 杭州：浙江大学出版社，2021.

[21] 盛松成，宋红卫，汪恒 . 房地产与中国经济 [M]. 北京：中信出版集团，2021.

[22] 陶一桃，鲁志国 . 中国经济特区史论 [M]. 北京：社会科学文献出版社，2008.

[23] 吴晓波 . 激荡三十年：中国企业 1978—2008[M]. 北京：中信出版社，2008.

[24] 萧冬连 . 筚路维艰：中国社会主义路径的五次选择 [M]. 北京：社会科学文献出版社，
2014.

[25] 萧冬连 . 探路之役：1978—1992 年的中国经济改革 [M]. 北京：社会科学文献出版社，
2019.

[26] 邢予青 . 中国出口之谜：解码"全球价值链" [M]. 北京：生活·读书·新知三联书店，
2022.

[27] 严鹏 . 简明中国工业史（1815—2015） [M]. 北京：电子工业出版社，2018.

[28] 尹稚主编 . 中国都市圈发展报告 [M]. 北京：清华大学出版社，2021.

[29] 张军等 . 深圳奇迹 [M]. 北京：东方出版社，2019.

[30] 周黎安 . 转型中的地方政府：官员激励与治理 [M]. 上海：格致出版社，上海人民出版社，
2017.

[31] 章奇、刘明兴 . 权力结构、政治激励和经济增长：基于浙江民营经济发展经验的政治经
济学分析 [M]. 上海：上海人民出版社，2016.

[32] 赵燕菁 . 大崛起：中国经济的增长与转型 [M]. 北京：中国人民大学出版社，2022.

[33] 周建平 . 绸缪东北：新一轮东北振兴 [M]. 重庆：重庆大学出版社，2018.

[34] 周其仁 . 城乡中国 [M]. 北京：中信出版集团，2017.

[35] 周振鹤 . 中国地方行政制度史 [M]. 上海：上海人民出版社，2014.

[36] 周振华 . 上海迈向全球城市：战略与行动 [M]. 上海：上海世纪出版集团，2012.

[37] 踪家峰 . 区域与城市经济学 [M]. 上海：上海财经大学出版社，2022.